李定广——

著

中国诗词 名篇赏析

下册

中华书局

目 录

先秦至六朝编

唐宋编

王之涣

129 欲穷千里目，更上一层楼。

130 春风不度玉门关。

王湾

132 海日生残夜，江春入旧年。

常建

134 曲径通幽处。

金昌绪

136 打起黄莺儿，莫教枝上啼。

孟浩然

138 春眠不觉晓。

139 把酒话桑麻。

140 野旷天低树，江清月近人。

141 人事有代谢，往来成古今。

142 气蒸云梦泽，波撼岳阳城。

李颀

143 莫是长安行乐处，空令岁月易蹉跎。

144 年年战骨埋荒外，空见蒲桃入汉家。

王昌龄

146 荷叶罗裙一色裁，芙蓉向脸两边开。

147 但使龙城飞将在，不教胡马度阴山。

148 黄沙百战穿金甲，不破楼兰终不还。

149 忽见陌头杨柳色，悔教夫婿觅封侯。

150 洛阳亲友如相问，一片冰心在玉壶。

151 青山一道同云雨，明月何曾是两乡。

王维

152 每逢佳节倍思亲。

153 君自故乡来，应知故乡事。

154 相逢意气为君饮，系马高楼垂柳边。

155 大漠孤烟直，长河落日圆。

156 但去莫复问，白云无尽时。

157 江流天地外，山色有无中。

158 人闲桂花落，夜静春山空。

159 白云回望合，青霭入看无。

160 行到水穷处，坐看云起时。

161 渡头余落日，墟里上孤烟。

162 明月松间照，清泉石上流。

163 漠漠水田飞白鹭，阴阴夏木啭黄鹂。

164 空山不见人，但闻人语响。

165 深林人不知，明月来相照。

165 愿君多采撷，此物最相思。

166 劝君更尽一杯酒，西出阳关无故人！

高适

168 莫愁前路无知己，天下谁人不识君。

169 战士军前半死生，美人帐下犹歌舞。

171 故乡今夜思千里，霜鬓明朝又一年。

230 白也诗无敌，飘然思不群。

231 翻手作云覆手雨。

232 读书破万卷，下笔如有神。

235 射人先射马，擒贼先擒王。

236 落日照大旗，马鸣风萧萧。

237 朱门酒肉臭，路有冻死骨

241 清辉玉臂寒。

242 感时花溅泪，恨别鸟惊心。

243 人生七十古来稀。

244 夜雨剪春韭，新炊间黄粱。

246 绝代有佳人，幽居在空谷。

247 月是故乡明。

248 死别已吞声，生别常恻恻。

249 斯人独憔悴。

250 出师未捷身先死，长使英雄
泪满襟！

251 自去自来梁上燕，相亲相近
水中鸥。

252 润物细无声。

253 细雨鱼儿出，微风燕子斜。

254 花径不曾缘客扫，蓬门今始
为君开。

256 留连戏蝶时时舞，自在娇莺
恰恰啼。

256 语不惊人死不休。

257 此曲只应天上有。

258 安得广厦千万间，大庇天下
寒士俱欢颜。

260 白日放歌须纵酒，青春作伴
好还乡。

261 新松恨不高千尺，恶竹应须
斩万竿。

262 两个黄鹂鸣翠柳，一行白鹭
上青天。

263 群山万壑赴荆门。

264 万古云霄一羽毛。

265 孤舟一系故园心。

267 功盖三分国，名成八阵图。

267 男儿须读五车书。

268 无边落木萧萧下，不尽长江
滚滚来。

269 星垂平野阔，月涌大江流。

270 亲朋无一字，老病有孤舟。

271 正是江南好风景，落花时节
又逢君！

岑参

273 枕上片时春梦中，行尽江南
数千里。

274 庭树不知人去尽，春来还发
旧时花。

275 马上相逢无纸笔，凭君传语
报平安。

276 功名只向马上取，真是英雄
一丈夫！

277 忽如一夜春风来，千树万树
梨花开。

278 一生大笑能几回，斗酒相逢
须醉倒。

张志和

280 西塞山前白鹭飞，桃花流水
鳜鱼肥。

刘方平

282 今夜偏知春气暖，虫声新透
绿窗纱。

刘禹锡

324 晴空一鹤排云上，便引诗情
到碧霄。

325 玄都观里桃千树，尽是刘郎
去后栽。

326 天地英雄气，千秋尚凛然。

327 东边日出西边雨，道是无晴
却有晴。

328 千淘万漉虽辛苦，吹尽狂沙
始到金。

329 人世几回伤往事，山形依旧
枕寒流。

330 旧时王谢堂前燕，飞入寻常
百姓家。

331 沉舟侧畔千帆过，病树前头
万木春。

333 唯有牡丹真国色，花开时节
动京城。

334 蜻蜓飞上玉搔头。

335 莫道桑榆晚，为霞尚满天。

白居易

337 野火烧不尽，春风吹又生。

338 月明人倚楼。

339 在天愿作比翼鸟，在地愿为
连理枝。

343 力尽不知热，但惜夏日长。

345 可怜身上衣正单，心忧炭贱
愿天寒。

346 草萤有耀终非火，荷露虽团
岂是珠。

348 试玉要烧三日满，辨材须待
七年期。

349 可怜九月初三夜，露似真珠
月似弓。

350 同是天涯沦落人，相逢何必
曾相识。

353 人间四月芳菲尽，山寺桃花
始盛开。

354 晚来天欲雪，能饮一杯无?

355 乱花渐欲迷人眼，浅草才能
没马蹄。

356 令公桃李满天下，何用堂前
更种花!

357 日出江花红胜火，春来江水
绿如蓝。

柳宗元

358 孤舟蓑笠翁，独钓寒江雪。

359 欸乃一声山水绿。

360 春风无限潇湘意，欲采蘋花
不自由。

崔护

361 人面桃花相映红。

崔郊

363 侯门一入深如海。

胡令能

365 路人借问遥招手，怕得鱼惊
不应人。

元稹

367 曾经沧海难为水，除却巫山
不是云。

369 不是花中偏爱菊，此花开尽
更无花。

370 唯将终夜长开眼，报答平生
未展眉。

顾敻

495 换我心，为你心，始知相忆深。

冯延巳

497 风乍起，吹皱一池春水。

李璟

499 青鸟不传云外信，丁香空结
雨中愁。

李煜

501 离恨恰如春草，更行更远还
生。

502 车如流水马如龙。

503 自是人生长恨水长东。

504 剪不断，理还乱，是离愁。
别是一般滋味在心头。

504 流水落花春去也，天上人间！

505 问君能有几多愁？恰似一江
春水向东流！

翁宏

507 落花人独立，微雨燕双飞。

佚名

509 春去花还在，人来鸟不惊。

寇准

511 举头红日近，回首白云低。

林逋

513 疏影横斜水清浅，暗香浮动
月黄昏。

柳永

515 才子词人，自是白衣卿相。

516 杨柳岸、晓风残月。

518 衣带渐宽终不悔，为伊消得
人憔悴。

519 有三秋桂子，十里荷花。

范仲淹

521 江上往来人，但爱鲈鱼美。

522 酒入愁肠，化作相思泪。

523 浊酒一杯家万里。

张先

524 心似双丝网，中有千千结。

525 云破月来花弄影。

晏殊

527 柳絮池塘淡淡风。

528 昨夜西风凋碧树，独上高楼，
望尽天涯路。

529 无情不似多情苦，一寸还成
千万缕。

530 无可奈何花落去，似曾相识
燕归来。

张俞

531 遍身罗绮者，不是养蚕人。

宋祁

533 红杏枝头春意闹。

欧阳修

535 始知锁向金笼听，不及林间
自在啼。

577 此心安处是吾乡。

578 人生如逆旅，我亦是行人。

579 天涯何处无芳草！

580 世事一场大梦，人生几度秋凉。

晏几道

582 当时明月在，曾照彩云归。

583 梦魂惯得无拘检，又踏杨花过谢桥。

584 欲将沉醉换悲凉，清歌莫断肠！

黄庭坚

586 机关用尽不如君。

587 落木千山天远大，澄江一道月分明。

588 桃李春风一杯酒，江湖夜雨十年灯。

590 管城子无食肉相，孔方兄有绝交书。

591 清风明月无人管。

592 若有人知春去处，唤取归来同住。

秦观

593 有情芍药含春泪，无力蔷薇卧晓枝。

594 有桃花红，李花白，菜花黄。

595 两情若是久长时，又岂在朝朝暮暮。

596 斜阳外，寒鸦万点，流水绕孤村。

597 夜月一帘幽梦，春风十里柔情。

598 为君沉醉又何妨，只怕酒醒时候断人肠。

599 东风暗换年华。

600 春去也，飞红万点愁如海。

李之仪

602 只愿君心似我心，定不负相思意。

汪洙

604 少小须勤学，文章可立身。

604 万般皆下品，惟有读书高。

604 将相本无种，男儿当自强。

604 久旱逢甘雨，他乡遇故知。

贺铸

606 试问闲愁都几许？一川烟草，满城风絮，梅子黄时雨。

607 当年不肯嫁春风，无端却被秋风误。

周邦彦

609 憔悴江南倦客，不堪听、急管繁弦。

聂胜琼

611 枕前泪共帘前雨，隔个窗儿滴到明。

李清照

613 生当作人杰，死亦为鬼雄。

614 倚门回首，却把青梅嗅。

615 争渡，争渡，惊起一滩鸥鹭。

616 知否？知否？应是绿肥红瘦。

617 此情无计可消除，才下眉头，却上心头。

张孝祥

660 悠然心会，妙处难与君说。

张栻

662 春到人间草木知。

林升

664 山外青山楼外楼。

僧志南

666 吹面不寒杨柳风。

辛弃疾

668 求田问舍，怕应羞见，刘郎才气。

670 乘风好去，长空万里，直下看山河。

671 众里寻他千百度，蓦然回首，那人却在，灯火阑珊处。

672 青山遮不住，毕竟东流去。

673 君莫舞，君不见玉环飞燕皆尘土！

674 少年不识愁滋味，爱上层楼，爱上层楼，为赋新词强说愁。

675 最喜小儿无赖，溪头卧剥莲蓬。

676 沙场秋点兵。

677 稻花香里说丰年，听取蛙声一片。

678 我见青山多妩媚，料青山见我应如是。

679 千古兴亡多少事，悠悠，

679 不尽长江滚滚流。

680 想当年，金戈铁马，气吞万里如虎。

姜夔

682 波心荡，冷月无声。

684 长记曾携手处，千树压西湖寒碧。

685 春未绿，鬓先丝，人间别久不成悲。

翁卷

687 乡村四月闲人少，才了蚕桑又插田。

赵师秀

689 有约不来过夜半，闲敲棋子落灯花。

僧慧开

691 春有百花秋有月，夏有凉风冬有雪。

叶绍翁

693 春色满园关不住，一枝红杏出墙来。

694 知有儿童挑促织，夜深篱落一灯明。

吴文英

696 何处合成愁？离人心上秋。

697 落絮无声春堕泪，行云有影月含羞。

卢梅坡

699 梅须逊雪三分白，雪却输梅一段香。

金元明清编

735 但愿老死花酒间，不愿鞠躬
车马前。

杨慎
737 青山依旧在，几度夕阳红。

徐渭
739 消得春风多少力，带将儿辈
上青天。

戚继光
741 封侯非我意，但愿海波平！

孙承宗
743 画家不识渔家苦，好作寒江
钓雪图。

吴伟业
745 冲冠一怒为红颜。

王士禛
747 一人独钓一江秋。

查慎行
749 孤光一点萤。

纳兰性德
751 一生一代一双人，争教两处
销魂？
752 人生若只如初见。
753 当时只道是寻常。
755 风也萧萧，雨也萧萧，瘦尽
灯花又一宵。
756 聒碎乡心梦不成，故园无此声。

757 别有根芽，不是人间富贵花。

郑燮
759 千磨万击还坚劲，任尔东西
南北风！
760 些小吾曹州县吏，一枝一叶
总关情。
761 新竹高于旧竹枝，全凭老干
为扶持。

曹雪芹
762 一畦春韭绿，十里稻花香。
763 好风凭借力，送我上青云！

袁枚
765 苔花如米小，也学牡丹开。
766 春风如贵客，一到便繁华。

赵翼
767 江山代有才人出，各领风骚
数百年。
768 矮人看戏何曾见，都是随人
说短长。

黄景仁
769 百无一用是书生。

林则徐
771 苟利国家生死以，岂因祸福
避趋之。

龚自珍
773 落红不是无情物，化作春泥
更护花。

李商隐

李商隐（813—858），字义山，号玉溪生，怀州河内（今河南沁阳）人，生于郑州荥阳。开成二年（837）进士及第，任秘书省校书郎，后来卷入"牛李党争"的旋涡，仕途一直不顺，大半生都是四处奔走，寄人篱下。李商隐是晚唐最出色的诗人之一，擅长七律和七绝，其诗构思新奇、风格秾丽，尤其是一些无题诗写得缠绵悱恻、优美动人，广为传诵。但部分诗歌过于隐晦迷离。白居易晚年很欣赏李商隐的诗，甚至说自己想下辈子做李商隐的儿子。李商隐以诗与杜牧并称"小李杜"，与温庭筠并称"温李"。

春蚕到死丝方尽，蜡炬成灰泪始干。

无题

相见时难别亦难，东风无力百花残。①
春蚕到死丝方尽，蜡炬成灰泪始干。②
晓镜但愁云鬓改，夜吟应觉月光寒。③
蓬山此去无多路，青鸟殷勤为探看。④

① "东风"一句：指相别时为暮春时节。

② 丝：与"思"谐音。蜡炬：蜡烛。

③ 云鬓改：变老的意思。云鬓，古代妇女的一种发型，两鬓

如云。

④蓬山：仙境蓬莱山，比喻对方的住处。青鸟：西王母的信使。常指丫鬟。看：读kān。

这首诗约作于大和七年（833）。这是一首表达两情至死不渝的爱情诗，创作背景是：李商隐二十一岁至二十三岁期间曾在玉阳山的玉溪岸边某道观学道，玉溪对岸还有一座著名的道观叫灵都观，当年唐玄宗妹妹玉真公主就在此修道，而今当朝公主也在此修道，且带着一帮被遣放的宫女做随从道士。其中一位姓宋的女道士和李商隐恋爱了，但迫于公主所在道观的清规戒律，很难有机会和李商隐长时间在一起。暮春时节的一天，李商隐与宋姓女子短暂约会又要分别，非常不舍。所以说"相见时难别亦难"。三、四两句是双方的誓言，各自向对方表达感情的坚贞不渝。五、六两句是想象分别后两人各自相思的情景，女方担心自己会变老，男方熬夜苦吟思念对方。最后两句希望信使能传递消息。蓬莱山本是东海仙山，可谓万里之遥，而李商隐却说"蓬山此去无多路"，原来指的是对岸的灵都观。灵都观是唐玄宗为妹妹玉真公主所建并赐观名，"灵都"的意思就是神仙首领。"春蚕到死丝方尽，蜡炬成灰泪始干"是歌颂忠贞爱情的千古名句，也可用于表达一个人志向坚定，现在多用来赞美教师。而"春蚕到死丝方尽"一句，已单用为成语，多用来比喻感情深长，至死不渝。"青鸟殷勤"也用作成语，比喻常通消息。

常娥应悔偷灵药，碧海青天夜夜心。

常娥①

云母屏风烛影深，长河渐落晓星沉。②
常娥应悔偷灵药，碧海青天夜夜心。③

①常娥：即嫦娥，古代神话中的月中仙女。《淮南子·览冥训》："羿请不死之药于西王母，恒娥窃以奔月。""恒"又作"姮"，后避汉文帝刘恒讳，改为"常"，后又写作"嫦"。

②云母屏风：嵌着云母石的屏风。此言嫦娥在月宫居室中独处，夜晚，唯烛影和屏风相伴。"长河"句：银河逐渐向西倾斜，晓星也将隐没，又一个孤独的夜过去了。

③碧海青天：青天如碧色大海。

这首诗约作于大和七年（833）。李商隐的诗常常晦涩难懂，诗意朦胧难解，就这首诗来说，表面上看好似是一首咏嫦娥的诗歌，但是也有人认为是一首讽刺诗或自伤境遇的感怀诗，还有人认为这是在咏意中人的私奔、女道士求仙的诗歌，种种论调，不一而足。但有一点可以肯定，这不单纯是一首咏嫦娥的诗作，而是别有寄托。第一联紧紧抓住嫦娥的身份，描写了寂寞冷清的月宫里，主人公长夜独坐的孤寂情形。"常娥应悔偷灵药，碧海青天夜夜心"是这一首诗的名句，在众多咏嫦娥的诗作中独树一帜。"嫦娥想必也懊悔当初偷吃了不死药，以致年年岁岁，面对碧海青天，寂寥清冷之情难以排遣吧。"这是诗人联系自身境遇的揣测之语，有一种同病相怜的感悟在里面。诗人用高超的语言艺术表达了一种伤感的美学效果，容易引发读者的共鸣。"碧海青天"已为成语，今天多用来比喻女子对爱情的坚贞。

留得枯荷听雨声。

宿骆氏亭寄怀崔雍崔衮^①

竹坞无尘水槛清，相思迢递隔重城。^②
秋阴不散霜飞晚，留得枯荷听雨声。^③

①骆氏亭：在长安城东南。崔雍、崔衮：崔戎的两个儿子，李商隐的从表兄弟。

②竹坞（wù）：丛竹掩映的池边高地。水槛（jiàn）：指临水有栏杆的亭榭。此指骆氏亭。迢递：遥远的样子。重城：指长安城的城墙。

③秋阴不散霜飞晚：秋日阴云连日不散，霜期来得晚。枯荷听雨声：听雨滴枯荷，暗示自己百无聊赖。

本篇作于大和九年（835）。李商隐暂宿长安东南的骆氏亭时，因思念远在长安的崔氏兄弟，有感而发，写下此诗。全诗向我们描绘了一幅秋亭夜雨图，从这些景色中流露出作者对友人深厚的思念，以景寄情、寓情于景。第一句用"竹坞无尘""水槛清"等意象渲染了骆氏亭环境的清幽，在这安静无垢的小世界里，诗人的思念之情被无限放大，感情也更容易深化。"秋阴不散霜飞晚"一句点明如今的气候，也为最后一句中的"枯荷"做铺垫。"留得枯荷听雨声"不仅是全诗的神来之笔，也是历来称道的名句。《红楼梦》中林黛玉尤其喜爱李商隐的这句诗，只不过原诗被曹雪芹改成了"留得残荷听雨声"。"残荷"意为残存的荷叶，不一定"枯"，强调的是"少"，自有特定的韵味。"留得枯荷听雨声"记录了诗人情感的变化：本来在秋风秋雨的环境里，诗人的相思之情要更加浓烈，氛围也更加萧瑟，但是雨滴落在枯荷上的声音消解了诗人一部分的愁思，并使他得到了美的享受。

如何四纪为天子，不及卢家有莫愁？

马嵬　其二

海外徒闻更九州，他生未卜此生休。①
空闻虎旅传宵柝，无复鸡人报晓筹。②
此日六军同驻马，当时七夕笑牵牛。③
如何四纪为天子，不及卢家有莫愁？④

①"海外"句：战国时齐国的邹衍曾宣扬"大九州"之说，声言除中国的九州外，海外还有同样的"九州"。杨贵妃死后，有术士说在海外的仙山找到了她，并带回金钗之类的装饰物给唐玄宗看。徒闻：空闻，指没有根据的传闻。传说唐玄宗和杨贵妃曾誓约"世世为夫妻"。这句是说，不管来生怎样，今生的夫妻缘分已经断了。

②虎旅：指跟随唐玄宗赴蜀的禁卫军。宵柝：夜间巡逻时用的梆子。鸡人：皇宫中报时的卫士。汉代制度，宫中不得畜鸡，卫士候于朱雀门外，传鸡唱。晓筹：指拂晓时刻。筹，计时的用具。

③"此日"两句：天宝十五年（756）六月十四日，随唐玄宗西行的军队在马嵬驿哗变，杀死杨国忠，并要求处死杨贵妃。当年李、杨在长生殿盟誓恩爱，朝朝暮暮，还笑话天上的牛郎织女一年只能相会一个夜晚。

④四纪：四十八年。古人以木星绕日一周（十二年）为一纪。玄宗实际在位四十五年。南朝乐府歌辞《河中之水歌》："莫愁十三能织绮，十四采桑南陌头，十五嫁为卢郎妇，十六生儿字阿侯。"此以平民女子莫愁婚嫁生活的幸福与杨贵妃的悲剧命运对比。

本篇约为开成三年（838）作。本年李商隐与韩琮同入泾原节度使王茂元幕府，从长安到泾原需经过马嵬驿，这是二人同咏马嵬时的唱和之作，也是李商隐的一首政治讽刺诗，具有很强的批判力度。首联第一句叙述，第二句议论，既点明了事件又表明了自己的立场，让读者明确作者对李、杨二人的态度。颔联、颈联回忆了"他生未卜此生休"的原因：马嵬兵变，无奈之下，唐玄宗赐死了杨贵妃。"空闻""无复"将今昔不同的处境点染开来，同时，也讽刺了唐玄宗沉迷女色、荒废政事的行为。"当时七夕笑牵牛"多么讽刺啊！这时批判的力度渐渐显露出来，为尾联蓄势。"如何四纪为天子，不及卢家有莫愁"是流传不歇的名句，通过前几联的铺垫，这里的诘问显得更加掷地有声："为什么嫁给当了四十多年皇帝的唐玄宗还不如普通百姓莫愁呢？"讽刺矛头直指唐玄宗。本诗第三联对仗极其巧妙，第二联中"空闻"与首句"徒闻"有重复之病。

身无彩凤双飞翼，心有灵犀一点通。

无题

昨夜星辰昨夜风，画楼西畔桂堂东。①
身无彩凤双飞翼，心有灵犀一点通。②
隔座送钩春酒暖，分曹射覆蜡灯红。③

嗟余听鼓应官去，走马兰台类转蓬。^④

①画楼、桂堂：喻富贵人家的屋舍。

②灵犀：旧说犀牛有灵异，角中有白纹如线，直通两头。

③"隔座送钩"两句：一种游戏。分二组较量胜负，一组把一个钩互相传送后，让对方猜藏在哪个人手中，猜不中罚酒。分曹：分组。射覆：猜物（钩）。

④听鼓应官去：听到击晨鼓，该到官府上班了。兰台：即秘书省，李商隐时任秘书省校书郎。类转蓬：就像蓬草被风吹得乱转，隐含自伤飘零意。

这首诗约作于开成四年（839），当时李商隐在长安任秘书省校书郎。诗人回忆一次热闹的宴会上与一个女子秘密传情的场景。首联写宴会的时间和地点，后面三联写宴会的场面，以及天亮后不得不上班的无可奈何心情。"身无彩凤双飞翼，心有灵犀一点通"是写爱情的千古名句，将恋人之间美好的感触用"彩凤""灵犀"来表述，显得鲜活又富有情致，让人不禁会心一笑。"心有灵犀一点通"已为七字成语，现多比喻双方对彼此的心事都能心领神会。

芭蕉不展丁香结，同向春风各自愁。

代赠二首 其一

楼上黄昏欲望休，玉梯横绝月中钩。
芭蕉不展丁香结，同向春风各自愁。^①

①芭蕉不展：芭蕉的蕉心没有展开。丁香结：丁香之花蕾，丛

生如结。象征固结不解的愁绪。同向春风：芭蕉和丁香一同对着黄昏清冷的春风。这两句是说，芭蕉的蕉心尚未展开，丁香的花蕾丛生如结；同是春风吹拂，而二人异地同心，都在为不得与对方相会而愁苦。

本篇约作于会昌元年（841），李商隐于开成五年（840）冬南行赴燕台湘中之约，到地点时人已远去，故作诗抒发抒发孤寂失望的相思之情。第一句用"黄昏""楼上"的意象，既点明了时间地点，又渲染了离愁相思的氛围。在这样的环境下，诗中的女子渴望与自己的情人相见，想要到高处远眺，希望日思夜想的情人能够出现，但是理智又阻止了她痴傻的行为，只能欲望还休。第二句中"玉梯横绝"是说玉梯横断，无由得上，暗指情人被阻，不能来此相会。"芭蕉不展丁香结，同向春风各自愁"是名句，诗人以芭蕉喻情郎，以丁香喻女子，既是对思妇眼前实景的真实描绘，同时又有情人被迫分隔两地，都在为不能与对方相聚而愁苦。移情入景，将抽象的情感具体化，意境优美，韵味无穷。后来李清照有"一种相思，两处闲愁"，意思与此相同。

夕阳无限好，只是近黄昏。

登乐游原①

向晚意不适，驱车登古原。
夕阳无限好，只是近黄昏。 ②

①乐游原：在长安城东南，地势高敞，是当时的游览胜地。
②只是：只因为。

李商隐先后三次登乐游原，分别用五绝、七绝、五律三种诗体写过登乐游原诗，第一次心情很好，用七绝，后两次心情不好，分别用五律和五绝。这首五绝约作于会昌六年（846）春，是一首写景抒情诗。傍晚时作者心情不舒适，于是驱车登古原赏景散心，古原上最美好的景色是火红的夕阳，确实让诗人得到一种享受和满足。但晚景虽好，可惜不能久留。"夕阳无限好，只是近黄昏"两句成为名句，也用为成语，比喻某些繁华景象很快就会衰落。蘅塘退士批注这两句说："好景难长久，皆当作是观。"

天意怜幽草，人间重晚晴。

晚晴

深居俯夹城，春去夏犹清。①
天意怜幽草，人间重晚晴。②
并添高阁迥，微注小窗明。③
越鸟巢干后，归飞体更轻。④

①夹城：城门外的曲城。

②幽草：幽暗地方的小草。

③并：更。高阁：指诗人居处的楼阁。迥：高远。微注：因是晚景斜晖，光线显得微弱柔和，故说"微注"。

④越鸟：南方的鸟。

这首诗是大中元年（847）李商隐在桂林时所作，当时他在郑亚幕府充当幕僚，暂时摆脱了牛李党争的倾轧，精神上获得了解放，并且在幕府中感受到一些人情的温暖，心情比在长安时要轻松愉悦。总览全诗，诗人登高览眺之际，从眼前景物联想到自身，将一瞬间的感受融化在对晚晴景物的描写之中，同时用"幽草""越鸟"寄寓自己的身世之慨。"天意怜幽草，人间重晚晴"历来为人所称道，这一联紧扣"晚晴"，从不被人注意的幽草着笔，将幽草人格化。桂林夏季多雨，角落里的幽草苦雨良久，不料这天傍晚雨过天晴，使得幽草平添一股生机，这让灵心善感的诗人不禁发出深深的感叹，他从这一幕中联想到自身的遭遇，感叹往昔的艰难，欣慰现在的幸遇。"晚晴"虽然短暂，但是诗人却十分珍惜，从中可以窥见他此时积极乐观的心态，所以才会有"越鸟巢干后，归飞体更轻"的振奋。"人间重晚晴"一句已为成语，多用来比喻社会上尊重德高望重的老前辈。

何当共剪西窗烛，却话巴山夜雨时。

夜雨寄北①

君问归期未有期，巴山夜雨涨秋池。②
何当共剪西窗烛，却话巴山夜雨时。③

① 寄北：指寄给住在北方的妻子。
② 巴山：大巴山，夔州在大巴山南麓。
③ 何当：何时。却：再。

这首诗是李商隐大中二年（848）秋在夔州（今重庆奉节）时所作。本年夏秋之际，李商隐逗留在江陵、夔州一带。收到妻子的来信时，李商隐正滞留夔州，就写了这首诗作答，表达思念妻子、渴望北归团聚的感情。开头两句以问答和对眼前巴山夜雨的描写，渲染了长夜难眠的离愁别恨；后两句设想有一天和妻子在家中西窗下一起剪烛谈心，就谈自己现在巴山夜雨时的处境。诗人用将来的欢乐，反衬今夜的孤寂，将此时此刻的孤独以及盼望和妻子团聚的心情写得淋漓尽致。"何当共剪西窗烛，却话巴山夜雨时"是被世人传诵的名句，其中的渴望、孤独、愁思在千百年后依然能让读者感同身受。成语"巴山夜雨""剪烛西窗"（或"西窗剪烛"）皆出自本诗，前者比喻客居异地的孤寂，后者指亲友聚谈。冯浩评此诗："语浅情浓，是寄内也。"

刘郎已恨蓬山远，更隔蓬山一万重！

无题　其一

来是空言去绝踪，月斜楼上五更钟。①
梦为远别啼难唤，书被催成墨未浓。②
蜡照半笼金翡翠，麝熏微度绣芙蓉。③
刘郎已恨蓬山远，更隔蓬山一万重！④

①空言：不切实际的话。此句意为：当初说要来见面，却一去无踪。

②啼难唤：哭也哭不回来。书：信。墨未浓：墨汁还不够浓。

③半笼：指烛光半照。金翡翠：用金线绣上翡翠鸟的被子。麝熏：麝香熏炉的香烟。度：透过。绣芙蓉：指绣花的帐子。

④刘郎：相传东汉时刘晨入山采药，遇到两个仙女，留他过了半年才还乡，回家一问，已经过了七代，再想回山，却渺远难寻。蓬山：仙境蓬莱山，比对方的住处。

这组《无题》诗共四首，这是第一首。这首诗约作于大中二年（848）令狐绹任翰林学士时。诗人写自己与一个女子的爱情遭到重重阻隔，只能在梦中相见。梦里为远别而哭泣，醒来急着给她写信，房间里朦胧的烛光和淡淡的麝香犹如刚才的梦幻，可人已远去，再也见不到她了。当然，也可把诗的主人公理解为女性。"梦为远别啼难唤，书被催成墨未浓""刘郎已恨蓬山远，更隔蓬山一万重"都是写爱情的名句，特别是末两句，今多用来形容对爱情的绝望。

春心莫共花争发，一寸相思一寸灰！

无题　其二

飒飒东风细雨来，芙蓉塘外有轻雷。①
金蟾啮锁烧香入，玉虎牵丝汲井回。②
贾氏窥帘韩掾少，宓妃留枕魏王才。③
春心莫共花争发，一寸相思一寸灰！

①飒飒（sà sà）：风声。芙蓉塘：荷塘。轻雷：双关语，既指雷声，又指车声。

②金蟾啮锁：一种香炉，炉上有金蟾咬着开锁香炉的鼻钮。啮（niè）：咬。玉虎牵丝：一种辘轳，看起来像玉虎牵着丝绳。汲（jí）：引。

③"贾氏"一句：晋朝韩寿相貌英俊，大臣贾充招他为掾（yuàn，副官），贾充的女儿（贾氏）在帘后偷看韩寿，又把家藏的西域异香赠给韩寿。贾充知道后就把女儿嫁给韩寿。少：年轻。"宓（fú）妃"一句：曹植曾作《洛神赋》，赋中叙述他和洛水女神宓妃相遇的事。留枕：留下枕头，这里指思念。魏王：指曹植。

这首诗据冯浩判定，约作于大中二年（848）令狐绹任翰林学士时。诗写一位闭锁深闺的女子追求爱情而最终失望的痛苦之情。头两句以景衬情，三、四两句分别写"香"（相）和"丝"（思），五、六两句欣赏对方的年少和才华，结尾两句写春心（爱情）不能如愿的悲愤。"春心莫共花争发，一寸相思一寸灰"表达对美好爱情被毁灭的绝望与愤恨，具有一种动人心弦的悲剧美，不愧为千古名句。

不问苍生问鬼神。

贾生^①

宣室求贤访逐臣，贾生才调更无伦。^②
可怜夜半虚前席，不问苍生问鬼神。^③

①贾生：贾谊，西汉文学家、政治家，才华横溢，胸怀大志，遭人排挤，被贬为长沙王太傅。汉文帝后来召他回来，在宣室接见他。

②宣室：宫殿名，汉未央宫前正室。逐臣：指贾谊，他曾被贬谪。才调：才气。

③可怜：可惜。虚前席：徒然向前移席。指文帝听得入神，不觉将坐席移近贾谊。

这首诗约作于大中二年（848）冬李商隐从南方回京城任盩厔（zhōu zhì）尉时。这是一首讽刺诗，作者借贾谊的遭遇，抒写自己怀才不遇的感慨。讽刺了皇帝只知求仙，荒于政事，不能任贤，不顾民生疾苦的昏庸。一、二两句貌似在写皇帝求贤若渴，终于找到了博学多才的贾生，紧接着皇帝又貌似很虚心，连休息也顾不上，竟然在半夜向贾生求教。但求教的是什么呢？哦！原来和民生没有半点关系，而是毫无用处的鬼神之说，真是让人大跌眼镜！讽刺意味呼之欲出。本诗欲抑先扬，先给予读者期待，再狠狠粉碎，讽刺意味更加浓烈。"可怜夜半虚前席，不问苍生问鬼神"是讽刺名句。

本以高难饱，徒劳恨费声。

蝉

本以高难饱，徒劳恨费声。①
五更疏欲断，一树碧无情。②
薄宦梗犹泛，故园芜已平。③
烦君最相警，我亦举家清。

①"本以"两句：古人误以为蝉是餐风饮露的。这里是说，蝉既然想要栖息在高处，自然难以饱腹，那么声音虽然带恨，也徒然无用。以：因。

②"一树"句：意谓蝉虽哀鸣，树却自呈苍润，像是无情相待。实是隐喻自己受人冷落。

③薄宦：官卑职微。梗犹泛：断梗仍在水中漂浮。这里是自伤沦落意。芜已平：杂草遍地。

这首诗约作于大中四年（850）在徐州幕府时，是一首咏物诗。诗人用蝉的高洁比拟自己的廉正清贫，表面上看好像在写蝉，实际上在写自己。前四句写蝉的境遇，是实写，也是虚指作者本人；后四句实写诗人境况，但是又回归到蝉，用蝉来警醒自己："我这个与蝉境遇相似的小官，也当坚持操守。"整首诗虚虚实实，层层推进，在蝉和"我"之间来回转动，钱锺书先生评论这首诗说："蝉饥而哀鸣，树则漠然无动，油然自绿也。树无情而人有情，遂起同感。蝉栖树上，却恝置（犹淡忘）之；蝉鸣非为'我'发，'我'却谓其'相警'，是蝉于我亦'无情'，而我与之为有情也。错综细腻。""本以高难饱，徒劳恨费声"与虞世南"居高声自远，非是藉秋风"、骆宾王"露重飞难进，风多响易沉"并称写蝉三大名句，流传甚广。

此情可待成追忆，只是当时已惘然。

锦瑟①

锦瑟无端五十弦，一弦一柱思华年。②
庄生晓梦迷蝴蝶，望帝春心托杜鹃。③
沧海月明珠有泪，蓝田日暖玉生烟。④
此情可待成追忆，只是当时已惘然。⑤

①锦瑟：装饰华美的瑟。瑟：拨弦乐器，一般二十五根弦。李商隐妻王氏生前爱弹锦瑟，李商隐悼亡诗《房中曲》："归来已不见，锦瑟长于人。"

②无端：没来由。五十弦：传说神女所鼓之瑟是五十弦，后以"五十弦"代替瑟的名称。作者的意思是说："锦瑟实际是二十五弦啊，为何要称'五十弦'呢?"柱：瑟上撑弦的小木块，可移动以调节音高，一弦配一柱。华年：青春之年。

③"庄生"两句：意思是说，庄周早晨做梦，陶醉于变成蝴蝶的快乐，但太短暂；望帝在春天通过杜鹃的叫声表达悲伤的心情，

但为时已晚。《庄子·齐物论》:"庄周梦为胡蝶,栩栩然胡蝶也,自喻适志与!不知周也。俄然觉,则蘧蘧然周也。不知周之梦为胡蝶与?胡蝶之梦为周与?"春心:指男女之间相思之情。相传蜀帝杜宇,号望帝,让位于有功的大臣,死后其魂化为子规,即杜鹃鸟,暮春啼叫,叫声悲怨,口中带血。《华阳国志·蜀志》:"杜宇称帝,号曰望帝。……其相开明,决玉垒山以除水害,帝遂委以政事,法尧舜禅授之义,遂禅位于开明。帝升西山隐焉。时适二月,子鹃鸟鸣,故蜀人悲子鹃鸟鸣也。"子鹃即杜鹃。

④ "沧海"句:沧海月明之夜,鲛人泣泪成珠,聊作回报。《博物志》:"南海外有鲛人,水居如鱼,不废织绩,其眼能泣珠。"又云:鲛人从水出,寓人家,积日卖绢,将去,从主人索一器,泣而成珠满盘,以与主人。"(《太平御览》引)又传说每当月明之夜,海蚌就向月张开,借月光养珠,晶莹如泪。"蓝田"句:意思是妻子如同紫玉已化成烟,可望而不可即。《搜神记·紫玉》:"玉如烟然。"又传说美玉埋在山中,日光一照,远看会有一股烟气升腾,近观就看不见了。唐戴叔伦曰:"诗家之景,如蓝田日暖,良玉生烟,可望而不可置于眉睫之前也。"蓝田:山名,在今陕西,以产美玉而著名。这一联两个用典,与李商隐祭岳父王茂元文相同:"植玉求归,已轻于旧日;泣珠报惠,宁尽于兹辰?"(《重祭外舅司徒公文》)

⑤ 可待:岂待。惘然:忧思貌。王氏于开成三年(838)嫁给李商隐,长期患病,于大中五年(851)春病逝。李商隐早在会昌四年(844)所作的祭岳父王茂元文中就说:"昔公爱女,今愚病妻。"(《重祭外舅司徒公文》)

这首诗约作于大中五年(851)春夏间,是一首悼亡诗。全诗的意脉是这样的:"锦瑟实际是二十五弦啊,为何要称'五十弦'

呢？因为二十五弦已经让我的痛苦够多了，叫'五十弦'不是又翻倍吗？锦瑟一弦一柱的完美配合，让我想起我的青春年华。想当年，我与爱妻佳偶天成、恩爱美满，就好比庄周早晨做梦，陶醉于变成蝴蝶'栩栩然'双飞的快乐，但'晓梦'太短暂了；也好比望帝失去帝位后，通过杜鹃啼血表达悲伤的心情，但为时已晚，再也唤不回我的爱妻了。沧海月明之夜，我就像鲛人一样泣泪成珠，以回报妻子和岳父，但也不过是沧海遗珠而已。妻子已经如同紫玉一样化成烟，在暖阳下飘逝，可望而不可即。我和妻子恩爱不能长久的情况，岂是等到今天才来追忆？在当时我已经对妻子的病体非常忧虑了。"

这首《锦瑟》可以归入李商隐《无题》诗一类中，因其内容晦涩难懂，诗中典故、意象繁多，故历代对这首诗的解释众说纷纭。北宋刘放说是写给令狐楚家一个叫"锦瑟"的侍女的爱情诗，苏轼说是咏瑟的四种音调的咏物诗，清初朱鹤龄、朱彝尊、冯浩认为是为去世妻子王氏而作的悼亡诗，还有自伤身世、影射政治、自序诗集等多种说法。其中持"悼亡"和"自伤"说者为多。之所以莫衷一是，主要有两个原因：一是诗人借用庄生梦蝶、杜鹃啼血、鲛人泣珠、良玉生烟等典故，进行组合，创造出朦胧的境界，给人以多种理解的可能性；二是历代解诗的文人多不通乐，不太了解乐器，未能懂得"五十弦"和"一弦一柱"的真正含义。当然了，各家的解释大多仍有存在的价值，使得这首诗更有扑朔迷离之美。

"此情可待成追忆，只是当时已惘然"现在常常用来表达痴男怨女的情感纠葛。

曾是寂寥金烬暗，断无消息石榴红。

无题　其一

凤尾香罗薄几重，碧文圆顶夜深缝。①
扇裁月魄羞难掩，车走雷声语未通。②
曾是寂寥金烬暗，断无消息石榴红。③
斑骓只系垂杨岸，何处西南待好风？④

①凤尾香罗：织有凤尾纹的绫罗。碧文圆顶：有碧色花纹的圆顶罗帐。

②扇裁月魄：指像明月一样的团扇。车走雷声：车行的声音如雷。

③曾是：曾经多少次都是。金烬暗：蜡烛点完了。石榴红：石榴花红了（指春天过了）。

④斑骓：杂色的马。系（xì）：拴住。垂杨：垂柳。待好风：等到你。好风，西南风，比喻女子。典出曹植《七哀诗》："愿为西南风，长逝入君怀。"

这首诗据冯浩判定，约作于大中五年（851）冬李商隐在长安告别令狐绹将赴梓州（今四川三台）时。诗抒写诗人对一个女子的痛苦思念之情。首联设想对方深夜缝制罗帐，等待两人欢聚；颔联回忆最后一次相遇的情景：她拿着团扇害羞地遮着脸，"我"乘车匆匆而过，一句话也没说上；颈联写别后的相思寂寥：每夜等到蜡烛点完，每年等到石榴花红，也没有她的消息；末联是说自己仍然会在垂杨岸边等待西南风（她）的到来。诗人真是痴心不改，将自己浓浓的相思与忠诚融在诗句中。"曾是寂寥金烬暗，断无消息石榴红"是写痴情的名句。这首诗也可以理解为写女子思念男子，诗人以女性自比，把宰相令狐绹比为男性，则为政治寄托诗。

直道相思了无益，未妨惆怅是清狂。

无题　其二

重帏深下莫愁堂，卧后清宵细细长。①
神女生涯元是梦，小姑居处本无郎。②
风波不信菱枝弱，月露谁教桂叶香？③
直道相思了无益，未妨惆怅是清狂。④

①重帏深下：重叠的帏帐深深地垂下。莫愁：传说中的莫愁女，后为少女的代称。

②神女生涯：宋玉《高唐赋》序中写楚王梦遇巫山神女，神女主动向他献身。"小姑"一句：自己到现在还是独身居住。古乐府《青溪小姑曲》："小姑所居，独处无郎。"

③"风波"两句：风波欺负我这菱枝弱质，月露也不让我这桂叶飘香。谁教：不教。

④"直道"两句：即使相思全无好处，也不妨这样惆怅下去，算是痴情了。直道：即使。清狂：痴狂。

这首诗据冯浩判定，约作于大中五年（851）冬李商隐在长安告别令狐绹将赴梓州时。这首诗写一个自称"莫愁"的女子因思念所爱的人而满腹忧愁。首联写在重重帏帐封锁的幽静环境中，长夜的孤寂难熬；颔联写自己向往的巫山神女原是好梦一场，如今还是像青溪小姑一样独身居住；颈联用"风波""月露"两个意象写出自己的爱情追求遭到压制和摧残；末联的意思是即使如此，还是要执着追求。"神女生涯元是梦，小姑居处本无郎""直道相思了无益，未妨惆怅是清狂"都是名句。最后两句写出了自己坚定的信念和执着的追求。此诗也可以理解为李商隐写自己不遇知己（赏识他的当权者）的感伤。李商隐大部分无题诗表面上看都是爱情诗，其实更深入地分析，可以看出李商隐是借爱情的幌子委婉含蓄地表明自己的志向。

桐花万里丹山路，雏凤清于老凤声。

韩冬郎即席为诗相送，一座尽惊，他日余方追吟"连宵侍坐徘徊久"之句，有老成之风，因成二绝寄酬，兼呈畏之员外[①]　其一

十岁裁诗走马成，冷灰残烛动离情。[②]
桐花万里丹山路，雏凤清于老凤声。[③]

①韩冬郎：韩偓，冬郎是其小名。畏之：韩偓之父韩瞻。

②十岁：大中五年（851），韩偓十岁。裁诗：作诗。走马成：言其文思敏捷，走马之间即可成章。

③"桐花"两句：产凤的丹山虽然路远万里，但一路桐花盛开，花间传来雏凤的鸣声，比那老凤更为清亮动听。传说凤凰非梧桐不栖，非竹实不食。丹山：产凤之山。《山海经·南山经》："丹穴之山，……丹水出焉，……有鸟焉，其状如鸡，五采而文，名曰凤皇。"《吕氏春秋·本味》："流沙之西，丹山之南，有凤之丸，沃民所食。"

韩偓之父韩瞻与李商隐同年进士及第，又是连襟，二人交谊

很深。大中五年（851）冬，李商隐赴梓州任节度掌书记。韩瞻在长安为其饯行，其时韩偓十岁，即席赋诗，才惊满座。大中六年（852）春，李商隐在梓州追忆往事，作七绝二首寄给韩瞻父子，这是第一首。诗人盛赞韩偓少年才华出众，诗风清新老成，超过父辈。"桐花万里丹山路，雏凤清于老凤声"两句想象新奇，比喻精妙，遂成名句。"雏凤清于老凤声"用为成语，用来赞父子皆有才，而子更胜父，有"青出于蓝而胜于蓝"之意。成语"桐花雏凤"借指少年俊才。

严恽

严恽（814？—870），字子重，吴兴（今浙江湖州）人。屡举进士不第。与杜牧友善，皮日休、陆龟蒙爱重其诗，曾专程造访。今存诗仅一首。

尽日问花花不语，为谁零落为谁开？

落花

春光冉冉归何处，更向花前把一杯。[①]
尽日问花花不语，为谁零落为谁开？

①冉冉：形容柔媚美好。

本篇作于大中五年（851）春，时杜牧任湖州刺史，作《和严恽秀才〈落花〉》和之。所谓"琪花瑶草，正以不多为贵"，晚唐诗人严恽今虽仅存诗一首，但这一首已足以让其诗名流芳百世。这首

《落花》是咏春之作，诗人以拟人的手法，把春花当作有感情的生物，不仅和春花交谈，还询问它是为谁开放，又为何凋零，饱含诗人对春光、春花的喜爱和珍惜之情。全诗流畅平易，老妪能解，故能脍炙人口。杜牧的和诗云："共惜流年留不得，且环流水醉流杯。无情红艳年年盛，不恨凋零却恨开。"温庭筠、韦庄、欧阳修、苏轼等名家也竞相模仿后两句。苏轼模仿得最有意思："太守问花花有语，为君零落为君开。"

李频

李频（815—876），字德新，睦州寿昌（今浙江建德）人。少时师从乡人方干学诗，后奔走千里师从姚合。大中八年（854）进士及第，官至建州（在今福建建瓯）刺史。李频性格耿介刚直，擅长律诗，风格清新俊逸。有《梨岳诗集》，存诗200余首。

壮志未酬三尺剑，故乡空隔万重山。

春日思归

春情不断若连环，一夕思归鬓欲斑。①
壮志未酬三尺剑，故乡空隔万重山。
音书断绝干戈后，亲友相逢梦寐间。②
却羡浮云与飞鸟，因风吹去又吹还。

①连环：一个套着一个的一串环。
②音书：音讯，书信。

一

    本篇约为大中六年（852）在蜀中作。大中四、五年间李频在蜀中，大中五年蜀中战乱，大中六年平定，所以说"音书断绝干戈后"。唐末的诗歌普遍带有一种漂泊思乡的感伤情调，李频的诗歌自然也难以跳脱出来，像这首《春日思归》，"鬓欲斑""壮志未酬""音书断绝"等字句处处昭示着这种感伤、衰飒的气象。不过李频这首诗在衰飒之中仍有一丝豪情，尤其是颔联"壮志未酬三尺剑，故乡空隔万重山"，乃一篇之警策，虽不似盛唐诗之雄壮，却仍有一股悲壮之气回荡其中。成语"壮志未酬"即是从此处而来，指宏大的愿望没能实现。

黄巢

黄巢（820？—884），曹州冤句（今山东菏泽）人。出身盐商家庭，以贩私盐为业。善于骑射，亦有诗才，但屡试不第。乾符元年（874），王仙芝在河南起兵造反，次年六月黄巢在山东起兵响应。乾符五年（878）王仙芝死，黄巢被推为主帅，次年冬攻入长安，即皇帝位，国号"大齐"，建元金统。中和四年（884）六月，黄巢败死泰山狼虎谷。黄巢之乱使得唐王朝元气大伤，走到了灭亡的前夜。黄巢今仅存诗2首。

他年我若为青帝，报与桃花一处开。

题菊花

飒飒西风满院栽，蕊寒香冷蝶难来。①
他年我若为青帝，报与桃花一处开。②

①飒飒：形容风吹动树木枝叶等发出的声音。
②青帝：司春之神，古代传说中的五天帝之一，住在东方。

本篇相传是黄巢五岁时所作，时当长庆四年（824）。这是一首咏物七绝，对菊花在寒冷的秋天才开放的处境抱不平，表达了要主宰自然规律、重新安排事物命运的宏伟抱负，也昭示了青年时期的黄巢想要变革现有社会秩序的抱负。在艺术上，采用了比兴寄托的手法，兴味盎然。"他年我若为青帝，报与桃花一处开"一联，语虽跋扈，却也不失领袖人物的雄壮豪迈。

满城尽带黄金甲。

不第后赋菊①

待到秋来九月八，我花开后百花杀。②
冲天香阵透长安，满城尽带黄金甲。

①不第：科举落第。

②九月八：九月九日为重阳节，有登高、赏菊、插茱萸等习俗。这里用"九月八"主要是出于押韵的角度所做的变通。

黄巢在乾符二年（875）起兵造反之前，曾多次到长安参加科举考试，但无功而返，本篇约作于咸通年间（860—878）一次科举落第后。科场的失利以及整个社会的黑暗，使他对李唐王朝益发不满，借咏菊花来抒发自己的抱负。黄巢在诗中采用比拟手法，将菊花塑造成为性格坚韧、气势强盛且富于斗争精神的强者形象。黄巢造反时，就自号"冲天大将军"。"满城尽带黄金甲"想象大胆新颖，因被一部电影用为片名而广为流传。

陆龟蒙（830？—881），字鲁望，号天随子、江湖散人、甫里先生，吴郡（今江苏苏州）人。举进士不第，隐居松江甫里（今江苏甪直），不与流俗交接，与皮日休、罗隐、吴融为友，其中与皮日休唱和很多，世称"皮陆"。今存诗600余首。诗歌之外，小品文亦有重要成就。

丈夫非无泪，不洒离别间。

别离

丈夫非无泪，不洒离别间。
仗剑对尊酒，耻为游子颜。①
蝮蛇一螫手，壮士疾解腕。②
所思在功名，离别何足叹。

①尊：酒器。
②蝮蛇：一种剧毒蛇类。螫（shì）：毒虫刺人。

这是一首五律体裁的离别诗。古来的离别诗，一般以抒发离愁别恨为主要内容，以低回缠绵为情感基调。陆龟蒙的这首离别诗却令人耳目一新，写得挺拔刚健、慷慨激昂。"丈夫非无泪，不洒离别间"，开篇即施以洒脱之笔，奠定了全诗的昂扬基调；颔联塑造了一位潇洒壮伟、气宇轩昂的大丈夫形象；颈联又通过"蝮蛇螫手，壮士解腕"的事例揭示大丈夫不畏险阻的牺牲精神；尾联以议论作结，点明大丈夫的志向在于建功立业，昂扬基调始终贯穿全篇。

最无根蒂是浮名。

浮萍

晚来风约半池明，重叠侵沙绿罽成。[①]
不用临池更相笑，最无根蒂是浮名。

①绿罽（jì）：绿色毛毡。比喻池面上绿色浮萍。

咸通十年（869），陆龟蒙和皮日休在苏州结识，以后两人交情日笃，经常互相唱和，这首诗就是陆龟蒙给皮日休的和诗之一。皮日休先作《木兰后池三咏》，分咏浮萍、白莲、重台莲花三物，陆龟蒙继作《和袭美木兰后池三咏》以和皮作。皮日休的《浮萍》诗云："嫩似金脂飏似烟，多情浑欲拥红莲。明朝拟附南风信，寄与湘妃作翠钿。"皮日休的这首诗典故充塞、遣词华艳，充满雕琢之气；而陆龟蒙之作则显得平易畅达、造语朴淡，末句"最无根蒂是浮名"更在立意上高出皮作。此句今天多用来告诫人们不要太在意虚名。

新沙①

渤澥声中涨小堤，官家知后海鸥知。②
蓬莱有路教人到，应亦年年税紫芝。③

①新沙：海边新涨成的沙洲。

②渤澥（xiè）：渤海的别称。

③蓬莱：传说中的海上三座仙山之一。紫芝：紫色的灵芝，传说中的仙草。

陆龟蒙生活的唐末咸通、乾符年间，吏治腐败、民不聊生，社会矛盾尖锐，这首讽刺诗就是以这种黑暗的社会现实为背景创作的。诗人通过叙述渤海中新出现的沙洲被官府迅速知悉的事实，揭露了统治者对百姓敲骨吸髓的赋税剥削，已经到了无孔不入的疯狂地步。该诗运用了夸张的艺术手法，并用幽默诙谐的口吻表达出来，具有强烈的讽刺意义。

曹松

曹松（831？—903？），字梦徵，舒州（今安徽潜山）人。屡试不第，直到光化四年（901）才以七十一岁高龄及第，因同榜中王希羽、刘象、柯崇、郑希颜等皆年老，故时称"五老榜"。今存诗140首，主要学贾岛，工于炼字炼句。

一将功成万骨枯。

己亥岁二首　其一①

泽国江山入战图，生民何计乐樵苏。②
凭君莫话封侯事，一将功成万骨枯。

①己亥岁：唐僖宗乾符六年（879）。
②樵苏：砍柴刈草，引申为日常生计。

乾符六年（879）十月，黄巢军自广州北上，至十一月席卷整个长江中下游，曹松的家乡舒州亦未能幸免，此时曹松正隐居在洪州（今江西南昌）西山，也在战图之内。宰相王铎领军抵抗，节节败退，双方伤亡惨重，曹松有感而作此诗。唐代战事多发生在边关或中原地区，江南则相对安宁，诗人在首联采用以点见面的手法，通过江南地区汇入"战图"这一点，即可反映出整个唐王朝此时已进入烽烟四起、兵荒马乱的全面战争的状态。随战乱而来的是生灵涂炭，黎民百姓连打柴、割草这种简单平安的"樵苏之乐"都不再拥有。尾联转向议论，面对民不聊生、无可救药的社会现实，诗人发出沉痛的呼喊："莫要再提什么拜将封侯之事，因为一个将帅的功成名就，不知是由多少战士的无辜牺牲换来的！"这一联中的"一"与"万"、"荣"与"枯"形成强烈对比，将诗人沉痛、悲愤的情感烘托到极致。"一将功成万骨枯"已为成语，今天多用来表达一个领袖人物的成功是靠牺牲成千上万人的利益换来的。

罗隐

罗隐（833—909），字昭谏，杭州新城（今属浙江）人。科举生涯长达二十八年，终未及第。晚年在杭州钱镠幕府终老，屡劝钱镠发兵兴复大唐，其忠义人格非一般诗人可比。罗隐诗文兼擅，以讽刺诗和小品文成就最高，今存诗五百余首。毛泽东对罗隐诗特别偏爱，在其圈画、批注过的唐诗中，罗隐诗最多。此外，"罗隐秀才"的传说故事达二百多种，在唐代文人中独一无二。

任是无情亦动人。

牡丹花

似共东风别有因，绛罗高卷不胜春。①
若教解语应倾国，任是无情亦动人。②
芍药与君为近侍，芙蓉何处避芳尘。
可怜韩令功成后，辜负秾华过此身。③

①胜（shēng）：能承受，禁得起。

②解语：懂得说人话。

③韩令：指韩弘，唐宪宗元和年间曾为中书令（即宰相）。韩

弘功成名就后，曾下令砍牡丹。

本篇作于大中年间罗隐二十多岁时，当时传播极广。大中十三年（859）罗隐入京经襄阳徐商幕与周繇交往时，周繇曾拿此诗颔联打趣。咸通四年（863）罗隐在长安与曹唐交往时，曹唐亦拿此诗颔联打趣。这是一首用七律写作的咏物诗。牡丹贵为花中之王，与生俱来倾国之美貌和高贵之气质，即使美艳如芍药也只是牡丹的近待，芙蓉也为避开牡丹之芳尘而屈身池中。尽管如此，如若牡丹被韩弘这干人等砍去之后，即使再高贵、再美艳，这些"秾华"也只能被辜负，而没有任何存在的意义。作者在此借牡丹花自喻，表明自己满腹才华，却一直无人赏识、志不得伸，同时也讽刺了这世间的不公。"任是无情亦动人"一句常常为后人所引用，如秦观《南乡子》词云："尽道有些堪恨处，无情，任是无情也动人。"再如《红楼梦》第六十三回宝钗抽得牡丹花签，上题"艳冠群芳"四字，签云"任是无情也动人"。此句是唐人咏牡丹诗中最传神、最有韵致的诗句。

带雨方知国色寒。

牡丹

艳多烟重欲开难，红蕊当心一抹檀。①
公子醉归灯下见，美人朝插镜中看。
当庭始觉春风贵，带雨方知国色寒。
日晚更将何所似？太真无力凭阑干。②

①一抹檀：一抹檀晕，指火红色。

②太真：即杨贵妃，道号太真。凭：倚靠。阑干：即栏杆。

本篇为罗隐青年时作品，约作于大中年间。以七律体来咏物议论，可谓罗隐首创。这首《牡丹》可与前一首《牡丹花》参看，都是借咏牡丹来自况。沈德潜《唐诗别裁集》选唐代牡丹诗只选这一首。"带雨方知国色寒"一句写尽了牡丹的娇媚富贵以及人们对她的怜爱和疼惜。清人认为这七个字乃写牡丹的千秋绝唱。

采得百花成蜜后，为谁辛苦为谁甜？

蜂

不论平地与山尖，无限风光尽被占。①
采得百花成蜜后，为谁辛苦为谁甜？

①占：此处为韵脚，应押平声韵，故变读为zhān。

本篇约作于罗隐中年时期。罗隐一生作了大量的咏物诗，基本都用七律或七绝体写成，这首七绝咏蜂诗便是其中广为流传的一首。这首诗赞美了蜜蜂不论艰难险阻，一生辛勤劳作的高贵品性，同时也对那些不劳而获的剥削者予以无情的讽刺。罗隐诗歌中名篇名句甚多，该诗"采得百花成蜜后，为谁辛苦为谁甜"一联通俗易懂、寓意深厚，后世常用来形容努力的成果被别人占有，现在也用来赞美为他人辛勤付出的人，比如老师、父母等。

西施若解倾吴国，越国亡来又是谁？

西施①

家国兴亡自有时，吴人何苦怨西施。②
西施若解倾吴国，越国亡来又是谁？③

①西施：春秋末期越国美女，天生丽质，美貌动人，与王昭君、貂蝉、杨玉环并称为"中国古代四大美女"，其中西施居首。
②时：时运，时势。
③是：因为。

本篇约为咸通九年（868）秋罗隐游浙东时所作。这是一首七绝体的咏史诗。历来咏西施的诗篇甚多，大多从其美貌和历史作用两方面着眼。传统的观点认为西施是"红颜祸水"，把亡吴的主要原因归于女色。罗隐不赞同这种观点，在他看来，家国的兴亡成败实际是"时"的结果，将亡吴之责归于西施，实际上是为统治者开脱或减轻罪责，罗隐的观点有理有据，富于逻辑性。尾联"西施若解倾吴国，越国亡来又是谁"，通过反问的手法，引起人们对"红颜祸水"这种偏狭观念的反思，启示人们应全面而深刻地认识家国兴亡的历史原因。诗用顶针手法，有民歌风味。

家财不为子孙谋。

夏州胡常侍[①]

百尺高台勃勃州，大刀长戟汉诸侯。[②]
征鸿过尽边云阔，战马闲来塞草秋。
国计已推肝胆许，家财不为子孙谋。
仍闻陇蜀由多事，深喜将军未白头。[③]

①夏州：故址在今陕西靖边东北。东晋时赫连勃勃称夏王，筑统万城，后改为夏州。

②勃勃州：即夏州，夏王赫连勃勃占据的地方。

③陇蜀：陇即甘肃一带，蜀即四川一带。两处都是边关地带，多战事。

本篇为咸通十一年（870）罗隐游夏州时所作。地处西北边塞的夏州一带历来是兵家必争、战事多发之地，东晋时赫连勃勃就曾占领此地建立割据政权。罗隐经过夏州时，见到驻守此地的胡常侍的部队军容整齐、兵强马壮、骁勇善战，认为这乃是边关之幸、国家之福，遂对其大加赞扬和鼓励。诗中颈联"国计已推肝胆许，家财不为子孙谋"最为精辟，意思是为民族和国家利益不惜肝脑涂地，而不利用权位谋求私利。

我未成名君未嫁，可能俱是不如人？

嘲钟陵妓云英[①]

钟陵醉别十余春，重见云英掌上身。[②]
我未成名君未嫁，可能俱是不如人？[③]

①诗题一作《偶题》。钟陵：今江西南昌。
②掌上身：此用赵飞燕典故。据《飞燕外传》载，汉成帝皇后赵飞燕体态轻盈，能为掌上舞。此处赞美云英体态窈窕美妙。
③可能：怎能。

罗隐曾于大中十三年（859）初赴举之日，在钟陵筵上结识了当地一个颇有才情的歌妓云英。十二年后（871）再遇云英，见她仍没有出嫁，未脱风尘，而自己也久试不第，感叹各自身世，遂写下这首《嘲钟陵妓云英》。全诗采用欲扬先抑和侧面衬托的手法，以人写己，寓愤慨于诙谐，耐人寻味。成语"云英未嫁"即出自本诗，多用来比喻女子年龄很大还未出嫁。

只知事逐眼前过，不觉老从头上来。

水边偶题

野水无情去不回，水边花好为谁开？
只知事逐眼前过，不觉老从头上来。
穷似丘轲休叹息，达如周召亦尘埃。[①]
思量此理何人会，蒙邑先生最有才。[②]

①丘轲：指孔丘、孟轲，即孔子、孟子。周召（shào）：即周成王时共同辅政的周公旦和召公奭，两人皆有美政。

②蒙邑先生：即庄子，战国时宋国蒙（今安徽蒙城）人。

本篇约作于咸通十四年（873），罗隐在屡举不第后常以道家思想自慰，借这首诗表达了自己的人生态度。在他看来，生老病死乃人生之常理，即使穷愁困顿如孔子、孟子一般也不应暗自哀叹，即使显达如周公旦和召公奭，最终也将归于尘土。诗人赞赏的是庄子的人生态度：淡泊自守、顺应自然。但实际上，这首诗更深的一层意蕴，仍然是对于自身遭际的"不平之鸣"，透露出的是内心的愤懑和无奈。颔联"只知事逐眼前过，不觉老从头上来"是描写人生短暂或人生易老的名句。

今朝有酒今朝醉。

自遣

得即高歌失即休，多愁多恨亦悠悠。
今朝有酒今朝醉，明日愁来明日愁。

本篇约咸通十四年（873）在长安时所作。由于生活在极度黑暗腐败的唐朝末期，罗隐一生坎坷，志不得伸，应试十余次而不第。受这种生存处境和人生遭际的影响，罗隐的诗歌中常常出现许多不平之鸣，或以锐利笔锋揭露现实之丑恶，或以豁达笔调自遣胸中之愤懑。这首诗塑造了一个纵酒高歌的旷士形象，他个性鲜明，心态豁达，不为得失所累，只顾眼前喝酒。实际上暗含作者怀才不遇的悲愤。全诗不用典故，无生僻字，言浅而意深。"今朝有酒今朝醉"一句广为传颂，也常用作劝解语，劝喻人们应乐观豁达，而不要过分执着于忧愁。也用为成语，比喻过一天算一天，形容人没有长远打算。

时来天地皆同力，运去英雄不自由。

筹笔驿①

抛掷南阳为主忧，北征东讨尽良筹。②
时来天地皆同力，运去英雄不自由。
千里山河轻孺子，两朝冠剑恨谯周。③
唯余岩下多情水，犹解年年傍驿流。④

①筹笔驿：相传蜀相诸葛亮出兵伐魏，曾驻军筹画于此，在今四川广元。

②南阳：诸葛亮曾隐居的隆中（今湖北襄阳），当时属南阳郡。

③孺子：指蜀后主刘禅。两朝：指刘备、刘禅两朝。冠剑：指文臣、武将。谯周：蜀臣，曾力劝后主刘禅降魏。

④驿：驿站，指筹笔驿。

本篇作于中和三年（883）秋。本年秋，罗隐自长安入蜀，经过筹笔驿，有感于诸葛亮事而作此诗。这是一首七律体的咏史诗。诗人对诸葛亮的政治、军事才能十分欣赏，但他却时运不济、英雄末路，最终未能在有生之年结束分裂、统一全国，罗隐对此感到无奈和惋惜。同时诗人也对懦弱昏庸的蜀国后主刘禅加以贬斥，对力主降魏的奸臣谯周之流投以嘲讽。颔联"时来天地皆同力，运去英雄不自由"是这首诗的点睛之笔，意为事情的成败与时运密切相关。毛泽东曾引用这一联来点评南朝梁武帝萧衍，现在常用来作为人在成功或失败时的感叹语。尤其是"运去英雄不自由"一句，是罗隐一生的写照，写尽了英雄人物生不逢时、无力施展才华的悲哀，因为"时来""运去"不是英雄人物所能左右的。

章碣

　　章碣（836—905），字鲁封，桐庐（今属浙江）人，诗人章孝标之子。咸通末已有诗名，然累试不第，隐居故乡而终。章碣首创"变体"七律，所谓"变体"，即在律诗八句之中单句、偶句平仄声各自为韵。今存诗二十六首。

刘项元来不读书。

焚书坑[1]

竹帛烟销帝业虚，关河空锁祖龙居。[2]
坑灰未冷山东乱，刘项元来不读书。[3]

[1] 焚书坑：秦始皇焚烧诗书之地，故址在今陕西骊山。

[2] 竹帛：代指书籍。帝业：皇帝的事业，这里指秦始皇统治天下、巩固统治地位的事业。关河：关指函谷关，河指黄河。代指险固的地理形势。祖龙：代指秦始皇。

[3] 山东：崤山之东。刘项：即刘邦和项羽。元来：本来。

本篇约为乾符四年（877）章碣与罗隐同游骊山焚书坑遗址而作的同题诗。章碣所创的"变体"七律虽一时风行，但这种诗除了读来音节响亮之外，内容和艺术上实无甚可取之处，流传下来的名篇也很少。倒是这首七绝咏史诗《焚书坑》令人眼前一亮，作者对秦始皇焚书的荒唐行为予以冷峻而幽默的讽刺，委婉诙谐，怨而不怒，可谓历来咏"秦火"诗的上乘之作。尾联尤妙，以近乎喜剧的表现手法讽刺秦始皇的焚书策略。后来这一联常常被用来比喻那些违反事物发展规律的人，最终必将事与愿违、自食其果。

韦庄

韦庄（836—910），字端己，京兆万年（今陕西西安）人。早年屡试不第，乾宁元年（894）年近六十才进士及第。中和三年（883）春在洛阳作长诗《秦妇吟》，人称"秦妇吟秀才"。天复元年（901）入蜀为王建掌书记，后王建称帝，以韦庄为相。韦庄诗词兼善，今存诗三百余首，词五十余首。诗多以伤时、怀古为主题，语言流利；词为"花间派"，多写离情别绪及自身的生活体验，善用白描手法，词风清丽，与温庭筠并称"温韦"。有《浣花集》十卷。

无情最是台城柳，依旧烟笼十里堤。

台城①

江雨霏霏江草齐，六朝如梦鸟空啼。②
无情最是台城柳，依旧烟笼十里堤。

①台城：也称苑城，旧址在今江苏南京鸡鸣山南。原为三国时代吴国的后苑城，东晋成帝时改建。从东晋至南朝这里一直是皇宫和中央政府所在地。

②六朝：指吴、东晋、宋、齐、梁、陈六个朝代，皆以建康（今江苏南京）为首都。

中和三年（883）春夏之际，韦庄客游江南，于金陵凭吊六朝遗迹，感叹历史兴亡，遂写下这首吊古伤今之作。金陵曾是六朝古都，从东晋至南朝，台城一直是皇宫和中央政府所在地，当年曾繁华至极。金陵在唐朝被降为江宁县（上元二年又改为上元县），加上晚唐王朝已经全面走向衰落，覆亡之势已成，昔日繁华的台城已经荒废不堪。今昔的强烈对比，激起了诗人内心无限的感伤与怅惘。尾联"无情最是台城柳，依旧烟笼十里堤"采用反衬手法，不问兴亡、终古如斯的台城烟柳，与转瞬即逝、繁华成空的六朝时代形成鲜明对比，以柳的"无情"反托出了人的无限伤痛，深寓世事沧桑之感，有《黍离》之悲。

人人尽说江南好，游人只合江南老。

菩萨蛮

人人尽说江南好，游人只合江南老。[1]**春水碧于天，画船听雨眠。垆边人似月，皓腕凝霜雪。**[2]**未老莫还乡，还乡须断肠。**[3]

[1]游人：这里指飘泊江南的人，即作者自称。合：应当。

[2]垆边人：这里指当垆卖酒的女子。皓腕：洁白的手腕。凝霜雪：像霜雪凝聚那样洁白。

[3]须：必定。断肠：形容非常伤心。

词中的"江南"，是江浙一带水乡，韦庄避黄巢之乱，从家乡长安经洛阳逃到江南，投靠镇海节度使周宝达六七年时间，此词即写于中和四年（884）前后。张惠言《词选》和俞陛云《唐五代两宋词选释》都说"江南"指西蜀,大误。这首词描写了江南水乡的风景美和人物美,通过江南水乡的令人依恋,反衬故乡的离乱残破和令人伤痛。

全词读来情真意切,具有较强的艺术感染力。在谋篇布局上,开首两句与结拍两句抒情,中间四句写景、写人,纯用白描写法,如芙蓉出水,自然秀丽;起结四句虽直抒胸臆,却又婉转含蓄,饶有韵致。

聂夷中

聂夷中（837—907？），字坦之，河南中都（今河南洛阳）人。出身贫苦，咸通十二年（871）进士及第，授华阴尉。擅长五言古诗，多描写民生疾苦，揭露统治者的荒淫奢侈，语言朴实。今存诗三十余首。

医得眼前疮，剜却心头肉。

伤田家①

二月卖新丝，五月粜新谷。②
医得眼前疮，剜却心头肉。③
我愿君王心，化作光明烛。
不照绮罗筵，只照逃亡屋。④

①题目一作《咏田家》。
②粜（tiào）：出卖谷物。
③剜（wān）却：用刀挖掉。

④绮罗筵：即绮筵，华美丰盛的筵席。逃亡屋：指贫苦农民无法生活，逃亡在外留下的空屋。

本篇作于大中十年（856）或稍后。唐朝末年，吏治腐败，社会黑暗，统治者加紧了对百姓的盘剥压榨。聂夷中的这首诗高度概括了唐末社会的黑暗现实，愤怒地控诉了统治阶级形形色色的高利贷给农民带来的深重苦难，表达了对弱势的底层人民的深切同情。颔联"医得眼前疮，剜却心头肉"言简意足，运用比喻手法，形象地揭示出高利贷吮血噬骨的残酷剥削本质。后来"挖肉补疮"逐渐演变为一个成语，比喻只顾眼前，用有害的方法来救急。

李山甫

李山甫，咸通中累举不第，光启年间，曾依魏博节度使乐彦祯幕府为判官，后又事魏博节度使罗弘信、罗绍威父子。诗歌以七律为工，多咏物诗作。今存诗七十多首。

> 有时三点两点雨，到处十枝五枝花。

寒食二首　其一①

柳带东风一向斜，春阴澹澹蔽人家。②
有时三点两点雨，到处十枝五枝花。
万井楼台疑绣画，九原珠翠似烟霞。③
年年今日谁相问？独卧长安泣岁华。

①寒食：即寒食节，在冬至后一百零五日、清明节前二日。有禁烟火、吃冷食等习俗。

②澹澹：水波微微荡漾的样子。

③万井：千家万户。九原：九州。

　　咸通年间李山甫屡举不第，困居长安，寒食节有感而作此诗。李山甫的这组七律描绘的是寒食节的春景，这一首主要写"雨景"，另一首则主要写"晴景"。这个时节众人皆出门踏春，而诗人却孤身一人，落寞、苦闷之情显见。这首诗写得自然流利，尤其是颔联，以轻活之笔写眼前之景，全以不着力处见工，可谓妙笔天成，为描写春景的佳句；虽是拗救句法，却不觉其拗。全诗用了七个数字，很有特色。

秦韬玉

秦韬玉，字中明，湖南人。屡试不第，因巴结宦官，被归入"芳林十哲"之一。黄巢军攻入长安时（880），随唐僖宗逃到成都，因而在中和二年（882）被赐进士及第。今存诗三十六首，多为七律，取材狭窄，诗风清丽，气格较弱。

为他人作嫁衣裳！

贫女

蓬门未识绮罗香，拟托良媒益自伤。①
谁爱风流高格调？共怜时世俭梳妆。②
敢将十指夸偏巧，不把双眉斗画长。
苦恨年年压金线，为他人作嫁衣裳！③

①蓬门：茅屋的门，指贫女之家。绮罗香：指富贵人家妇女的服饰。

②风流高格调：指格调高雅的妆扮。风流：仪表，仪态，此作

名词用。"共怜"句：大家都喜欢当世的"时世妆"。怜：爱，喜欢。"俭"通"险"，险妆指奇异的妆容。

③苦恨：非常懊恼。压：刺绣的动作。裳：读cháng。

      这首诗约作于咸通十四年（873）进士考试落第后，本年前秦韬玉已多次落第。李山甫与秦韬玉一样屡举不第，作《贫女》诗自伤，秦韬玉依李山甫《贫女》原韵而作本篇，水平胜过李山甫原诗。秦韬玉诗歌虽取材狭窄，气格较弱，大多数作品并不出彩，但这首《贫女》却堪与第一流的诗歌相媲美。在这首诗中，诗人通过独白揭示贫女内心深处的抑郁和苦闷，着意突出贫女持重清高的品行和出众的才能，而不是依靠妆容，对其遭际表示深切的同情。作者是以贫女自况，抒发怀才不遇的不平之情。末句"为他人作嫁衣裳"一句广为流传，已为成语，也浓缩为"为人作嫁"四字成语，用来比喻空为别人忙碌辛苦。《红楼梦》中的《好了歌》曾化用此句："甚荒唐，到头来都是为他人作嫁衣裳！"

韩偓

　　韩偓（842—923），小名冬郎，字致光，晚年号玉山樵人，京兆万年（今陕西西安）人。少有诗才，姨父李商隐称赞其"雏凤清于老凤声"。唐昭宗龙纪元年（889）进士及第，官至翰林学士承旨。唐亡后隐居福建南安。中年自编《香奁集》，多写男女闺情，风格绮艳，后世称"香奁体"。今存诗三百余首。

若是有情争不哭，夜来风雨葬西施。

哭花

曾愁香结破颜迟，今见妖红委地时。①
若是有情争不哭，夜来风雨葬西施。②

①香结：即花苞。委地：散落于地。
②争：怎，怎么。

　　这首诗出自《香奁集》，据韩偓《香奁集序》，此诗约为咸通十年（869）前后在长安作。这是一首咏物七绝，诗人感于花之美艳不能长久，流露出细腻、惆怅的惜花之情。但伤心人自有怀抱，诗人不仅借哭花表达对世间美好事物转瞬即逝的无奈和惋惜，也隐隐透露出时世、韶华的凋丧。末联以西施喻花，描写美艳的花朵被夜来风雨打落于地，这种情形怎能不令人痛惜？一般诗词都是以花喻美人，而这里以美人喻花，颇为新颖。这一联曾为北宋著名词人周邦彦的《六丑·落花》化用，词云："为问花何在？夜来风雨，葬楚宫倾国。"

张泌

张泌（bì）（842？—914？），字子澄，唐末至五代初期作家，诗词兼擅。今存词二十八首，诗二十首。具《浣溪沙》（晚逐香车）被鲁迅翻译改编为《唐朝的钉梢》，收入《二心集》。

多情只有春庭月，犹为离人照落花。

寄人

别梦依依到谢家，小廊回合曲阑斜。①
多情只有春庭月，犹为离人照落花！

①谢家：泛指闺中女子。晋代谢奕之女谢道韫、唐代李德裕之妾谢秋娘等皆有盛名，故后人多以"谢家"代指闺中女子。阑：栏杆。

这首诗为乾符元年（874）前后张泌在长安时所作。这首七绝小诗曾入选《唐诗三百首》，历来知名度较高。该诗描写的是诗人与情人别后的情景和心绪，表达出深切的相思之苦。首句写梦中重聚，依依不舍；次句写当年景象，物是人非；三句写明月有情而伊人无意；四句写落花有恨，却慰藉无人。三、四两句乃是"情痴"之语，情景交融，含蓄深婉，写出了离别后诗人的思忆之深切，以及思而不见的无奈和惆怅，极易引发有相同境遇之人的共鸣。

鱼玄机

鱼玄机（844？—868），初名幼微，字蕙兰，长安（今陕西西安）人。初为补阙李亿妾，因正室不容而至长安咸宜观出家为女道士。后因私刑打死婢女绿翘，被京兆尹温璋处死。鱼玄机生性聪慧，与温庭筠为忘年交，与李冶、薛涛并称唐代三大女诗人。今存诗五十余首。

易求无价宝，难得有心郎。

赠邻女[①]

羞日遮罗袖，愁春懒起妆。
易求无价宝，难得有心郎。
枕上潜垂泪，花间暗断肠。
自能窥宋玉，何必恨王昌[②]。

①题目一作《寄李亿员外》。
②宋玉：战国楚辞赋家，曾作《九辩》《高唐赋》等。王昌：《太平御览》引《襄阳耆旧传》："王昌，字公伯，为东平相、散骑

常侍，早卒。"冯浩《玉溪生诗集笺注》引钱希言《桐薪》："意其人身为贵戚，出相东平，则姿仪俊美，为世所共赏可知。"唐人常常以其代指情郎或夫婿。此处指李亿。

这是一首爱情诗，作于咸通四年（863）冬，是鱼玄机在长安咸宜观当道士时所写。诗人觉得有心郎超过无价宝，抒发了女子对于爱情的渴望与追求。但有心郎难得，女子追求爱情的道路充满艰辛。她以自身的不幸遭际，道出了封建时代处于弱势地位的妇女悲惨、苦闷的心声。颔联"易求无价宝，难得有心郎"精警，通过强烈的对比显示出真爱的难得，流传很广。

杜荀鹤

杜荀鹤（846—904），字彦之，自号九华山人，池州石埭（今安徽石台）人。出身寒微，自称"江湖苦吟士，天地最穷人"。早年读书九华山，屡试不第。唐昭宗大顺二年（891）进士及第，官至翰林学士、主客员外郎。诗歌多描写民生疾苦，语言浅俗，严羽称之为"杜荀鹤体"。

时人不识凌云木，直待凌云始道高。

小松

自小刺头深草里，而今渐觉出蓬蒿。①
时人不识凌云木，直待凌云始道高。

①刺头：埋头。蓬蒿（hāo）：一种草本植物。

本篇约作于咸通五年（864）杜荀鹤十九岁首次准备外出觅举求仕时。这是一首七绝咏物诗，作者以松喻人，托物以讽：就像时人在松树幼年时不知它将来会长成凌云木一样，世俗之人也难有及早发现人才的慧眼。尾联尤其富于哲理，意指有才能之人起初往往无人赏识，直到他功成名就之时才会受到关注和赞扬。这也是作者的自况。

少年辛苦终身事，莫向光阴惰寸功。

题弟侄书堂

何事居穷道不穷，乱时还与静时同。①
家山虽在干戈地，弟侄常修礼乐风。②
窗竹影摇书案上，野泉声入砚池中。
少年辛苦终身事，莫向光阴惰寸功。

①居穷道不穷：处于穷困之境仍要注重修养。
②干戈：指战事。

本篇约作于乾符六年（879）冬，本年十一月黄巢乱军刚掠扰池州，此时杜荀鹤正在故乡池州，仍敦促弟侄"乱时"也要勤奋读书。于是为弟侄的书堂题写此诗，意在告诫弟侄要在少年时期辛勤求学，为一生的事业扎下根基，切莫有丝毫懒惰，不要浪费了大好光阴。前半首赞扬弟侄虽未入仕却能于世道纷乱之时谨守礼道、勤奋修业的精神风貌。颈联从写人转向写书堂之景，出句从视觉角度描绘，对句则从听觉角度烘托。尾联以议论收束，劝勉弟侄要勤勉向学，莫要荒废光阴；这一联在后世常用作劝人向学、惜取光阴的警句名言。

崔涂

崔涂（848—?），字礼山，睦州桐庐（今属浙江）人。常年飘泊各地，为科举奔忙。唐僖宗中和元年（881）逗留湖湘，二年入蜀觅举。光启四年（888）进士及第。其诗多以飘泊生活为题材，情调苍凉。今存诗约一百首。

蝴蝶梦中家万里，杜鹃枝上月三更。

春夕旅怀

水流花谢两无情，送尽东风过楚城。①
蝴蝶梦中家万里，杜鹃枝上月三更。②
故园书动经年绝，华发春唯满镜生。③
自是不归归便得，五湖烟景有谁争？④

①楚城：泛指楚地。

②蝴蝶梦：指快乐美好的梦。庄周曾梦见自己是一只翩翩飞舞的蝴蝶。杜鹃：一本作"子规"。鸟的一种，传说为蜀帝杜宇魂魄

所化，夜里常在杜鹃花枝上鸣，声悲切，好像说"不如归去"。

③动：动辄。华发：花白的头发。

④自是：只是。五湖：太湖一带，春秋时范蠡辅佐越王勾践成就霸业后，隐居于此。这里指作者家乡。

这首七律羁旅诗是中和四年（884）崔涂漂泊蜀地，游渠州冲相寺（在今四川广安肖溪镇）时题在壁上的。首联切入主题，描写暮春景象，感叹春光易逝。颔联是脍炙人口的名句，对仗工整，韵律和谐，将"春夕"之景与自我的羁旅之情巧妙地融合在一起，在结构上起承上启下的作用。颈联承颔联的羁旅之情而来，直诉诗人的思乡之苦。尾联借用范蠡典故，既表达了回归乡里隐居的殷切渴求，也暗含了仕途坎坷、志不得伸的苦闷情怀。

郑谷

郑谷（848—910），字守愚，袁州（今江西宜春）人。僖宗光启三年（887）进士及第，官至都官郎中，人称"郑都官"，又因《鹧鸪》诗得名"郑鹧鸪"。与许棠、张乔等唱和，号"咸通十哲"。唐亡后，隐于故乡。今存诗三百余首，多写景咏物之作，风格清新通俗。

君向潇湘我向秦。

淮上与友人别①

扬子江头杨柳春，杨花愁杀渡江人。②
数声风笛离亭晚，君向潇湘我向秦。③

①淮上：此指瓜洲渡口。

②扬子江：在江苏镇江、扬州一带的长江，古称扬子江，因扬子津而得名。

③潇湘：今湖南一带。秦：指长安，今陕西西安。

本篇约作于咸通八年（867）春，此时郑谷东游将返长安，与友人在瓜洲分道扬镳。郑谷的诗歌浅近易读，在北宋时流布甚广，几乎家诵户习，并用以教童蒙。这首七绝即是一例，语言浅切，音节响亮，流利跳脱，且富含思致。该诗通过杨柳、离亭、风笛等一系列物象，对离情反复渲染，烘托出诗人与好友深笃的友谊。明人杨慎曾列这首诗为"神品"。"君向潇湘我向秦"一句，今多用来表达离别之情或指分道扬镳。

王驾（851—?），字大用，自号守素先生，河中（今山西永济）人。昭宗大顺元年（890）进士及第，官至礼部员外郎，后弃官归隐。与郑谷、司空图为诗友，诗风亦相近。今存诗七首。其中一首《古意》也很有名："夫在边关妾在吴，西风吹妾妾忧夫。一行书信千行泪，寒到君边衣到无?"（一说是其妻陈玉兰《寄夫》诗）

却疑春色在邻家。

雨晴

雨前初见花间蕊，雨后全无叶底花。
蜂蝶纷纷过墙去，却疑春色在邻家。

本篇约为乾宁五年（898）王驾弃官闲居家乡时所作。王驾存诗虽仅七首，这首七绝《雨晴》在历代却广为传诵。这是经过北宋王安石修改后的版本，王驾原诗为："雨前初见花间蕊，雨后兼无叶底花。蛱蝶飞来过墙去，却疑春色在邻家。"该诗选取简单平常的景物，用平易自然的语言，描绘出了一幅春雨过后花园的别样景致，表达了作者的惜春之情。首联从象征春天的"花"来切入，通过雨前和雨后花的景象的对比，艺术性地概括出这场"春雨"的过程。尾联则选取了动物"蜂蝶"，转换至动态的视角。通过这样的艺术安排，多层次多角度地展现出了雨晴后的花园景象。"却疑春色在邻家"一句，今多用来表达对同行成绩的羡慕。

王贞白

王贞白（858—920），字有道，号灵溪，信州永丰（今江西上饶）人。早年曾在江西庐山白鹿洞读书，昭宗乾宁二年（895）进士及第，官秘书省校书郎，后即弃官归隐。与罗隐、方干、贯休等人唱和，诗风平淡。今存诗七十余首。

一寸光阴一寸金。

白鹿洞①

读书不觉已春深，一寸光阴一寸金。
不是道人来引笑，周情孔思正追寻。②

①白鹿洞：即白鹿洞书院，位于九江庐山五老峰下，是中国古代最早建立的书院之一。王贞白早年曾于此地读书求学。

②周情孔思：即周公礼法、孔子儒学。此处泛指学问。

本篇为王贞白年轻时在白鹿洞读书时所作，是王贞白的代表作，原题有两首，这是第一首。此诗平淡流易，言浅意深，历来为人传诵。尤其是第二句"一寸光阴一寸金"更是脍炙人口，已为常用成语，比喻时间十分宝贵。但这要归功于明代编写的童蒙书籍《增广贤文》，其中有"一寸光阴一寸金，寸金难买寸光阴"，用来劝勉人们要惜时如金、潜心求知。

僧契此（？—916），号长汀子，明州奉化（今属浙江）人，世称"布袋和尚"。

退步原来是向前。

插秧诗

手捏青苗种福田，低头便见水中天。
六根清净方成稻，退步原来是向前。

这首诗偈约作于天复年间（901—904）。诗用插秧来比喻和尚修道。"低头便见水中天"是双关语，表面上是说插秧时弯腰低头，就看到蓝天映在水中，实际上是说遇事低头、退一步海阔天空的道理。"六根清净方成稻"也是双关语，表面上是说秧苗的根很清净，实际上是说只有做到六根（眼、耳、鼻、舌、身、意）清净，才能修道成功，"稻"谐音"道"。最后一句"退步原来是向前"更是神来之笔，一边退步一边插秧，退步就是前进，形象地揭示了"以退为进"的道理。

牛希济

牛希济（872—?），狄道（今甘肃临洮）人，牛峤之侄。前蜀时，官至御史中丞。蜀亡，任后唐雍州（今陕西西安一带）节度副使。牛希济是花间派重要词人之一。

记得绿罗裙，处处怜芳草。

生查子①

春山烟欲收，天淡星稀小。②残月脸边明，别泪临清晓。语已多，情未了。回首犹重道：记得绿罗裙，处处怜芳草。③

①生查（zhā）子：唐教坊曲名。

②烟欲收：山间雾气渐渐收敛。星稀小：星稀少。

③犹重道：还反复说。

这是一首写恋人别离场景的词。上阕写天刚亮时，黯淡氛围之下一对恋人依依相别的场景，下阕前两句写二人说不完的话、道不完的情，"重道"更是突出二人之间的情深义厚，难舍难分。最后两句写得尤为深刻，运用比喻、借代等多种修辞手法：芳草无处不在，因她的绿罗裙颜色如芳草，所以看到芳草就想起她。由芳草联想到情人，因爱情人而怜芳草，这是多么真切诚挚的爱恋！

顾夐（xiòng），五代前蜀时官至茂州（今四川茂县）刺史，后蜀时官至太尉。为花间派词人，词多写艳情，今存词五十五首。

换我心，为你心，始知相忆深。

诉衷情①

永夜抛人何处去？绝来音。香阁掩，眉敛，月将沉。争忍不相寻？②怨孤衾。换我心，为你心，始知相忆深。

①诉衷情：唐教坊曲名。因毛文锡词句有"桃花流水漾纵横"，又名《桃花水》；因顾夐本词，又名《怨孤衾》。

②争忍：怎么忍心。不相寻：不追寻。

这首词描写女子相思苦楚难以诉说，用白描的手法来表现女子的内心独白。开头两句先用"永夜"一词铺垫久盼时间之长，进而用"抛""绝"与"永夜"相映衬，加深了男子的薄情寡义和女子盼君归来的不安心情。接下来三句以虚写实，用"掩""敛""沉"字渲染女子内心的悲伤怨恨情绪。下阕用"争忍"反问，怨中有爱，"怨孤衾"更是痴绝之情溢于言表，无数种盼而不得的忧伤都倾注在这"怨"字上。最后三句用最通俗的语言、口语化的表述，诉说女子的一片痴情，深情动人，实在难能可贵。

冯延巳

冯延巳（903—960），字正中，广陵（今江苏扬州）人。南唐中主时官至宰相。今存词一百多首，是唐五代存词最多的词人。词风清丽，多写男女离情别绪和士大夫的感伤落寞情怀，王国维说他"开北宋一代风气"，对北宋晏殊、欧阳修的词颇有影响。有《阳春集》。

风乍起，吹皱一池春水。

谒金门①

风乍起，吹皱一池春水。②闲引鸳鸯香径里，手挼红杏蕊。③　　斗鸭阑干独倚，碧玉搔头斜坠。④终日望君君不至，举头闻鹊喜。

①谒金门：唐教坊曲名，又名《空相忆》等。
②乍：忽然。
③引：逗引。挼（ruó）：搓，揉。
④斗鸭阑干：圈养斗鸭的栅栏。碧玉搔头：用碧玉做的簪子。

这首词写的是春日里一位贵族女子盼望心上人。前两句是千古传诵的名句，"皱"字的运用一鸣惊人，一语双关，忽然而来的春风吹皱了池水，也吹动了女子的心。第三、四句和第五、六句写女子在花径里逗鸳鸯消遣和倚栏干旁看鸭子戏水解闷，"闲"和"独"突出女子的无聊苦闷，"斜坠"一词则形象地将女子心不在焉的情状描摹出来。最后两句女子的愁绪在喜鹊的报喜中闭幕，给人无限想象空间。"吹皱一池春水"已用为成语，多比喻事不关己而好管闲事。

李璟

李璟（916—961），字伯玉，本名景通，徐州（今属江苏）人。南唐升元七年（943）即皇帝位，后被迫削去帝号，改称国主，世称南唐中主。好读书，多才艺，今存四首词，感情真挚，风格凄怨。

青鸟不传云外信，丁香空结雨中愁。

摊破浣溪沙①

手卷真珠上玉钩，依前春恨锁重楼。②风里落花谁是主？思悠悠。　　青鸟不传云外信，丁香空结雨中愁。③回首绿波三楚暮，接天流。④

①摊破浣溪沙：将《浣溪沙》词上下阕末尾各加三字，称《摊破浣溪沙》，亦称《山花子》。

②真珠：真珠帘的省称，用珍珠串成的帘子。依前：依旧。

③青鸟：信使，这里指带信的人。丁香空结：这里指愁思

郁结。

④三楚：指南楚、东楚、西楚，相当于今淮河流域及长江中下游地区。因战国时楚地疆域广阔，故分为三楚。

这首词写女子伤春怀远之情，感情细腻委婉，富有情致。上阕第一、二句通过女子手卷珠帘眺望的特写镜头，切入女子内心，身处深闺无可奈何的春恨倾泻而出。第三、四句用设问的笔法道出春恨之缘由。下阕继续描写女子眼中所见之景，借青鸟、丁香意象抒发思人不归的苦闷心情，情景融为一体。末两句以回望三楚的不尽江流结尾，意境开阔，更使这股愁思滔滔不绝。"丁香空结雨中愁"一句，化用李商隐"芭蕉不展丁香结，同向春风各自愁"，后对戴望舒《雨巷》产生影响。

李煜

李煜（937—978），字重光，初名从嘉，号钟隐、莲峰居士，徐州（今属江苏）人。李璟第六子，世称南唐李后主，在位十五年，开宝八年（975），国亡被俘，封违命侯。宋太宗太平兴国三年（978）被毒死。多才多艺，词最有名。在南唐时多写宫廷享乐生活，风格柔靡，亡国之后多写家国之痛，题材扩大，感情真挚，留下了许多不朽的篇章，被称为"千古词帝"。

离恨恰如春草，更行更远还生。

清平乐①

别来春半，触目柔肠断。②砌下落梅如雪乱，拂了一身还满。③　　雁来音信无凭，路遥归梦难成。离恨恰如春草，更行更远还生。④

①清平乐：唐教坊曲名，又名《清平乐令》《醉东风》《忆萝月》。

②春半：春季已过半。

③砌（qì）：台阶。落梅：指白梅花，开花较迟，所以春半时

候纷纷掉落。

④恰如：却如。

这是一首写离情别恨的词。乾德四年（966），李后主七弟从善入宋久不得归，他思念迫切，遂有此作。上阕写主人公触景生情，开头两句奠定了全词哀婉的感情基调，第三、四句交代触目所见的内容，如雪花般落不尽、拂不尽的白梅花，也如愁思般绵延不尽，画面感极其强烈。下阕写主人公睹物伤情，从雁归却无音信的失望转到离人的角度，写归来的遥遥无期，表达对离人的深深怀念之情。最后两句意为：心中所怀的离恨，就像越走越远却依旧生长茂盛的春草那般绵绵无尽，突出离恨之多，离恨之长，离恨之久，离恨之深。这几句化用了杜牧诗句"恨如春草多"，将"多"字替换成"更行更远还生"，感情更强烈。

车如流水马如龙。

忆江南

多少恨，昨夜梦魂中。还似旧时游上苑，^①车如流水马如龙。^②花月正春风。

①上苑：古代皇帝的园林。

②车如流水马如龙：指车马络绎不绝，这里描绘梦境中游乐的盛况。

这首词写梦中重温江南游的悲恨之情，抒发亡国之痛。首句开门见山地写出满腔怨恨，第二句写出怨恨之来源，却未具体写出怨恨之所在。第三、四、五句连贯地表现出当年出游之时的盛大场面，良辰美景与此刻亡国之君的现状形成鲜明对比，词到此处戛然而止，巨大的心理落差牵动着作者内心的亡国之痛，耐人寻味。"车如流水，马如游龙"原是《后汉书》中的比喻，初唐诗人苏颋把它浓缩成诗句"车如流水马如龙"，李煜这里借用恰到好处，遂为流行的成语，形容车马络绎不绝、繁华热闹的景象。

自是人生长恨水长东。

相见欢①

林花谢了春红，太匆匆。②无奈朝来寒雨晚来风。 胭脂泪，相留醉，几时重？自是人生长恨水长东。

①相见欢：唐教坊曲名，又名《乌夜啼》《秋夜月》《上西楼》。

②春红：春天的花朵。

这首词借春残花谢的自然景象抒发亡国之痛。上阕第一、二句既写了对春花匆匆衰败景象的惋惜，也暗喻了南唐的灭亡。第三、四句既写了林花遭受朝雨晚风的摧残而凋谢的惨败景象，也包含了自己无可奈何的哀叹。下阕"胭脂泪"是从杜甫的"林花著雨胭脂湿"点化而来，将雨打红花比喻成"胭脂泪"，赋予花以人的情思。最后一句语意深刻：人生的恨事常有，就像这东流的江水。这是将个人的愁恨升华为人类共同的愁恨，具有高度的概括性，故容易引起共鸣。

剪不断，理还乱，是离愁。别是一般滋味
在心头。

相见欢

无言独上西楼，月如钩。寂寞梧桐深院锁清秋。[①]　　**剪
不断，理还乱，是离愁。别是一般滋味在心头。**[②]

①深院锁清秋：深院被凄清的秋色笼罩。

②别是一般：另有一种。

　　这首词写词人秋夜独自登上西楼，看到秋色笼罩下的庭院，凄凉寂寞的离愁不自觉地涌上心头。上阕写眼前所见之景的凄凉、无言的愁态、独上西楼的落寞、残月的凄清、深院的幽冷。"锁"字锁的不仅是深院里的秋色，还暗示了自身此刻阶下囚的悲惨现状，反映出主人公的伤心孤寂。下阕是脍炙人口的名句，作者直抒胸臆，表达自己千丝万缕的离愁。主人公的离愁无法理清，就像纷繁复杂的"丝"一般缠绕在心头，无法摆脱，个中滋味难以诉说，真切而自然。"剪不断，理还乱"已为成语，比喻心情愁闷难解。成语"别有滋味"也出自本篇，原意是亡国之痛的滋味别人无法体会，今指文学艺术的情调、意蕴另有种动人的美感和趣味。

流水落花春去也，天上人间！

浪淘沙[①]

帘外雨潺潺，春意阑珊。[②]**罗衾不耐五更寒。**[③]**梦里不**

知身是客，一晌贪欢。④　　独自莫凭栏！无限江山，⑤别时容易见时难。流水落花春去也，天上人间！

①浪淘沙：唐教坊曲名，又名《浪淘沙令》《卖花声》等。唐人多用七言绝句入曲，李煜始演为长短句。

②潺潺：形容雨声。阑珊：衰残。

③罗衾（qīn）：用丝绸做的被子。

④一晌（shǎng）：霎时，片刻。一本作"一饷"。

⑤凭栏：倚栏远望。江山：指原属南唐的大好河山。

这首词写主人公梦醒之后的惜春伤别，抒发对故国生活的眷恋之情。上阕先写梦醒之后所见景色，寄寓了主人公的无限伤感，再写贪恋梦中霎时的欢乐，通过对比衬托主人公心境的凄凉悲惨。下阕说：不要独自倚栏眺望，无限江山会引发无限伤感，江山易主后与故国相见已经是不可能的事了。"别时容易见时难"这一哲理性名句是化用曹丕《燕歌行》中"别日何易会日难"。最后两句发出心灵深处的感慨，流水落花春去的景象让主人公心生悲伤，也与春意阑珊相照应，再用天上与人间作对照，美好一去不复返的哀叹不言而喻。成语"春意阑珊""流水落花""天上人间"皆出自本篇，可见李煜的语言创造力非同寻常。

问君能有几多愁？恰似一江春水向东流！

虞美人①

春花秋月何时了，往事知多少？小楼昨夜又东风，故国不堪回首月明中。　　雕栏玉砌应犹在，只是朱颜改。②

问君能有几多愁？^③恰似一江春水向东流！

①虞美人：唐教坊曲名，又名《一江春水》《玉壶冰》《巫山十二峰》等。

②雕栏玉砌：雕花栏杆、白玉石台阶，指南唐宫殿豪华的建筑物。朱颜：红润的脸色。

③几多：多少。

这首词是李煜的绝命词，抒发怀念故国的痛楚之情。上阕通过今昔对比，描摹出人生无常的情境。春花秋月的美景激起主人公的亡国之痛。下阕通过对故国的回忆，使物是人非的怅恨之感跃然纸上。最后两句是以水喻愁的名句，以问答方式结尾，蓄积的满腔忧愤喷薄而出，长江水的无穷无尽表达出无穷无尽的愁恨，深沉而真挚。成语"春花秋月""雕栏玉砌"皆出自本篇，前者比喻最美好的时光和景色，后者形容富丽的建筑物。

翁宏

翁宏，字大举，桂林人，五代末期诗人，今存诗仅三首。

落花人独立，微雨燕双飞。

春残

又是春残也，如何出翠帏？[1]
落花人独立，微雨燕双飞。
寓目魂将断，经年梦亦非。[2]
那堪向愁夕，萧飒暮蟾辉。[3]

①春残：春将尽。翠帏：绿色的帷帐，这里应指女子的闺房。

②寓目：观看，过目。经年：经过一年或若干年。梦亦非：梦境也不同了。

③萧飒：萧条冷落。蟾辉：月光。

　　此诗首联以问起句，写春末百花凋残，女子无意出门，怕面对此残败景象。春残暗喻女子青春渐逝。"落花人独立，微雨燕双飞"，花季将过，女子独立满地落英之上，看到双飞的燕子在细雨中穿梭，而自己苦苦等待的人却没有出现，心中油然而生寂寞与凄凉。此联融情入景，写得工丽自然，因北宋晏几道的引用而成为千古名句。颈联写女子触景伤情：春去春来，自己的美好年华就在等待中渐渐消失，此时的梦境无形中增添了几许忧愁与落寞。结尾借景写情，最难以承受的是黄昏时分，又将进入一个孤独的夜晚了，暮色中月光已来临，令人倍感萧索凄清。

佚名

春去花还在，人来鸟不惊。

画

远看山有色，近听水无声。①
春去花还在，人来鸟不惊。②

①色：颜色。
②还：一本作"犹"。惊：害怕，惊动。

这首诗一度被认为是唐代大诗人王维的作品，但王维传世文集中实无此诗。宋太宗曾书写此诗。这是一首咏山水画的诗，全诗读起来似乎处处都违背自然规律，其实正是诗人暗中设谜，写出了画的特点。"春去花还在，人来鸟不惊"，此句精彩之处在于写出了美的恒久性，自然中的花生命周期短暂，花开花谢，最易引起人对生命流逝的感怀，而此处的花却不受此规律约束。鸟是自然中的精灵，与人往往会保持一定的距离，"月出惊山鸟"，说明鸟对突然出现的月光都有警惕，何况是人的靠近，而此鸟可任人走近欣赏，很是神奇。

寇准

寇准（961—1023），字平仲，华州下邽（今陕西渭南）人。太平兴国五年（980）进士，官至宰相。

举头红日近，回首白云低。

华山①

只有天在上，更无山与齐。
举头红日近，回首白云低。

①华（huà）山：五岳中之西岳，在寇准家乡华州，今属陕西。

本篇作于开宝二年（969）寇准八岁时。诗用夸张手法写华山的高峻和气势，无与伦比。"举头红日近，回首白云低"是说：

在华山之上举头便是红日，白云都只在它的下方，华山连接着天。通过红日和白云的烘托，鲜明地表现了华山山顶的高峻和壮丽景象。

林逋

林逋（968—1028），字君复，杭州钱塘（今属浙江）人。长期隐居杭州西湖孤山，以种梅养鹤自娱，有"梅妻鹤子"之称。宋仁宗赐谥号"和靖先生"，故后世称林和靖。

疏影横斜水清浅，暗香浮动月黄昏。

山园小梅　其一

众芳摇落独暄妍，占尽风情向小园。①
疏影横斜水清浅，暗香浮动月黄昏。②
霜禽欲下先偷眼，粉蝶如知合断魂。③
幸有微吟可相狎，不须檀板共金尊。④

①众芳摇落：百花凋谢。暄妍：原指天气暖和、景色明媚，此喻梅花开得艳丽。

②暗香：梅花的幽香。黄昏：昏黄，作形容词用。

③霜禽：指冬天不畏霜寒的鸟。合：应当。

④微吟：小声吟咏。狎：亲近。檀板：乐器名，用檀木做的拍板，歌唱时用以弹击节奏，这里指代歌舞。金尊：酒杯的美称，这里指宴饮。

如果说唐人爱咏牡丹的话，那么宋人最爱咏的应该是梅花。林逋的《山园小梅》正是众多咏梅诗中引人注目的妙品。首联写梅花的生长季节和环境，一个"独"字突出梅花不与众芳相争、与众不同的风采，与诗人孤芳自赏的品性相通。颔联从姿态和香味两个方面写梅的神韵气质。颈联写霜禽与粉蝶对梅的亲近与钟情，衬托梅花的无限魅力。尾联写诗人对梅花吟诗时陶醉的情状和感受。诗中名句"疏影横斜水清浅，暗香浮动月黄昏"把梅花的神态与周围环境相融相衬，以水之清、月之明，来凸显梅花的高雅芳洁。"疏影""暗香"尽显梅花的神韵气质，成为后世写梅的经典词语。

柳永

柳永（987？—1058？），原名三变，字耆卿，排行第七，又称柳七，建州崇安（今福建武夷山）人。仁宗景祐元年（1034）进士及第。热衷于功名，但仕途不顺，常出入歌楼舞榭，创作大量慢词，有《乐章集》传世。柳永是北宋婉约派的代表词人，其词多描绘城市风光和歌妓生活，对宋词的发展有重大影响。

才子词人，自是白衣卿相。

鹤冲天

黄金榜上，偶失龙头望。①明代暂遗贤，如何向？②未遂风云便，争不恣狂荡。③何须论得丧。才子词人，自是白衣卿相。④　　烟花巷陌，依约丹青屏障。⑤幸有意中人，堪寻访。且恁偎红倚翠，风流事，平生畅。⑥青春都一饷。⑦忍把浮名，换了浅斟低唱！

①黄金榜：指录取进士的金字题名榜。龙头：旧时称状元为龙头。

②明代：圣明的时代。遗贤：指被官场抛弃。如何向：向何处。

③风云便：指好的际遇。恣：放纵，随心所欲。

④白衣卿相：指自己身才华出众，虽是白衣之士，却享有卿相的资望。

⑤烟花巷陌：指妓院聚集之地。丹青屏障：红色和青色的屏风。

⑥恁（nèn）：如此。偎红倚翠：亲近女色，这里指狎妓。

⑦一饷（xiǎng）：吃一餐饭的时间，形容时间短。

一 这首词是柳永青年时参加科举落第后在汴京（今河南开封）所作，写的是词人对功名利禄的蔑视，表现词人的落拓不羁。上阕先是写词人科举落第，理想落空，但狂放的词人感觉自己是才子，不同于一般人。"才子词人，自是白衣卿相"是警策之句，是对才子身份的美称，反映柳永内心的矛盾。"白衣卿相"原是唐代科场流行语，经柳永词的传播，现在已用作成语。下阕写尽情寻欢作乐，最后三句中的"偎红倚翠""浮名"和"浅斟低唱"出自南唐李后主的词，青春短暂，把酒放歌，摆脱烦恼，反映他内心深处有愤激之情。

杨柳岸、晓风残月。

雨霖铃

寒蝉凄切，对长亭晚，骤雨初歇。①都门帐饮无绪，留恋处，兰舟催发。②执手相看泪眼，竟无语凝噎。③念去去千里烟波，暮霭沉沉楚天阔。④　　多情自古伤离别，更那堪冷落清秋节。今宵酒醒何处？杨柳岸、晓风残月。此去经年，应是良辰好景虚设。⑤便纵有千种风情，更与何人说？⑥

①寒蝉：蝉的一种，又名寒蜩、寒螀，比一般蝉更小，青红色。长亭：古时驿站上十里一长亭，五里一短亭，为行人休息或送别之处。

②都门帐饮：在京郊设置帐幕摆宴送别。兰舟：木兰舟，相传鲁班曾刻木兰为舟，后用作船的美称。

③凝噎（yē）：喉咙气塞声阻，因悲伤过度而说不出话来。

④暮霭：黄昏时的云气。楚天：泛指南方的天空。

⑤经年：年复一年。

⑥风情：爱情。更：待。

这首词写的是与恋人惜别难舍难分的场景，地点在汴京郊外。上阕以写景开头，蝉鸣的凄切之声增添了一种悲凉气氛，临别饯行的无精打采、依依惜别被船上的催发声打破，告别时的无语情态把二人之间的深情细腻地勾勒出来，广阔无垠的烟波渲染了词人的不舍和迷茫情思。下阕用"多情自古伤离别"起笔，叹息古往今来离别的伤感，又与"清秋"结合起来，增加伤感的程度。接着作者想象今宵酒醒后状况，羁旅之愁涌上心头，良辰美景无人倾诉，惆怅不已。"杨柳岸、晓风残月"是写离情的名句。"晓风残月"从唐人韩琮的诗中借来，经这首词的传播，遂为成语，常形容冷落凄清的意境。

衣带渐宽终不悔，为伊消得人憔悴。

蝶恋花

伫倚危楼风细细，望极春愁，黯黯生天际。[1]草色烟光残照里。无言谁会凭栏意。[2]　　拟把疏狂图一醉。[3]对酒当歌，强乐还无味。[4]衣带渐宽终不悔，为伊消得人憔悴。[5]

①危楼：高楼。黯黯：迷蒙不明，兼有心神暗淡的意思。借用韦应物"春愁黯黯独成眠"。

②会：理解。

③拟把：打算。疏狂：粗疏狂放，不合时宜。

④强（qiǎng）乐：勉强作乐。

⑤消得：值得。

这首词约为青年柳永从汴京南游长沙时所作，写游子春日登楼引发春愁，抒发了对意中人的思念之情。词的开头从主人公登楼所见写起，"危"与"细"相对照，整个画面清新而柔和，为反衬出下文连绵不尽的黯黯春愁做了铺垫。接下来写春愁，残照里迷蒙的春草，寄托了词人羁旅行役的孤独寂寞。主人公想一醉解千愁，但是"举杯浇愁愁更愁"。最后两句真相大白，词人道出了春愁的来源是对意中人的相思。词人对爱情的忠贞不渝以及刻骨相思之情令人感动，极具感染力。这两句备受称赞，王国维《人间词话》将其作为"成大事业"的第二境界。

有三秋桂子，十里荷花。

望海潮

东南形胜，三吴都会，钱塘自古繁华。①烟柳画桥，风帘翠幕，参差十万人家。②云树绕堤沙，怒涛卷霜雪，天堑无涯。③市列珠玑，户盈罗绮，竞豪奢。　　重湖叠巘清嘉，有三秋桂子，十里荷花。④羌管弄晴，菱歌泛夜，嬉嬉钓叟莲娃。千骑拥高牙，乘醉听箫鼓，吟赏烟霞。⑤异日图将好景，归去凤池夸。⑥

①形胜：形势重要、交通便利的地方。三吴：指今江浙一带。

②烟柳画桥：雾气笼罩着的柳树和装饰华美的桥。风帘翠幕：挡风的帘子和翠色的帷幕。

③天堑：天然的险阻。这里借指钱塘江。

④重湖：西湖以白堤为界，分为外湖、内湖。叠巘（yǎn）：重叠的山峦。清嘉：清秀，美丽。三秋：秋天。秋有三个月，故称三秋。桂子：桂花。

⑤高牙：军前大旗，以象牙为饰。这里借指高级官吏，即老朋友孙沔。烟霞：指山水风景。

⑥图：描绘，画。凤池：凤凰池，此指朝廷。

这首词是皇祐五年（1053）柳永献呈杭州地方长官孙沔之作，从多个角度描绘了钱塘繁华富庶的景象。上阕开头写出了杭州地理位置的重要、悠久的历史及都市的繁盛。接下来便从烟柳、画桥、风帘、翠幕、住宅这些事物着眼，写出杭州的旖旎风光。第七、八、九句写钱塘江的地势险要和江潮的壮观景象，再铺展出杭州的繁华富庶。下阕歌咏了西湖的美好风貌和杭州百姓和平宁静的生活景象。传说金主完颜亮读过"有三秋桂子，十里荷花"句，羡慕钱塘繁华，遂有"投鞭渡江之志"。最后两句是对孙沔的美好祝愿，意为当他归京之日，将杭州的美景画下来，献于朝廷。

范仲淹

范仲淹（989—1052），字希文，苏州吴县（今属江苏）人。北宋杰出的思想家、政治家、文学家。官至参知政事（副宰相），曾主持"庆历新政"。他提出的"先天下之忧而忧，后天下之乐而乐"对后世产生了深远的影响。兼擅诗词文，有《范文正公集》传世。

江上往来人，但爱鲈鱼美。

江上渔者①

江上往来人，但爱鲈鱼美。②
君看一叶舟，出没风波里。

①江上：江岸上。指范仲淹的家乡松江岸边。渔者：捕鱼的人。
②但：只是。

这首诗是写"松江鲈鱼"的名篇，是范仲淹青年时期所作，语言朴实，形象生动，但对比强烈，耐人寻味。岸上行人只知鲈鱼味美，却不理解捕鱼人穿梭于风浪间的艰辛。一闲一忙中，表达出诗人对渔人疾苦的同情，暗含对"但爱鲈鱼美"的岸上人的规劝，唤起人们对民生疾苦的关注、对辛勤劳动成果的珍惜。表现手法上，该诗无华丽词藻，以平常的语言、平常的人事，表达不平常的思想情感，产生不平常的艺术效果。

酒入愁肠，化作相思泪。

苏幕遮

碧云天，黄叶地，秋色连波，波上寒烟翠。[①]**山映斜阳天接水，芳草无情，更在斜阳外。　　黯乡魂，追旅思，夜夜除非，好梦留人睡。**[②]**明月楼高休独倚，酒入愁肠，化作相思泪。**

①波上寒烟翠：江波之上笼罩着一层翠色的寒烟。烟本呈白色，因其上连碧天，下接绿波，远望和天水同色。

②黯乡魂：指思乡之苦令人黯然销魂。黯，沮丧愁苦。追：纠缠不休。旅思：羁旅的愁思。

本篇约作于天圣八年（1030）秋，范仲淹时任河中府（今山西永济）通判。这是一首写离情的词，抒写词人的羁旅乡思之情。上阕用语华丽，从辽阔的秋景写起，将"秋水共长天一色"的美景渲染开来，境界悠远，画面极具诗意美，夕阳和芳草触发了词人的思乡情绪，借景抒情，韵味深长。下阕直抒胸臆，漂泊他乡的孤独之感久久不能停息，词人思念家中的妻子，借酒排遣，思念反倒更浓烈。"酒入愁肠，化作相思泪"深情动人，是写相思的名句。

浊酒一杯家万里。

渔家傲

塞下秋来风景异，衡阳雁去无留意。^①四面边声连角起。^②千嶂里，长烟落日孤城闭。^③　浊酒一杯家万里，燕然未勒归无计。^④羌管悠悠霜满地。人不寐，将军白发征夫泪。^⑤

①塞（sài）下：西北边疆。衡阳雁去：相传雁至衡阳不再南飞。

②边声：指边境上羌管、胡笳、画角等音乐声。角：古代军中的一种乐器。

③千嶂里：在层层山峰的怀抱里。

④燕然未勒：指边患未平、功业未成。用东汉窦宪勒石燕然的典故。勒：刻。

⑤将军：作者自指。白发：本年作者五十二岁。

这首词是宝元三年（1040）秋范仲淹镇守西北边疆时所作，反映了边疆的辛苦生活和作者守边御敌的英雄气概。上阕开头通过描述边塞与南方风景的不同之处，用"雁去衡阳"这一传说描述了边塞秋日的萧瑟荒凉，紧接着作者用雄浑的笔墨展现了边疆战地的壮观风光，暗含对边疆形势的担忧。下阕写虽然非常思念家乡，但为国守卫边疆必须坚持到底。"浊酒一杯家万里"表达了作者无限的乡关之思，"一杯"与"万里"之间形成了鲜明的对比，语句雄浑有力。

张先

张先（990—1078），字子野，乌程（今浙江湖州）人。仁宗天圣八年（1030）进士及第，官至都官郎中。北宋高寿词人，与柳永齐名，有"云破月来花弄影""帘押残花影""堕轻絮无影"，因而得名"张三影"。

心似双丝网，中有千千结。

千秋岁

数声鶗鴂，又报芳菲歇。惜春更把残红折。①雨轻风色暴，梅子青时节。永丰柳，无人尽日花飞雪。② 莫把幺弦拨，怨极弦能说。③天不老，情难绝。心似双丝网，中有千千结。④夜过也，东窗未白凝残月。

①鶗鴂（tí jué）：杜鹃鸟。芳菲歇：花草凋零。

②永丰柳：唐时洛阳永丰坊西南角园中有垂柳，白居易作《杨柳枝》咏之，后泛指园中垂柳。花飞雪：柳絮如飞雪飘落。

③幺弦：琵琶的第四弦，借指琵琶。

④丝：谐音"思"。千千：形容数量多。

这首词是张先早年客居洛阳时所作，以伤春来表达爱情受阻的感伤。上阕开头先是由暮春群芳凋零的景色发端，伤春之意油然而生。雨轻风狂，从百花遭到摧残暗示爱情遭到破坏，柳絮如飞雪飘落，惜春之情悲凉凄怆。下阕直抒胸臆，满腔幽怨倾囊而出，直言爱情的忠贞不渝，天不可能老，情不可能绝，两心好比双丝网交织，无数丝结难舍难分。最后两句以景语作结，意味深长。全词押入声韵，用韵脚的短促阻塞来烘托爱情的阻塞。"心似双丝网，中有千千结"两句被琼瑶浓缩成"心有千千结"，流传很广。

云破月来花弄影。

天仙子

时为嘉禾小倅，以病眠，不赴府会。①

水调数声持酒听，午醉醒来愁未醒。②**送春春去几时回？临晚镜，伤流景，往事后期空记省。**③　　**沙上并禽池上暝，云破月来花弄影。**④**重重帘幕密遮灯，风不定，人初静，明日落红应满径。**

①嘉禾：嘉兴府的别称。小倅（cuì）：副官的谦称。张先时任嘉禾判官。

②水调：曲调名，相传为隋炀帝所制。

③流景：流逝的年华。后期：日后的约会。记省（xǐng）：清

楚记得。

④并禽：指鸳鸯。瞑：闭眼。云破月来：月亮破云而出。花弄影：花在月光下摆弄身影。

这首词当为庆历二年（1042）暮春在嘉禾（今浙江嘉兴）时所作，感伤时间流逝、韶华不再。开头写饮酒听歌本是一件赏心悦耳的事，诗人却借酒消愁。春色凋零，一个"送"字寄托了主人公的依依不舍，满怀惜春之意。似水流年，凄凉的现状增加了对年华逝去的感慨，一个"空"字尖锐而深刻地点出悲凉空虚之感。下阕从沙岸鸳鸯写起，夜色降临，月亮破云而出，一个"弄"字成为点睛之笔，使花在月下风中摇晃的身影更加动人。最后四句描写夜深风动人静，想到明天"落花"更是生悲。王国维《人间词话》评论说："'红杏枝头春意闹'，着一'闹'字而境界全出；'云破月来花弄影'，着一'弄'字而境界全出矣。"

晏殊

晏殊（991—1055），字同叔，抚州临川（今江西抚州）人。北宋著名文学家、政治家。才学甚高，诗学西昆，雅好填词，与欧阳修并称"晏欧"。谥号元献，世称晏元献。一生仕途坦顺，官至宰相，有"富贵宰相"之称。爱提拔后进，范仲淹、欧阳修等皆出其门。今存《珠玉词》一百三十余首，主要表现"富贵气象"和闲愁别绪，风格含蓄深婉。

柳絮池塘淡淡风。

无题

油壁香车不再逢，峡云无迹任西东。[①]
梨花院落溶溶月，柳絮池塘淡淡风。
几日寂寥伤酒后，一番萧瑟禁烟中。[②]
鱼书欲寄何由达，水远山长处处同。[③]

①油壁香车：古代贵族女子所乘之车。峡云：即巫山神女故事。峡，巫峡。

②禁烟：寒食节。

③鱼书：书信。

此诗题目一作《寓意》。大凡无题诗都有深情绵邈、旨趣难求的特点。晏殊此诗把所思女子比作巫山神女，婉转传达怀人之情，流露内心对相思女子别后的感伤与落寞。诗创作于盛春时节，以春景为抒情背景，为其思人而不可得的淡淡忧伤起到很好的衬托效果。"梨花院落"和"柳絮池塘"都是当初与那位女子相会之地，而今只有"溶溶月"和"淡淡风"。两句后多用来表达富贵气象或美好场景。

昨夜西风凋碧树，独上高楼，望尽天涯路。

蝶恋花

槛菊愁烟兰泣露，罗幕轻寒，燕子双飞去。①明月不谙离恨苦，斜光到晓穿朱户。②　　昨夜西风凋碧树，独上高楼，望尽天涯路。③欲寄彩笺兼尺素，山长水阔知何处。④

①槛（jiàn）：花池的围栏。罗幕：丝罗做的帷幕。
②谙：熟悉，了解。朱户：犹言朱门，指大户人家。
③凋碧树：使树木绿叶凋落。
④彩笺：彩色笺纸，指诗笺。尺素：书信的代称。

这是一首闺思词。上阕开头把菊、兰意象用"愁""泣"二字概括，借物传情，哀伤不言而明。原本普通的物象如燕子、明月，在此刻女主人公的眼中似乎都蒙上了一层别样的色彩，无休止的埋怨涌上心头不能停息。下阕写女主人公在饱受相思之苦后，第二天登楼望远，惆怅之情继续散发开来，想寄书信以此思念之情，却因山长海阔的无着落而放弃。"昨夜西风凋碧树，独上高楼，望尽天涯路"这几句寓意深厚，把女主人公望眼欲穿的神态描摹了出来，百感交集，王国维曾借用比喻"古今之成大事业、大学问者"必须经过的三种境界的第一种。

无情不似多情苦，一寸还成千万缕。

玉楼春
春恨

绿杨芳草长亭路，年少抛人容易去。[①]楼头残梦五更钟，花底离愁三月雨。[②] 无情不似多情苦，一寸还成千万缕。[③]天涯地角有穷时，只有相思无尽处。

①绿杨：指垂柳。抛：离去，舍去。
②五更钟、三月雨：指怀人之时。
③一寸：指心。

这首词写男女离别之后的相思之情。上阕先以绿杨、芳草、长亭这些蕴含送别之意的词语写起，发出离别的幽怨之情。紧接着思念之情侵袭而来，孤独酸楚之感跃然于心间。下阕用无情和多情做比较，将无尽的情思渲染开来，形象深切。末句更是把深情的相思用"天涯地角"这个广阔的情境铺展开来，使整首词格调高远，情感动人。"无情不似多情苦，一寸还成千万缕"成为写相思之情的警句。

无可奈何花落去，似曾相识燕归来。

浣溪沙

一曲新词酒一杯，去年天气旧亭台，夕阳西下几时回？[①]　　**无可奈何花落去，似曾相识燕归来。小园香径独徘徊。**[②]

①新词：刚填好的词，指新歌。
②香径：铺满落花的小路。

　　本篇为晏殊做宰相时南巡途经扬州时所作，时当暮春。这首词通过对园中景色今非昔比的描写，吐露了内心对时光流逝的慨叹。上阕用一曲新词、一杯酒起笔，铺垫对过去情景念念不忘、依依不舍的感情基调。下阕顺其自然，抒发出心中的伤感之情，最后一句心怀重温旧梦之念，却只剩孤身一人的感伤。"无可奈何花落去，似曾相识燕归来"这两句对仗工巧，以落花和归燕表达惆怅之情，浑然天成。"无可奈何花落去"已成七字成语，多用来比喻某种力量或势力无可挽回地没落。"似曾相识"也是成语，形容对人或事不很陌生。

张俞

张俞（995—1059），字少愚，号白云居士，益州郫县（今属四川）人。屡试不第，隐居青城山白云溪，与苏洵为友。著有《白云集》，已佚。

遍身罗绮者，不是养蚕人。

蚕妇①

昨日入城市，归来泪满巾。②
遍身罗绮者，不是养蚕人。③

①蚕妇：养蚕的妇女。

②巾：手巾或者其他用来擦抹的小块布。

③遍身：全身上下。罗绮：丝织品的统称。这里指丝绸做的衣服。

张俞的这首《蚕妇》诗以晓畅洗练之语传布众口。诗中描写了一位整日辛苦劳作，不经常进城，一直在贫穷的乡下以养蚕卖丝为生的普通妇女的经历和感受。诗以讲故事的方式展开：妇人昨天进城里去卖丝，回到家却禁不住痛哭流泪，因为她看到城里身穿丝绸服装的人，都是有权有势的富人；而像她一样的劳动人民，即使养一辈子蚕，也无缘享受"罗绮"的华贵。这是多么不公平的现实！有力地揭露了统治者不劳而获、坐享富贵，百姓终日劳苦、衣食难保的阶级对立，充分表现出诗人对当时社会的不满和对劳动人民的深切同情。

宋祁

宋祁（998—1061），字子京，安陆（今属湖北）人，移居开封雍丘（今河南杞县）。仁宗天圣二年（1024）进士及第，官至工部尚书。与欧阳修合编《新唐书》，与兄宋庠并称"二宋"。

红杏枝头春意闹。

玉楼春
春景

东城渐觉风光好，縠皱波纹迎客棹。①绿杨烟外晓寒轻，红杏枝头春意闹。② 浮生长恨欢娱少，肯爱千金轻一笑？③为君持酒劝斜阳，且向花间留晚照。

①縠（hú）皱：一种织出皱纹的丝织品。这里比喻水波纹。棹：船桨，代指船。

②绿杨：垂柳。

③浮生：对人生的一种消极称谓。

本篇为嘉祐五年（1060）宋祁任工部尚书时所作。这是一首游春词，表达珍惜春天的感情。上阕先写春光明媚、游人欢快的场景。绿柳如烟雾，轻寒袭来，红杏开满枝头，招来无数蜂蝶闹腾，春意之美妙正在于此。"红杏枝头春意闹"一句名扬词坛，将春意之浓表现得淋漓尽致，宋祁也因这句被世人称作红杏尚书。下阕感叹春光短暂，人生苦短，应及时追寻欢乐，珍惜美好时光，不枉度一生。王国维《人间词话》说："'红杏枝头春意闹'，着一'闹'字而境界全出。"

欧阳修（1007—1072），字永叔，号醉翁，晚号六一居士，庐陵（今江西吉安）人。北宋政治家、文学家、史学家。自幼丧父，家境贫苦，发奋苦读，宋仁宗天圣八年（1030）进士及第。官至参知政事，谥号文忠，世称欧阳文忠公。喜提携后辈，王安石、曾巩、三苏等都曾受到他的提携。诗、词、文皆为一代大家。

始知锁向金笼听，不及林间自在啼。

画眉鸟

百啭千声随意移，山花红紫树高低。①
始知锁向金笼听，不及林间自在啼。②

①百啭（zhuàn）千声：形容画眉叫声婉转，富于变化。啭，鸟婉转地啼叫。随意：随着自己（鸟）的心意。树高低：树林中的高处或低处。

②始知：现在才知道。金笼：贵重的鸟笼。不及：远远比不上。

本篇约作于庆历七年（1047）春，作者时任滁州知州。这首诗借咏画眉抒发对自由的向往。起句先写大自然中的画眉，啼声婉转千回，在万紫千红的树丛间自由飞舞，奏出动听的歌声。诗人由此联想到被人关在笼子里的画眉，虽然不为食愁，但却失去了自由，天性受到束缚，它的鸣唱声明显不如林间的画眉好听。欧阳修对鸟鸣有特别的好感，尤其是"林间自在啼"的声音，那是天籁，是自然的精华。诗中以"锁向金笼"与之对比，更见出诗人挣脱羁绊、向往自由的情怀。诗人本在朝为官，后因党争牵连，被贬为地方官员，此两句大概有所寄托。在党争激烈的政治漩涡中，诗人向往做一只自由翱翔的画眉，唱出浏亮的歌声，对高官厚禄的金笼毫不留恋。

泪眼问花花不语，乱红飞过秋千去。

蝶恋花

庭院深深深几许，杨柳堆烟，帘幕无重数。玉勒雕鞍游冶处，楼高不见章台路。① **雨横风狂三月暮，门掩黄昏，无计留春住。泪眼问花花不语，乱红飞过秋千去。**②

①堆烟：形容杨柳浓密。玉勒：玉制的马衔。雕鞍：精雕的马鞍。游冶处：指歌楼妓馆。章台路：汉代长安有章台，其下有章台街，后为妓女居住之处。

②横：读hèng，凶暴。乱红：落花。

这首词写闺怨。词的上阕着重写景，是对女主人公住处的描写，为下文做了极好铺垫。词下阕着重写情，但并不是直接地描写她肝肠寸断，而是透过景物环境和人物神态的细节来衬托。先写了暮春时糟糕的天气，也象征女主人公的不幸遭遇和难以平复的心情；"无计留春住"象征少女的青春年华留不住，往日的恩爱缠绵也留不住。最后二句是千古名句，化用晚唐诗人严恽的"尽日问花花不语，为谁零落为谁开"而来，青出于蓝而胜于蓝，写花与人同样凄恻的命运，悲伤至极的女子无人可问，只有问花。词人还在画面上勾勒出"秋千"这一能勾起她新婚美好回忆的物象，形成强烈的今昔对比，更是震撼心灵。整首词含蓄深婉、耐人寻味，语言自然浑成，蕴藏着真挚的感情。

聚散苦匆匆，此恨无穷。

浪淘沙

把酒祝东风，且共从容。①垂杨紫陌洛城东，总是当时携手处，游遍芳丛。②　　聚散苦匆匆，此恨无穷。今年花胜去年红。可惜明年花更好，知与谁同？

①从容：留恋。
②紫陌：指郊野的道路。

本篇约作于明道元年（1032）春，欧阳修时任西京（洛阳）留守推官，梅尧臣要离开洛阳，欧阳修把酒送别而作此词。这首词写的是与友人聚散无常的感慨。上阕先是追忆当年与友人郊野相聚的欢乐，二人的情深谊厚在游芳草赏美景中蔓延开来。下阕先发出哲理性的感叹：千古离愁别绪总是充满遗憾和无可奈何。后面三句通过景色的迷人来反衬与友人不能相聚的惆怅，叹息对未来的一片迷茫之苦。"聚散苦匆匆，此恨无穷"写尽了古今亲人朋友不能团聚的无奈。

平芜尽处是春山，行人更在春山外。

踏莎行

候馆梅残，溪桥柳细，草薰风暖摇征辔。^①离愁渐远渐无穷，迢迢不断如春水。^②　　寸寸柔肠，盈盈粉泪，楼高莫近危栏倚。^③平芜尽处是春山，行人更在春山外。^④

①莎，读suō。候馆：旅舍。薰：香草，引申为香气。征辔(pèi)：驾驭马的嚼子和缰绳。辔，缰绳。

②迢迢：绵长。

③危栏：高处的栏杆。

④平芜：平原上的草地。

这首词写的是离愁，约作于明道二年（1033）初春，作者时任西京留守推官，因事南赴随州，途中作此词表达与妻子胥氏的离愁。上阕开头写了初春景象，生动再现游子在春日清香的环绕中驾马前行的画面，旅途上所见之景触发自己的离愁，一发不可收拾。下阕写游子换位思考，想象闺中人思念他的情状，闺中人泪水盈盈，肝肠寸断，未见到心上人，登上高楼看到荒芜尽头，也仅见到春山，而行人在春山之外（视线之外）的地方，这就把想见而不得见的缠绵委婉的离情巧妙地传达了出来。"平芜尽处是春山，行人更在春山外"两句语言平淡，而感情动人。

人生自是有情痴，此恨不关风与月。

玉楼春

尊前拟把归期说，未语春容先惨咽。①人生自是有情痴，此恨不关风与月。　离歌且莫翻新阕，一曲能教肠寸结。②直须看尽洛城花，始共春风容易别。

①尊前：饯行的酒席前。春容：青春的容貌，这里指女子。
②翻新阕：用旧曲填新词。结：郁结。

此篇当作于景祐元年（1034）三月欧阳修任满离别洛阳时，写的是饯别的不舍之情。上阕开头写饯别酒席上还未说归期，就已见女子伤心的愁容。第三、四句是全词最富哲理的句子，将饯别之伤感上升到人生高度，离别的怨恨无关外在，而是人天生就有的感情。下阕写离别的歌曲一首就足够惹人难过，使人笼罩在分别的哀愁之中，词人话锋一转，表达了自己对人生的感慨：直到看尽洛阳城的牡丹，才容易舍得与春风告别。豪放而沉着。整首词给人意犹未尽的感觉，用饯别之情揭示出深刻的人生哲理。

月上柳梢头，人约黄昏后。

生查子

去年元夜时，花市灯如昼。①月上柳梢头，人约黄昏后。今年元夜时，月与灯依旧。不见去年人，泪湿春衫袖。

①元夜：正月十五元宵夜。花市：卖花的集市。

　　这首词作于景祐三年（1036）元宵节。景祐元年欧阳修迎娶了谏议大夫杨大雅的女儿杨氏，是为第二任妻子，景祐二年九月杨氏去世，景祐三年元宵节欧阳修作此词怀念。词写的是元宵夜物是人非的景象引发词人悲伤之感。上阕以美好的回忆起头，描绘了去年元宵夜花市的热闹非凡。第三、四句写月下约会的甜情蜜意，画面十分唯美，"月""柳""黄昏"这些意象充满诗情画意，用"柳"表达"留"之意，为下文写去年人不再做了铺垫，伤心之情不言而喻。下阕写了今年元宵夜物是人非的境况，依旧热闹的场景中，情人的消失触发了词人内心的悲伤。全词情感真切，构思巧妙，耐人深思。成语"人约黄昏后"即出自本篇，今多用来指情人约会。

夜深风竹敲秋韵，万叶千声皆是恨。

玉楼春

别后不知君远近，触目凄凉多少闷！渐行渐远渐无书，水阔鱼沉何处问？①　　夜深风竹敲秋韵，万叶千声皆是恨。②故欹单枕梦中寻，梦又不成灯又烬。③

①水阔鱼沉：此指没有音信。
②风竹敲秋韵：风吹竹林发出和谐的秋声。韵，和谐的声音。
③欹（yī）：同"倚"，斜靠着。烬（jìn）：指结灯花。

　　这是一首思妇闺中怀人之作。上阕写分别后对游子的牵挂，情景交融，眼前景增添了凄凉之感，思妇的心中充满担忧而对游子无音信又无能为力。下阕具体写内心的幽怨，秋夜本身足够凄凉，风吹竹林的萧瑟之声更是阵阵袭来，凄厉的秋声引发思妇的离愁别恨。结尾两句写出心中的期冀也随灯一同熄灭，黑暗、绝望、悲痛之情流露出来。"夜深风竹敲秋韵，万叶千声皆是恨"是写痴情悲情的名句，震撼人心。

双燕归来细雨中。

采桑子

群芳过后西湖好，狼藉残红，飞絮濛濛，垂柳阑干尽日风。① **笙歌散尽游人去，始觉春空。**② **垂下帘栊，双燕归来细雨中。**③

①残红：落花。阑干：栏杆。

②笙歌：笙管伴奏的歌唱。春空：春意消失。

③帘栊（lóng）：窗帘。

本篇约作于皇祐二年（1050）春，欧阳修时任颍州（今安徽阜阳）知州。这首词歌颂颍州西湖残春的美景。上阕词人先是点出"群芳过后"这一暮春时令，接着"西湖好"一"好"字简洁鲜明地衬托出西湖的美：落花满地，柳絮飘零，摇摆在春风里的垂柳，似无意而实有意地妆扮着西湖暮春妙景。下阕通过曲终人散、游人归去抒发对春意蓦然消失的恋恋不舍，而在失望之际冒雨归来的双燕又带给词人一丝雀跃。整首词境界清幽，语言清丽。"双燕归来细雨中"写和谐美好的春景，韵味十足。

邵雍

邵雍（1101—1077），字尧夫，北宋著名理学家、道士、诗人。长期隐居洛阳，躬耕自食。死后被赐谥号康节。有《伊川击壤集》传世。

一去二三里，烟村四五家。

山村咏怀

一去二三里，烟村四五家。
亭台六七座，八九十枝花。

一

　　这是一首有趣的数字诗，一说是元人徐再思所作。全诗总共二十个字，就嵌入了"一二三四五六七八九十"十个数字，却又能巧妙自然地勾勒出一幅乡村宜人的图画，流传很广，现在小孩子开始学习数字时，还经常背这首诗。其实晚清民国时就它被选为私塾的"描红帖"，晚清王闿运说："'一去二三里，烟村四五家。'小时写影本，不觉其佳，今乃知斯言之有味也。"说到数字诗，最早恐怕要数南朝鲍照开创的《数名诗》，又名《数诗》，唐朝王建的《古谣》开创了"一字诗"。明清时期文人大多爱玩数字诗游戏，如清代郑板桥的《咏雪》："一片两片三四片，五六七八九十片。千片万片无数片，飞入梅花都不见。"其他名篇如明代唐寅的《登山》、清代王士禛的《题秋江独钓图》、陈沆的《一字诗》等。

王安石

王安石（1021—1086），字介甫，号半山，抚州临川（今属江西）人，北宋著名思想家、政治家、文学家。发起熙宁变法，对当时社会产生很大影响。王安石诗歌自成一体，号为"半山体"，又称"王荆公体"。

不畏浮云遮望眼，自缘身在最高层。

登飞来峰①

飞来山上千寻塔，闻说鸡鸣见日升。②
不畏浮云遮望眼，自缘身在最高层。③

①飞来峰：在今浙江绍兴城南飞来山，又名宝林山、塔山。一说在杭州西湖边，与灵隐寺隔溪相对，高二百多米。南宋李壁注此诗说：杭州飞来峰既不高又无塔，恐误。

②千寻塔：指飞来山上的应天塔，很高很高。寻，古时长度单位，七或八尺为寻。闻说：听说。

③浮云：在山间浮动的云雾。望眼：视线。缘：因为。

　　《登飞来峰》为王安石三十岁时所作。皇祐二年（1050）夏，王安石鄞县知县任满回临川故里时，途经越州（今浙江绍兴），写下此诗。此诗借景抒怀，表达他的政治理想和意志，难怪他后来成为中国历史上少有的改革家。飞来峰本已很高，千寻塔又在飞来山之上，"千寻"带有一定的夸张，极写古塔之高，衬出自己的立足点之高。第二句巧妙地虚写半夜鸡叫时在高塔上就能看到旭日东升的辉煌景象，反衬塔之高，表现出诗人朝气蓬勃、胸怀改革大志、对前途充满信心，成为全诗感情色彩的基调。诗的后两句承接前两句，由写景转入议论抒情，使诗歌既有生动的形象又有深刻的哲理。古人常用浮云比喻奸邪小人，"浮云遮望眼"就是有邪臣蔽贤的忧虑，而诗人却加上"不畏"二字，表现了诗人在政治上高瞻远瞩、不畏奸邪的勇气和决心。这两句是全诗的精华所在，蕴含着深刻的哲理，给人以不尽的启迪和勉励。

人生失意无南北。

明妃曲二首　其一

　　明妃初出汉宫时，泪湿春风鬓脚垂。①
　　低徊顾影无颜色，尚得君王不自持。
　　归来却怪丹青手，入眼平生几曾有；②
　　意态由来画不成，当时枉杀毛延寿。③
　　一去心知更不归，可怜着尽汉宫衣；
　　寄声欲问塞南事，只有年年鸿雁飞。④

家人万里传消息，好在毡城莫相忆；⑤
君不见咫尺长门闭阿娇，人生失意无南北。⑥

①明妃：即王昭君，汉元帝时宫女，容貌美丽，品行正直。晋人避司马昭讳，改昭为明，后人沿用。

②丹青手：指画师毛延寿。几：他本作"未"。

③意态：风神。

④塞南：指汉王朝。

⑤毡城：匈奴人首府，也可作匈奴王宫解，游牧民族以毡为帐篷。

⑥咫尺：极言其近。长门闭阿娇：汉武帝曾将陈皇后幽禁长门宫。长门，长门宫，汉宫殿名。阿娇，汉武帝皇后，姓陈，小名阿娇。

此诗作于嘉祐四年（1059），原作二首，此其一。唐宋时期以诗咏王昭君事迹、命运的作品层出不穷，王安石此作是同题材诗中的精品。诗人不仅善于用"泪湿春风鬓脚垂""低徊顾影无颜色"这些刻写入微的诗句凸显昭君倾国倾城的美，更能从昭君的不幸遭遇中提炼出颇有洞见的人生感悟，即"人生失意无南北"。由美人失宠折射出才士不遇的千古话题，使得诗意超出就事论事的圈子，境界显豁，余味无穷。此诗寄寓与众不同，见出荆公善于论史、巧于翻案的诗笔。"意态由来画不成"也是名句。

春色恼人眠不得，月移花影上栏干。

夜直①

金炉香尽漏声残，翦翦轻风阵阵寒。②
春色恼人眠不得，月移花影上栏干。

①夜直：官吏夜间值班。
②漏：古代计时用的漏壶。翦翦：形容风轻微而带寒意。

此诗作于熙宁元年（1068），王安石得到宋神宗召见，皇帝有意图新，王安石的变法主张有望实现。因此，他在值宿官府的时候，面对良宵春色，激起了思想上难以自抑的波澜，被自己政治上的"春色"撩拨得不能成眠。"春色恼人"一词造语新颖，本由晚唐诗人罗隐"春色恼人遮不得"一句首创，经王安石等人运用，已为成语，用来表达春天的景色引起人们的兴致。

爆竹声中一岁除。

元日①

爆竹声中一岁除，春风送暖入屠苏。②
千门万户曈曈日，总把新桃换旧符。③

①元日：农历正月初一，即今春节。
②爆竹：古人烧竹子时使竹子爆裂发出响声，用来驱鬼避邪，南宋后演变成放鞭炮。一岁除：一年已尽。除，逝去。屠苏：指屠

苏酒，饮屠苏酒是古代过年时的一种习俗，大年初一全家合饮这种用屠苏草浸泡的酒，以驱邪避瘟疫，求得长寿。

③瞳瞳：日出时光亮而温暖的样子。桃：桃符，古代一种风俗，农历正月初一时人们用桃木板写上神荼、郁垒两位神灵的名字，悬挂在门旁，用来压邪。后来演变成春联。

本篇作于熙宁二年（1069）正月初一，为王安石当政变法前夕。这首诗就字面上看，描写的是春节除旧迎新的景象，不过，其言外之意也是十分丰富的。王安石是北宋著名的改革家，写此诗时正欲出任宰相，推行新法。"新桃换旧符"象征的正是革除旧政、施行新政，其中含有深刻的哲理，指出新生事物总是要取代陈旧事物这一规律。王安石对新政充满信心，反映到诗中也显得分外开朗，充满欢快奋发的激情。这首诗用的是白描手法，极力渲染祥和喜庆的节日气氛，同时又通过元日更新的习俗来寄托自己的思想，表现得含而不露。"爆竹声中一岁除"成为辞旧迎新的代表性诗句。

春风又绿江南岸。

泊船瓜洲①

京口瓜洲一水间，钟山只隔数重山。②
春风又绿江南岸，明月何时照我还。③

①泊船：停船。瓜洲：镇名，在今江苏邗江南部、大运河分支入长江处，与镇江隔江斜对，向为长江南北水运交通要冲，又称瓜埠洲。

②京口：古城名，故址在今江苏镇江。

③绿：吹绿。

这首诗是熙宁八年（1075）春二月王安石第二次拜相，自江宁（今江苏南京）赴京（今河南开封）途经瓜洲时所作。王安石在江宁居住了三十多年，已把江宁当成自己的家乡了。这是一首著名的抒情小诗，抒发了诗人眺望江南、思念家乡的深切感情。从字面上看，写的是诗人对故乡的怀念，表达一种归心似箭、急于和亲人团聚的心情。不过，在字里行间也多少寄寓着自己重返政治舞台、推行新政的强烈欲望。该诗寓情于景，情景交融，格调清新，意境开阔，颇能激发读者的美感和情思。最令人津津乐道的是用字的锤炼与讲究，其中"绿"字最富神韵，据说诗人分别以"到""过""满"诸字入句，都不满意，最后定以"绿"字，成为千古佳话。

遥知不是雪，为有暗香来。

梅花

墙角数枝梅，凌寒独自开。①
遥知不是雪，为有暗香来。②

①凌寒：冒着严寒。
②遥：远远地。为（wèi）：因为。暗香：指梅花的幽香。

本篇约作于熙宁九年（1076）冬，本年王安石再次被罢相后，退居钟山，冬日去拜访一位高士，不遇，便题此诗于壁上。中国古诗对所咏花草树木往往采用托物喻人的手法，王安石《梅花》诗似乎也不例外。"墙角数枝梅"写梅花所处之地十分简陋平常，但这数枝梅却不违时节，迎寒开放。这一情景给人以丰富的想象：人何尝不应如此？不管所处环境多么恶劣，也要不违本心，而要坚持自己的主张和理想。"遥知不是雪，为有暗香来"，以雪比梅，而梅因为带有清幽的暗香，所以比雪更胜一筹，赋予梅花芳香洁白的双重美感，也是对梅不畏艰难、一身清正的品格的礼赞。实际上王安石这首诗是对南朝苏子卿《梅花落》的改写，苏诗曰："中庭一树梅，寒多叶未开。只言花是雪，不悟有香来。"苏诗比王诗更有韵味，王诗比苏诗更有哲理。

纵被春风吹作雪，绝胜南陌碾成尘。

北陂杏花 ①

一陂春水绕花身，花影妖娆各占春。②
纵被春风吹作雪，绝胜南陌碾成尘。③

①陂（bēi）：池塘。
②花影：花枝在水中的倒影。妖娆：娇艳美好的样子。
③纵：即使。绝胜：远远胜过。南陌：南面的道路。

这首绝句写于王安石退居江宁之后，是他晚年心境的写照。一、二句写景状物，描绘杏花临水照影之娇媚。首句点明杏花所处环境，一池碧绿的春水环绕着杏树，水花相依相亲，互为映衬，杏花与倒影都显得格外妩媚娇艳。后二句由前两句的写景而生发，诗人展开想象，给予这一树杏花无限的赞美：如果杏花生长在行人往来的南陌，那么她的命运就不是这般不染俗尘了——正因为杏花生长于北陂之边，春风吹落的花絮就如雪花飘落于池水中，免去在"南陌碾成尘"的结局。水花相依的意义正在于此：水装点了杏花的姿容，也升华了杏花的生命意义。后两句有明显的托物言志之意，是诗人刚强耿介、孤芳自赏的人格的象征。

一水护田将绿绕，两山排闼送青来。

书湖阴先生壁二首① 其一

茅檐长扫净无苔，花木成畦手自栽。②
一水护田将绿绕，两山排闼送青来。③

①书：书写，题诗。湖阴先生：名杨德逢，隐士，是王安石晚年居住江宁（今江苏南京）紫金山时的邻居。

②成畦（qí）：成垄成行。畦，经过修整的一块块田地。

③排闼（tà）：开门。闼，小门。送青来：送来绿色。

本篇约作于元丰七年（1084）春。熙宁九年（1076）王安石二次罢相后，长住在金陵郊外的半山园，与隐居紫金山的杨德逢交往甚密。此诗是题写在湖阴先生家屋壁上的，很著名，向来以对偶工巧、用典精妙而被人津津乐道。前两句赞美庭院的清幽，"一水护田将绿绕，两山排闼送青来"为传诵名句，写青翠欲滴的山色竟似扑向庭院而来，极为新鲜、生动。

王观

王观，字通叟，海陵（今江苏泰州）人。仁宗嘉祐二年（1057）进士及第，官至翰林学士。其词构思、语言以新颖著称。有《冠柳集》。

水是眼波横，山是眉峰聚。

卜算子
送鲍浩然之浙东①

水是眼波横，山是眉峰聚。②欲问行人去那边？③眉眼盈盈处。④　　才始送春归，又送君归去。⑤若到江南赶上春，千万和春住。

①卜算子：词牌名。北宋时盛行此曲。鲍浩然：生平不详，词人的朋友，家住浙江东路，简称浙东。

②水是眼波横：水像美人流动的眼波。古人常以秋水喻美人

之眼，这里反用。山是眉峰聚：山如美人蹙起的眉毛。《西京杂记》载卓文君容貌姣好，眉色如望远山，时人效画远山眉。后人遂喻美人之眉为远山，这里反用。

③欲：想，想要。行人：指词人的朋友（鲍浩然）。

④眉眼盈盈处：喻指山水秀丽的地方。盈盈，清澈明亮的样子。

⑤才始：方才。

本篇约为元丰八年（1085）王观被高太后贬斥，因而自号"王逐客"之后，暮春在汴京送鲍浩然归浙东时作。此词构思巧妙，笔调轻快，在送别之作中别具一格。开篇匠心独运，前人惯用"眉如春山""眼如秋水"来形容女子貌美，词人反用其意，以眉眼盈盈之喻显示浙东山水的清秀。以人喻山水，仿佛山水皆有情。词的下阕写离情别绪和对友人的祝福，祝福友人此去江南，春光灿烂，生活幸福。这首词情意绵绵又富有灵性，比喻巧妙，新鲜不俗，自然真切，是送别词中的佳篇。

苏轼（1036—1101），字子瞻，号东坡居士，世称苏东坡。眉山（今属四川）人，北宋著名文学家、书法家。嘉祐二年（1057）进士及第，元丰三年（1080）因"乌台诗案"受诬陷被贬为黄州团练副使。哲宗时官至礼部尚书。苏轼是中国历史上少有的大文豪，代表了宋代文学的最高成就，他的诗独立一家，与黄庭坚并称"苏黄"；词与辛弃疾并称"苏辛"，擅长以诗为词，开辟豪放一派；散文与欧阳修并称"欧苏"，为"唐宋八大家"之一。

春宵一刻值千金。

春夜

春宵一刻值千金，花有清香月有阴。①
歌管楼台声细细，秋千院落夜沉沉。②

①一刻：比喻时间短暂。刻，计时单位，古代用漏壶记时，一昼夜共分为一百刻。月有阴：指花在月光下有朦胧的阴影。
②歌管：歌声和管乐声。

本篇题目一作《春宵》，约作于嘉祐六年（1061）春，时苏轼在京城准备参加制科考试。此诗开篇就十分警策，以"千金"来形容春宵一刻的宝贵，道出人们心中普遍的共识。在美好的春夜里，花朵盛开，香气袭人，月色朦胧，月影婆娑，从自然的角度表现光阴的宝贵。后两句写的是官宦贵族阶层尽情享乐的情景。夜已经很深了，院落里一片沉寂，他们却还在楼台里尽情地享受着歌舞和音乐，对于他们来说，这样的良辰美景更显得珍贵。在平静自然的描写中，含蓄委婉地透露出作者对贪图享乐、不惜光阴者的深深谴责。成语"春宵一刻"即出自本篇，指欢娱难忘的美好时刻。

人生到处知何似？应似飞鸿踏雪泥。

和子由渑池怀旧①

人生到处知何似？应似飞鸿踏雪泥。②
泥上偶然留指爪，鸿飞那复计东西。③
老僧已死成新塔，坏壁无由见旧题。④
往日崎岖还记否？路长人困蹇驴嘶。⑤

①子由：苏轼弟苏辙，字子由。渑池：今河南渑池。
②知何似：知道像什么。
③复：再。计：计较。
④老僧：当地僧人，名奉闲。坏壁：残破的墙壁。
⑤蹇驴：跛脚的驴。

本篇作于嘉祐六年（1061）冬。嘉祐元年（1056），苏轼、苏辙兄弟进京赴考，路过渑池（今属河南）时，曾在县中寺庙内借宿，并在寺壁上题诗。嘉祐六年，苏轼被派到凤翔府（今陕西宝鸡）任职。十一月，兄弟二人在郑州分手。苏辙作《怀渑池寄子瞻兄》一诗。当苏轼路过渑池旧地重游时，当年寺中的奉闲和尚已经去世，壁上的题诗也荡然无存。苏轼感怀不已，写下此诗，作为对苏辙一诗的应和。

这首诗表达对人生来去无定的怅惘和对往事旧迹的深情眷念。起句巧用比喻形容人生短暂、去留无常的道理，化哲理于形象之中，给人留下深刻的印象。颔联说飞鸿不计去留，实际要表达的是人对自身命运的敏感和关注，流露诗人的生命意识。颈联转写眼前所见，交代僧死诗空的现实，隐含岁月无情、时光荏苒之叹。最后以问句引发回忆，以"路长人困蹇驴嘶"这一特定情景再现往日兄弟相依的征程。全诗动荡明快，意境恣逸，含蓄蕴藉，令人回味无穷。"雪泥鸿爪"已为成语，比喻往事遗留的痕迹。亦作"飞鸿踏雪""飞鸿雪爪""飞鸿印雪"。

腹有诗书气自华。

和董传留别①

粗缯大布裹生涯，腹有诗书气自华。②
厌伴老儒烹瓠叶，强随举子踏槐花。③
囊空不办寻春马，眼乱行看择婿车。④
得意犹堪夸世俗，诏黄新湿字如鸦。⑤

① 董传：字至和，洛阳（今属河南）人。苏轼在凤翔（今陕西宝鸡）任签判时与其交游。

② 粗缯：粗制的丝织品。大布：指麻制的粗布。生涯：生命。

诗书：原指《诗经》和《尚书》，此泛指诗词学问。气：表于外的精神气色。华：美丽而有光彩。

③老儒：旧谓年老的学人。瓠叶：双关语。明指瓠瓜的叶，暗指《诗经·小雅》的篇名，首章二句为："幡幡瓠叶，采之亨之。"踏槐花：唐代有"槐花黄，举子忙"俗语，槐花黄时，也就是举子应试的时间了，后因称参加科举考试为"踏槐花"。

④囊空：口袋里空空的，指没有钱。择婿车：此指官贾家之千金所坐之马车，游街以示择佳婿。唐代进士放榜，例于曲江亭设宴。其日，公卿家倾城纵观，高车宝马，于此选取佳婿。事见五代王定保《唐摭言·慈恩寺题名游赏赋咏杂纪》。

⑤诏黄：即诏书，诏书用黄纸书写，故称。字如鸦：诏书上写的黑字。

一

本篇作于治平元年（1064）冬，时苏轼自凤翔任满返京，经长安与董传话别，董传作诗相赠，苏轼和了这首诗。苏轼的这首赠别诗主要是赞赏董传不随流俗的品质。首联写董传衣着朴素，但腹有万卷诗书，有高华的气质。次联叙述董传平时的读书生活，他读书主要是出于对知识的追求。"厌伴"和"强随"两词表明董传是个相对纯正的读书人，没有很强的功利心，这也是他比一般人"气自华"的原因所在。颈联写他贫穷，对买马寻花、择婿的热闹场面比较冷淡的态度。尾联表达诗人对董传的美好祝愿和期待，董传的刻苦追求和积极乐观必然会有春风得意的结果，必能实现自己的人生理想。"粗缯大布裹生涯，腹有诗书气自华"辩证地阐述了物质与精神、知识与气质的关系，"腹有诗书"指饱读诗书、满腹经纶，"气"可以理解为"气质"或"精神风貌"。贫寒之士虽然穿的是"粗缯大布"，但长期得知识熏陶，自有一种遮蔽不了的轩昂气质。苏轼的这句诗对读书的意义可谓做出一个凝练而警策的概括，对那些浮躁而功利的学风也起到了含蓄批评的效果。

人生识字忧患始。

石苍舒醉墨堂[①]（节选）

人生识字忧患始，姓名粗记可以休。[②]

①石苍舒：字才美，京兆（即长安）人，善草书。
②忧患：忧虑，苦难。姓名粗记：《史记·项羽本纪》："项籍少时，学书不成，去学剑，又不成。项梁怒之。籍曰：'书足以记名姓而已。剑，一人敌，不足学，学万人敌。'"

本篇作于熙宁二年（1069），苏轼时年三十四岁。苏轼由开封至凤翔，往返经过长安，结识石苍舒。熙宁元年（1068），苏轼还朝经过长安，在石家过年。石苍舒藏有褚遂良《圣教序》真迹，堂取名"醉墨"，邀苏轼作诗。苏轼回到汴京，写了这首诗寄给他。这是苏轼早期的七古长篇，这里节选开头两句，虽是牢骚话，但道出了千古真理。"人生识字忧患始"已为成语，意谓人不识字，懵懵懂懂，无思无虑；人一读书明理，就有了忧患意识。也就是说人一生的忧虑苦难是从识字开始的，一个人识字以后，从书中增长了见识，对周围事物就不会无动于衷。

淡妆浓抹总相宜。

饮湖上初晴后雨①

水光潋滟晴方好，山色空濛雨亦奇。②
欲把西湖比西子，淡妆浓抹总相宜。③

①湖：即杭州西湖。

②潋滟（liàn yàn）：水面波光荡漾的样子。方好：正显得很美。空濛：细雨迷茫的样子。

③西子：西施，春秋时代越国有名的美女，家住浣纱溪村（在今浙江诸暨）西，所以称为西施。相宜：合适。

苏轼此诗作于熙宁六年（1073），时任杭州通判，是苏诗中写西湖景物的代表作。诗人分别以"水光潋滟""山色空濛"高度概括出西湖一晴一雨的美景，抓住西湖最具特色的山水来渲染，是其高明之处。不仅如此，苏轼还以人喻景，把春秋时越国美女西施比作西湖的天然之美。西施无论是淡妆还是浓妆，都一样美丽动人，正如西湖或晴或雨皆不减其秀丽，二者在逻辑上达成某种契合，西湖的天然秀美借此精彩比喻而深入人心，真可谓以简驭繁，生动传神。"淡妆浓抹"已为成语，指淡雅和浓艳两种不同的妆饰打扮。

与君今世为兄弟，更结来生未了因。

狱中寄子由二首　其一

圣主如天万物春，小臣愚暗自亡身。①
百年未满先偿债，十口无归更累人。②
是处青山可埋骨，他年夜雨独伤神。③
与君今世为兄弟，更结来生未了因。④

①愚暗：愚昧昏聩，苏轼自责之语。

②"百年"两句：苏轼时年四十四岁，家属由自己的弟子，也是苏辙的女婿王适（字子立）安置在南都（今河南商丘），由苏辙照料，而苏辙当时也是身负债务，因此苏轼说自己拖累了苏辙。

③是处：到处。

④因：因缘，情缘。

元丰二年（1079），苏轼以讥刺朝政的罪名入狱，案件在御史台受审，所以此案称为"乌台诗案"。乌台诗案是一场有名的文字狱，也是苏轼人生的一个重大转折点，对其思想精神都形成重大影响。《狱中寄子由》就是苏轼身陷此案时在狱中写给弟弟苏辙的诗，共有二首，此其一。苏轼入狱后颇受折辱，深感凶多吉少，反映在诗上，不仅有愧悔之语，甚至有与弟诀别之意，基调比较低沉。因为苏轼是抱着将死之心来写诗的，所以感情十分凝重而诚挚。诗人没有过多陈述自己遭遇打击而产生的内心恐惧和痛苦，而是对弟弟因自己所为受到牵连拖累而深表内疚和不安，体现了作为兄长的慈爱与宽厚。"与君今世为兄弟，更结来生未了因"，今生已矣，只有希望来世，再成为兄弟，好了结兄弟情缘。此语感人至深，可谓是人间兄弟情谊的最佳体现。

长江绕郭知鱼美，好竹连山觉笋香。

初到黄州

自笑平生为口忙，老来事业转荒唐。
长江绕郭知鱼美，好竹连山觉笋香。
逐客不妨员外置，诗人例作水曹郎。[①]
只惭无补丝毫事，尚费官家压酒囊。[②]

①逐客：贬谪之人，作者自称。员外、水曹郎：均指苏轼所任检校水部员外郎。

②压酒囊，压酒滤糟的布袋，代替工资。

本篇作于元丰三年（1080）春二月，苏轼初到黄州，看到黄州遍地的美食食材，感慨而作此诗。苏轼因元丰二年（1079）八月的"乌台诗案"被关押一百三十日，至十二月底获释出狱，责授检校水部员外郎、黄州团练副使，不得签书公事，令御史台差人转押前去。第二年二月一日至黄州贬所，寓居定惠院，随僧蔬食。"长江绕郭知鱼美，好竹连山觉笋香"两句是写美食的名句，因黄州三面为长江环绕而想到有鲜美的鱼吃，因黄州多竹而好像闻到竹笋的香味，把视觉形象立即转化为味觉、嗅觉感受，表现出诗人对未来生活的憧憬，亦表现了诗人善于自得其乐、随缘自适的人生态度。

人似秋鸿来有信，事如春梦了无痕。

正月二十日与潘郭二生出郊寻春，忽记去年是日同至女王城作诗，乃和前韵①

东风未肯入东门，走马还寻去岁村。
人似秋鸿来有信，事如春梦了无痕。②
江城白酒三杯酽，野老苍颜一笑温。③
已约年年为此会，故人不用赋招魂。④

①女王城：在黄州城东十五里。战国时期，春申君任楚国宰相，受封淮北十二县，于是有了"楚王城"的误称，又讹为"女王城"。

②了：完全。

③酽（yàn）：原指味浓，这里指酒的味道醇厚。苍颜：苍老的容颜。

④故人：指朋友。招魂：《楚辞》中有《招魂》篇，曰："魂兮归来。"

本篇作于元丰五年（1082）正月二十日，时苏轼在黄州。这是一首对往年游女王城所作诗的和诗。首联交代寻春之实；颔联人事对举，以秋鸿、春梦作喻，强调人重情守信，而往事却如一场春梦，去无踪影，流露了一种对人事匆匆难以追怀的感伤情调；颈联写游乐之事，与朋友、野老饮酒相欢，有忘却心中愁绪的意味；最后道出自己与朋友依依不舍、希望长相往来的深情。此诗借写寻春游赏的经历和感受，流露出诗人随遇而安、达观任运的精神境界。成语"春梦无痕"就出自本诗，比喻世事变幻，就像春梦一样容易消逝，不留痕迹。

题西林壁[①]

横看成岭侧成峰，远近高低各不同。
不识庐山真面目，只缘身在此山中。[②]

①题：书写，题写。西林：西林寺，在庐山西麓。
②缘：因为。

本篇作于元丰七年（1084）夏。苏轼由黄州团练副史改迁汝州团练副史，趁机去江西看望弟弟苏辙，道经庐山而作。这是一首著名的题壁诗，也是广为传诵的哲理诗。诗写出不同视角下庐山变化多姿的面貌，并借景说理，指出观察问题应客观全面，如果主观片面，就得不出正确的结论。"不识庐山真面目"一句已化为人们耳熟能详的习语，成为当局者迷的代指。作为成语使用时，多比喻认不清事物的真相和本质，也比喻只见局部，不知全貌。

春江水暖鸭先知。

惠崇春江晚景二首　其一[①]

竹外桃花三两枝，春江水暖鸭先知。
蒌蒿满地芦芽短，正是河豚欲上时。[②]

①惠崇：宋初九僧之一，能画。《春江晚景》是惠崇所作画名，共两幅，一幅是鸭戏图，一幅是飞雁图。"晚景"一作"晓景"。

②蒌蒿：多年生草本植物，嫩芽叶可食。芦芽：芦苇的幼芽，可食用。河豚：鱼的一种，肉味鲜美，但是卵巢和肝脏有剧毒。产于我国沿海和一些内河。每年春天逆江而上，在淡水中产卵。上：指逆江而上。

本篇约为元丰八年（1085）作于汴京。这是一首著名的题画诗。作者紧扣惠崇《春江晚景》的画境，通过写桃花初放、江暖鸭嬉、芦芽短嫩，寥寥数笔就勾勒出了早春江景的优美画境。尤其令人称叹的是"春江水暖鸭先知"这一句，透过诗人的合理想象，把春回水暖的自然现象以可感的图景呈现于读者面前，并暗示只有亲身体验，才能对事物有真切感受和正确认识的人生道理，可谓"状难写之景如在目前，含不尽之意见于言外"！

可使食无肉，不可居无竹。

於潜僧绿筠轩①

可使食无肉，不可居无竹。
无肉令人瘦，无竹令人俗。
人瘦尚可肥，士俗不可医。
傍人笑此言，似高还似痴。
若对此君仍大嚼，②世间那有扬州鹤？③

①於潜：古县名，在今浙江杭州，县南有寂照寺，寺中有绿筠轩。僧：名孜，字惠觉，出家于於潜县的丰国乡寂照寺。

②此君：晋王徽之酷爱竹子，有一次借住在朋友家，立即命人来种竹，人问其故，徽之说："何可一日无此君。"此君即是竹子。

③扬州鹤：据传说，有四人谈论平生最快意之事，一人希望多财，一人说宁愿骑鹤做神仙，另一人希望做扬州太守。最后一人说："腰缠十万贯，骑鹤下扬州。"意思是三者兼得。东坡此句意思也是说："若对着竹子还大嚼猪肉，岂不是太狂妄了？世间哪有扬州太守与骑鹤化仙两者兼得之事？既做风流太守就不可能成仙，同样的，赏竹雅士岂能对竹嚼肉！"后人就以"扬州鹤"来代表十全十美的、完全合乎理想的事物，也等于是奢望的代名词。

本篇为元祐五年（1090）在杭州时所作，苏轼时任杭州刺史。这首诗是借写竹来歌颂风雅高节，批判物欲俗骨。诗中的竹和肉分别代表的是雅与俗、高节与物欲两种精神品格。全诗以近乎口语的表达层层推进，展示好竹者雅，喜肉者俗，宁可瘦而雅，也不肥而俗的审美选择。最后借"扬州鹤"典故道出竹与肉难并存，雅与俗不可兼容的道理。这首诗是写给僧人的，其实也是东坡自我人格的一种形象写照，"可使食无肉，不可居无竹"，千百年来，这句名诗都在提醒人们：摆脱物欲，追求精神层面的快乐远远胜于物质的享受。

一年好景君须记，最是橙黄橘绿时。

赠刘景文①

荷尽已无擎雨盖，菊残犹有傲霜枝。②
一年好景君须记：最是橙黄橘绿时。③

①题目一作《冬景》。刘景文：刘季孙（1033—1092），字景文，时任两浙兵马都监，驻杭州。苏轼视他为国士，曾上表推荐，

并以诗歌唱酬往来。

②荷尽：荷花枯萎，残败凋谢。擎：举，向上托。雨盖：旧称雨伞，诗中比喻荷叶舒展的样子。犹：仍然。傲霜：不怕霜冻寒冷，坚强不屈。

③君：这里指刘景文。橙黄橘绿时：指橙子发黄、橘子将黄犹绿的时候，指秋末冬初。

这首诗是元祐五年（1090）苏轼在杭州赠给好友刘景文的，此时刘景文已五十八岁，进入晚年，故苏轼以初冬景象作比拟，诗题又作《冬景》。此诗的最大特点是通过写景来写人，所写之景前后对比强烈。前两句写景，抓住"荷尽""菊残"，描绘出秋末冬初的萧瑟景象；后两句议景，揭示赠诗的目的，说明冬景虽然萧瑟冷落，但也有硕果累累、成熟丰收的一面，而这一点恰恰是其他季节无法相比的。荷、菊的衰飒正好反衬一年之中的最好景象：橙黄橘绿之时。此诗在表达上融写景、咏物、赞人于一炉。

日啖荔枝三百颗，不辞长作岭南人。

食荔枝

罗浮山下四时春，卢橘杨梅次第新。①
日啖荔枝三百颗，不辞长作岭南人。②

①罗浮山：在今广东博罗、增城、龙门三地交界处，风景秀丽，为岭南名山。卢橘：枇杷。

②啖：吃。三百颗：形容吃得多，非确指。岭南：指五岭以南的地区，即今广东、广西一带。

本篇作于绍圣三年（1096）夏，原题作《食荔支》，又题作《惠州一绝》。苏轼于宋哲宗绍圣元年被人告以"讥斥先朝"的罪名而贬岭南惠州，人生再次跌入低谷。可就是在这样的逆境中，苏轼却能超然于俗情，在流连风景、体察风物中感受岭南的美景，并对岭南产生深深的热爱之情，与眉山故乡平视，这是多么旷达的胸怀！在苏轼诗作中，与"日啖荔枝三百颗，不辞长作岭南人"二句同趣的还有"海南万里真吾乡""此心安处是吾乡"，看来苏轼此情此意并非一时之妄语。

诗酒趁年华。

望江南
超然台作①

春未老，风细柳斜斜。试上超然台上看，半壕春水一城花，烟雨暗千家。②　　寒食后，酒醒却咨嗟。③休对故人思故国，且将新火试新茶，诗酒趁年华。④

①望江南：原唐教坊曲名，后用为词牌名，又名"忆江南"。超然台：在密州（今山东诸城）北城上，登台可眺望全城。

②壕：护城河。

③寒食：节日名。唐宋时，清明前二日为寒食节。咨嗟：叹息。

④故国：这里指故乡、家乡。新火：唐宋习俗，清明前二日禁火寒食，到清明节再起火做饭，称为"新火"。新茶：新采制的茶叶。以其气味香烈，远胜陈茶。

熙宁七年（1074）冬，苏轼由杭州移守密州（今山东诸城）。次年八月，他命人修葺城北旧台，并由其弟苏辙题名"超然"，取《老子》"虽有荣观，燕处超然"之义。熙宁九年（1076）春，苏轼登超然台，眺望春色烟雨，触动乡思，写下了此词。词上阕写登超然台眺望所见的美丽春景，下阕写作者触景生情，身处异乡，不由得对故乡产生思念之情，而后又进行了自我宽解，体现了作者豁达超然的襟怀。名句"诗酒趁年华"也成为当下的流行语，用来表达热爱青春，珍惜韶华。

十年生死两茫茫，不思量，自难忘。

江城子
乙卯正月二十日夜记梦①

十年生死两茫茫，②不思量，自难忘。千里孤坟，无处话凄凉。③纵使相逢应不识，尘满面，鬓如霜。　夜来幽梦忽还乡，小轩窗，正梳妆。相顾无言，惟有泪千行。料得年年肠断处，明月夜，短松冈。④

①乙卯：宋神宗熙宁八年，公元1075年。

②十年：苏轼原配夫人王弗卒于治平二年（1065），到作这首词时，正好十年。

③千里孤坟：王弗葬于眉山，与作者当时所在的密州相距很远。

④料得：预测到，估计到。

本篇为熙宁八年（1075）正月苏轼在密州时所作。这是苏轼著名的悼亡词，他因梦见原配夫人王氏，写下了这首词，当时距王弗逝世正好十年。词上阕抒情。开头"十年生死两茫茫，不思量，自难忘"是千古名句，这三句单刀直入，既交代夫妻生死相隔已十年，又深情诉说思念，感人至深。说"不思量"，是因为苏轼这十年来琐事缠身：政治压抑、政事繁忙、生活困苦，虽无法时时刻刻挂念亡妻，但是早已铭刻在心，不可能忘记。接下来几句是模糊生死界限的描写，表现了对爱侣的深切怀念。下阕记梦，同时将现实的感受融入梦中，使梦境也令人感到无限凄凉。末尾三句不说自己如何，反说长眠地下的爱侣因眷恋人世而柔肠寸断，更有意蕴。整首词情调凄凉，写尽作者对亡妻的深切思念。

老夫聊发少年狂。

江城子
密州出猎

老夫聊发少年狂，左牵黄，右擎苍。①**锦帽貂裘，千骑卷平冈。**②**为报倾城随太守，亲射虎，看孙郎。**③　　**酒酣胸胆尚开张。**④**鬓微霜，又何妨。**⑤**持节云中，何日遣冯唐？**⑥**会挽雕弓如满月，西北望，射天狼。**⑦

①老夫：苏轼自称。聊：暂且。狂：豪情壮怀。黄：黄犬。苍：苍鹰。

②锦帽貂裘：名词作动词，头戴华美帽子，身穿貂鼠皮衣。千骑：表明随从乘骑之多。平冈：低小的山冈。

③倾：尽。太守：指作者自己。孙郎：以孙权自喻。

④酣：喝酒畅快，尽情。尚：更加。

⑤鬓微霜：鬓角长出了少许白发。

⑥节：兵符，古代调兵遣将用的一种凭证。

⑦会：将要。挽：拉。雕弓：弓背上刻有花纹的弓。天狼：星名，隐指常在北宋边境侵扰掠夺的西夏和辽国。

本篇为熙宁八年（1075）冬作于密州（今山东诸城）。这是一首抒发词人豪情壮志的词。上阕开头一句总领全词，一"聊"字衬托"狂"，顿生狂放豪迈之感，打猎场面声势浩大，威武浩荡，作者用孙权自比，气宇非凡的形象深入人心。下阕主要抒写自己的胸怀意愿，自我剖白，以魏尚自喻，用"冯唐使节"这一典故表达渴望得到朝廷眷顾和重用。最后三句展露自己抗击外敌、保家卫国的决心，摄人心魄。"老夫聊发少年狂"今多用来表达老年人老当益壮或童心未泯。

但愿人长久，千里共婵娟。

水调歌头

丙辰中秋，欢饮达旦，大醉。作此篇，兼怀子由。①

明月几时有？把酒问青天。不知天上宫阙，今夕是何年。②我欲乘风归去，又恐琼楼玉宇，高处不胜寒。③起舞弄清影，何似在人间！　转朱阁，低绮户，照无眠。④不应有恨，何事长向别时圆？人有悲欢离合，月有阴晴圆缺，此事古难全。但愿人长久，千里共婵娟。⑤

①达旦：到天亮。子由：苏辙字子由。

②天上宫阙（què）：指月中宫殿。阙，宫殿门前两旁的楼观。

③琼（qióng）楼玉宇：美玉砌成的楼宇，指月中宫殿。不胜（shēng）：不堪承受。

④朱阁：朱红的华丽楼阁。绮（qǐ）户：雕饰华丽的门窗。

⑤婵娟（chán juān）：指明月。

这首词作于熙宁九年（1076）。苏轼与王安石意见相左，出任密州知州，在中秋之夜怀念弟弟苏辙，苏辙在齐州（今山东济南），相距虽不是太远，但已有七年未见。花好月圆之时，政治上的失意、亲人之间的分离，令人心生苦闷。上阕先是以明月发问，饮酒赏月，向明月一一诉说内心的惆怅。天上月宫使作者想逃避现实，产生向往之心，又担忧孤独寒冷，人间自有人间的好，内心的矛盾纠结正是出世与入世矛盾心理的形象化表现。下阕先写月照人间的景象，表达对子由的怀念之情。由明月的阴晴圆缺想到人间悲欢离合，世间万物总有不如意之处，发出深深的感叹和祝福，打破了时间、空间的限制。"但愿兄弟俩年寿延长，隔着千里也能共享美好的月光"，表达出作者豁达的人生态度和积极乐观的人生价值观。成语"悲欢离合""阴晴圆缺"皆出自本篇。

拣尽寒枝不肯栖，寂寞沙洲冷。

卜算子
黄州定慧院寓居作

缺月挂疏桐，漏断人初静。①谁见幽人独往来？缥缈孤鸿影。②　　惊起却回头，有恨无人省。③拣尽寒枝不肯栖，寂寞沙洲冷。④

①缺月：不圆的月。漏断：指夜深。漏，古代滴水计时的器具。

②幽人：幽居的人，作者自指。缥缈：隐隐约约，若隐若现的样子。

③省（xǐng）：了解，明白。

④寒枝：寒冷时节的树枝。

本篇作于元丰三年（1080）秋，是苏轼遭遇"乌台诗案"后贬谪黄州寓居定慧院时所作，以孤鸿自比，表现自己不随波逐流的人生态度，也传达了被贬谪之后的寂寞苍凉之感。上阕先是用缺月、疏桐、漏断这些意象来塑造凄凉的氛围，"人初静"更是渲染了夜深幽静之感。接着作者以孤鸿映衬人的形单影只，写出"幽人"的孤独之感。下阕具体写了孤鸿的品格，实则是用"幽人"的品格人格化孤鸿的形象，寄寓自身在政治上的失意愤懑之情。最后两句曾引起争议，是词人有意而为，孤鸿的清高傲立象征着自己在政治上洁身自好、不同流合污的高贵品质。

一蓑烟雨任平生。

定风波

三月七日沙湖道中遇雨。雨具先去，同行皆狼狈，余独不觉。已而遂晴，故作此。

莫听穿林打叶声。何妨吟啸且徐行。①竹杖芒鞋轻胜马，谁怕？②一蓑烟雨任平生。③ 料峭春风吹酒醒，微冷。④山头斜照却相迎。回首向来萧瑟处，归去，也无

风雨也无晴。

①吟啸：吟诗长啸，意态闲适。

②芒鞋：芒草编织的草鞋。

③一蓑烟雨：满蓑烟雨。用郑谷渔人一蓑的典故（"渔人披得一蓑归""殷勤一蓑雨"），表达从此一生像渔人一样。

④料峭春风：带几分寒意的东风。

这首词作于元丰五年（1082）的三月七日，苏轼谪居黄州，写途中遇雨这件事，以小见大，表达旷达的人生胸襟。上阕先是表达对风雨的态度，吟诗长啸，淡定从容。接着用竹杖、芒鞋与马对比，表明自己敢于直面风雨的姿态，处之泰然。下阕写气候之变化，春风带来寒意，温暖阳光驱走寒意，词人内心一片祥和宁静，再看所遭遇的这些，不以物喜不以己悲的超脱心态令人折服。名句"一蓑烟雨任平生"多用来表达坦然面对人生风雨的处世态度。

谁道人生无再少？门前流水尚能西。

浣溪沙

游蕲水清泉寺，寺临兰溪，溪水西流。

山下兰芽短浸溪。松间沙路净无泥。萧萧暮雨子规啼。谁道人生无再少？门前流水尚能西。休将白发唱黄鸡。①

①唱黄鸡：感叹年华易逝，岁月催人老。白居易《醉歌》："谁道使君不解歌，听唱黄鸡与白日。黄鸡催晓丑时鸣，白日催年酉前

没。腰间红绫系未稳，镜里朱颜看已失。"

本篇为元丰五年（1082）三月苏轼在黄州时所作。苏轼四十七岁这年春三月在黄州东南的蕲水清泉寺游览，此时的苏轼早已人过中年，又是被贬谪之人，但他的心态依旧非常年轻。"谁道人生无再少"这一句特别有名，在古代这种写法叫"无理而妙"，比如"花有重开日，人无再少年"是符合自然规律的，但是苏轼却用反问表达人生可以再少年，表面上看这是没有道理的，但其实巧妙表达了他积极乐观的人生态度。

大江东去，浪淘尽、千古风流人物。

念奴娇
赤壁怀古

大江东去，浪淘尽、千古风流人物。[①]故垒西边，人道是，三国周郎赤壁。[②]乱石穿空，惊涛拍岸，卷起千堆雪。江山如画，一时多少豪杰！遥想公瑾当年，小乔初嫁了，雄姿英发，羽扇纶巾，谈笑间、樯橹灰飞烟灭。[③]故国神游，多情应笑我，早生华发。人间如梦，一樽还酹江月。

①大江：长江。淘：冲洗。

②故垒：古时军营四周所筑的墙壁。

③羽扇纶（guān）巾：鸟羽做的扇和丝带做的头巾。樯橹：这里指曹军。樯，挂帆的桅杆。橹，划船的桨。

本篇为元丰五年（1082）七月苏轼在黄州时所作。苏轼因"乌台诗案"被贬谪到黄州，游赏黄冈城外赤壁，写有著名的"二赋一词"，"一词"便是这首咏史怀古词。上阕先将大江和英雄人物相关联，气势雄伟。接着点出赤壁这一古迹和周瑜这一历史人物，展现赤壁的壮丽景色。下阕用小乔这一人物点缀周瑜的雄姿英发、风度翩翩，并回顾周瑜的显赫战功，将周瑜大败曹军的战争情景描摹出来，以寄托自己对前贤的缅怀追慕之情。词人通过赤壁怀古，表现自己对英雄人物的崇拜之情，也暗示了自己壮志未酬的无奈。"大江东去"已用作成语，比喻时光流逝不复返，也表达陈迹消逝，历史向前发展。

明日黄花蝶也愁。

南乡子
重九涵辉楼呈徐君猷①

霜降水痕收，浅碧鳞鳞露远洲。②酒力渐消风力软，飕飕，破帽多情却恋头。　　佳节若为酬？但把清尊断送秋。③万事到头都是梦，休休，明日黄花蝶也愁。

①重九：重阳节。徐君猷（yóu）：苏轼的朋友。
②水痕收：水位降低。浅碧：水浅而绿。
③若为酬：怎样应付过去。清尊：亦作"清樽"，酒器。

本篇为元丰五年（1082）重阳节苏轼在黄州时所作。重阳节在涵辉楼宴席上，苏轼为黄州知州徐君猷作此词，抒发了旷达而哀愁的矛盾心境。上阕先是描写在涵辉楼远眺所见美景：霜降水浅，呈现江心沙洲。眼界开阔，将天高气朗的秋景描画出来。接下来三句写酒后所感，反用晋时孟嘉落帽于龙山这一典故（形容才子名士的风雅洒脱、才思敏捷），表现自己渴望超脱而无能为力。下阕写宴席上的感慨，借酒浇忧，对待人生的态度豁然开朗。"明日黄花蝶也愁"反用唐郑谷《十日菊》中"节去蜂愁蝶不知，晓庭还绕折残枝"句，用重阳节菊花凋零、蜂蝶愁叹来激励自己乐对人生，珍惜眼前良辰美景，不必对往事耿耿于怀。"明日黄花"已为成语，比喻过时的事物。

长恨此身非我有，何时忘却营营。

临江仙
夜归临皋①

夜饮东坡醒复醉，归来仿佛三更。②家童鼻息已雷鸣。③敲门都不应，倚杖听江声。　　长恨此身非我有，何时忘却营营。④夜阑风静縠纹平。⑤小舟从此逝，江海寄余生。

①临皋：在今湖北黄冈市区南长江滨。
②东坡：在黄州州治之东百余步，苏轼在此建雪堂。
③鼻息：鼾声。
④营营：为功名而劳碌的样子。
⑤夜阑：夜深。縠（hú）纹：指细小的波纹。

本篇作于元丰五年（1082）九月，为词人贬谪黄州，醉归临皋时所作，抒发渴望自由超脱的人生情怀。上阕先写词人夜深饮酒归来的所见所感，家童鼾声如雷鸣呼应夜深，反衬词人借酒浇愁的愁绪之多。接下来词人听江声这一行为让人感受到他随缘洒脱的性格特征，也为下文临江有感做铺垫。下阕主要具体写这种感慨，词人悔恨自己不能掌握命运，为功名利禄奔波忙碌，事与愿违，不知道什么时候才能获得彻底解脱，这也契合了老庄思想提倡人生自由、不为外界所役的精神内涵。夜深风平浪静，词人仿佛看破人生，找到人生方向，想一舟驰骋江海，无忧无虑，自由自在。"长恨此身非我有，何时忘却营营"两句极富哲理，揭示了世俗之人忙忙碌碌、身不由己的生活状态。

此心安处是吾乡。

定风波

王定国歌儿曰柔奴，姓宇文氏，眉目娟丽，善应对，家世住京师。定国南迁归，余问柔："广南风土，应是不好？"柔对曰："此心安处，便是吾乡。"因为缀词云。①

常羡人间琢玉郎，天应乞与点酥娘。②自作清歌传皓齿，风起，雪飞炎海变清凉。③　　万里归来颜愈少，微笑，笑时犹带岭梅香。④试问岭南应不好？却道：此心安处是吾乡。⑤

　　①一本将小序缩减为"南海归赠王定国侍人寓娘"。王定国：王巩，字定国，苏轼友人。寓娘：王巩的歌妓柔奴。
　　②琢玉郎：如玉雕琢般丰神俊朗的男子，此指王巩。点酥娘：谓肤如凝脂般光洁细腻的美女，此指柔奴。

③皓齿：雪白的牙齿。炎海：比喻酷热。

④颜：一作"年"。岭：指大庾岭，沟通岭南岭北的咽喉要道。

⑤试问：试探性地问。

本篇约为元祐元年（1086）在京城时所作。这首词的创作背景是苏轼的友人王巩因"乌台诗案"被贬岭南宾州，他的歌女柔奴陪伴他一道至宾州生活。五年后王巩北归，酒席上苏轼问柔奴在岭南过得如何，柔奴答到："此心安处，便是吾乡。"苏轼听到这个回答，十分感动，作此词来赞赏柔奴。词的上阕写柔奴的外在美，描绘了她天生丽质、才艺高超。下阕通过柔奴的神态与对话刻画她的内在美，赞扬她乐观豁达，具有美好的情操和高尚的品格。"此心安处是吾乡"受白居易"我生本无乡，心安是归处"（《初出城留别》）的启发，词句表达的是一种乐观平和、超然自适的人生态度，一种"不以物喜，不以己悲"的旷达，也就是我们现在所谓的"平常心"，这是苏轼留给后人宝贵的处世哲学。

人生如逆旅，我亦是行人。

临江仙
送钱穆父①

一别都门三改火，天涯踏尽红尘。②依然一笑作春温。无波真古井，有节是秋筠。③　　惆怅孤帆连夜发，送行淡月微云。尊前不用翠眉颦。人生如逆旅，我亦是行人。④

①钱穆父：钱勰，字穆父（fǔ），父是古代对有才德的男子的美称。

②都门：指汴京。改火：古代钻木取火，四季换用不同木材，称为"改火"，这里指年度的更替。

③筼（yún）：竹子的青皮，借指竹子。

④逆旅：旅舍，旅店。行人：双关语，既指自己即将离开杭州，也指自己一生都在旅行。

本篇为元祐六年（1091）春苏轼在杭州送别老友钱勰时所作。钱勰也是北宋重要的官员和诗人，比苏轼年长两岁，两人交往甚多。钱勰在越州（今浙江绍兴）做了三年知州，然后转到遥远的河北瀛州去做官，经过杭州，苏轼送别他时赠他这首词，赞美他的人生态度和自己相似，"依然一笑作春温"，体现了苏轼旷达洒脱的个性。"人生如逆旅，我亦是行人"，很多人用这两句作为自己的人生格言，这两句有什么发人深省的高妙之处呢？我们知道，一贬再贬，并没有打倒苏轼，他把人生比成"逆旅"，"逆旅"就是旅馆，这里是住旅馆的意思；既然是住旅馆，就要有一种随遇而安、恬淡自安的态度，他的名句"人生到处知何似，应似飞鸿踏雪泥"也是这个态度，可见苏轼对人生有一种超然旷达的情怀。

天涯何处无芳草！

蝶恋花
春景

花褪残红青杏小。^①燕子飞时，绿水人家绕。枝上柳绵吹又少，天涯何处无芳草！^②　　墙里秋千墙外道。墙外行人，墙里佳人笑。笑渐不闻声渐悄，多情却被无情恼。^③

①花褪残红：残花凋谢。

②柳绵：柳絮。天涯何处无芳草：芳草长到了天边，春天已经完结。

③多情：指墙外行人。无情：指墙内佳人。

本篇约为绍圣二年（1095）春在惠州时所作。这首词写春景，表达对春天逝去的哀叹。上阕先写出暮春时令，残花凋零，青杏的生长预示春光即将流逝。接着用燕子、绿水，一丝伤春之意点染开来。第四、五句先抑后扬，柳絮的凋落让人感叹，天涯芳草又给人安慰，惹人怜春。下阕第一句映衬了"绿水人家绕"，从墙外人的角度，墙内景象令人浮想联翩，笑声的消失则承载了这个墙外人的失望，正如对春意流逝的感慨，实属绝妙之笔。词中"天涯何处无芳草"本意为春光已晚，芳草长遍天涯，现在多用来表达男女之间没有必要死守一方，可以爱或值得爱的人很多。"多情却被无情恼"也是名句。

世事一场大梦，人生几度秋凉。

西江月

世事一场大梦，人生几度秋凉。夜来风叶已鸣廊。看取眉头鬓上。①　　酒贱常愁客少，月明多被云妨。②中秋谁与共孤光，把盏凄然北望。③

①看取：看着。

②妨：遮掩。

③孤光：指月亮。盏：酒杯。

这首词约为绍圣四年（1097）中秋夜苏轼在儋州（今属海南）时所作。月圆之夜，百感交集。上阕先是从世事如梦、人生遭遇凄凉着笔，接着写秋夜里风打庭叶，长廊里回响阵阵，两鬓白发引发壮志未酬之感。下阕借景抒怀，感慨人世无常、世态炎凉，以乐景写哀情，孑然一身的孤独寂寞在这个中秋之夜得以宣泄，最后用"凄然北望"遥寄自己对弟弟苏辙的思念之情。

晏几道

晏几道（1038—1110），字叔原，号小山，临川（今江西抚州）人，晏殊的第七个儿子，词与晏殊齐名，合称"二晏"。性情孤傲耿介，所以仕途不畅，只做过一些小官。擅长小令，长于言情，措辞婉妙，词风缠绵悱恻。有《小山词》。

当时明月在，曾照彩云归。

临江仙

梦后楼台高锁，酒醒帘幕低垂。[1]去年春恨却来时，落花人独立，微雨燕双飞。[2]　　记得小蘋初见，两重心字罗衣。[3]琵琶弦上说相思。当时明月在，曾照彩云归。[4]

[1] 低垂：低低放下。
[2] 春恨：春日离别引起的感伤情绪。却来：又来。
[3] 小蘋：歌女名字。两重心字罗衣：罗衣上有以重叠的心字纹组成的图案，暗喻心心相印。

④彩云：喻指小蘋。

这首词写的是怀念歌女小蘋。上阕前两句互文，词人用不同场景来表现对小蘋的怀念，第三句承上启下，承接上文与小蘋分别之场景，引出自己受思念侵扰。落英缤纷，细雨绵绵，"人独立"和"燕双飞"的对照更是增添词人此时的孤独惆怅。"落花人独立，微雨燕双飞"两句虽照搬五代翁宏诗句，但用得妙，使原句倍增光辉。下阕写怀念初见小蘋的美好时光，小蘋的与众不同给诗人留下深刻印象，琵琶拨动词人心弦，这两个角度刻画出来的小蘋形象生动传神，惹人怜爱。"当时明月在，曾照彩云归"两句是化用李白《宫中行乐词》"只愁歌舞散，化作彩云飞"，宴席结束小蘋离去的身影在词人脑海里挥之不去，如美丽的神女朝云，在月光下飘然离去，词尽而意无穷。

梦魂惯得无拘检，又踏杨花过谢桥。

鹧鸪天

小令尊前见玉箫。①银灯一曲太妖娆。歌中醉倒谁能恨？唱罢归来酒未消。　　春悄悄，夜迢迢。碧云天共楚宫遥。②梦魂惯得无拘检，又踏杨花过谢桥。③

①小令：58字以内的短词。玉箫：代指歌女。

②碧云天：天上神仙所居之处。楚宫：在今重庆巫山西阳台古城内，相传为楚王与巫山神女相会之处。

③惯得：纵容，随意。拘检：拘束。谢桥：谢娘家的桥。唐宰相李德裕的侍妾名谢秋娘，此代指通往歌女玉箫家的路。

这是一首怀人的相思词。上阕写词人回忆在歌筵酒宴上与女子的相遇，听歌饮酒，为美人而醉，"玉箫""银灯"等营造出华丽美妙的场景，对美人的惊叹之情呼之欲出。下阕写别后对女子的思念。平静的春日和漫长的深夜勾起了词人对往昔的怀念，透露了内心的孤独寂寞之感。词人用楚王与巫山神女的典故，用碧云与楚宫遥远的距离写出有情人之间被爱情折磨的苦痛。最后两句用梦境来弥补见不到情人的遗憾，只有梦境才能无拘无束，踏着杨花过了谢桥与女子相会，浓情蜜意延展开来，余味无穷。"梦魂惯得无拘检，又踏杨花过谢桥"化用唐末张泌《寄人》诗意境，写出不受拘束的潜意识中的爱情。

欲将沉醉换悲凉，清歌莫断肠！

阮郎归

天边金掌露成霜，^①云随雁字长。绿杯红袖趁重阳，^②人情似故乡。　　兰佩紫，菊簪黄，殷勤理旧狂。^③欲将沉醉换悲凉，清歌莫断肠！　^④

①金掌：铜仙人掌。参见李贺《金铜仙人辞汉歌》。
②绿杯：绿酒，美酒。红袖：美女。
③兰佩紫：即佩紫兰，身佩紫茎秋兰。殷勤：急切。理：温习，重提。旧狂：昔日的疏狂。
④清歌：清亮的歌。

这首词写的是重阳佳节宴饮。上阕从汴京景物"天边金掌"写起，"露成霜"点缀出秋景萧瑟感，大雁亦牵动了词人的思乡情绪。

绿酒杯、红袖女，趁着重阳佳节欢聚的场景让人感受到故乡的温暖。下阕写宴饮盛况，词人放任心情，重拾往日的疏狂。"欲将沉醉换悲凉，清歌莫断肠"两句写想要借酒浇愁的人，不愿听到令人断肠的歌，包含词人想追寻解脱而又无可奈何的心情，感情深沉，极具感染力。

黄庭坚

黄庭坚（1045—1105），字鲁直，号山谷道人，晚号涪翁，洪州分宁（今江西修水）人，北宋著名文学家、书法家。治平四年（1067）进士及第，官至鄂州知州。诗与苏轼齐名，称"苏黄"。为盛极一时的"江西诗派"开山之祖。与张耒、晁补之、秦观游学于苏轼门下，合称为"苏门四学士"。

机关用尽不如君。

牧童诗

骑牛远远过前村，短笛横吹隔陇闻。①
多少长安名利客，机关用尽不如君。②

①陇：山陇。闻：听到。
②机关用尽：比喻用尽心思。机关，周密、巧妙的计谋。

这首《牧童诗》相传是黄庭坚七岁时所作，写得十分轻快悠扬，在清新自然的语言中借牧童的无忧无虑、毫无机心反衬了追名逐利者的得不偿失、令人反感。表达诗人不为利累、向往自由的生活态度。本诗不讲究用典，天机一片，明快清新，与黄庭坚诗歌一贯的"瘦硬"之风异趣。成语"机关用尽"即出自本篇，比喻费尽心机。

落木千山天远大，澄江一道月分明。

登快阁①

痴儿了却公家事，快阁东西倚晚晴。②
落木千山天远大，澄江一道月分明。③
朱弦已为佳人绝，青眼聊因美酒横。④
万里归船弄长笛，此心吾与白鸥盟。⑤

①快阁：在吉州泰和县（今属江西）东澄江（赣江）之上，以江山广远、景物清华著称。

②痴儿了却公家事：意思是说，自己并非大器，只会敷衍官事。痴儿，俗言庸夫俗子，作者自指。《晋书·傅咸传》载杨济与傅咸书云："天下大器，非可稍了，而相观每事欲了。生子痴，了官事，官事未易了也，了事正作痴，复为快耳。"这是当时的清谈家崇尚清谈、反对务实的观点，认为一心想把官事办好的人是"痴"，黄庭坚这里反用其意，以"痴儿"自许。了却，完成。

③落木：落叶。澄江：指赣江。澄，澄澈，清澈。

④朱弦：这里指琴。佳人：美人，引申为知己、知音。青眼：黑色的眼珠在眼眶中间，青眼看人是表示对人的喜爱或重视、尊重，即正眼看人。与之相对的是白眼，指露出眼白，表示轻蔑。《晋书·阮籍传》："（阮）籍又能为青白眼，见礼俗之士，以白眼对

之。及嵇喜来吊，籍作白眼，喜不怿而退。喜弟康闻之，乃赍酒挟琴造焉，籍大悦，乃见青眼。"聊：姑且。

⑤弄：吹奏。与白鸥盟：这里是指无利禄之心，借指归隐。据《列子·黄帝》："海上之人有好沤（鸥）鸟者，每旦之海上从沤鸟游，沤鸟之至者，百住而不止。其父曰：'吾闻沤鸟皆从汝游，汝取来吾玩之。'明日之海上，沤鸟舞而不下也。"后人以与鸥鸟盟誓表示毫无机心。

此诗作于元丰五年（1082）作者任泰和令时，是诗人登快阁而发的抒情之作。首联交代登临快阁的大致背景，是官事之余的黄昏时段。诗人登高临远，在晚晴照耀的视野下，所见极为壮阔，"落木千山天远大，澄江一道月分明"两句，道尽了万木凋谢、苍山莽莽的辽阔景象，又有一江秋水，明月辉映，面对此情此景，诗人胸襟顿感豁然明澈。五、六句，诗人巧用典故，前句用伯牙摔琴谢知音的故事，后句用阮籍青白眼事。二句大意是说："因为知音不在，我弄断了琴上的朱弦，不再弹奏，于是只好清樽美酒，聊以解忧了。"结句诗人想象自己坐上归船，吹弄着悠扬的长笛，回到向往已久的地方，与订好盟约的白鸥相伴相随，过上清静自守的隐士生活。全诗主要表达的是诗人厌倦世俗、向往自由的归隐情怀，与黄诗的一贯风格类似，此诗也讲究用典，但化用得很自然，读来毫无生涩之感。

桃李春风一杯酒，江湖夜雨十年灯。

寄黄几复①

我居北海君南海，寄雁传书谢不能。②

桃李春风一杯酒，江湖夜雨十年灯。
持家但有四立壁，治病不蕲三折肱。③
想得读书头已白，隔溪猿哭瘴烟藤。④

①黄几复：名介，南昌人，是黄庭坚少年时的好友，时为广州四会（今广东四会）县令。

②"我居"句：《左传·僖公四年》："君处北海，寡人处南海，唯是风马牛不相及也。"作者在《跋》中说："几复在广州四会，予在德州德平镇，皆海滨也。""寄雁"句：传说雁南飞时不过衡阳回雁峰，更不用说岭南了。

③四立壁：形容清贫。《史记·司马相如传》："文君夜奔相如，相如驰归成都，家徒四壁立。"蕲：祈求。肱：上臂，手臂由肘到肩的部分。《左传·定公十三年》："三折肱，知为良医。"意为经多次折臂而成良医，比喻行政才能。

④瘴烟：瘴气。

这首诗作于神宗元丰八年（1085），是一首怀念友人的诗作，此时黄庭坚在德州（今属山东）德平镇，黄几复在四会县（今属广东），各处海滨，相隔千里。黄几复和黄庭坚都是洪州人，两人少年时就相识，成为知心好友，友谊维持了一生。黄几复去世后，黄庭坚还为他写了墓志铭。写这首诗时，黄庭坚在山东的渤海之滨任职，而黄几复在岭南的南海之滨任职，而且他任职岭南已经整整十年了。黄庭坚很是想念，所以才有名句"桃李春风一杯酒，江湖夜雨十年灯"，上句追忆两人十年前三十岁左右的时候在京城桃李春风之中把酒言欢，下句抒写别后十年，每逢夜雨，独对孤灯，互相思念。两句纯以名词成联，概括力极强，在对比中突出今昔落差，给人以强烈的感染。以名词成联，是我们汉语的独特之处，大家比较熟悉的"鸡声茅店月，人迹板桥霜""楼船夜雪瓜洲渡，铁马秋风大散关"等名句，都是由名词组合成的对仗。

管城子无食肉相，孔方兄有绝交书。

戏呈孔毅父①

管城子无食肉相，孔方兄有绝交书。②
文章功用不经世，何异丝窠缀露珠？③
校书著作频诏除，犹能上车问何如。④
忽忆僧床同野饭，梦随秋雁到东湖。⑤

①孔毅父（fǔ）：即孔平仲，字毅父，临江新淦（今江西新干）人，治平二年（1065）进士。黄庭坚好友。

②管城子：即毛笔。出自韩愈《毛颖传》。食肉相：即封侯之相。据《后汉书·班超传》记载，看相的人曾说班超"燕颔虎颈，飞而食肉，此万里侯相也"，后来班超投笔从戎，立功西域，果然封侯。孔方兄：即钱。古时的铜钱中有方孔，故有此称。语出鲁褒《钱神论》："亲爱如兄，字曰孔方。"暗含鄙视与嘲笑之意。绝交书：嵇康有《与山巨源绝交书》。这里借指与钱财无缘。

③经世：治理社会。丝窠（kē）：这里指蜘蛛网。

④校书：即校书郎，司校勘宫中所藏典籍诸事。著作：即著作郎，旧掌编撰国史。诏除：朝廷下令拜官授职。问何如：近来身体怎么样。典出《颜氏家训》。

⑤东湖：在今江西南昌东南，离黄庭坚家不远。

这首诗是作者元祐二年（1087）在京任著作佐郎时所作，是一首抒发诗人仕途失意之作。因为不宜写得过于直白，所以诗人工于用典，把表面上若干不相关的人事组织起来，以自我解嘲的方式，道出自己的满腹牢骚。首二句写自己的贫贱，分别用了毛笔、铜钱的典故，意丰语谐；三、四句反语自嘲文章无益于世，表面看来是自责，实际暗示自己文章不为世人赏识，"丝窠缀露珠"，用清晨缀附于蛛网上闪闪发亮的露珠，来比喻外表华美而没有坚实内容的文章，十分恰当；五、六句转写官职的低微与无聊，"上车问何如"，是借梁代贵家子弟空疏少才来表现自己仕途无聊的心态；末二句突然想到江湖的野趣，表达归隐之思。此诗多用典故，联想奇特，意趣诙谐，加之有意以律诗的变格来作古诗，句法变化多端，与诗人提倡的"夺胎换骨"创作主张颇为吻合。

清风明月无人管。

鄂州南楼书事　其一①

四顾山光接水光，凭栏十里芰荷香。②
清风明月无人管，并作南楼一味凉。③

①鄂（è）州：在今湖北武汉。南楼：在武昌蛇山顶。

②四顾：向四周望去。山光、水光：山色、水色。凭栏：靠着栏杆。十里：形容水面辽阔。芰（jì）：菱角。

③并：合并在一起。一味凉：一片凉意。

《鄂州南楼书事》共四首，此为第一首，作于徽宗崇宁二年（1103）。诗以写景见称，前二句写登楼所见，视野开阔，山光水色，芰荷芬芳，好景扑面而来；后二句着重写主观之感受：清风明月无处不在，无拘无束，诗人在此时此刻感到无比自在和惬意。人生得意未必靠高官厚禄、锦衣玉食，一缕清风、一份悠闲，有时就可以营造出身心轻快的适意，"清风明月无人管"，写自然物象不受人为拘束的状态，也是此时此刻诗人心态的写照。

若有人知春去处，唤取归来同住。

清平乐 其一

春归何处？寂寞无行路。①**若有人知春去处，唤取归来同住。　　春无踪迹谁知？除非问取黄鹂。百啭无人能解，因风飞过蔷薇。**②

①无行路：没有留下春去的行踪。

②百啭（zhuàn）：形容黄鹂宛转的鸣声。啭，鸟鸣。

本篇约作于黄庭坚教授北都（大名府，在今河北）期间。黄庭坚是"江西诗派"的开创者，诗歌成就很高，词也有名句和佳篇，名句如"我欲穿花寻路，直入白云深处，浩气展虹霓"，佳篇如这首词。此词写惜春而无感伤情绪，构思新颖，把春天拟人化，采用问答式，读来活泼有味。"若有人知春去处，唤取归来同住"两句妙语妙思，设想新奇，表现出词人对美好春天归去的不舍。当时人认为王观的"若到江南赶上春，千万和春住"就是学习黄庭坚而来。

秦观

秦观（1049—1100），字少游，一字太虚，号淮海居士。高邮（今属江苏）人，宋神宗元丰八年（1085）进士及第，官至国史院编修官。词最著名，被尊为婉约派代表词人。与黄庭坚、张耒、晁补之游学于苏轼门下，合称为"苏门四学士"。诗风清丽，时人说他"诗如词"。有《淮海集》传世。

有情芍药含春泪，无力蔷薇卧晓枝。

春日

一夕轻雷落万丝，霁光浮瓦碧参差。①
有情芍药含春泪，无力蔷薇卧晓枝。②

①丝：喻雨。霁（jì）光：雨天之后明媚的阳光。霁，雨后放晴。浮瓦：晴光照在瓦上。参差：高低错落的样子。
②芍药：指芍药花。春泪：雨点。

本篇约为元祐六年（1091）春在京城时所作。这首诗写雨后春景，以描摹细腻见称。写雨突出细密轻柔的特点，春雨伴随着轻轻的雷声，万丝飘扬，令人不由得联想到老杜笔下"随风潜入夜，润物细无声"的美好意境。接着切换到雨后初晴的画面，碧瓦晶莹，参差错落，着一"浮"字，把雨后初晴、轻烟氤氲的情景刻画得动感十足。如果说前两句是大处着笔的话，那么后两句则是细处描画，仿佛摄影中的特写镜头，描绘了芍药和蔷薇百媚千娇的情态。"有情芍药含春泪，无力蔷薇卧晓枝"写芍药带雨如含泪，脉脉含情，蔷薇静卧枝蔓，娇艳妩媚。因其体物入微、情致蕴藉，具有一种清新婉丽的韵味，展示了诗人对自然界景物、现象敏锐的观察力、感受力和摄取力、表现力。在表现手法上，这两句兼用了对偶与拟人，富有偶对精工、生机勃发的美感。

有桃花红，李花白，菜花黄。

行香子

树绕村庄，水满陂塘。①倚东风、豪兴徜徉。②小园几许，收尽春光。有桃花红，李花白，菜花黄。　　远远围墙，隐隐茅堂。飏青旗、流水桥旁。偶然乘兴，步过东冈。正莺儿啼，燕儿舞，蝶儿忙。

①陂（bēi）塘：池塘。

②徜徉（cháng yáng）：安闲自在地步行。

本篇作于熙宁十年（1077），此时秦观闲居家乡高邮，从事耕作。这是一首田园词，描绘春天的田园风光，写景抒情朴质自然，语言生动清新。"有桃花红，李花白，菜花黄"几句是农村风光的特写镜头，色彩对比鲜明，采用"鼎足对"，活泼而巧妙。

两情若是久长时，又岂在朝朝暮暮。

鹊桥仙

纤云弄巧，飞星传恨，银汉迢迢暗度。①**金风玉露一相逢，便胜却人间无数。**② **柔情似水，佳期如梦，忍顾鹊桥归路。**③**两情若是久长时，又岂在朝朝暮暮。**

①纤（xiān）云弄巧：指纤薄的云彩变化多端，呈现出许多细巧的花样。银汉：银河。

②金风：秋风。玉露：秋天清晨晶莹如玉的露水。

③忍顾：怎么忍心回顾。

《鹊桥仙》原本是为咏牛郎、织女的爱情故事而创作的乐曲，秦观这首词也围绕这个主题歌咏爱情。词上阕先写夜空美景，字里行间都在传递牛郎织女的离愁别恨。紧接着"金风"二句写二人相会的场景，词人不直接实写，而是直接感慨金风玉露之夜相逢的美好，用高明的手段从侧面讴歌了圣洁而永恒的爱情。词下阕抒情兼议论，"柔情"三句写相会短暂，像梦一般倏然而逝，令人心碎。末尾二句已成为千古抒情绝唱，明白如话却掷地有声，字字珠玑，表现了词人对坚贞不渝的爱情的歌颂。这句词现在常被误用成"两情若是长久时"，其实应该是"久长时"才符合格律。整首词融合抒情、写景、议论为一体，用自然流畅、通俗易懂的语言讴歌了人间美好的爱情，余味无穷。

斜阳外，寒鸦万点，流水绕孤村。

满庭芳

山抹微云，天粘衰草，画角声断谯门。①暂停征棹，聊共引离尊。多少蓬莱旧事，空回首，烟霭纷纷。②斜阳外，寒鸦万点，流水绕孤村。 销魂，当此际，香囊暗解，罗带轻分。③谩赢得青楼薄幸名存。④此去何时见也？襟袖上，空惹啼痕。伤情处，高楼望断，灯火已黄昏。

①粘（nián）：紧贴着。谯（qiáo）门：城门上的楼，可以瞭望。

②蓬莱：会稽（今浙江绍兴）有蓬莱阁。

③香囊：香袋，古人身上一种配饰物。

④谩：徒然。

这首词作于元丰二年（1079）秦观游历会稽时。这首词描写词人与眷恋的女子离别的场景，曾传诵很广，秦观还得了个"山抹微云君"的雅号。上阕描写离别时的景色以及对往事的回忆，下阕抒写离别时的留恋、惆怅之情。开头"山抹微云，天粘衰草"同是极目天涯的意思，为惜别伤怀的主旨做好了铺垫。"斜阳外、寒鸦万点，流水绕孤村"三句是千古绝唱，调美、音美、境美、笔美。以景物写心境，天色已是黄昏，连禽鸟都想要回归宿处了，人又何尝不是？而词人却仍与流水孤村相伴，突显词人作为离群游子的孤苦寂寞，而此时又要与佳人分别，更是愁上加愁。从"斜阳外"到"销魂"这几句实际上化自隋炀帝诗："寒鸦飞数点，流水绕孤村。斜阳欲落处，一望黯销魂。"整首词情中有景、景中有情，将凄凉的秋色与伤别之情完美地融合在一起。

夜月一帘幽梦，春风十里柔情。

八六子

倚危亭，恨如芳草，萋萋刬尽还生。^①念柳外青骢别后，水边红袂分时，怆然暗惊。　　无端天与娉婷。^②夜月一帘幽梦，春风十里柔情。怎奈向，欢娱渐随流水，素弦声断，翠绡香减，那堪片片飞花弄晚，濛濛残雨笼晴。^③正销凝。黄鹂又啼数声。^④

①刬（chǎn）：同"铲"。
②天与：老天赐予的。娉（pīng）婷：形容女子姿态美好。
③怎奈向：怎奈，奈何。那：读 nǎ。
④销凝：因伤感而凝神。

　　这是一首写离别相思的怀人之词，怀念对象是词人曾经相爱过的一个歌女。词开头情感直接破空而来，由情切入，以春风吹又生的芳草比喻绵绵不断的离愁别恨。下阕两句用"念"字引起追忆，显出词人对情人的深切感情。下阕继续回忆，"夜月一帘幽梦，春风十里柔情"是写情人欢聚的名句，借用了杜牧《赠别》诗："娉娉袅袅十三余，豆蔻梢头二月初。春风十里扬州路，卷上珠帘总不如。"含蓄柔美，风流不失雅致。下文"怎奈向"接着回到现实，叹息好景不长，"那堪"一句至末尾转而写当前景物，融情入景，含蓄深邃。整首词语言精美，写与旧情人的离情但不直说，而是以景衬情，将凄楚忧愁的感情依托在景物上，更显得含蓄动人。

为君沉醉又何妨，只怕酒醒时候断人肠。

虞美人

碧桃天上栽和露，不是凡花数。乱山深处水潆洄，可惜一枝如画为谁开？ ①　　**轻寒细雨情何限，不道春难管。** ②**为君沉醉又何妨，只怕酒醒时候断人肠。**

①潆洄（yíng huí）：指水流回旋的样子。
②不道：不觉。

　　这是一首托物寓怀、自伤身世的小词。词的上阕写碧桃，下阕以仙桃喻美人。起首二句赞美碧桃的仙品，化用晚唐高蟾的名句"天上碧桃和露种"，夸奖它不是凡花俗卉之辈。后面两句笔锋一转，写仙桃生长环境的恶劣，在荒僻之地盈盈如画，却没有人来欣赏，暗示诗人自己怀才不遇、仕途坎坷。下阕前二句写碧桃在暮春的清寒细雨中动人的姿态，及词人惜春留春的情感。结尾二句"为君沉醉又何妨，只怕酒醒时候断人肠"是脍炙人口的名句，"君"既指花，又暗指坎坷的仕途，词人因怜惜花寂寞无人赏而醉饮，同时从对花的同情中产生同病相怜的共鸣感。这首词借赞扬碧桃天生丽质、幽独不凡却无人赏识，象征词人自己的高洁品格和坎坷遭遇。

东风暗换年华。

望海潮

梅英疏淡，冰澌溶泄，东风暗换年华。^①金谷俊游，铜驼巷陌，新晴细履平沙。^②长记误随车，正絮翻蝶舞，芳思交加。柳下桃蹊，乱分春色到人家。^③ 西园夜饮鸣笳。^④有华灯碍月，飞盖妨花。^⑤兰苑未空，行人渐老，重来是事堪嗟！^⑥烟暝酒旗斜，但倚楼极目，时见栖鸦。无奈归心，暗随流水到天涯。

①澌（sī）：流冰。

②金谷：洛阳园名，晋石崇所建。此处借指北宋都城汴京的金明池。俊游：游览胜地。铜驼：洛阳街名。此处借指汴京的琼林苑。巷陌：街道。

③桃蹊（xī）：桃树下的小路。

④西园：指汴京金明池，它位于汴京之西。"西园"三句，用曹丕西园雅集典故。笳：古时一种管乐器。

⑤飞盖：奔驰的车辆。盖，车篷。

⑥兰苑：美好的园林。

　　这首词作于绍圣元年（1094）春，当时朝局大变，秦观所属的旧党阵营下台，他也因此遭到贬官即将离京。词的起首三句写眼前景象，一句"东风暗换年华"意味深长，是全词主旨所在。它既指眼前春天景物的变化，也寄寓了新旧党争、政治时局变化的含义。下文"金谷俊游"到"飞盖妨花"追忆旧游，怀念过去的欢愉。而过去写得越热闹，就显得如今越凄凉。从"兰苑未空"开始转写当下的状况，"是事堪嗟"与前文"暗换年华"相呼应，"烟暝酒旗斜"与"时见栖鸦"显出如今的冷落萧条，与昔日"夜饮鸣笳""华灯碍月，飞盖妨花"等形成鲜明对比。结尾道出思归之心，情感自然而然，给人无限沧桑之感。整首词通过今昔对比，抒发对世事盛衰的感叹，写心中感伤而不露痕迹。

春去也，飞红万点愁如海。

千秋岁

水边沙外，城郭春寒退。花影乱，莺声碎。飘零疏酒盏，离别宽衣带。[①]人不见，碧云暮合空相对。　　忆昔西池会，鸳鹭同飞盖。[②]携手处，今谁在？日边清梦断，镜里朱颜改。春去也，飞红万点愁如海。[③]

① 飘零：漂泊。疏酒盏：多时不饮酒。宽衣带：比喻人变瘦。

② 西池：这里指汴京金明池，秦观于元祐间居京时，与诸同僚曾到此游会。鸳（yuān）鹭：古代常以鸳鹭喻百官。这里指好友如云，宾朋群集。

③ 飞红：落花。

秦观在绍圣元年（1094）被贬为监处州酒税，这首词写于绍圣二年（1095）秦观游处州府治南园时。这首词的特点是把过去与现在、政治上的失意与爱情上的愁苦交织在一起，感情极其悲伤。上阕着重写"今"，起首二句写眼前之景，下文眼前"花影乱"，耳边"莺声碎"，这情景对于一个失意飘零的人来说，更加勾起他的伤感。遂引出"飘零疏酒盏，离别宽衣带"二句，有汉魏诗风，因此情感柔而不靡。上阕最后二句抒写离别后的惆怅。下阕词人转而回忆往昔的峥嵘岁月，比照现今政治理想破灭，情感发自肺腑，是对元祐党祸痛心疾首的控诉。词的结尾"春去也，飞红万点愁如海"是全词感情的高潮，比喻忧愁有如浩瀚的大海，以海喻愁是词人了不起的创造，应该是受到李后主"问君能有几多愁？恰似一江春水向东流"的启发，从中可以看出词人因政治理想的破灭而产生难以排遣的愁苦悲伤。

李之仪

李之仪（1048—1127？），字端叔，自号姑溪居士，沧州无棣（今属山东）人。治平四年（1067）进士及第，官至朝议大夫，是北宋中后期"苏门"文人集团的重要成员。有《姑溪居士文集》。

只愿君心似我心，定不负相思意。

卜算子

我住长江头，君住长江尾。日日思君不见君，共饮长江水。 此水几时休？此恨何时已？[①]只愿君心似我心，定不负相思意。

①已：完结，停止。

李之仪这首《卜算子》明白如白话，复叠回环的手法别具音乐节奏的美感。词的上阕借长江说恋情，十分有韵味。重叠复沓的句式让读者可以感受到主人公深情的思念与叹息。下阕仍紧扣长江水，承接"思君不见君"，写如水一般绵绵无期的相思情。写到这里，相思之恨充斥着心灵，但词人却笔锋一转，翻转出一层新的意蕴："只愿君心似我心，定不负相思意。"既抒发了自己的感情，也鼓舞着对方的信心，勉励情人不要动摇。由此隔绝情人的江水反倒成了升华感情的条件，写出了在痛苦相思中对永恒的爱情怀抱期待的心愿。整首词语言明净、构思巧妙、情思深婉，歌颂了坚贞的爱情，情感真挚、耐人寻味。

汪洙

汪洙（1052？—？），鄞县（今浙江宁波）人，字德温。以教授《春秋》闻名乡里。元符三年（1100）特奏名进士，授明州助教。曾作若干首通俗五言绝句，宋人补足六十首为《汪神童诗》。

少小须勤学，文章可立身。
万般皆下品，惟有读书高。
将相本无种，男儿当自强。
久旱逢甘雨，他乡遇故知。

神童诗

少小须勤学，文章可立身；
满朝朱紫贵，尽是读书人。

天子重英豪，文章教尔曹；
万般皆下品，惟有读书高。

朝为田舍郎，暮登天子堂；
将相本无种，男儿当自强。

久旱逢甘雨，他乡遇故知；
洞房花烛夜，金榜挂名时。

北宋汪洙为教育小孩子写了若干首通俗五言绝句，原先并未受人重视，后来有好事的宋人补足了六十首，号称"神童诗"，在民间流传开来。这些通俗小诗主要是对孩子的"三观"（世界观、人生观、价值观）进行教育，当下新时代孩子们的"三观"已经与古人有很大的不同，我们要注意分辨，但有些观念譬如教育孩子要奋斗、要重视读书等，是亘古不变的。值得注意的是，宋代人特别强调读书的重要，宋真宗赵恒就写过"书中自有千钟粟，书中自有黄金屋，书中自有颜如玉"，劝世人读书。

贺铸

贺铸（1052—1125），字方回，号庆湖遗老，卫州共城（今河南辉县）人。因长相丑陋，面色铁青，人称"贺鬼头"。因有名句"试问闲愁都几许？一川烟草，满城风絮，梅子黄时雨"，世称"贺梅子"。词风兼具豪放、婉约二派之长，善于化用前人诗句。有《庆湖遗老集》。

试问闲愁都几许？一川烟草，满城风絮，梅子黄时雨。

青玉案

凌波不过横塘路，但目送、芳尘去。①锦瑟华年谁与度？②月桥花榭，琐窗朱户，只有春知处。③　　碧云冉冉蘅皋暮，彩笔新题断肠句。④试问闲愁都几许？一川烟草，满城风絮，梅子黄时雨。

①凌波：形容女子脚步轻盈。横塘：古堤名，在苏州胥门外九里。芳尘：指美人的行踪。

②锦瑟华年：比喻美好的青春岁月。语出李商隐《锦瑟》。

③琐窗：雕刻连锁花纹的窗子。

④冉冉：形容云慢慢地移动。蘅皋（héng gāo）：长着香草的水边高地。

这首词写于贺铸退居苏州时，词人对一位女子产生倾慕之情，因而写出了这篇名作。词的上阕写相思，写词人偶遇佳人、佳人却不知所踪的惆怅，下文"月桥""花谢""琐窗""朱户"都是词人对佳人住所的想象，但其实又难以想象，所以说"只有春知"，可见词人对佳人一往情深。词的下阕写因思慕而引起的无限愁思。末尾的"试问闲愁都几许？一川烟草，满城风絮，梅子黄时雨"已成千古名句，兼用设问、比喻和排比的修辞手法，将"闲愁"这一抽象的感情巧妙地具象化成三种意蕴丰富的实物，生动形象地将词人心中的愁思展现出来。整首词写一见钟情而又求之不得的闲愁，写得异常风雅、美妙动人。

当年不肯嫁春风，无端却被秋风误。

踏莎行

芳心苦

杨柳回塘，鸳鸯别浦。①绿萍涨断莲舟路。断无蜂蝶慕幽香，红衣脱尽芳心苦。② 　　返照迎潮，行云带雨。依依似与骚人语：当年不肯嫁春风，无端却被秋风误。③

①回塘：环曲的水塘。别浦：水流的岔口。

②红衣：喻指红荷花瓣。芳心：莲心。

③春风：一作“东风”。

此词咏莲花，以莲花寄托个人身世之感。“当年不肯嫁春风，无端却被秋风误”用拟人化手法，写莲花不同流俗，不肯与春风为伴，却并未能自由施展才华，无端地被秋风欺负，花瓣凋零，只留下苦楚的莲心。暗喻自己怀才不遇的苦闷。这两句巧妙化用唐诗，花儿“嫁春风”这一表达，最初出自李贺的《南园》：“嫁与春风不用媒。”具体到莲花，则直接搬用韩偓的《寄恨》：“莲花不肯嫁春风。”

周邦彦

周邦彦（1056—1121），字美成，号清真居士，钱塘（今浙江杭州）人。官至秘书监、大晟府提举。精通音律，擅填词，在婉约词人中被尊为"正宗"，尤其擅长化用唐人诗句。有《清真集》。

憔悴江南倦客，不堪听、急管繁弦。

满庭芳
夏日溧水无想山作①

风老莺雏，雨肥梅子，午阴嘉树清圆。②地卑山近，衣润费炉烟。③人静乌鸢自乐，小桥外、新绿溅溅。④凭阑久，黄芦苦竹，拟泛九江船。　　年年，如社燕，漂流瀚海，来寄修椽。⑤且莫思身外，长近尊前。⑥憔悴江南倦客，不堪听、急管繁弦。歌筵畔，先安簟枕，容我醉时眠。⑦

①溧水：县名，今属江苏。周邦彦曾担任溧水县令，无想山是他命名的小山。

②风老莺雏：幼莺在暖风里长大了。老，使……老。

③衣润费炉烟：衣服受潮，常须用炉烟来熏。

④乌鸢：即乌鸦和老鹰。溅溅：流水声。

⑤社燕：燕子。瀚海：沙漠。这里泛指遥远、荒僻的地方。修椽：长的椽子，高大的屋檐。

⑥"且莫思"二句：化用杜甫《绝句漫兴》："莫思身外无穷事，且尽生前有限杯。"

⑦簟（diàn）枕：枕席。泛指卧具。

这首词作于元祐八年（1093）年，当时周邦彦担任溧水县令。词写他年年奔波、仕途不顺的愁闷，但写景抒情都极其含蓄有分寸，不特意渲染感情的苦乐。上阕开头写春日已去，但词人仍极力欣赏景物的美好，反映出作者随遇而安的心境。之后多次转折，时而说"人静乌鸢自乐"怡然自乐的心情，时而流露出沦落天涯的愁意。下阕词人以燕子自比，流露出漂泊无定的心情，但又宽慰自己不去考虑身外的事情，还是借酒浇愁吧。"憔悴江南倦客，不堪听、急管繁弦"触人心弦，在官场宦海中漂泊的词人想在酒宴中暂寻欢乐，但宴会上的音乐却更勾起了词人的感伤，"不堪听"不是真的不听，而是被触到了伤心处。整首词写词人长年累月地经历宦海浮沉，十分疲倦，但又强打精神安慰自己要随遇而安，宽慰与苦闷杂糅，体现了词人矛盾曲折的心理。

聂胜琼

聂胜琼，北宋汴京名妓，善填词，为礼部属官李之问所爱，后嫁李之问。

枕前泪共帘前雨，隔个窗儿滴到明。

鹧鸪天
寄李之问

玉惨花愁出凤城，莲花楼下柳青青。①尊前一唱阳关后，别个人人第五程。② 寻好梦，梦难成。况谁知我此时情！枕前泪共帘前雨，隔个窗儿滴到明。

①玉惨花愁：形容女子愁眉苦脸。凤城：这里代指京城汴梁。

②阳关：指送别曲《阳关曲》或《阳关三叠》，据王维《送元二使安西》改编。人人：为宋代市井俗语，是对昵爱者的称呼。第

五程：表示送别的路程之远。

　　这是一首寄赠词。据宋人杨湜《古今词话》，此词是聂胜琼送别李之问归来之后所作。上阕主要写离别时的情景，下阕写别后的思念之情。全词感情凄婉，缠绵悱恻，情与景完美交融，具有很强的艺术感染力。"枕前泪共帘前雨，隔个窗儿滴到明"本为唐末江淮间名妓徐月英所作的名句，被聂胜琼借来放入《鹧鸪天》词末，意义、情调皆恰到好处。这两句随《鹧鸪天》词而流传更广，许多人甚至以为是聂胜琼所创。"枕前泪"与"帘前雨"相互映衬，离别之后梦不成心上人，泪水打湿了枕衾，相思的泪水正与窗外的雨水一样缠绵无休，以无情的雨滴烘托相思的泪滴，雨不停泪也不停，共同滴到天明。晚唐温庭筠《更漏子》词末尾这样描写过："梧桐树，三更雨，不道离情正苦。一叶叶，一声声，空阶滴到明。"相比温词，聂胜琼此处借用徐月英的"枕前泪共帘前雨，隔个窗儿滴到明"，将个人心情与自然景物融合为一体，整个情境真切感人。到宋末更有蒋捷的"悲欢离合总无情，一任阶前点滴到天明"（《虞美人》）。

李清照

李清照（1084—1155？），号易安居士，济南（今属山东）人，李格非之女，赵明诚之妻。婉约词派代表，有"千古第一才女"之称。词以南渡为界，前期多写离别相思，后期悲叹亡国之恸与身世孤苦。论词强调协律，崇尚典雅，提出词"别是一家"之说。有《漱玉集》。

生当作人杰，死亦为鬼雄。

夏日绝句

生当作人杰，死亦为鬼雄。①
至今思项羽，不肯过江东。②

①人杰：人中的豪杰。鬼雄：鬼中的英雄。

②项羽：秦末时自立为西楚霸王，与刘邦争夺天下，在垓下之战中兵败自杀。江东：项羽当初随叔父项梁起兵的地方。

本篇约为建炎三年（1129）四月李清照与赵明诚自江宁（今

江苏南京）乘船南下经乌江（在今安徽马鞍山）边时所作。李清照的这首小诗，篇幅虽小，但所蕴含的道理与情感却是十分深刻、沉重的。诗起笔雄杰，有丈夫气，"生当作人杰，死亦为鬼雄"强调人活着应当做人中俊杰，即便死了也要为鬼界之雄，道出诗人内心对英雄的崇拜与向往，崇尚建功立业、绝不苟活的人生取向。这首诗歌颂的对象是历史英雄项羽，诗人接着高度评价项羽宁死"不肯过江东"的凌然气概，与杜牧"江东子弟多才俊，卷土重来未可知"的假设大异其趣。李清照是在目睹南宋遭受金人侵凌、节节败退的现实下写就此诗的，那是一个呼唤英雄的时代。所以，诗的现实针对性极强，富有激励人心的强烈效果。

倚门回首，却把青梅嗅。

点绛唇

蹴罢秋千，起来慵整纤纤手。[1]露浓花瘦，薄汗轻衣透。　　见客入来，袜刬金钗溜。[2]和羞走，倚门回首，却把青梅嗅。

[1]蹴（cù）：踏。此处指荡秋千。慵（yōng）：懒，倦怠的样子。

[2]袜刬（chǎn）：未穿鞋而以袜踩地。金钗溜：意谓快跑时首饰从头上掉下来。

本篇作于李清照少女时期，描述少女的天真情态。上阕写荡秋千下来以后的情景，下阕写客人忽至时的羞赧情状，形象生动地刻画了一个天真纯洁、感情丰富却又矜持的少女形象。唐代韩偓写过："见客入来和笑走，手搓梅子映中门。"下阕化用其意。"倚门回首，却把青梅嗅"青出于蓝，生动传神地描绘出少女害羞，以嗅手中青梅作为遮掩的情态。

争渡，争渡，惊起一滩鸥鹭。

如梦令

常记溪亭日暮，沉醉不知归路。①**兴尽晚回舟，误入藕花深处。争渡，争渡，惊起一滩鸥鹭。**②

①溪亭：临水的亭台。
②争：抢，指奋力划船。

这首词大约写于词人的青年时代，是一首记叙游赏之作。年轻时的词人既没有太多相思之苦，更没有家仇国恨，因此词风清新别致，读来让人耳目一新。"常记"两句以自然和谐的平淡笔墨娓娓道来，将读者带入她创造的叙事节奏中。"沉醉""兴尽"等词透露出了作者饮宴后心底的欢愉、流连忘返的情志；"不知归路""误入"等词则在行文之间流畅自然地呈现出词人忘情的姿态。词的末尾写道"争渡，争渡，惊起一滩鸥鹭"，表达了词人急于从迷途中寻找出路的焦急心情，把停栖在洲渚上的水鸟都吓飞了。整首词不事雕琢，写出了词人年少时的好心情，展现了一个活泼可爱、豪放潇洒的少女形象，读来让人如沐春风。

如梦令

昨夜雨疏风骤，浓睡不消残酒，试问卷帘人，却道海棠依旧。①知否？知否？应是绿肥红瘦。②

①雨疏风骤：雨点稀落，风势迅猛。

②绿肥：指枝叶茂盛。红瘦：指花朵稀少。

这首《如梦令》也是词人早期的作品。这首小词以景衬情，委婉地表达了作者怜花惜花的心情。这首词字数虽少，但其中既有人物，又有场景，还有对白，充分体现了词人的语言表现能力、布局能力和绝妙的叙事节奏。词的开头写经过一夜风雨，一觉醒来，愁与酒却仍在胸中。"试问卷帘人，却道海棠依旧"两句体现了词人爱花惜花之情，妙在一字不提所问何事，却在答话"知否？知否？应是绿肥红瘦"中透露出谜底。因词人是真心爱花惜花，所以才能看出海棠花丛中的花朵已经变得稀少，真可谓巧夺天工，同时又十分自然。整首词表现出词人为花而醉、因花伤春，进而以花自喻，感慨自己青春易逝、红颜易老。其实这首词是对晚唐韩偓《懒起》诗的改写，韩诗曰："昨夜三更雨，临明一阵寒。海棠花在否？侧卧卷帘看。"韩诗有问无答，李清照回答："绿肥红瘦。"这四个字新颖，已为成语，多用来形容暮春景色。

此情无计可消除，才下眉头，却上心头。

一剪梅

红藕香残玉簟秋，轻解罗裳，独上兰舟。①云中谁寄锦书来？雁字回时，月满西楼。②　　　花自飘零水自流。一种相思，两处闲愁。此情无计可消除，才下眉头，却上心头。

①玉簟（diàn）：光滑如玉的席子。裳：读 cháng。

②雁字：指雁群飞时排成"一"或"人"形。相传雁能传书。

　　本篇约作于崇宁四年（1105），时李清照在家乡，赵明诚在京城任鸿胪少卿。这首词是在抒写相思之情，但蕴含的愁苦明显比后期作品要淡一些。词写作于李清照婚后不久，赵、李二家虽然同样居住在汴京，但赵明诚是太学生，因当时的太学制度，二人相聚时间很少。一对新婚夫妇，难免会产生相思之苦。词的上阕通过写景叙事烘托词人内心凄凉寂寞、百无聊赖，暗写相思。词的下阕开始直接写情，"一种相思，两处闲愁"用得十分巧妙，表现出夫妻二人间彼此的信任。结尾"此情无计可消除，才下眉头，却上心头"是被人称道的名句，是词人点化范仲淹"都来此事，眉间心上，无计相回避"而来，青出于蓝而胜于蓝，更自然动人。整首词用浅近明白、轻柔自然的语言，表达了对挚爱的相思之情。

何须浅碧深红色，自是花中第一流。

鹧鸪天

暗淡轻黄体性柔，情疏迹远只香留。何须浅碧深红色，自是花中第一流。　　梅定妒，菊应羞，画栏开处冠中秋。[1]骚人可煞无情思，何事当年不见收？[2]

　　[1]"画栏"句：暗用李贺《金铜仙人辞汉歌》中的诗句"画栏桂树悬秋香。"

　　[2]"骚人"句：骚人指屈原，他在《离骚》中为了比喻君子的修身美德，提到了各种名花珍卉，但唯独少了桂花。李清照在词中指责先贤，为桂花打抱不平。

　　这首咏桂词写作于南渡前，当时李清照与丈夫闲居青州，远离了官场的斗争与都市的喧嚣。通过吟咏品格高尚的桂花，显现出怡然自得的情趣。开头两句短短十四字形神兼备地写出了桂花的独特风韵。下面两句"何须浅碧深红色，自是花中第一流"，"何须"二字，将依靠"色"取胜的群花都推开去，道出词人对色淡香浓、迹远品高的桂花的欣赏。李清照一生酷爱梅花，写过五首咏梅词，她对菊花也颇为欣赏，而在本词下阕中却甘愿用梅花和菊花来烘托桂花，可见词人对桂花的喜爱。这首咏物词以群花作比，以梅、菊陪衬，更指责先贤对桂花的遗忘，形象地表达了词人在隐居生活中对"暗淡轻黄""情疏迹远"的桂花的欣赏之情。所谓"花中第一流"，唐宋以来一般人认为是牡丹，自李清照这一名句出来后，又指桂花了。

帘卷西风，人比黄花瘦。

醉花阴

薄雾浓云愁永昼，瑞脑消金兽。[①]**佳节又重阳，玉枕纱厨，半夜凉初透。**[②] **东篱把酒黄昏后，有暗香盈袖。**[③]**莫道不消魂，帘卷西风，人比黄花瘦。**

①瑞脑：又称"龙脑"，香料的一种。金兽：兽形铜香炉。

②纱厨：纱帐，夏天用来避蚊蝇。

③东篱：陶渊明以后，后人经常以东篱指代种菊花的地方。暗香：指菊花淡雅的香气。

这首词大约写作于宣和二年（1120）重阳节。此时，李清照在青州，因赵明诚在外做官，夫妻二人分隔两地。李清照写这首词寄给赵明诚，寄托深透入骨的相思之情。上阕中，用寥寥数语，描摹出一个心事重重的闺中少妇的形象——天气阴沉，只能望香炉青烟；白天心情沉闷，半夜独守空闺更难熬。下阕写重阳节饮酒赏菊，这本是重阳节的主要活动，但满心愁绪的词人直到黄昏才打起精神，暗写难以排遣的相思之情。"帘卷西风，人比黄花瘦"是千古名句，蕴含深切的孤独寂寞：西风掀起帘子，现出相思的词人比菊花还要清瘦。"黄花"承接上文的"东篱把酒"，在上下文情感的联系之下，"人比黄花瘦"这一句所暗示的相思之情就更加深刻。据说李清照把这首词寄给赵明诚，赵想超过夫人，模仿作了五十首，并把这首也夹在其中，送给朋友看，朋友看后说，只有三句好，就是"莫道不消魂，帘卷西风，人比黄花瘦"。

新来瘦，非干病酒，不是悲秋。

凤凰台上忆吹箫

香冷金猊，被翻红浪，起来慵自梳头。①任宝奁尘满，日上帘钩。②生怕离怀别苦，多少事、欲说还休。新来瘦，非干病酒，不是悲秋。　　休休！这回去也，千万遍《阳关》，也则难留。念武陵人远，烟锁秦楼。③惟有楼前流水，应念我、终日凝眸。凝眸处，从今又添，一段新愁。

　　①金猊（ní）：猊（suān）猊形状的铜香炉。红浪：形容被子没有铺的样子。

　　②宝奁：华贵的镜匣。

　　③武陵人：借指丈夫。用刘晨、阮肇典故。秦楼：指凤楼、凤台。借用春秋时期萧史与弄玉的仙凡爱情典故，写夫妇二人的思念之深。

　　本篇约作于宣和三年（1121）初秋，此时李清照在青州，赵明诚知莱州。这首词与一般的离别词不同，它具有开创性地写离别前的愁苦与离别后的痛苦。词上阕写离别前，词人有万千话语想对即将离别的丈夫诉说，但是怕引起丈夫"离怀别苦"，所以"欲说还休"。"新来瘦，非干病酒，不是悲秋"是写离愁别恨的名句，词人分明是因为离别的感伤所以使自己消瘦，但她不明说，而是用留白的手法让人猜，暗示自己的愁比"病酒悲秋"更苦，用笔婉转曲折。词的下阕写离别后，深情地抒写夫妻双方的相思之情。"惟有楼前流水，应念我、终日凝眸"也是写愁的名句，流水无情，词人的痴人痴语更衬托她的相思情深。词的最后使用顶针格，衔接紧密，感情的激烈程度也更加彰显，末尾则终于点出"愁"字。

故乡何处是？忘了除非醉。

菩萨蛮

风柔日薄春犹早，夹衫乍著心情好。[①]**睡起觉微寒，梅花鬓上残。　　故乡何处是？忘了除非醉。沉水卧时烧，香消酒未消。**[②]

①风柔：指春风和煦。日薄：指日光淡薄。乍著：刚刚穿上。
②沉水：沉香的别称。

　　这首词是李清照晚年流居越中（今浙江绍兴）时的作品，写对故乡济南的深沉怀念。开头两句写经过严冬迎来早春的喜悦心情，后两句闲闲叙写，写闲适恬静的日常生活的同时，又渲染了一丝愁绪。下阕开始情调突变，转写思乡："故乡何处是？忘了除非醉。"写思乡之情的深刻悲痛。一个"忘"字采用反语手法，将"无法忘，想忘偏不能忘"的感情表现得更加强烈。结尾二句围绕"醉"字做文章，香都已经消散了，而酒仍没有醒，更是间接渲染乡愁的浓烈。整首词采用了对比的手法，上阕写早春之喜，下阕写思乡之苦，以美好的春色反衬有家难归的悲凉，深切感人。失去故乡是因为亡国，所以李清照的思乡带有强烈的家国之痛。

武陵春

风住尘香花已尽，日晚倦梳头。^①物是人非事事休，欲语泪先流。　　闻说双溪春尚好，也拟泛轻舟。^②只恐双溪舴艋舟，载不动、许多愁。^③

① 尘香：尘土里有落花的香气。
② 双溪：江名，在今浙江金华。
③ 舴艋舟：蚱蜢形的小船。

本篇约作于绍兴五年（1135）春，此时李清照在金华躲避战乱，丈夫赵明诚也早已逝世，所以词中感情非常悲凉。"风住尘香花已尽"是借花自喻，暗示自己坎坷的人生。"日晚倦梳头"，到晚都懒梳头，写出词人悲凉的心境。"物是人非事事休，欲语泪先流"将难以控制的满腔忧愤一下子倾泻出来，十分打动人心。下阕"闻说双溪春尚好，也拟泛轻舟"看似是在写词人听说金华郊外春光明媚，让读者以为词人心情稍稍恢复，兴起了出游的兴致，接下来却笔锋一转："只恐双溪舴艋舟，载不动、许多愁。"情感在经过铺垫之后，急转直下，把"愁"写得有重量，用新颖的笔法道出内心积蓄的愁苦之深。李清照写作这首词时已经历了生死别离、国家战乱，痛苦坎坷的经历让笔下的词更加深沉哀婉。

乍暖还寒时候，最难将息。

声声慢

寻寻觅觅，冷冷清清，凄凄惨惨戚戚。乍暖还寒时候，最难将息。①三杯两盏淡酒，怎敌他、晚来风急！雁过也，正伤心，却是旧时相识。　　满地黄花堆积，憔悴损，如今有谁堪摘？守着窗儿，独自怎生得黑！梧桐更兼细雨，到黄昏、点点滴滴。这次第，怎一个愁字了得！②

①将息：调养。
②这次第：这许多情况。

　　本篇约为李清照晚年在金华时所作，此词脍炙人口，是李清照南渡以后震动词坛的名作。当时，北宋王朝已经覆灭，丈夫赵明诚早已去世，词人孤苦地飘零流亡。词的前三句用十四字叠字，"寻寻觅觅"写内心失落，"冷冷清清"写内心孤寂清冷，"凄凄惨惨戚戚"写内心悲愁难解，感情一步步地深入，愁绪一层层地被揭开。"乍暖还寒时候，最难将息"说天气忽冷忽热的时候，最难调养休息。明的是埋怨天气不好致使身体单薄，实际上是词人内心痛苦、心情恶劣，所以坏天气更令词人的身心雪上加霜。总的来说，这首词打破了上下阕的局限，全词一气呵成，几乎是一句一愁、一句一泪，充分倾泻了作者孤独寂寞的忧郁情绪、漂泊不安的身心状况、生离死别的深沉痛苦。"冷冷清清""乍暖还寒"皆已用作成语。

李重元

李重元，北宋末期人，《花庵词选》录其词《忆王孙》四首，分别咏春夏秋冬四季。

雨打梨花深闭门。

忆王孙
春词

萋萋芳草忆王孙，柳外楼高空断魂，杜宇声声不忍闻。[①]欲黄昏，雨打梨花深闭门。

①萋萋：草茂盛的样子。王孙：旧诗词中对男子的称呼，这里指抒情主人公的恋人。杜宇：即杜鹃。相传古蜀杜宇号望帝，让位后化为杜鹃，啼声哀切。

这首词写闺中人在春日对丈夫的思念之情。词主要通过写景抒情，结构上由大而小、由外而内，在场景的收缩中传达出伤春怀人的忧愁苦闷。通过对萋萋芳草、柳外高楼、杜鹃声啼、梨花带雨等一系列触动情怀的物象的巧妙布置，构成一曲伤感委婉的乐章。尤其"雨打梨花深闭门"一句，先是将场景收缩至梨花带雨的庭院，再收束为一个闺门深闭的近镜头。仿佛闺中女子的芳心，随着意中人的远游而变得封锁紧闭，传递出凄恻的相思之情。词中不锤炼雕琢奇字警句，以最常见的物象将感情娓娓道来，整首词情感委婉曲折、轻柔细腻。"雨打梨花深闭门"一句常被后人引用，明代唐寅《一剪梅》将其作为首句。

陈与义

陈与义（1090—1138），字去非，自号简斋，洛阳（今属河南）人。身逢南北宋之交，在北宋做过地方官，在南宋是朝廷重臣，官至参知政事。江西诗派代表作家之一，同时也工于填词。后人将他与黄庭坚、陈师道推为江西诗派"三宗"。有《简斋集》。

杏花疏影里，吹笛到天明。

临江仙

夜登小阁忆洛中旧游

忆昔午桥桥上饮，坐中多是豪英。^①长沟流月去无声。杏花疏影里，吹笛到天明。^②　　二十余年如一梦，此身虽在堪惊！闲登小阁看新晴，古今多少事，渔唱起三更。^③

①午桥：在洛阳城南。
②沟：护城河。

③渔唱：打渔人的歌儿。这里作者叹惜前朝兴废的历史。三更：古代以漏记时，自黄昏至拂晓分为五刻，即五更，三更正是午夜。

　　这首词写于高宗绍兴五年（1135）或六年（1136），时陈与义在临安任中书舍人。词人用这首词来追忆二十年前的洛中旧游。那时还是北宋徽宗政和年间，天下太平无事，而北宋灭亡后，朝廷与文人皆流离逃难、饱尝艰苦。如今词人回忆往事，当真是百感交集。词中"杏花疏影里，吹笛到天明"最为"奇丽"，所写是回忆中的情景，却仿佛历历在目。良辰美景用快言爽语道出，展现出极佳的意境。"二十余年如一梦，此身虽在堪惊"一语说尽二十年间的国事沧桑、身世飘零。末尾三句则转而言他，将沉挚的悲伤转化为旷达。这首词风格明亮，浑然天成，显出作者极高的文学素养。

岳飞

岳飞（1103—1142），字鹏举，相州汤阴（今属河南）人。抗金名将。官至枢密副使，封武昌郡开国公。因拒绝和议，为秦桧所害。宋孝宗时冤狱平反，追谥武穆，宁宗时追封鄂王。有《岳武穆集》。

三十功名尘与土，八千里路云和月。

满江红

怒发冲冠，凭阑处、潇潇雨歇。抬望眼，仰天长啸，壮怀激烈。三十功名尘与土，八千里路云和月。[1]莫等闲、白了少年头，空悲切。　　靖康耻，犹未雪。[2]臣子恨，何时灭。驾长车，踏破贺兰山缺。[3]壮志饥餐胡虏肉，笑谈渴饮匈奴血。待从头、收拾旧山河，朝天阙。[4]

①尘与土：如尘土般微不足道。八千里路：指转战数千里。云和月：披星戴月。

②靖康耻：靖康元年（1126），金兵攻破汴京；次年，掳徽、钦二帝北去，北宋灭亡。

③长车：战车。缺：山口。

④朝天阙：朝见皇帝。天阙，皇帝住的宫殿。

本篇约作于绍兴二年（1132）岳飞三十岁时，本年六月，岳飞刚刚平定南方叛乱，屯兵江州（今江西九江），雨中登楼北望而作此词。这首词壮怀激烈，是脍炙人口的名作。开头凌云壮志，气盖山河，因国土存亡之际，立志报国的将领心中有一股悲愤之情。随后道出"三十功名尘与土，八千里路云和月"。词人这里是在回忆半生经历后，感慨自己为之呕心沥血、风尘仆仆的抗金事业的不易与艰辛。他随后感慨："莫等闲、白了少年头，空悲切。"告诉天下人成就事业不易，莫让年华虚度、空留遗憾。下阕开始，词人抒发心中的壮志，英雄忠愤的气概，从词人的肺腑中倾泻而出。总而言之，这是一首充满爱国主义激情、语言朴实有力、音调高亢悲壮、体现英雄壮志的千古绝唱。

陆游

陆游（1125—1210），字务观，号放翁。越州山阴（今浙江绍兴）人，南宋著名诗人。少时受家庭爱国思想熏陶，一生以收复山河为己任。孝宗时赐进士出身，官至宝章阁待制。晚年退居家乡。其一生笔耕不辍，今存诗九千多首，内容极为丰富。与王安石、苏轼、黄庭坚并称"宋代四大诗人"，又与杨万里、范成大、尤袤合称"中兴四大诗人"。

山重水复疑无路，柳暗花明又一村。

游山西村

莫笑农家腊酒浑，丰年留客足鸡豚。①
山重水复疑无路，柳暗花明又一村。②
萧鼓追随春社近，衣冠简朴古风存。③
从今若许闲乘月，拄杖无时夜叩门。④

①腊酒：腊月里酿造的酒。足鸡豚（tún）：意思是准备了丰盛的菜肴。足：足够，丰盛。豚：小猪，代指猪肉。
②山重水复：一座座山、一道道水重重叠叠。柳暗花明：柳色

深绿，花色红艳。

③箫鼓：吹箫打鼓。春社：古代把立春后第五个戊日作为春社日，拜祭社公（土地神）和五谷神，祈求丰收。古风存：保留着淳朴的古代风俗。

④若许：如果允许。闲乘月：有空闲时趁着月光前来。无时：没有一定的时间，即随时。叩（kòu）门：敲门。

这首诗作于孝宗乾道三年（1167），时诗人罢官退居山阴镜湖边的三山。全诗主要写诗人春月乡村游赏的所见所感。首联渲染出丰收之年农村一片宁静、欢愉的气象。农家以腊酒、鸡豚款待客人，体现热情好客的淳朴风尚。次联写行走在山间水畔所见的景色和感受。颈联展示了一幅南宋初年的农村风俗画卷。村民们吹吹打打操练乐器，进行着一年一度的土神祭祀。他们衣着俭朴，生活言语和方式都透露出古风。尾联吐露自己意犹未足，对此乡风民俗的喜爱，希望经常来此走访游玩的心愿。"山重水复疑无路，柳暗花明又一村"是广为传诵的名句，写的是行走在曲折盘旋的山道上，山路时有时无，几经跋涉终于看到村舍人烟的经历。在寻找的过程中有失望、有惊喜，不仅反映了诗人对前途所抱的希望，也道出了世间事物消长变化的哲理。成语"山重水复"出自本篇，"柳暗花明"虽出自唐人，但经本篇妙用，变成更加流行的成语。

细雨骑驴入剑门。

剑门道中遇微雨①

衣上征尘杂酒痕，远游无处不消魂。②
此身合是诗人未？细雨骑驴入剑门。③

①剑门：剑门关，在今四川剑阁北。

②消魂：沮丧得好象丢了魂似的，形容非常愁苦。

③合：应该。未：表示发问。

本篇作于乾道八年（1172）十一月，当时陆游从抗金前线的南郑被调回后方成都，途经剑门时感慨而作此诗。陆游此前八个月在前线体验过一段"铁马秋风"的军旅生活，可现在又要去后方充任闲职，重做诗人了，这使作者有壮志难酬之感，写此诗实是在沉痛中调侃自己。首句从自己衣容着笔，身上的衣服上沾满了尘土，还布满了饮酒时洒下的痕迹，一副衣冠不整的样子。写出自己长期奔走，加之心愿不遂，无心料理仪表的状态。写衣服实际是反映内心的失落和沮丧。下一句正好印证了这一心情，"消魂"指的是心情沮丧、失魂落魄的样子，故所见处处伤心。走到剑门时自问："我难道只该是一个诗人吗？为什么在微雨中骑着驴子走入剑门关，而不是过战地生活呢？"作者为什么会提到"骑驴"呢？因为李白、杜甫、贾岛等都有"骑驴"的故事，而李白是蜀人，杜甫、高适、岑参、韦庄都曾入蜀，晚唐诗僧贯休从杭州骑驴入蜀，写下了"千水千山得得来"的名句，更为人们所熟知。所以骑驴与入蜀，自然容易让人联想到"诗人"。

楚虽三户能亡秦，岂有堂堂中国空无人！

金错刀行①

黄金错刀白玉装，夜穿窗扉出光芒。
丈夫五十功未立，提刀独立顾八荒。②
京华结交尽奇士，意气相期共生死。③

千年史策耻无名，一片丹心报天子。④
尔来从军天汉滨，南山晓雪玉嶙峋。⑤
呜呼！楚虽三户能亡秦，岂有堂堂中国空无人！⑥

①金错刀：用黄金装饰的刀。

②八荒：指四面八方，边远地区。

③京华：京城之美称。奇士：非常之士，德行或才智出众的人。相期：相约。这里指互相希望和勉励。

④史策：即史册、史书。丹心：赤诚的心。

⑤尔来：近来。天汉滨：汉水边，这里指汉中一带。南山：终南山，在今陕西南部。嶙峋：山石参差重叠的样子。

⑥ "楚虽三户" 句：战国时，秦攻楚，占领了楚国不少地方。楚人激愤，有楚南公云："楚虽三户，亡秦必楚。"意思说：楚国即使只剩下三户人家，最后也一定能报仇灭秦。三户：指屈、景、昭三家。中国：指国家，朝廷。

这是一首七言歌行，写于乾道九年（1173）十月，时陆游在四川嘉州。此前，陆游在南郑（今陕西汉中）经历了八个月的军旅生活，感受到严峻的抗金形势。全诗共十二句，前面十句皆为七言，最后两句用叹词"呜呼"引起，末句则用一气直下的九字反诘句，读起来显得铿锵有力、波澜起伏。全诗在内容上大致分为三个层次：第一层从开头到"提刀独立顾八荒"，从赋咏金错刀入手，引出提刀人渴望杀敌立功的形象。第二层从"京华结交尽奇士"到"一片丹心报天子"，从提刀人推扩到"奇士"群体形象，抒发其共同的报国丹心。第三层从"尔来从军天汉滨"到结束，联系眼前从军经历，揭明全诗题旨，表达了"中国"必胜的豪情壮志。"楚虽三户能亡秦，岂有堂堂中国空无人！"此句化用《史记·项羽本纪》

中楚南公语"楚虽三户，亡秦必楚"，实际的意思是南宋虽只有半壁江山，但只要大家有心抗敌，必将战胜敌国。难道偌大中国就没有能收复江山的人吗？语气掷地有声，直击人心。这种光鉴日月的爱国精神，是中华民族浩然正气的体现，永远具有鼓舞人心、催人奋起的巨大力量。

位卑未敢忘忧国。

病起书怀①

病骨支离纱帽宽，孤臣万里客江干。②
位卑未敢忘忧国，事定犹须待阖棺。③
天地神灵扶庙社，京华父老望和銮。④
出师一表通今古，夜半挑灯更细看。⑤

①病起：病愈。

②病骨：指多病瘦损的身躯。支离：憔悴，衰疲。孤臣：孤立无助或不受重用的远臣。江干：江边，江岸。

③"事定"句：本意为一个人盖棺方能论定，此指自己死后才可能实现国家统一。阖（hé）棺：指死亡，意指盖棺定论。

④庙社：宗庙和社稷，以喻国家。京华：京城之美称，这里指北宁故都汴京。和銮（luán）：同"和鸾"。古代车上的铃铛，挂在车前横木上称"和"，挂在轭首或车架上称"銮"。诗中代指君主御驾亲征，收复祖国河山的美好景象。

⑤出师一表：指三国时期诸葛亮所作《出师表》。挑灯：拨动灯火。

此诗写于陆游被免官后的淳熙三年（1176），时陆游在成都浣花溪畔躬耕。诗人表达了忧心国事，盼望天子御驾亲征，早日收复国土的强烈愿望。首联"病骨支离纱帽宽，孤臣万里客江干"，描写自己病后消瘦的状态，"纱帽宽"一语双关，既言其病后瘦损，故感觉帽子宽松，也暗含被贬官后的憔悴落寞。颔联中"位卑未敢忘忧国"与顾炎武的"天下兴亡，匹夫有责"的意思相通，表明诗人身虽卑微，但不改对国家的忠贞与热爱。"事定犹须待阖棺"句主要针对自己被免官一事而发。他一心为国的昭昭之心，天地可鉴，所以他坚信历史是公正的，一定会对自己做出恰如其分的评价。颈联宕开一笔，抒写了对国家政局的忧虑，同时呼吁朝廷北伐，重返故都，以慰京华父老之望。在这里诗人寄托了殷切的期望：但愿天地神灵扶持国家，早日实现黎民久盼的山河统一。尾联写夜半挑灯读《出师表》，表达对忠臣能士的敬仰，有以诸葛亮自比的意思，也暗含希望天子能早日悟出"出师一表通古今"的道理。

一身报国有万死，双鬓向人无再青。

夜泊水村①

腰间羽箭久凋零，太息燕然未勒铭。②
老子犹堪绝大漠，诸君何至泣新亭？③
一身报国有万死，双鬓向人无再青。④
记取江湖泊船处，卧闻新雁落寒汀。⑤

①泊：停泊。水村：临水的村庄。
②羽箭：箭尾插羽毛，称羽箭。太息：叹气。燕然：燕然山，

在今蒙古国境内。勒铭：刻上铭文。

③老子：陆游自称，犹言老夫。绝大漠：横渡大沙漠。绝，横渡，跨越。大漠，古瀚海，亦称大碛。新亭：又名劳劳亭，在今南京。东晋时中原沦陷，王室南渡，有一些过江的士大夫在新亭宴饮，席间众人闷闷不乐，相对涕泣，独有王导不以为然。《晋书·王导传》记王导曰："当共戮力王室，克复神州，何至作楚囚相对泣耶？"

④"一身"句：意谓自己有不怕死万次的报国决心。青：变成黑色。

⑤记取：记住，记着。新雁：刚从北方飞来的雁。汀：水边平地，小洲。

一

本篇作于淳熙九年（1182）秋，时陆游在故乡山阴闲居。这是一首表达抗金报国之志的七律。首联借腰间羽箭的凋零闲置，反映无缘疆场、抗敌无路、功业渺茫的苦恼。颔联情绪由低落转为昂扬，说自己尚有勇略，壮心未已，并借王导呵众的典故，来表达他对那些高居庙堂的衮衮诸公在国家山河破碎之际束手垂泪的懦弱精神面貌的不满。"一身报国有万死"，意思是为了拯救国家民族，甘愿自己身死一万次。"一"与"万"形成强烈的对比，鲜明地表达了自己的拳拳爱国之心，情感充沛有力。"双鬓向人无再青"，这一句写自己头发已白，岁月一去不回，白发不会返青，如果再无机会上前线，抗敌报国的理想将会落空。抒发了对华年空掷、青春难再的感伤与悲愤。尾联回笔写眼前自己闲泊水村的寂寥景象。整首诗将誓死报国的决绝与壮志难酬的愤懑有机地融为一体，构成一股强大的情感张力。

楼船夜雪瓜洲渡，铁马秋风大散关。

书愤①

早岁那知世事艰，中原北望气如山。②
楼船夜雪瓜洲渡，铁马秋风大散关。③
塞上长城空自许，镜中衰鬓已先斑。④
出师一表真名世，千载谁堪伯仲间！⑤

①书愤：书写自己的愤恨之情。书，写。

②早岁：早年，年轻时。那：即"哪"。世事艰：指抗金大业屡遭破坏。"中原"句：北望中原，收复故土的豪迈气概坚定如山。中原北望："北望中原"的倒文。

③楼船：高大有楼的战船。瓜洲：在今江苏邗江南长江边，与镇江隔江相对，是当时的江防要地。铁马：披着铁甲的战马。大散关：在今陕西宝鸡西南，是当时宋金的西部边界。

④"塞上"句：意为作者徒然地自许为"塞上长城"。塞上长城：比喻能守边的将领。《南史·檀道济传》载，宋文帝要杀大将檀道济，檀临刑前怒叱道："乃坏汝万里长城！"衰鬓：年老而疏白的头发。斑：指黑发中夹杂了白发。

⑤名世：名传后世。堪：能够。伯仲：比喻人物不相上下，难分优劣高低。

本篇作于淳熙十三年（1186）春，时陆游六十二岁闲居故乡山阴。陆游这首诗抒写壮志难酬、报国无路的激愤心情。首联回忆早岁的意气风发、收复中原的豪情壮志。颔联叙艰难的抗金事业，"楼船"句写宋兵在东南瓜洲一带抗击金兵事；"铁马"句写宋兵在西北大散关一带抗击金兵事。两句都以名词合成，对偶精工，景象苍茫阔大，景中含情，情感激越，体现诗人立志从军、奋勇杀敌的豪情。颈联叹岁月流逝、理想落空。诗人早年以"塞上长城"自许，相信一定能担当中流砥柱的大任，不料自己屡受打击，现在已是两鬓染霜，早年许下的抱负都成了空谈，可见内心的失望与焦虑。尾联对诸葛亮《出师表》高度肯定，陆游在诗中多次提到出师表，表明他对忠智之士的深情赞许，有以诸葛亮自比的意向，借此也希望天子能忠奸分明，重用爱国志士，励志收复中原。

小楼一夜听春雨，深巷明朝卖杏花。

临安春雨初霁①

世味年来薄似纱，谁令骑马客京华？②
小楼一夜听春雨，深巷明朝卖杏花。③
矮纸斜行闲作草，晴窗细乳戏分茶。④
素衣莫起风尘叹，犹及清明可到家。⑤

①霁（jì）：雨后转晴。
②世味：人世滋味，社会人情。客：客居。京华：京城之美称。
③深巷：很长的巷道。
④矮纸：短纸、小纸。斜行：倾斜的行列。草：指草书。细乳：沏茶时水面呈白色的小泡沫。分茶：区分茶的等级，即品茶。
⑤素衣：白衣，此句化用陆机诗："京洛多风尘，素衣化为缁。"风尘叹：因风尘而叹息。暗指不必担心京城的不良风气会污染自己的品质。

本篇作于淳熙十三年（1186）春陆游六十二岁时。在家乡山阴赋闲了五年的诗人，奉诏入京，接受严州知州的职务。赴任之前，先到临安（今浙江杭州）去觐见皇帝，住在西湖边上的客栈里听候召见，在百无聊赖中写下了此诗。首联写诗人对世味人情的感受，"薄似纱"形容世情之淡薄无味，写出内心寥落之感。"谁令"二字表明自己对新命官职的被动与冷漠。"小楼一夜听春雨，深巷明朝卖杏花"一联着重从听觉角度写京城春天的生机与气息。春雨淅沥，打在树叶、屋瓦上弹奏出春的节律。"一夜"二字透露诗人彻夜未眠。次日清晨，深幽的小巷中传来了叫卖杏花的声音。"客子光阴书卷里，杏花消息雨声中。"（陈与义）春雨和杏花经陈与义与陆游诗名句的传诵，成为江南特色景物的代表。颈联转写闲来练草书、临窗品茶等活动。这些本是文人雅事，但由于诗人是在无聊中打发时间，故隐隐透露一丝寂寥。尾联自我释怀，劝自己不要为眼下的际遇叹息，居留京城不过是短暂的，赶在清明前就可回到家乡了。诗人一生壮志难酬，晚年还要接受与志相违的官职，借此诗婉转地表达了自己的牢骚和失落。

遗民泪尽胡尘里，南望王师又一年。

秋夜将晓出篱门迎凉有感二首　其二

三万里河东入海，五千仞岳上摩天。①
遗民泪尽胡尘里，南望王师又一年。②

①三万里河：指黄河。五千仞岳：指华山。
②遗民：指在金占领区生活的汉族人民。

本篇作于绍熙三年（1192）秋，时陆游在故乡山阴闲居。此诗表达了陆游作为一介平民对国家统一的强烈渴盼，对收复国土、解救同胞的强烈愿望。黄河、华山代表祖国北方的大好河山，而今在异族统治之下，国土沦丧、人民屈辱，作为爱国者的陆游是难以忍受的。"遗民泪尽胡尘里，南望王师又一年"两句强烈地表达了北方人民对南宋出兵的期盼，一个"泪尽"、一个"又"，感情无比沉痛、无比悲愤，任何爱国者读了都难以平静。

我与狸奴不出门。
铁马冰河入梦来。

十一月四日风雨大作

其一

风卷江湖雨暗村，四山声作海涛翻。
溪柴火软蛮毡暖，我与狸奴不出门。①

其二

僵卧孤村不自哀，尚思为国戍轮台。②
夜阑卧听风吹雨，铁马冰河入梦来。③

① 溪柴：小束柴。自若耶溪出，名溪柴。蛮毡：中国南方少数民族地区出产的毛毡。狸奴：猫的别称。

②僵（jiāng）卧：僵直躺着，不能动。孤村：孤寂荒凉的村庄。不自哀：不为自己哀伤。思：想着，想到。戍：守卫。轮台：在今新疆境内，是唐代边防重地。此代指边关。

③夜阑（lán）：夜深。铁马：披着铁甲的战马。冰河：冰封的河流，指北方地区的河流。

这两首诗作于绍熙三年（1192）冬，时陆游在山阴故乡。第一首紧扣"风雨大作"，写寒冬风雨之大、其势之猛，自己无法出门，只能与猫咪在家互相取暖。第二首以叙事的形式写自己夜卧孤村，为国事而辗转难眠，好不容易睡着了，梦里出现的依然是上前线杀敌的情景。首句"不自哀"，突出诗人以身许国、不计个人荣辱的高尚情怀。次句写睡不着的原因，诗人挂心国家存亡，一生最大的抱负就是到前线去守边抗敌。三句写夜晚风雨交加的环境，这是自然的风雨，也是暗有所指：此时，南宋朝廷一直处于主和与主战的矛盾中，外敌虎视眈眈，此不正是南宋政权江山的生动写照吗？"铁马冰河入梦来"，以梦境展示未酬之壮志，是放翁的惯用手法，其效果是把诗人的爱国心、报国情展示得更加真诚和动人！

少壮工夫老始成。

冬夜读书示子聿①

古人学问无遗力，少壮工夫老始成。②
纸上得来终觉浅，绝知此事要躬行。③

①示：训示，指示。子聿（yù）：陆游的小儿子。
②学问：指读书学习。无遗力：用出全部力量，没有一点保留。遗，保留，存留。少壮：青少年时代。工夫：做事所耗费的时间。始：才。
③纸：书本。终：毕竟。浅：肤浅。绝知：深入、透彻地理解。躬行：亲身实践。

这首诗写于庆元五年（1199）冬，主要是开导儿子应当如何培养正确的学习态度和方法。先从古人说起，古人做学问取得的成就，无一不是通过刻苦用功得来。接着进一步指出，学问是一生的事情，少壮时期下的功夫、打下的基础对后期的成就起到决定性的作用。"老始成"三字强调了做学问不是一朝一夕就可告成的，到老方有所成。指出学习的漫长，要持之以恒。诗的后半部分转到和学习有关的另一个方面来说，即实践的重要性。一般人教导子女仅停留在对书本知识的掌握上，陆游自身对学问体会颇深，所以道理也讲得透彻。"纸上得来终觉浅，绝知此事要躬行。""终觉浅"既是诗人的认识，也符合求学的规律。"绝知"二字说得十分肯定，是其一生学问的经验所得。这首诗把道理讲得自然亲切，毫无卖弄和虚夸的口气。尤其是"少壮工夫老始成"一句，融汇了前人"少壮不努力，老大徒伤悲"的道理，同时在强调努力的基础上，还必须有坚持不懈的韧劲。

王师北定中原日，家祭无忘告乃翁。

示儿①

死去元知万事空，但悲不见九州同。②
王师北定中原日，家祭无忘告乃翁。③

①示儿：写给儿子们看。

②元知：原本知道。但：只是。九州：古代中国分为九州，故常用九州指代中国。同：统一。

③王师：指南宋朝廷的军队。乃：你。

这是陆游爱国诗中的名篇，作于临终前。陆游一生致力于抗金斗争，一直希望能收复中原。但是这一理想直到他临终之际也未实现，他在弥留之时心里最难释怀的还是这件大事，故以诗抒怀，叮嘱儿子将来要把恢复中原的喜讯告知九泉下的自己。首句说在生命走到终结之时，感到万事皆空，没有什么值得牵挂的。这是先抑后扬的一种表达方式，其实他内心有一件事是很放不下的，那就是国土未收复，强敌没驱走。"王师北定中原日，家祭无忘告乃翁。"此生见不到国家光复，就是死后也希望它变成现实。这句话出自一个行将就木的老者之口，令人倍感沉痛和悲伤，诗人的爱国激情是何等深沉执着、至死不渝！

零落成泥辗作尘，只有香如故。

卜算子
咏梅

驿外断桥边，寂寞开无主。[1]**已是黄昏独自愁，更著风和雨。**[2] **无意苦争春，一任群芳妒。**[3]**零落成泥碾作尘，只有香如故。**[4]

①驿：驿站。无主：不属于谁，没有人过问。
②更著：又加上。
③一任：任凭。群芳：普通的花卉，此处喻指政界中的群小。
④碾：轧碎。

陆游平生喜爱梅花，尤其推崇梅花傲雪斗霜、不畏艰难的高坚气节。这首词作者自己注为咏梅，但实际上意在言外，是以梅花自喻。上阕写梅花的困境，用梅花所处的自然环境来烘托词人自己内心的苦闷。下阕托梅言志，"无意苦争春，一任群芳妒"表现陆游孤高的傲骨，和不屑与阿谀奉承、争宠邀媚之徒为伍的品格。"零落成泥碾作尘，只有香如故"将梅花坚贞的品格更推进了一层。这两句既让人感到悲戚，又非常有傲气：即使梅花凋落，被践踏、被碾压成泥，它的芳香也永远存世，一丝一毫也改变不了。陆游是在借此道出自己的内心：他一生抱定的报国志向，并没有因为在政治上受到压迫而有一丝更改。

红酥手，黄縢酒。

钗头凤

红酥手，黄縢酒，满城春色宫墙柳。①**东风恶，欢情薄，一怀愁绪，几年离索。错！错！错！ 春如旧，人空瘦，泪痕红浥蛟绡透。**②**桃花落，闲池阁，山盟虽在，锦书难托。莫！莫！莫！**

①黄縢（téng）酒：此处指美酒。宋代官酒以黄纸或黄丝巾封口，故又称黄封酒。宫墙：绍兴是古越国旧都、南宋陪都，故称。

②红：这里代指红色的胭脂。浥（yì）：湿润。蛟绡（jiāo xiāo）：丝质手帕、手绢。

这首词写的是陆游自己的爱情悲剧，情真意切。陆游的原配唐琬是同郡唐氏士族的大家闺秀，原本门当户对，但在成亲后，陆母却对儿媳妇产生恶感，逼得陆游休去唐氏。陆游劝谏哀求无果，二人被迫分离。这首词写于数年后的绍兴二十五年（1155）春天，陆游在家乡山阴（今浙江绍兴）城南的沈园与偕夫同游的唐氏相遇，唐氏派人送黄封酒和果品菜肴给陆游，陆游心中五味杂陈，写下这首词题于园壁之上，唐琬也以同调词相答。其中"红酥手"一词的理解颇有争议，一种将它解为唐氏手臂的红润，另一种解释为菜肴名，指猪手或面点。无论是哪种解释，都代表着词人与唐氏千丝万缕的感情羁绊，而如今只留下"一怀愁绪"。下文自"东风恶"一句开始，情感如开了闸的潮水一般汹涌流出。全词节奏急促、声情凄惨，再加上"错！错！错！""莫！莫！莫！"先后两次感叹，读来让人荡气回肠，直透人心。总之，眷恋与相思是词的主题，催人泪下，真正抒发了词人怨恨愁苦又难以言状的凄楚心情。

心在天山，身老沧洲。

诉衷情

当年万里觅封侯，匹马戍梁州。① **关河梦断何处，尘暗旧貂裘。**② **胡未灭，鬓先秋，泪空流。此生谁料，心在天山，身老沧洲。**③

①梁州：今陕西汉中一带，当时的前线。
②关河：指大散关、渭河一带。
③天山：在今新疆，是汉唐时的边疆，这里借指战争前线。沧洲：水边陆地，古时隐者居住的地方。这里借指陆游晚年居住的山阴镜湖之滨。

　　陆游这首词作于晚年，当时已年近七十岁，居住在山阴，虽身处江湖，但一颗报国之心仍然炽热。词的上阕表现了词人十分怀念乾道八年（1172）在王炎幕下的军旅生活，他渴望报效祖国、收拾山河，可是那些壮志凌云的生活，因迫于残酷的现实，已经离他远去。如今他只是一个双鬓斑白的老人，"胡未灭，鬓先秋，泪空流"说尽平生不得志。"此生谁料，心在天山，身老沧洲。""谁料"二字点出理想与现实的落差，而末尾二句更是淋漓尽致地将这种差距展现出来。这首词说尽人生的不如意，而作者的失意中融合着炽热的报国壮志，也因此比一般抒写个人愁苦的作品更有力量、更为动人，既有壮美的格调，又有悲凉的情调。

范成大

范成大（1126—1193），字致能，号石湖居士，吴（今江苏苏州）人。绍兴二十四年（1154）进士，官至参知政事。诗风清新平易，题材广泛，以反映农村社会生活内容的田园诗成就最高，与杨万里、陆游、尤袤合称"中兴四大诗人"。有《石湖集》。

愿我如星君如月，夜夜流光相皎洁。

车遥遥篇[①]

车遥遥，马憧憧。[②]君游东山东复东，安得奋飞逐西风。愿我如星君如月，夜夜流光相皎洁。月暂晦，星常明。留明待月复，三五共盈盈。[③]

①车遥遥篇：古乐府旧题，多写男女相思。

②憧憧（chōng chōng）：晃动，摇曳不定。

③三五共盈盈：共同欣赏十五的满月。语出《礼记·礼运》："三五而盈。"

范成大二十九岁考中进士后第一时间赴宣城岳父家报喜，故本篇约为范成大二十八岁之前游浙东时为思念妻子魏氏而作。这是一首代言体乐府诗，以女子的口吻，写她对远行丈夫的思念和对团聚的渴盼。"愿我如星君如月，夜夜流光相皎洁"两句非常动人，女子把自己比为星星，把丈夫比为月亮，星星很小，月亮很大，但星星可以夜夜陪伴月亮，且互相辉映，比喻很美，感情很深，表达了对爱情的忠诚坚定，成为吟咏爱情的千古名句。

童孙未解供耕织，也傍桑阴学种瓜。

夏日田园杂兴

昼出耘田夜绩麻，村庄儿女各当家。①
童孙未解供耕织，也傍桑阴学种瓜。②

①绩麻：搓麻线。儿女：指年轻人。当家：各司其事，各管一行。

②解：领会。傍：依傍。

本篇作于淳熙十三年（1186），时范成大在苏州石湖过退休生活。范成大以善写田园诗著称，这是他描写农村夏日生活的一首小诗。首句总写夏日乡村忙碌的情景，男子下地耕作，女子忙完白天的活计后，晚上还得接着搓麻线，准备织布材料。次句用老农的口气写男女各司其事，"儿女"也就是指年轻人，他们都有各自的一份活儿，这些话十分符合农耕社会乡村的实际，可见诗人是熟悉村居生活实况的。三、四句由写成人劳作转到村童活动上来，"童孙未解供耕织，也傍桑阴学种瓜"写孩子们在大人的耳濡目染下也勤快地动起手来，虽然他们不会耕也不会织，却不闲着，也在茂盛成荫的桑树底下学种瓜，把农村儿童喜爱劳动的天真情趣呈现出来，令人联想到白居易《观刈麦》中的"妇姑荷箪食，童稚携壶浆"。

梅子金黄杏子肥，麦花雪白菜花稀。

夏日田园杂兴

梅子金黄杏子肥，麦花雪白菜花稀。①
日长篱落无人过，惟有蜻蜓蛱蝶飞。②

①麦花：荞麦花。菜花：油菜花。
②篱落：篱笆。蛱（jiá）蝶：菜粉蝶。

本篇作于淳熙十三年（1186），时范成大退休在苏州石湖。"梅子金黄杏子肥，麦花雪白菜花稀"两句写出了农村夏日水果成熟、农作物长势喜人的美好画面。这个时节荞麦花一片雪白，而油菜花则落花结子，所以说"稀"。荞麦花开之美，唐宋人诗句多有描述，白居易说"月明荞麦花如雪"，王禹偁说"荞麦花开白雪香"，苏轼说"荞麦花铺雪"。后两句写夏日农忙，农民都在田里干活，村庄里无人的景象。

杨万里

杨万里（1127—1206），字廷秀，号诚斋，吉州吉水（今属江西）人。绍兴二十四年（1154）进士，官至秘书监。其诗师法自然，自成一家，号"诚斋体"，与尤袤、范成大、陆游合称"中兴四大诗人"。作诗约两万余首，今存诗四千多首，有《诚斋集》。

小荷才露尖尖角。

小池

泉眼无声惜细流，树阴照水爱晴柔。①
小荷才露尖尖角，早有蜻蜓立上头。②

①泉眼：泉水的出口。惜：吝惜。照水：映在水里。晴柔：晴朗温和。

②尖尖角：初出水端还没有舒展的荷叶尖端。上头：顶端。

本篇作于淳熙三年（1176）初夏，时杨万里在吉水家居。此诗是一首清新生动的小品。诗人以饱含童趣的眼光欣赏小池上的一切，那里有涓涓的细泉，有映照池水的树阴，有初露尖角的小荷，更有立在小荷尖的蜻蜓，一切都显得如此和谐有趣、生机盎然。诗人观察入微，趣味十足，故下笔也十分细腻，景语皆情语，体现诗人对生活及自然万物的亲近与喜爱。杨万里是南宋诗坛上比较独特的诗人，他对江西诗派讲究"无一字无来处"的做法不太赞同，倡导在自然中寻找灵感，注重谐趣，讲究"圆转如弹丸"的自然美。这首诗很能代表杨万里的诗论主张。"小荷才露尖尖角"现在多用来形容孩子初露才华，前途无量。

稚子金盆脱晓冰，彩丝穿取当银钲。

稚子弄冰

稚子金盆脱晓冰，彩丝穿取当银钲。①
敲成玉磬穿林响，忽作玻璃碎地声。②

①银钲（zhēng）：银色的钲。钲，一种金属打击乐器，形状像盆、锣。

②磬（qìng）：古代打击乐器，形状像曲尺，用玉石制成，悬挂着敲击。

本篇作于淳熙五年（1178）冬，杨万里时任常州知州。这是杨万里的又一首童趣诗，直接描写幼童异想天开的游戏活动。小孩将冻结在盆中的冰块脱下，用彩线穿起来当作一种打击乐器——银钲。提在手中敲打，冰块发出穿林而过的磬声，忽然冰块落地，发出了玻璃破碎的声音。儿童天真顽皮而又奇思妙想的形象惟妙惟肖。

映日荷花别样红。

晓出净慈寺送林子方[①]

**毕竟西湖六月中，风光不与四时同。[②]
接天莲叶无穷碧，映日荷花别样红。[③]**

①净慈寺：全名"净慈报恩光孝禅寺"，与灵隐寺为杭州西湖南北山两大著名佛寺。林子方：作者的朋友，官居直阁秘书。

②毕竟：到底。四时：春夏秋冬四个季节。在这里指六月以外的其他时节。

③接天：与天空相接。无穷碧：因莲叶面积很广，似与天相接，故呈现无穷的碧绿。别样：不同寻常。

本篇作于淳熙十四年（1187）夏，时杨万里在临安任左司郎中。这是一首描写杭州西湖六月美景的绝句。前一联诗人以直笔写出西湖的六月风光与其他季节不同，是足可留恋的。"毕竟"二字有突出、强调之意，也表露诗人钟情于此的心理倾向。虽然读者还不曾从诗中领略到西湖美景，但已能从诗人赞叹的语气中感受到了。诗句脱口而出，不假雕琢，因而更强化了西湖之美。后一联"接天莲叶无穷碧，映日荷花别样红"直接描写西湖之美。西湖可描写的对象很多，为什么诗人独独把西湖的莲花呈现给读者呢？原来六月的西湖最精彩之处就在于此。以"接天"二字写莲叶层层，把"十里荷花"的气派简洁有力地表现出来。写荷花之艳丽则透过阳光的映照来刻画，叶绿花红，互相映衬，好一派西湖美景图！全诗通过对西湖美景的赞美，曲折地表达对友人的挽留之情。名句"映日荷花别样红"现在多用来称赞别人事情做得很出彩。

闭门觅句非诗法，只是征行自有诗。

下横山滩头望金华山四首 其二

山思江情不负伊，雨姿晴态总成奇。①
闭门觅句非诗法，只是征行自有诗。②

①山思：山的情思。伊：你。
②觅：寻觅，寻找。征行：远行。

　　本篇作于淳熙十六年（1189）秋，杨万里从南昌到杭州，途经金华山时所作，这组诗共写了四首，这是其中的第二首。与其他三首同题诗相较，这一首说理的成分更浓一些，而且是就作诗取材与灵感问题发表议论。首二句寓景于论，说明江山多姿多彩，不辜负诗人的一片诗心，自然界的"雨姿晴态"随时都会给人灵感，令人诗意大发。后两句进一步提出自己的诗论观点，表明"江山之助"对诗歌创作的重要意义。"闭门觅句非诗法，只是征行自有诗"这两句的大意是：关起门来寻觅诗句不是作诗的方法，只要出门远行便能写出好诗。脱离生活，闭门造车，写不出好的文学作品；只有深入生活，才能获得创作的素材，引出创作的情思，从而写出好作品来。杨万里生活的时期正是"江西诗派"走向末流，"无一字无来处"那种死抠书本的作诗法已显露僵化倾向，杨万里的观点和实践有利于诗歌创作朝向自然活泼一路发展，有积极的意义。即便是今天，我们依然强调生活永远是创作的源泉。

儿童急走追黄蝶，飞入菜花无处寻。

宿新市徐公店^①　其一

篱落疏疏一径深，树头新绿未成阴。^②
儿童急走追黄蝶，飞入菜花无处寻。^③

①新市：地名，在今安徽当涂东五十里的新市镇。徐公店：姓徐的人家开的酒店名。杨万里来此痛饮大醉，留宿新市徐公店。
②篱落：篱笆。新绿：一本作"花落"。
③菜花：油菜花。

本篇作于绍熙三年（1192）春，杨万里因公自金陵南下徽州，途经当涂县新市镇逗留时所作。这是一首童趣诗，写春天乡村美好景色下，儿童奔跑追逐黄蝴蝶，追到一片油菜花地，蝴蝶不见了，因为油菜花是一片金黄色。宋诗讲求理趣，但有两个极端，理学家的哲理诗是一个极端。杨万里诗是另一个极端，杨万里诗表面上看不出有哲理，但童趣的画面中又含有哲理，耐人寻味。

政入万山围子里，一山放出一山拦。

过松源晨炊漆公店六首^①　其五

莫言下岭便无难，赚得行人错喜欢。^②
政入万山围子里，一山放出一山拦。^③

①松源：在今江西弋阳境内。晨炊：做早饭。漆公店：在今弋阳北漆工镇。

②莫言：不要说。赚得：骗得。

③政入：恰好进入。政，同"正"，正好，恰好。围子：圈子，圆圈。

本篇作于绍熙三年（1192）暮春，杨万里时任江东转运副使，在饶州（今江西上饶）一带活动，进入弋阳境内看到山水奇特，写下《过松源晨炊漆公店六首》。这六首诗合在一起就是弋阳山水美景图。第五首写下山的深切感受。常言道"上山容易下山难"。但杨万里在弋阳下山的体验却不同，这里下山并不容易，因为有"万山围子"，一山放你出来了，又一山却拦住你。"政入万山围子里，一山放出一山拦"两句用比喻、拟人手法，写出了江西山的特点和山行的独特感受，富含哲理，给人启迪。

朱熹

朱熹（1130—1200），字元晦，号晦庵，谥文，又称朱文公。祖籍徽州婺源（今属江西），生于南剑州尤溪（今福建三明），一生中多数岁月在武夷山著述讲学。绍兴十八年（1148）进士，官至秘阁修撰。南宋著名的理学家、教育家、诗人，中国古代最杰出的儒学大师之一，是宋代理学的集大成者。

万紫千红总是春。

春日

胜日寻芳泗水滨，无边光景一时新。①
等闲识得东风面，万紫千红总是春。②

①胜日：天气晴朗的好日子。寻芳：游春，踏青。泗水：河名，在今山东。滨：水边，河边。光景：风光，风景。
②等闲识得：容易识别。等闲，平常，轻易。

人们一般都把这首诗当作春景诗来解读，从诗题及诗中所写的景物来看，似乎不容置疑。首句"胜日寻芳泗水滨"，交代在一个春光明媚的日子，诗人于泗水之滨漫步寻芳，尽享春天的美景，点明了主题。下面三句都是写"寻芳"所见所感。次句"无边光景一时新"，写观赏春景获得的初步印象，用"无边"形容视线所及的全部风光景物，"一时新"既写出春回大地，自然景物焕然一新，也写出了作者郊游时耳目一新的欣喜感觉。第三句"等闲识得东风面"，是说春天的面容与特征是很容易辨认的。第四句"万紫千红总是春"，是说这万紫千红的景象全是由春光点染而成的，人们从这万紫千红中认识了春天，感受到了春天的美。

但这首诗又不是纯粹写春景的诗。朱熹是一个理学家，他的诗用来表达理趣的较多，言在此而意在彼。比如这首诗，从字面上看，这首诗好像是写游春观感，但细究寻芳的地点是泗水之滨，有人就此指出：泗水在山东地区，而朱熹生活在南宋，一生主要结庐讲学于南方，泗水为金人侵占，他未曾北上，当然不可能在泗水之滨游春吟赏。其实诗中的"泗水"是暗指孔门，因为春秋时孔子曾在洙、泗之间弦歌讲学，教授弟子。因此所谓"寻芳"即指求圣人之道。"万紫千红"喻孔学的丰富多彩。诗人将圣人之道比作催发生机、点染万物的春风。这其实是一首寓理趣于形象之中的哲理诗。"万紫千红"已为成语，形容百花齐放，色彩艳丽，也比喻事物丰富多彩。

问渠那得清如许？为有源头活水来。

观书有感二首　其一

半亩方塘一鉴开，天光云影共徘徊。①
问渠那得清如许？　为有源头活水来。②

①方塘：方形的水塘。鉴：镜。古人以铜为镜，包以镜袱，用时打开。"天光"句：日光和云彩投映在塘水之中，交互变动，往来不绝。

②渠：第三人称代词，指方塘。那（nǎ）得：怎么会。清如许：如此清澈。源头活水：源头流动不息的清新之水，这里比喻不断更新的知识。

本篇作于乾道二年（1166），时朱熹在崇安（今福建武夷山）。这是一首哲理诗。这一年朱熹三十七岁，在故乡和几位好朋友在一起读书、讨论学问，事后他将自己的心得体会写成了两首七绝，这是第一首。诗的题目叫《观书有感》，"观"指的是仔细看，正因为仔细看了书，才能有比较深入的心得。但这首诗也如《春日》一样，表面上描写田园风景，实则暗示某个道理。从字面来看，此诗确有写景诗的特征：先写平静的水塘有如一面新打开的镜子，上面浮映着各种光彩和影像，显得十分清澈透亮。接着自问自答：这方水塘何以如此清澈呢？原来它不是一潭死水，不断流动的水源给水塘注入了生机，使它免于暗淡浑浊。其实，诗人要表达的是读书对于一个人的重要性。诗作以源头活水比喻人要不断从书中汲取新的营养，才能有日新月异的进步。学生在读书时要克服浮躁情绪，才能使自己的内心清澈如水。以诗说理本来是写诗的一大忌讳，但是宋人擅长说理，经常采用自然物象的相互变动来加以暗示，使得理在其中，不显晦涩枯燥，读者在享受诗的韵味时也默默地接受了教育和启发，这就是哲理诗的特色及高明之处。"源头活水"已为成语，现多用来比喻事物发展的动力和源泉。

少年易老学难成，一寸光阴不可轻。

偶成

少年易老学难成，一寸光阴不可轻。
未觉池塘春草梦，阶前梧叶已秋声。①

———

①池塘春草梦：用钟嵘《诗品》记载的一个典故：谢灵运梦见谢惠连而得妙句"池塘生春草"。

———

《偶成》是朱熹晚年所作的一首劝学诗，也是哲理诗，其主旨是劝青少年珍视光阴，努力向学。朱熹的哲理诗大多是前两句写景，后两句说理。但是这首诗正好相反，开头两句"少年易老学难成，一寸光阴不可轻"是在说理，而后两句是在写景。"未觉池塘春草梦"，这个觉（jué）字在古代一定要读jiào，是醒来的意思，美好的春梦还没有醒来，就听到梧桐树发出的秋日之声，夸张地表达了时光之快，也形象地印证了前面的"少年易老"。所以正值青春的青少年们，一定要珍惜时间、努力学习，才能有所成就，不枉此生。这首诗在中国长期失传，却在日本广为流传，日本江户时期，朱熹这首诗可谓家喻户晓，传回中国后亦不胫而走，可见是一首好诗。"少年易老学难成，一寸光阴不可轻"两句借鉴了唐代杜荀鹤的"少年辛苦终身事，莫向光阴惰寸功"（《题弟侄书堂》），以及王贞白的"读书不觉已春深，一寸光阴一寸金"（《白鹿洞》）。

张孝祥

张孝祥（1132—1170），字安国，号于湖居士，历阳乌江（今安徽乌江）人。是唐代诗人张籍的七世孙。绍兴二十四年（1154）状元及第。历任地方官，卒年三十九岁。词风豪放，酷似东坡。有《于湖集》。

悠然心会，妙处难与君说。

念奴娇

过洞庭

洞庭青草，近中秋，更无一点风色。①玉鉴琼田三万顷，着我扁舟一叶。②素月分辉，明河共影，表里俱澄澈。悠然心会，妙处难与君说。　　应念岭表经年，孤光自照，肝胆皆冰雪。短发萧骚襟袖冷，稳泛沧溟空阔。③尽挹西江，细斟北斗，万象为宾客。④扣舷独啸，不知今夕何夕！

①洞庭青草：青草湖在洞庭湖南面，二湖相通，总称洞庭湖。

②玉鉴琼田：形容月光照在湖面上，十分皎洁。扁（piān）舟：小船。

③萧骚：稀疏。

④挹（yì）：以器皿舀取。细斟北斗：将北斗星当作酒勺来盛酒。

乾道二年（1166），张孝祥被罢免广南西路经略安抚使一职，从桂林北归，途经洞庭湖而作本篇。这首词中体现了词人深邃的"宇宙意识"和"天人合一、物我相恢"的澄澈境界，是一首杰出的中秋词。上阕写中秋夜明月照在洞庭湖上的景象：水天一色，星月映湖，一叶扁舟。其中"着"一字，体现了如鱼归水般的自然，向读者暗示了物我之间的和谐，浑然融为一体。上阕以"悠然心会，妙处难与君说"的虚笔作赞叹语，最让人回味。于广袤静谧的湖水上乘着小船，沐浴皎洁幽冷的月光，以北斗七星作酒勺，豪情地邀请天地万象共饮，这些与大自然快意相拥、晶莹澄澈的境界，都是词人口中"妙处"的来源。结尾"扣舷独啸，不知今夕何夕"更是达到"物我两忘"的境界，将一切功名、得失全都抛到九霄云外，让人感觉酣畅淋漓。

张栻

张栻（1133—1180），字敬夫，号南轩，汉州绵竹（今属四川）人，右相张浚之子。孝宗乾道元年（1165），主讲岳麓书院，是湖湘学派集大成者。与朱熹、吕祖谦齐名，时称"东南三贤"。有《南轩集》。

春到人间草木知。

立春偶成

律回岁晚冰霜少，春到人间草木知。①
便觉眼前生意满，东风吹水绿参差。②

①律回：即大地回春。古人以音乐的十二律吕对应十二个月，农历十二月属吕，正月属律，立春往往在十二月与一月之交，极曰"律回"。岁晚：写此诗时的立春是在年前，民间称作内春，所以叫岁晚。

②参差：不齐的样子。

立春象征着新一年的开始，春回大地，万物复苏，这是多少诗人都乐于歌颂的季节！此诗作者从残冬的冰霜下笔，冰霜消退，意味着春的到来。而最早感受到春天节律的就是自然界中的草木了。"春到人间草木知"，多么寻常而又风趣的话语，将无知的草木拟人化，把自然的规律通过个别细微的变化展示出来，其手法与苏轼的"春江水暖鸭先知"有异曲同工之妙。冰化雪消，草木滋生，开始透露出春的信息。于是，眼前顿时豁然开朗，到处呈现出一片生意盎然的景象。那碧波荡漾的春水，也充满无穷无尽的活力。从"草木知"到"生意满"，诗人在作品中富有层次地再现了大自然的变化过程，洋溢着饱满的生活激情。

林升

林升，字梦屏，平阳（今浙江苍南）人。约生活于宋高宗、孝宗年间，生平不详，今存诗仅一首。

山外青山楼外楼。

题临安邸①

山外青山楼外楼，西湖歌舞几时休？②
暖风熏得游人醉，直把杭州作汴州。③

①临安：今浙江杭州，金人攻陷北宋都城汴京后，宋统治者逃亡到南方，建都于杭州，改名为临安，有临时安置的意思。邸（dǐ）：旅店。

②休：休止，停止。

③熏（xūn）：吹，用于温暖馥郁的风。直：简直。汴州：即

汴京，北宋都城，今河南开封。

本篇约作于绍兴、淳熙之间。这是一首题在临安城一家旅店墙壁上的诗，因为它有很强的现实讽刺性而得以传诵千年。

"山外青山楼外楼"，诗人抓住临安城青山重叠、楼台栉比的特点展开描写，显得十分繁华富丽。接着以"西湖歌舞几时休"进行反诘，此时的临安城正沉醉于美景歌舞之中，表面看来歌舞升平，一片太平盛世的气象。诗人写以上乐景并不是为了夸赞杭州西湖的美丽，而是另有用意。此时南宋已失去北方的半壁江山，在金人的虎视眈眈之下，苟且偷安，国家危在旦夕，谁不触景伤情？诗句中一个"休"字，不但暗示了诗人对现实社会、国家处境的心痛，更为重要的是表现出诗人对当政者一味"休"战言和，不思收复中原失地，只求苟且偏安、寻欢作乐的愤慨之情。后两句中，"暖风"一语双关，在诗歌中，既指自然界的春风，又指社会上淫靡享乐之风；"游人"在这里也不能仅作一般游客理解，它主要特指那些忘了国难，苟且偷安、寻欢作乐的南宋统治阶级。在诗人看来，正是这股"暖风"把"游人"的头脑吹得如醉如迷，忘记了被敌人侵占的中原故地，反而把临时安置的杭州当作故都汴京城了。本诗以乐景写哀，使读者倍增一份哀愁。同时，以反讽之语，不露声色地揭露了"游人"们忘记家仇国难、麻木不仁的精神状态，表达怒其不争的愤慨。"山外青山楼外楼"一句已用作成语，比喻优秀之中有优秀，先进之中有先进。

僧志南

志南，号明老，会稽（今浙江绍兴）人。南宋诗僧，与朱熹友善。

吹面不寒杨柳风。

绝句

古木阴中系短篷，杖藜扶我过桥东。①
沾衣欲湿杏花雨，吹面不寒杨柳风。②

①系（xì）：连接。短篷：小船。篷，船帆，船的代称。杖藜：拐杖。藜，一年生草本植物，茎杆直硬，古人常以之做杖。
②杏花雨：清明前后杏花盛开时节的雨。杨柳风：指春风。

这首绝句出自僧人之手，写诗人在微风细雨中拄杖春游的所见所感。前两句交代行程情况。诗人驾着小船来到古木阴下，系好小舟，登岸徐行，拄着拐杖，走过了一座小桥，去欣赏眼前无边的春色。诗人拄杖春游，却说"杖藜扶我"，是将藜杖人格化了，赋予藜杖以人的情态，仿佛诗人的游伴，默默无言地扶人前行，给人以亲切感、安全感。"沾衣欲湿杏花雨，吹面不寒杨柳风"写诗人对春天细雨濛濛、微风习习的独特感受。"沾衣欲湿杏花雨"，此句颇有唐人句"山路元无雨，空翠湿人衣"的韵味，写出春雨似有似无、滋润轻柔的特点。"吹面不寒杨柳风"，写春风轻拂略带暖意，给人以温馨惬意的美好享受，表达诗人对春的无限喜爱与赞美。

辛弃疾　辛弃疾（1140—1207），字幼安，号稼轩，历城（今山东济南）人。二十一岁参加抗金义军，后领军归宋。曾任江西安抚使、福建安抚使等职。一生力主抗金，由于与主和派政见不合，后被弹劾落职，长期乡居。其词风格悲壮激烈，与苏轼并称"苏辛"。有《稼轩长短句》，存词六百多首。

求田问舍，怕应羞见，刘郎才气。

水龙吟

登建康赏心亭①

楚天千里清秋，水随天去秋无际。遥岑远目，献愁供恨，玉簪螺髻。②落日楼头，断鸿声里，江南游子。把吴钩看了，阑干拍遍，无人会、登临意。　　休说鲈鱼堪脍，尽西风、季鹰归未？③求田问舍，怕应羞见，刘郎才气。可惜流年，忧愁风雨，树犹如此！④倩何人、唤取红巾翠袖，揾英雄泪！⑤

①赏心亭：在建康（今江苏南京）下水门城上，下临秦淮河，当时名胜，今废弃。

②玉簪：碧玉簪。螺髻：螺旋盘结的发髻。皆形容远山秀美。

③"休说鲈鱼"句：见《世说新语》：晋人张翰，字季鹰，在洛阳做官，见秋风起，思念吴中莼菜羹、鲈鱼脍，遂弃官回家。

④流年：流逝的时光。

⑤倩（qìng）：请，央求。揾（wèn）：这里是揩拭的意思。

这首词写作于乾道四年至六年（1168—1170）辛弃疾担任建康通判期间。词人想到抗金复土的壮志难酬，写下这首词抒发一腔怨恨和满腹牢骚。上阕借景抒情，由水写到山，在"把吴钩看了，栏杆拍遍，无人会、登临意"三句中直抒胸臆，淋漓尽致地抒发自己报国无门、壮志难酬的悲愤。下阕直接言志，借张季鹰的典故，诉说有家难归的乡思，又抒发对金人、对南宋朝廷的激愤，可以说是一石三鸟。下文"求田问舍，怕应羞见，刘郎才气"借用典故，作者是说："我很怀念家乡但却绝不是像许汜一样，买房买田，发家致富，那样会被英雄刘备耻笑。""可惜流年，忧愁风雨，树犹如此"是全首词情感的核心，表达了对时光流逝、北伐无期的感慨。最后过渡到结尾，表达因抱负无法实现、朝堂之上没有知己的悲凉寂寞心境。全词意境慷慨悲壮而又深曲含蓄，表达了词人报国无门的满腔愤懑。

乘风好去，长空万里，直下看山河。

太常引
建康中秋夜，为吕叔潜赋①

一轮秋影转金波，飞镜又重磨。②把酒问姮娥：被白发欺、人奈何？③　　乘风好去，长空万里，直下看山河。斫去桂婆娑，人道是、清光更多！④

①吕叔潜：名大虬，吕祖谦叔父，时任建康府淮西总领幕职。

②飞镜：喻指月亮。

③"把酒"两句：端着酒杯，照着月亮这个镜子问：我还年轻，却被白发欺负，该如何是好？化用薛能《春日使府寓怀》"青春背我堂堂去，白发欺人故故生"诗意。姮娥：嫦娥，兼指月亮。被，读bèi。

④"斫（zhuó）去"三句：化用杜甫《一百五日夜对月》诗中"斫却月中桂，清光应更多"句意。斫，砍。

本篇约作于乾道六年（1170）中秋，时辛弃疾担任建康通判。中秋之夜，词人抬眼望去，一轮明月皎洁无瑕，像是刚刚磨亮的铜镜，飞上了夜空。词人端起酒杯，向月宫中的嫦娥发出了疑问："为什么我年纪轻轻就被白发欺负，而你可以长生不老呢？"诗人借用嫦娥吃不死药奔月的典故，吐露出自己不愿变老的心愿。为什么不愿变老呢？因为还有未竟的事业——收复失地，统一北方。此时辛弃疾南归已多年，苦等到头发都发白了，却还没有等到朝廷挥师北上，他的内心是愤怒的。接着词人想借着东风飞上万里长空，要去看一看祖国的大好河山，看一看中原失地，看一看金人铁蹄下的故土乡民。他还要去月宫中，把那桂树砍了，因为它挡住了人间的清明。词人发挥天马行空的想象力，抒发了浓郁的爱国情怀。

众里寻他千百度，蓦然回首，
那人却在，灯火阑珊处。

青玉案
元夕①

东风夜放花千树，更吹落，星如雨。②宝马雕车香满路。凤箫声动，玉壶光转，一夜鱼龙舞。③　　蛾儿雪柳黄金缕，笑语盈盈暗香去。④众里寻他千百度，蓦然回首，那人却在，灯火阑珊处。⑤

①元夕：元宵。

②花千树：指众多花灯。星如雨：形容风吹时灯光晃动。

③玉壶、鱼龙：指不同形状的灯。

④蛾儿、雪柳、黄金缕：指妇女头上的头饰。

⑤千百度：千百次，千百遍。阑珊：暗淡的样子。

本篇作于乾道七年（1171）元宵节，时辛弃疾在临安任司农寺主簿。这首词是写元宵词中的经典之作。上阕渲染元宵的热闹景象，下阕转而写云鬟雾鬓的美丽女子，亮点在末尾处绽放："众里寻他千百度，蓦然回首，那人却在，灯火阑珊处。"原来，词人此前所写的一切元宵欢庆，一切灯光、月亮、香车、烟火、舞蹈、游女，全都是为了意中人所做的铺垫，这"一夜"所有苦心寻找，在回首见到意中人的瞬间已不再重要了。南宋女子多不出闺门，只有元宵和上巳这两个节日可自由出门观灯或幽会。也有学者将寻找的"那人"解释为词人不逐众流、不慕荣华的精神人格的化身。王国维《人间词话》中将这几句词巧妙地借用，说成大事业者要经历三个境界，稼轩这几句词的境界是第三重最高境界。这首词用精妙的布局、新颖的构思、工巧的语言、余味无穷的意蕴，展现了词人含蓄婉约的一面。

青山遮不住，毕竟东流去。

菩萨蛮
书江西造口壁

郁孤台下清江水，中间多少行人泪。[①]西北望长安，可怜无数山。[②] 青山遮不住，毕竟东流去。江晚正愁予，山深闻鹧鸪。

①郁孤台：在今江西赣州北。

②长安：这里是指北宋的旧都开封。

本篇约为淳熙三年（1176）春在赣州时所作。这首词抒发了作者对南宋建炎年间国事艰危、靖康以来失去国土的沉痛追怀，是爱国精神深沉凝聚的绝唱。词中运用比兴手法，凭借眼前景来道出心上事，"青山遮不住，毕竟东流去"这两句已成为千古名句。江水滚滚东流，是重重青山都无法阻挡的。妙就妙在似有寄托却又难以指出一个实在的对象，联系上下文之后可以隐隐感觉到词人似以青山喻敌人，以江水东流喻正义所向，但是并没有完全点明，是藏情于景的高明手法。这两句现在已成生活用语，多表示客观规律或正义的事业不可阻挡。这首词用极高明的比兴手法，表达了作者深沉的爱国情思。

君莫舞，君不见玉环飞燕皆尘土！

摸鱼儿

淳熙己亥，自湖北漕移湖南，同官王正之置酒小山亭，为赋①。

更能消几番风雨？匆匆春又归去。惜春长怕花开早，何况落红无数。春且住！见说道、天涯芳草无归路。怨春不语。算只有殷勤，画檐蛛网，尽日惹飞絮。　　长门事，准拟佳期又误。②蛾眉曾有人妒。千金纵买相如赋，脉脉此情谁诉？③君莫舞，君不见玉环飞燕皆尘土！④闲愁最苦。休去倚危栏，斜阳正在，烟柳断肠处。

①淳熙己亥：宋孝宗淳熙六年（1179）。湖北漕：湖北转运副使。宋代称转运使等为漕官。王正之：王正己，字正之，当时亦为湖北漕官。

②长门事：汉武帝时，陈皇后失宠，离开皇城，居住在长门宫。此处自比政治上的失意。

③"千金"二句：陈皇后失宠后，以黄金百斤请司马相如作《长门赋》，诉说自己的怨愁，感动武帝，重新得到宠幸。

④玉环：杨贵妃，小字玉环。飞燕：赵飞燕。生前都擅长跳舞。

这首词写于淳熙六年（1179）暮春，当时辛弃疾四十岁。他抗击金军、恢复中原的主张从来没有被南宋朝廷采纳，而只是任命他作闲职官员和地方官吏。辛弃疾意识到朝廷对抗战派的打压，写了这首词抒发胸中的郁闷。词人以美人自比，感慨年华易逝，青春不再，而自己仍受朝廷冷落弃置，满怀忧愤。词的下阕以失宠的陈皇后自比，表达出作者希望朝廷信任自己，然而却只是遭到更多的压制与打击。"君莫舞，君不见玉环飞燕皆尘土!"是对当时得势奸人的讽刺，意思是说："你们不要太得意忘形，难道忘记玉环、飞燕都死于非命吗？你们也一样，终将化作历史的尘埃。"这首词流露出对朝廷的不满与渴望建功立业的心情，同时也饱含对国事的深切担忧。

> 少年不识愁滋味，爱上层楼，
> 爱上层楼，为赋新词强说愁。

丑奴儿①
书博山道中壁②

少年不识愁滋味，爱上层楼，爱上层楼，为赋新词强说愁。③ 而今识尽愁滋味，欲说还休，欲说还休，却道天凉好个秋。

①丑奴儿：又名《采桑子》。

②博山：山名，在今江西上饶。

③层楼：高楼。强（qiǎng）：硬要，勉强。

这首词是辛弃疾被弹劾离职后，闲居上饶带湖期间所作，约在淳熙九年（1182）或稍后。词通过"少年"与"而今"的对比，在含蓄委婉中表达自己胸中的悲愤、报国无路的痛苦，含而不露，别具一格。词上阕写自己少年时代，那时涉世未深，爱上高楼赋诗，为了诗兴也要勉强说些忧愁的话语。作者用两个"爱上层楼"的叠句，分别与"少年不识愁滋味"与"为赋新词强说愁"构成因果关系，布局巧妙。下阕则与上阕形成转变，随着年岁与阅历的增长，一生力主抗战、恢复失土却报国无门的遗憾让词人心中满怀愁苦，且这种愁苦在投降派把持朝政的情况下是难以抒发的。"少年"与"而今"形成对比，过去词人无愁硬要说愁，如今愁到极点却已无话可说，却只好转而说天气，更体现出心中的郁闷痛苦。成语"欲说还休"即出自本篇，多形容情意复杂而又难于表达。

最喜小儿无赖，溪头卧剥莲蓬。

清平乐
村居

茅檐低小，溪上青青草。醉里吴音相媚好，白发谁家翁媪。① 大儿锄豆溪东，中儿正织鸡笼，最喜小儿无赖，溪头卧剥莲蓬。②

①翁媪（ǎo）：泛指老人。媪，老妇人。
②莲蓬：莲花的花托，倒圆锥形，里面有莲子。

本篇约作于淳熙十四年（1187）夏，时辛弃疾家居上饶带湖。这是辛弃疾描写农村生活的优秀作品之一。这首词语言清新，充满诗情画意，纯粹用白描的手法描绘出宁静和平的农村生活。低小的茅草房，紧靠潺潺流水的小溪，满头白发的老夫妻坐在一起饮酒聊天，温暖幸福的老年家居生活跃然纸上。接下来描写三个儿子不同的劳动形象，尤其"最喜小儿无赖，溪头卧剥莲蓬"二句，将小儿子天真活泼的神情状貌描绘得栩栩如生，别具情趣，可谓是神来之笔。整首词清新悦目，描绘了一幅和谐的农家画卷。

沙场秋点兵。

破阵子
为陈同甫赋壮词以寄之①

醉里挑灯看剑，梦回吹角连营。八百里分麾下炙，五十弦翻塞外声。②沙场秋点兵。　　马作的卢飞快，弓如霹雳弦惊。③了却君王天下事，赢得生前身后名。可怜白发生！

①陈同甫：陈亮（1143—1194），字同甫，辛弃疾的好友。富有才华，坚持抗金，终生未仕。是南宋豪放词派的重要词人。

②八百里：指牛。晋代王恺有一头牛，名叫"八百里驳（bó）"。见《世说新语》。麾（huī）下：指部下将士。麾，古代指军队的旗帜。炙（zhì）：烤熟的肉。

③的卢：一种烈性快马。传说刘备在荆州遭遇危险，骑的卢"一跃三丈"而脱险。

辛弃疾与好友陈亮是才气相若、志同道合而且力主抗金的志士，淳熙十五年（1188）冬，陈亮到上饶拜访辛弃疾，作客十日，这首词大约就是在这个时期写的。这首《破阵子》全篇豪迈雄壮，描绘了军容雄伟的军队画面，塑造了神采奕奕、意气风发、"沙场秋点兵"的将军，但残酷的现实是，这一切终究只能存在于回忆与理想中。末尾一句"可怜白发生"，诗人与读者同时从理想的高峰跌落，回到冰冷的现实，余下的只有一个在夜里"醉里挑灯看剑"的白发老人。这首词的布局也值得注意，从"梦回"一句开始陡然起势，如大鹏扶摇直上，意气昂扬；到了末尾又是戛然而止，词人对情绪的掌控十分到位，产生扣人心弦的艺术效果。"沙场秋点兵"已为常用习语，多形容威武的军容或重要成绩的检验和展示。

稻花香里说丰年，听取蛙声一片。

西江月
夜行黄沙道中①

明月别枝惊鹊，清风半夜鸣蝉。②稻花香里说丰年，听取蛙声一片。　　七八个星天外，两三点雨山前。旧时茅店社林边，路转溪桥忽见。③

①黄沙：黄沙岭，在今江西上饶西。
②别枝：斜枝。
③社：土地神庙。社林：社庙丛林。

本篇约作于绍熙元年（1190）或稍早，这是辛弃疾经过江西上饶黄沙岭道时写的著名乡村词。这首词笔调灵活，语言没有雕琢，没有堆砌典故。作者以轻松的笔调，描绘了一幅充满农村生活气息的夏夜素描。风、月、蝉、鹊、星、雨、村本都是平常的物象，但经过作者的组合，画面就特别具有生命的气息，或构成清幽的夜色，或营造恬静的氛围。"稻花香里说丰年，听取蛙声一片"二句开创性地运用以"蛙声"来报"丰年"，仿佛看到群蛙在稻田里齐声合唱，争说满村遍野的稻花香意味着丰年的到来。从听觉、嗅觉、视觉三方面向读者展示了一幅丰收的农家画面。这首词体现了辛弃疾雄浑豪放风格之外的清新自然的一面。

我见青山多妩媚，料青山见我应如是。

贺新郎

甚矣吾衰矣！①怅平生、交游零落，只今余几？白发空垂三千丈，一笑人间万事。问何物、能令公喜？我见青山多妩媚，料青山见我应如是。情与貌，略相似。　一尊搔首东窗里。想渊明、《停云》诗就，此时风味。②江左沉酣求名者，岂识浊醪妙理！③回首叫、云飞风起。不恨古人吾不见，恨古人不见吾狂耳。知我者，二三子。④

①甚矣吾衰矣：感叹自己年龄衰老和政治失意。语出《论语·述而》孔子语："甚矣吾衰也，久矣吾不复梦见周公。"

②"一尊"三句：用陶渊明《停云》诗意："静寄东轩，春醪独抚。良朋悠邈，搔首延伫。"陶渊明《停云》诗的主旨是思亲友。

③浊醪（láo）：浊酒。妙理：精微的道理。

④二三子：几位知己。语出《论语·述而》："子曰：二三子以我为隐乎？"

本篇约作于嘉泰二年（1202），时辛弃疾家居铅山（今属江西）瓢泉。这首词是辛弃疾最得意的、感觉写得最好的词之一。主旨是抒发年华空老、壮志未酬和知音难求的孤寂和激愤，以及寄情山水和古人的态度。上阕起句浩叹，因为老来罢退，万事蹉跎，故交零落，不知世间尚有何物能令人欣喜。词人自认为只有转向青山觅知音，与青山互赏。下阕转向古人求知己。闲饮东窗，赋诗思友，陶渊明与词人情思相通，自是异代知己。而江东名流，醉中求名，岂是吾辈知己？"我见青山多妩媚，料青山见我应如是""不恨古人吾不见，恨古人不见吾狂耳"分别是辛弃疾总结的对山水和古人的态度，表现出超凡脱俗的情怀和豪视今古的气魄，遂成为名句。

千古兴亡多少事，悠悠，
不尽长江滚滚流。

南乡子
登京口北固亭有怀①

何处望神州？满眼风光北固楼。千古兴亡多少事？悠悠，不尽长江滚滚流。②　　年少万兜鍪，坐断东南战未休。③天下英雄谁敌手？曹刘，生子当如孙仲谋！④

①京口：今江苏镇江。北固亭：北固楼的别称，位于今江苏镇江北固山上，北临长江。

②悠悠：指时间之漫长久远。

③兜鍪（dōu móu）：古代士兵的头盔，词中借指士兵。

④曹刘：曹操和刘备。

这首词约写作于嘉泰四年（1204），词人在镇江担任知府期间。词感怆雄壮，意境高远。词以"何处望神州？满眼风光北固楼"的问答开始，词人站在北固楼上，满眼望去，江山易主，中原地区几乎无一处是宋人的天下。"千古兴亡多少事？悠悠，不尽长江滚滚流"三句是对李白"古来万事东流水"的发挥，词人纵观千古之成败，它们随着时间的流逝，都消逝在滚滚东流的长江水中。下阕突出孙权的少年英雄，当年东吴"坐断东南"的形势与南宋政权十分相似，统治者却相差千里，犀利讽刺当朝文武的庸碌无能。这首词表达作者渴望像古代英雄人物那样金戈铁马、为国效力的热血爱国思想，也流露出报国无门的无限感慨。

想当年，金戈铁马，气吞万里如虎。

永遇乐
京口北固亭怀古

千古江山，英雄无觅孙仲谋处。舞榭歌台，风流总被雨打风吹去。斜阳草树，寻常巷陌，人道寄奴曾住。[1]想当年，金戈铁马，气吞万里如虎。　　元嘉草草，封狼居胥，赢得仓皇北顾。[2]四十三年，望中犹记，烽火扬州路。可堪回首，佛狸祠下，一片神鸦社鼓。[3]凭谁问：廉颇老矣，尚能饭否？

[1] 寄奴：南朝宋武帝刘裕，小字寄奴，早年曾住京口。

[2] 元嘉：宋武帝之子文帝刘义隆年号元嘉，此以元嘉指代文帝。封狼居胥：汉武帝时，霍去病曾追击匈奴至狼居胥山（在今内蒙古西北），封山而还。宋文帝曾派兵北伐，被北魏太武帝拓跋焘

杀得大败。仓皇北顾：匆忙南逃时回看追敌。

③佛狸（bì lí）祠：象征南侵者留下的痕迹。北魏太武帝拓跋焘小名佛狸，当年南侵，一路攻到瓜步（今江苏南京长江北岸），在此建起武帝庙，又名佛狸祠。神鸦：啄食祭品的乌鸦。社鼓：祭祀时的鼓声。讽刺人们忘了金兵南侵至此的耻辱。

这首词作于开禧元年（1205）二月春社时，辛弃疾时任镇江知府。韩侂胄正准备北伐，而朝廷只是表面上起用辛弃疾，实则只是利用他主战派元老的招牌作为号召的虚名。词中运用了大量典故，都用得恰到好处。上阕开头讲述"孙权""刘裕"从百战中开创基业的历史故事，尤其是"想当年，金戈铁马，气吞万里如虎"三句话，气势恢宏地讲述振奋人心的历史事实，与南宋统治者偷安江左的怯懦表现形成鲜明对比。下阕以宋文帝刘义隆的典故讽刺现在朝廷用人不当，用"佛狸"拓跋焘影射同时代的入侵者完颜亮，更以廉颇的遭遇自比，体现了词人深刻的忧愤。整首词巧妙地运用大量典故，体现了语言艺术上的成就，同时是在借古讽今，表达了词人报国之志难以实现的一腔愤懑。

姜
夔

姜夔（1155？—1221？），字尧章，号白石道人，鄱阳（今属江西）人。南宋著名文学家、音乐家。一生布衣，多才多艺，其词清空骚雅，对后世影响较大。有《白石道人诗集》《白石道人歌曲》。

波心荡，冷月无声。

扬州慢

淳熙丙申至日，予过维扬。夜雪初霁，荠麦弥望。入其城，则四顾萧条，寒水自碧，暮色渐起，戍角悲吟。予怀怆然，感慨今昔，因自度此曲。千岩老人以为有《黍离》之悲也。①

淮左名都，竹西佳处，解鞍少驻初程。②过春风十里，尽荠麦青青。③自胡马窥江去后，废池乔木，犹厌言兵。④渐黄昏，清角吹寒，都在空城。　　杜郎俊赏，算而今，重到须惊。纵豆蔻词工，青楼梦好，难赋深情。⑤二十四桥仍在，波心荡、冷月无声。⑥念桥边红药，年年知为谁生。

①千岩老人：南宋诗人萧德藻，自号千岩老人。姜夔曾跟他学诗，又是他的侄女婿。黍离：《诗经·王风》篇名。据说周平王东迁后，周大夫经过西周故都，看见宗庙毁坏，尽为禾黍，彷徨不忍离去，就作了此诗。后以"黍离"表示故国之思。

②淮左名都：指扬州。竹西：竹西亭，扬州名胜之一，在扬州北门外。

③春风十里：指昔日繁华的扬州道上。杜牧《赠别》："春风十里扬州路，卷上珠帘总不如。" 荠麦：一种野菜。

④胡马窥江：指金兵两次犯扬州，一次是建炎三年（1129），一次是绍兴三十一年（1161）。

⑤豆蔻词工：指杜牧的"豆蔻梢头二月初"。青楼梦好：指杜牧的"十年一觉扬州梦，赢得青楼薄幸名"。

⑥二十四桥：杜牧有"二十四桥明月夜，玉人何处教吹箫"。

本篇作于淳熙三年（1176）冬至日。二十二岁的姜夔从汉阳沿江而下来到扬州，看到扬州残破不堪的面貌，感慨而作此词。在国家强盛的大唐王朝，扬州是南方第一大繁荣都市，而今在衰弱的宋朝，扬州经过金兵两次摧残，已经"四顾萧条"，扬州的衰落反映了国家的衰落，这就是《黍离》之悲。词的上阕写景，描写扬州战后的荒凉，情景相生；下阕抒情，虚实互用，在强烈的今昔对比中表现了对国事盛衰的感伤。"二十四桥仍在，波心荡、冷月无声"用水波无声地荡着冷月这一饱含哀情的实景特写镜头，反衬杜牧时代大唐扬州二十四桥繁荣的虚景，产生强烈的情感冲击效果，遂成传诵名句。

长记曾携手处，千树压西湖寒碧。

暗香

辛亥之冬，予载雪诣石湖。^①止既月，授简索句，且征新声，作此两曲。^②石湖把玩不已，使工妓肄习之，音节谐婉，乃名之曰《暗香》《疏影》。^③

旧时月色，算几番照我，梅边吹笛。唤起玉人，不管清寒与攀摘。何逊而今渐老，都忘却春风词笔。^④但怪得竹外疏花，香冷入瑶席。　　江国，正寂寂。^⑤叹寄与路遥，夜雪初积。翠尊易泣，红萼无言耿相忆。长记曾携手处，千树压西湖寒碧。又片片吹尽也，几时见得？

①石湖：在苏州西南，与太湖通。此指范成大。范成大居于此，因称石湖居士。

②止既月：指住满一月。

③工妓：乐工，歌妓。肄（yì）习：学习。

④何逊：南朝梁诗人。此处是作者自比。

⑤江国：江邑，水乡。

本篇为绍熙二年（1191）冬在苏州石湖作。姜夔爱梅至深，所作咏梅词共17首，其中《暗香》《疏影》最出色。词起笔以"旧时月色"开头，以眼前的景象勾连过去的回忆，摇曳生情。"唤起玉人"句以美人衬梅花，月色下、笛声中，有美人欲采摘梅花，展现了动人的景象。下阕再通过路遥、夜雪、翠尊、红萼等词营造相思的气氛，"长记曾携手处，千树压西湖寒碧"直接拉开回忆的序幕，写到当年与旧人携手同游梅林的景象，千树梅花映照在寒碧的西湖水面之上。"寒碧"是用通感手法造出来的妙语。这两句借景抒情，写回忆中的景象如在目前一般清晰，体现词人与旧人的深厚感情。而末尾则写梅花凋零，美好的回忆戛然而止，语气平淡，但惋惜之情溢于言表。全词笔法委婉，物中有情、情中寓物，寄托了词人悠远的情思。

春未绿，鬓先丝，人间别久不成悲。

鹧鸪天
元夕有所梦

肥水东流无尽期，当初不合种相思。[①]**梦中未比丹青见，暗里忽惊山鸟啼。**[②]　**春未绿，鬓先丝，人间别久不成悲。谁教岁岁红莲夜，两处沉吟各自知。**[③]

①肥水：河流名，源出今安徽合肥西北将军岭，向南入巢湖。
②丹青：泛指画像。见：所见，引申为明显、鲜明。
③红莲夜：指元宵灯节。红莲，指灯笼。

本篇为庆元三年（1197）元宵节在杭州家中所作。这是姜夔为怀念青年时代在合肥的恋人而作的记梦之词，当时的欢聚，成为词人一生的回忆。首句以肥水起兴，暗比悠悠逝去的岁月，次句明为怨恨当初种下的情缘，实则是深沉的怀念。三、四句描写梦中模糊的伊人身影与梦醒时的惆怅，切题"元夕有所梦"。下阕"春未绿，鬓先丝，人间别久不成悲"是全词感情的凝聚点，包含着深刻的人生体验——别久相聚无望，心头的伤痛逐渐麻木。

结尾二句切题"元夕",而元宵佳节又容易触动情人们内心的情感,"两处沉吟各自知"道出分隔二地的旧情人默契的相思,平缓的语势下隐藏的是汹涌的感情。这首词用自然清丽的语言,表达了词人深情的相思。

翁卷

翁卷（1164—1245？），字续古，一字灵舒，温州乐清（今属浙江）人，"永嘉四灵"之一。一生布衣，诗学姚合、贾岛，风格闲雅秀润。

乡村四月闲人少，才了蚕桑又插田。

乡村四月

绿遍山原白满川，子规声里雨如烟。①
乡村四月闲人少，才了蚕桑又插田。②

①山原：山陵和原野。白满川：即水满川，指稻田里的水色映着天光。川，平地。子规：杜鹃鸟的别名。

②才了：刚刚结束。蚕桑：种桑养蚕。插田：插秧。

这首诗以白描手法写江南农村初夏农忙时节的景象。前两句写乡村景色：首句分别以绿、白两个体现色彩的词，大致勾画出江南农村的整体印象，刻画得生机无限；次句把子规声声融于烟雨濛濛之中，把江南初夏的氛围形容得妙不可言。后两句写人事，四月的农事接二连三，农人既忙采桑养蚕又要耕地插秧，衬托出"乡村四月"劳动的紧张与繁忙。前呼后应，交织成一幅色彩鲜明的图画，让人既感受到农村的美丽，又感受到农民的辛劳。

赵师秀

赵师秀（1170—1219），字紫芝，号灵秀，温州永嘉（今浙江温州）人，宋太祖八世孙，绍熙元年（1190）进士，"永嘉四灵"之一。诗学姚合、贾岛，多闲逸写景之作。

有约不来过夜半，闲敲棋子落灯花。

约客①

黄梅时节家家雨，青草池塘处处蛙。②
有约不来过夜半，闲敲棋子落灯花。③

①约客：邀请客人来相会。

②黄梅时节：农历五月，江南梅子熟了，大都是阴雨绵绵的时候，称为"梅雨季节"，所以称江南雨季为"黄梅时节"。处处蛙：到处是蛙声。

③落灯花：旧时以油灯照明，灯心烧残，落下来时好像一朵闪

亮的小花。落，使……掉落。

此诗另有一个题目《有约》，写生活中的一个小细节，即与人约会而久候不至的心理波动。首句交代事件发生的时间背景，"黄梅时节家家雨"，这一时节雨多，人们干不了事，多比较清闲。这也是诗人和朋友相约的内在原因，当然，阴雨连绵或许也是朋友爽约的原因。既然是黄梅时节，外面发生了哪些变化呢？青草池塘，这是从视觉角度状写生机盎然的春色，似乎是化用了谢灵运的"池塘生春草"诗句。头两句用叠词和颜色词巧妙地对仗，而不觉雕琢。第三句转到事情的本身：与友人约好相见，到半夜时分了朋友为什么不来呢？这是诗人心里的悬疑和自问。"过夜半"，过了半夜，可见他等待许久，心里难免焦躁不安。最后一句以一个具体细微的动作来衬托内心的焦躁。"闲敲棋子落灯花"，敲棋子，以动作写心理；落灯花，侧面烘托等待之久。这两句诗把日常情致状写得诗意丰盈，余味无穷，历来受人称道和喜爱。

僧慧开（1183—1260），号无门，俗姓梁，杭州（今属浙江）人。著有《禅宗无门关》等。

春有百花秋有月，夏有凉风冬有雪。

平常是道①

春有百花秋有月，夏有凉风冬有雪。
若无闲事挂心头，便是人间好时节。

——

① 本篇选自《禅宗无门关》，作者尚难以完全确定，据书中所述判断，最可能是唐代池州南泉院僧普愿（748—834）所作，北宋僧道宁《偈》（见宋善果《开福道宁禅师语录》卷上）、了一《颂古》（见宋法应《颂古联珠通集》卷三一）、梵思《颂古》（见《颂古联珠通集》卷五），南宋僧印肃《皆遍示现》（见《普庵印肃禅

师语录》)、绍昙《颂古》（见《希叟绍昙禅师广录》卷五）、慧开《颂古》（见《禅宗无门关》）等，皆为同一首诗，题或为《偈》或为《颂古》，所谓"颂古"就是吟诵古代诗偈（颂即诵）。平常是道：即平常心是道。

一

这是一首诗偈，通俗平易而又隽永深刻，本意在阐明"平常心是道"，对于我们普通人而言，要有一颗悠闲审美之心，便可减少烦恼，发现美，获得审美愉悦和人生快乐。"春有百花秋有月，夏有凉风冬有雪"两句概括精当，阐明了一年四季都有美好的事物，颠覆了许多人认知的春秋美好、冬夏难熬的观念，启迪我们：美无处不在，不仅在顺境中有美好，逆境中也要善于发现美好，像苏东坡那样乐观才是生活的理想状态。

叶绍翁 　　叶绍翁（1194？—1269？），字嗣宗，处州龙泉（今属浙江）人。长期隐居西湖之滨，属于江湖诗派，与真德秀、葛天民友善。

春色满园关不住，一枝红杏出墙来。

游园不值①

应怜屐齿印苍苔，小扣柴扉久不开。②
春色满园关不住，一枝红杏出墙来。

①不值：指园主不在或不同意。值，遇到。
②怜：怜惜。屐（jī）齿：屐是木鞋，鞋底前后都有高跟儿，叫屐齿。小扣：轻轻地敲门。柴扉（fēi）：用木柴、树枝编成的门。

这首小诗写诗人早春游园观花的所见所感，写得十分生动而又富有理趣。头两句"应怜屐齿印苍苔，小扣柴扉久不开"，交代作者访友不遇，园门紧闭，无法观赏园内的春花。但写得风趣有味，以内心独白式的猜测说园主人爱惜园内的青苔，怕"我"的屐齿在上面留下践踏的痕迹，所以"柴扉"紧闭，久叩不开。将主人不在家，有意说成主人拒客，为下面的诗句做了相应的铺垫。由于进不了园子，诗人不经意地在外面张望起来，忽然他有了激动的发现："春色满园关不住，一枝红杏出墙来。"春色是充满生机和活力的，虽然主人的柴门紧闭，但是他怎能锁住满园春色呢？你看，那不是一枝红艳的杏花探出墙头来了吗？诗人欣赏不到满园春色本有些许失落，然这一惊喜马上抵消了之前的不快，足以使之兴致勃发。这两句构思奇特，形象鲜明，以拟人手法点化春景，景中寓理，预示一切新生的美好事物充满生机，定能冲破禁锢，焕发出绚烂的生命。以墙头红杏的象征，把门外的冷寂与园内的繁华加以映衬，语淡意远，耐人寻味。最后一句是点化晚唐吴融《途中见杏花》"一枝红艳出墙头"而来。"春色满园"已为成语，用来形容生机勃勃、繁荣兴旺的气象。

知有儿童挑促织，夜深篱落一灯明。

夜书所见

萧萧梧叶送寒声，江上秋风动客情。[①]
知有儿童挑促织，夜深篱落一灯明。[②]

①客情：旅客思乡之情。
②挑（tiāo）：这里是捉取、捕捉的意思。促织：蟋蟀，有的

地区叫蛐蛐儿。

一

某年秋天，诗人客居异乡，羁旅之愁和思乡之情袭来，深夜难眠，忽然看到远处篱笆下的灯火，料想是孩子们在捉蟋蟀。"知有儿童挑促织，夜深篱落一灯明"是神来之笔，采用倒装句法，用儿童深夜打灯笼捉蟋蟀的开心画面，来消解自己思乡难眠的不开心，在秋风、梧叶寒声笼罩下的羁旅愁情，因为看到这个美好画面而获得慰藉。

吴文英

吴文英（1202？—1276？），字君特，号梦窗，四明（今浙江宁波）人。一生布衣，常出入侯门。不仅善作词，还会谱曲。其词辞藻富丽，如"七宝楼台"。有《梦窗词》。

何处合成愁？离人心上秋。

唐多令

惜别

何处合成愁？离人心上秋。①纵芭蕉、不雨也飕飕。②都道晚凉天气好，有明月，怕登楼。　　年事梦中休，花空烟水流。燕辞归，客尚淹留。③垂柳不萦裙带住，漫长是、系行舟。④

①心上秋：心、秋二字合成即是"愁"，这种手法在古代歌谣中颇为常见。

②飕飕：形容风雨的声音。

③淹留：停留，滞留。

④萦：牵缠。裙带：指离去的女子。漫长是：不要老是。

这首词写羁旅怀人的愁苦情感，语言浅显，纯用白描，是吴文英词中少有的不事雕琢、不堆砌典故，自然浑成的作品。上阕通过描写"风雨""明月"等景物渲染了羁旅秋思，而头两句"何处合成愁，离人心上秋"是写愁的名句。它近乎字谜游戏，"愁"字由"秋心"二字拼成，而"秋"也确实有心境凄凉的寓意。这是作者信手拈来之笔，紧扣秋思离愁的主题，没有造作的成分。下阕则是直抒对离去之人的怀念之情，写佳人已别，而自己却不能随之而去。词人既身处异乡，如今又与相伴之人离别，更加深了心中愁苦。结尾三句责怪垂柳，看似无理，但可表达真情，故"无理而妙"。

落絮无声春堕泪，行云有影月含羞。

浣溪沙

门隔花深梦旧游，夕阳无语燕归愁。玉纤香动小帘钩。①
落絮无声春堕泪，行云有影月含羞。东风临夜冷于秋。②

①玉纤：指女子的纤纤玉手。

②临夜：到夜里。

本篇为怀人之作，与大多数"花间词"没什么两样。妙在下阕开头的对句"落絮无声春堕泪，行云有影月含羞"，把柳絮无声坠落的画面比喻为春天落下眼泪，把行云遮住月亮洒下黑影的画面比喻为月亮含羞，两个比喻特别精妙有味，两句兼用比兴、拟人、对偶手法，优美而流畅，成为不可多得的警句。

卢梅坡

卢梅坡，名钺，字威仲，号梅坡，闽县（今福建福州）人，寓居苏州。淳祐四年（1244）进士及第，官至户部尚书。以《雪梅》诗留名千古。

梅须逊雪三分白，雪却输梅一段香。

雪梅　其一

梅雪争春未肯降，骚人阁笔费评章。①
梅须逊雪三分白，雪却输梅一段香。②

①降（xiáng），服输。骚人：诗人。阁笔：放下笔。阁，同"搁"，放下。评章：这里指评议梅与雪的高下。
②逊：差，逊色。

此诗写梅、雪两种美好的事物，各有优点，以不同的特质给人以美感。首二句以拟人手法写梅花和雪花相争不休，谁也不肯服输。到底谁更美呢？自古咏梅颂雪的诗章无数，诗人一时也给不出准确答案。于是，诗人放下笔思量起来。"阁笔"这个动作表明诗人对此问题的重视，特地搁笔思考。"费评章"，一个"费"字显出诗人用心之深。"梅须逊雪三分白，雪却输梅一段香"是诗人经过深入比较之后得出的答案：雪以白胜，梅以香优。诗中巧用数量词，"三分""一段"，用得精确，也是诗人谨慎的评判态度体现，说明诗人对二者各有侧重，都十分喜爱。这两句也蕴含着一定的哲理：对事物的判断，必须站在客观公正的立场，要善于发现事物各自的优点，切不可以偏概全、主观偏废。

文天祥

文天祥（1236—1282），字履善，又字宋瑞，号文山，吉州庐陵（今江西吉安）人。宋末大臣，文学家，民族英雄。宝祐四年（1256）状元，官至右丞相兼枢密使。前往元军军营谈判，被扣留。后脱险南归，坚持抗元。祥兴元年（1278）兵败被俘，后被囚于元大都三年，屡拒威逼利诱，视死如归，临刑作《正气歌》。

理身如理国，用药如用兵。

彭通伯卫和堂①（节选）

理身如理国，用药如用兵。②
人能保天和，于身为太平。③

① 彭通伯：其人不详。卫和堂：彭通伯行医卖药之所。
② 理身：养生。理国：治国。
③ 天和：人体之元气。

本篇约作于景定二年（1261），时文天祥罢官在江西。二十六岁的文天祥因忠直上书被罢官后回到江西，与道士、医生交往，感悟医道而作此诗。这里选的是开头四句。"理身如理国，用药如用兵"把养生用药的道理与治国用兵类比，可见养生用药之重要和不易。

臣心一片磁针石，不指南方不肯休。

扬子江①

几日随风北海游，回从扬子大江头。②
臣心一片磁针石，不指南方不肯休。③

①扬子江：长江在扬州一带称扬子江。
②北海：指东海的长江以北部分。
③磁针石：即指南针。南方：当时南宋残余政权在温州，此代指南宋政权。

本篇作于德祐二年（1276）三月。德祐二年正月，文天祥被任命为右丞相，代表南宋政权入元营谈判，被扣留。首都临安沦陷，文天祥被押送北上，在镇江逃脱，抵达南通。因长江中沙洲已为敌兵占领，无法过江，便绕道北行，坐船历北海，然后经长江口南下，至福建继续抗元。这首诗就是文天祥历北海经长江口南下之时，感慨而作。"臣心一片磁针石，不指南方不肯休"把自己的心比喻为一根指南针，无论在什么情况下都指向南方，表达自己保卫祖国的忠心和决心坚定不移，一片丹心感天动地。

人生自古谁无死，留取丹心照汗青！

过零丁洋^①

辛苦遭逢起一经，干戈寥落四周星。^②
山河破碎风飘絮，身世浮沉雨打萍。^③
惶恐滩头说惶恐，零丁洋里叹零丁。^④
人生自古谁无死，留取丹心照汗青！^⑤

①零丁洋：零丁洋又名"伶丁洋"，在今广东中山南的珠江口。宋末帝赵昺祥兴元年（1278）十二月，文天祥率军在广东五坡岭与元军激战，兵败被俘，囚禁船上曾经过零丁洋。

②遭逢：际遇，机遇。起一经：因为精通一种经书，通过科举考试而被朝廷起用为官。文天祥二十岁考中状元。干戈：指抗元战争。寥（liáo）落：荒凉冷落。四周星：四周年，文天祥从1275年起兵抗元，到1278年被俘，一共四年。

③絮：柳絮。萍：浮萍。

④惶：一作"皇"。惶恐滩：在今江西万安，水流湍急，为赣江十八滩之一。景炎二年（1277），文天祥在江西空坑兵败，经惶恐滩退往福建。零丁：孤苦无依的样子。

⑤丹心：红心，比喻忠心。汗青：指史册。古代用竹简写字，先用火烤干其中的水分，干后易写而且不受虫蛀，也称汗青。

文天祥于德祐元年（1275）起兵勤王，至祥兴元年（1278）被俘，此诗约作于被俘后的祥兴二年。此年二月他被元军押解经过零丁洋，当时元军主帅要文天祥写信劝降抗元主将张世杰，文天祥就写下这首诗以明志。首两联回顾一生经历，把个人遭遇与国家命运紧紧地联系在一起，高度概括，感慨悲凉。颔联用两个比喻构成对仗。颈联写当时处境，构思措辞巧妙，把地名与感受拼合在一起，自然成对，感觉鲜明。"人生自古谁无死，留取丹心照汗青"一联笔势一转，撇开个人遭遇及现实成败，道出自己视死如归、死得其所的人生取向，铿锵有力，掷地有声，有如一团赤诚的熊熊之火，光芒四射，英气逼人。这一千古名句也激励着后世的仁人志士，在民族危亡之际，总有人勇敢地接过这把火炬，为正义事业前仆后继。

天地有正气，杂然赋流形。

正气歌（节选）

余囚北庭，坐一土室。室广八尺，深可四寻。单扉低小，白间短窄，污下而幽暗。当此夏日，诸气萃然：雨潦四集，浮动床几，时则为水气；涂泥半朝，蒸沤历澜，时则为土气；乍晴暴热，风道四塞，时则为日气；檐阴薪爨，助长炎虐，时则为火气；仓腐寄顿，陈陈逼人，时则为米气；骈肩杂遝，腥臊汗垢，时则为人气；或圊溷、或毁尸、或腐鼠，恶气杂出，时则为秽气。叠是数气，当之者鲜不为厉。而予以孱弱，俯仰其间，于兹二年矣，幸而无恙，是殆有养致然尔。然亦安知所养何哉？孟子曰："吾善养吾浩然之气。"彼气有七，吾气有一，以一敌七，吾何患焉！况浩然者，乃天地之正气也，作《正气歌》一首。

天地有正气，杂然赋流形。[①]
下则为河岳，上则为日星。

于人曰浩然，沛乎塞苍冥。②
皇路当清夷，含和吐明庭。③
时穷节乃见，一一垂丹青。
在齐太史简，在晋董狐笔。④
在秦张良椎，在汉苏武节。⑤
为严将军头，为嵇侍中血。⑥
为张睢阳齿，为颜常山舌。⑦
……　……
哲人日已远，典刑在夙昔。⑧
风檐展书读，古道照颜色。⑨

①"天地"两句：天地之间充满正气，它赋予各种事物以不同形态。这类观点虽有唯心色彩，但这里作者主要用以强调人的节操。杂然：纷繁，多样。

②"于人"两句：赋予人的正气叫浩然之气，它充满天地之间。沛乎：旺盛的样子。苍冥：天地之间。

③皇路：国运，国家的局势。清夷：清平，太平。吐：表露。

④太史：史官。简：古代用以写字的竹片。《左传·襄公二十五年》载：春秋时，齐国大夫崔杼把国君杀了，齐国的太史在史册中写道"崔杼弑其君"。崔杼怒，把太史杀了。太史的两个弟弟继续写，都被杀。第三个弟弟仍这样写，崔杼没有办法，只好让他写在史册中。在晋董狐笔：出自《左传·宣公二年》，其载：春秋时，晋灵公被赵穿杀死，晋大夫赵盾没有处置赵穿，太史董狐在史册上写道："赵盾弑其君。"孔子称赞这样写是"良史"笔法。

⑤张良椎（chuí）：《史记·留侯世家》载：张良祖上五代人都做韩国的国相，韩国被秦始皇灭掉后，他一心要替韩国报仇，找到一个大力士，持一百二十斤的大椎，在博浪沙（今河南新乡南）伏

击出巡的秦始皇，未击中。后来张良辅佐刘邦建立汉朝，封留侯。苏武节：《汉书·李广传》载：汉武帝时，苏武出使匈奴，匈奴人要他投降，他坚决拒绝，被流放到北海（今西伯利亚贝加尔湖）边牧羊。为了表示对祖国的忠诚，他一天到晚拿着从汉朝带去的符节，牧羊十九年，始终坚贞不屈，后来终于回到汉朝。

⑥严将军：《三国志·蜀志·张飞传》载：严颜在刘璋手下做将军，镇守巴郡，被张飞捉住，要他投降，他回答说："我州但有断头将军，无有降将军也！"张飞见其威武不屈，把他释放了。嵇侍中：嵇绍，嵇康之子，晋惠帝时做侍中（官名）。《晋书·嵇绍传》载：晋惠帝永兴元年（304），皇室内乱，惠帝的侍卫都被打垮了，嵇绍用自己的身体遮住惠帝，被杀死，血溅到惠帝的衣服上。战争结束后，有人要洗去惠帝衣服上的血，惠帝说："此嵇侍中血，勿去！"

⑦张睢阳：即唐朝的张巡。《旧唐书·张巡传》载：安禄山叛乱，张巡固守睢阳（今河南商丘），每次上阵督战，大声呼喊，牙齿都咬碎了。城破被俘，拒不投降，敌将问他："闻君每战眦裂，嚼齿皆碎，何至此耶？"张巡回答说："吾欲气吞逆贼，但力不遂耳！"敌将视其齿，存者不过三数。颜常山：即颜真卿之兄颜杲卿，任常山太守。《新唐书·颜杲卿传》载：安禄山叛乱时，他起兵讨伐，后城破被俘，当面大骂安禄山，被钩断舌头，仍不屈，被杀死。

⑧哲人日已远：古代的圣贤一天比一天远了。哲人，贤明杰出的人物，指上面列举的古人。典刑：榜样，模范。凤昔：从前，过去。

⑨风檐展书读：在临风的廊檐下展开史册阅读。古道照颜色：古代传统的美德，闪耀在面前。

这是文天祥留给后世的一首慷慨悲歌。宋景炎三年（1278）文天祥被俘，在被关押的三年期间，书写了几百篇诗词文章，以抒发誓死不屈之志。元至元十八年（1281）夏季，在暑气、腐气、秽气等七气的熏蒸中，文天祥慷慨挥毫，在牢中写就了千古流传、掷地有声的《正气歌》。诗前有序，详细交代了在狱中遭受的屈辱折磨及自己不为所惧的豪情。全诗共60句，大致分以下几个层次：先写天地间正气的自然存在及在人身上的体现；接着一连举出12位历史上正气凛然的英雄人物，在句法上注重变化，分别以四个"在"字、四个"为"字、四个"或"字引出三组12位历史英雄，诗人逐一为之赞叹。再述正气的本质构成："地维赖以立，天柱赖以尊。三纲实系命，道义为之根。"详细剖析了正气的能量之大与宝贵。然后转回狱中现实，自己遭受非人折磨，但内心正气耿耿，足以抵御狱中恶魔的侵害。最后再次申明自己要像历史上的那些英雄人物那样，不畏屈辱，视死如归。整首诗大气磅礴、慷慨激昂，情感力量充沛，至今读来仍有催人泪下的艺术魅力。

郑思肖

郑思肖（1241—1318），字忆翁，号所南，名、字、号都是宋亡后所改，表示不忘赵宋。连江（今属福建）人。客居吴下，善画墨兰，宋亡后画兰不画土，表示国土已为人夺去。

宁可枝头抱香死，何曾吹落北风中？

寒菊

花开不并百花丛，独立疏篱趣未穷。①
宁可枝头抱香死，何曾吹落北风中？②

———

①不并：不合、不靠在一起，并，一起。疏篱：稀疏的篱笆。未穷：未尽，无穷无尽。

②抱香死：菊花凋残后不落，仍系枝头而枯萎，所以说抱香死。何曾：哪曾，不曾。北风：寒风。此处语意双关，亦指元朝的残暴势力。

郑思肖的这首寒菊诗，又题作《画菊》。与一般的颂菊诗不同，此诗有鲜明的托物言志倾向，诗人将民族沦陷、江山易主下的不屈精神赋予了菊花。"花开不并百花丛，独立疏篱趣未穷"这两句咏菊，是人们对菊花的共识。菊花不与百花同时开放，它是不随俗、不媚时的高士。"宁可枝头抱香死，何曾吹落北风中"这两句突出枯死的菊花造型，写菊花宁愿枯死枝头也绝不被北风吹落的高洁之志。"宁可"一词具有强烈的情感倾向，菊花就好像是一个忠贞的烈士，傲骨凌霜，绝俗独立。郑思肖经历南宋灭亡、蒙元入主的巨大动荡，他忠于大宋，不愿屈己奉人。宋亡后，他画兰都不画土，人问其故，答曰："地为人夺去，汝犹不知耶？"可见其对故国的深情。他写菊花正如他画兰花一样，有着强烈的主观态度，以此表示自己坚守高尚节操、宁死不肯向元朝投降的决心。

蒋捷

蒋捷（1245？—1314？），字胜欲，号竹山，阳羡（今江苏宜兴）人。生活在宋、元朝代交替之际。咸淳十年（1274）进士，宋亡后在流浪、隐居中度过余生。与周密、王沂孙、张炎并称"宋末四大家"。有《竹山词》。

流光容易把人抛，红了樱桃，绿了芭蕉。

一剪梅
舟过吴江

一片春愁待酒浇，江上舟摇，楼上帘招。①秋娘渡与泰娘桥，风又飘飘，雨又萧萧。②　　何日归家洗客袍？银字笙调，心字香烧。③流光容易把人抛，红了樱桃，绿了芭蕉。④

①江：指流经今江苏苏州的吴淞江，即吴江。
②秋娘渡、泰娘桥：以唐代著名歌女的名字命名的渡口和桥。

③银字笙调：调弄有银字的笙。笙，管乐器的一种。心字香：点燃熏炉里心字形的香。

④红：使……红。绿：使……绿。

这首词作于南宋灭亡之后，写作者乘船漂泊吴淞江，途中厌倦了颠沛流离的生活，而思归家的心情。上阕白描写景，景中带情，通过描绘扁舟过江的场景，表现作者急欲归家与闺中人团聚的心情；下阕正面写情，情中有景，既抒发对年华易逝的感慨，又包含了对自己久居客乡的叹息。"流光容易把人抛，红了樱桃，绿了芭蕉"是脍炙人口的名句，蒋捷创造性地利用樱桃和芭蕉这两种植物随着季节的颜色变化，来突出时光流逝之快。后人因这句词称他为"樱桃进士"。整首词通篇不用一个难懂的字，但思归的情绪悠扬动人。

悲欢离合总无情，一任阶前点滴到天明。

虞美人
听雨

少年听雨歌楼上，红烛昏罗帐。①壮年听雨客舟中，江阔云低，断雁叫西风。② 而今听雨僧庐下，鬓已星星也。③悲欢离合总无情，一任阶前点滴到天明。④

①昏：昏暗。罗帐：床上的纱幔。

②断雁：失群的孤雁。

③星星：指白发星星点点，形容白发很多。

④一任：听凭。

这首词是蒋捷晚年的作品，画面清晰，构思精巧，脉络分明。它按照时间的顺序，讲述了词人少年、壮年、老年时期的不同环境、不同心情、不同经历，同时以"听雨"为线索贯穿始终。作者以高度的概括能力，从漫长的一生中截取了三幅具有代表性的画面：纵情欢宴的少年风流，随波逐流的壮年漂泊，以及僧舍听雨的晚年萧索，形象地概括了从少到老感情的巨大变化。最后，经遍人间百态的作者发出"悲欢离合总无情，一任阶前点滴到天明"两句无可奈何的感慨，蕴含着无限伤感。从"一任"二字，可以感受到词人欲说还休，将痛苦埋藏在心中。这两句借鉴了温庭筠名句："梧桐树，三更雨，不道离情正苦。一叶叶，一声声，空阶滴到明。"词人另有一首《贺新郎·兵后寓吴》，其中所写的情与事，可以与这首词相互印证。另外，当代诗人余光中《乡愁》的构思，即学习了这首词。

张炎

张炎（1248—1320），字叔夏，号玉田，临安（今浙江杭州）人。生逢宋元之交，战乱中家道中落，浪迹不仕。擅写词，以《南浦·春水》词得名，人称"张春水"，又因其《解连环·孤雁》词写得妙，有"张孤雁"之称。与周密、王沂孙、蒋捷并称"宋末四大家"。有《山中白云词》《词源》。

写不成书，只寄得、相思一点。

解连环

孤雁

楚江空晚，怅离群万里，恍然惊散。自顾影、欲下寒塘，正沙净草枯，水平天远。① 写不成书，只寄得、相思一点。料因循误了，残毡拥雪，故人心眼。② 谁怜旅愁荏苒。③ 谩长门夜悄，锦筝弹怨。④ 想伴侣、犹宿芦花，也曾念春前，去程应转。暮雨相呼，怕蓦地、玉关重见。未羞他、双燕归来，画帘半卷。

①自顾影：顾影自怜，也有深自珍惜的意思。

②因循：迟延。残毡拥雪：用苏武雁足传书的典故。

③荏苒（rěn rǎn）：辗转或迁延的意思。

④"谩长门"二句：用汉武帝时陈皇后失宠后孤宿长门宫的典故。

《解连环》是张炎著名的咏物词。这首词技法精湛，对孤雁的刻画细致生动，在借咏孤雁的同时表达自己痛心于国势垂危，但却对时局无能为力的忧愤之情。词作上阕主要渲染孤雁离群万里的寂寞。"写不成书"一处用苏武"雁足传书"的典故，后人诗词中常把雁作为传书使者。"只寄得、相思一点"则与题目"孤雁"相呼应，因为孤雁排不成字，只能传达"一点"相思。作者身处的时代南北政权分隔，他是想要表达相思之苦与家国之恨夹杂的复杂情感。下阕中从"想伴侣、犹宿芦花"开始，是想象之词，这些虚无缥缈的设想是孤雁忍受长期孤苦的精神支撑。整首词文字耐人咀嚼，通过对孤雁的描绘，把家国之痛和身世之感全部蕴含于词中。

金元明清编

元好问（1190—1257），字裕之，号遗山，金太原秀容（今山西忻州）人。兴定五年（1221）进士及第，官至左司员外郎。金亡不仕，回乡从事著述，编成金诗总集《中州集》。他的词多取法苏辛豪放之风，亦不废婉约风格，在金代词人中成就较高。有《元遗山诗集》《遗山乐府》。

爱惜芳心莫轻吐，且教桃李闹春风。

同儿辈赋未开海棠二首　其二

枝间新绿一重重，小蕾深藏数点红。
爱惜芳心莫轻吐，且教桃李闹春风。①

①芳心：花芯，喻女孩子爱情之心。轻吐：轻易、随便地开放。且教：还是让。

本篇约作于宋嘉熙四年（1240）前后。金朝灭亡后，元好问作为金朝大臣被俘虏关押两年，后被释放。宋嘉熙三年（1239），蒙古宰相耶律楚材仰慕元好问诗才，欲请其在蒙古为官，元好问拒绝了，回家乡隐居。这首诗描写海棠含苞待放时清新可人的风姿，赞美海棠花不随桃李争春的品格。前两句意思是海棠枝间新绽的绿叶一重一重，小小的蓓蕾深藏在叶里数点鲜红。"爱惜芳心莫轻吐，且教桃李闹春风"一语双关，既写花也写人，因为海棠花的开放时间晚于桃李，本是自然规律，诗人却用拟人化的手法，说海棠不愿意与桃李等花争春，自有品格。以此告诫自家女孩子要注重修练品格，不要过早地将芳心许人。

问世间、情是何物，直教生死相许？

摸鱼儿
雁丘

乙丑岁赴试并州，道逢捕雁者，云："今旦获一雁，杀之矣。其脱网者悲鸣不能去，竟自投于地而死。"予因买得之，葬之汾水之上，累石为识，号曰"雁丘"。时同行者多为赋诗，予亦有《雁丘辞》，旧所作无宫商，今改定之。

问世间、情是何物，直教生死相许？①**天南地北双飞客，老翅几回寒暑！**②**欢乐趣，离别苦，是中更有痴儿女。**③**君应有语：渺万里层云，千山暮雪，只影向谁去？**④ **横汾路，寂寞当年箫鼓，荒烟依旧平楚。**⑤**招魂楚些何嗟及，山鬼暗啼风雨。**⑥**天也妒，未信与、莺儿燕子俱黄土！千秋万古，为留待骚人，狂歌痛饮，来访雁丘处。**

①问世间：一作"问人间"，一作"恨人间"。

②双飞客：对雁的拟人化称呼。

③是中：大雁中。

④君：指殉情的孤雁。

⑤横汾路：指汉武帝当年横渡汾水的地方，即今葬雁之处。汉武帝《秋风辞》："泛楼船兮济汾河，横中流兮扬素波，箫鼓鸣兮发棹歌。"

⑥招魂楚些（suò）：用"楚些"招魂。《楚辞·招魂》用楚国民间流行的招魂词的形式写成，句尾皆有"些"字。后因以"楚些"指招魂歌，亦泛指楚地的乐调或《楚辞》。何嗟及：嗟何及，即没有用。

本篇作于金泰和五年（1205）元好问十六岁时。这是一首著名的咏雁词。大雁竟能殉情如此，人何以堪？大雁的生死至情深深地震撼了作者，作者将自己的震惊、同情、感动化为有力的词句，歌颂了生死不渝的真情、至情，赞美了大雁殉情的不朽意义。明代汤显祖在《牡丹亭记题词》中所说："生者可以死，死可以生。生而不可与死，死而不可复生者，皆非情之至也。"作者驰骋丰富的想象，运用比喻、拟人等艺术手法，对大雁殉情而死的故事展开了深入细致的描绘，再加以充满悲剧气氛的环境描写的烘托，塑造了忠于爱情、生死相许的大雁的艺术形象，谱写了一曲凄婉缠绵、感人至深的爱情悲歌。词作中大雁的惨死正象征着对青年男女纯真爱情的礼赞，其中深深寄托了词人进步的爱情理想。词中以帝王盛典之消逝反衬雁丘之长存，正说明纯真爱情在词人心目中有着至高无上的地位，词人站在历史的高度，写出了这种精神的永不磨灭，使读者不能不佩服他的惊人识见。"问世间、情是何物，直教生死相许"已成为千古名句，琼瑶《梅花烙》歌词将其改成"问世间情为何物，直教人生死相许"。金庸《神雕侠侣》也引用了此名句。

管道升

你侬我侬，忒煞情多。

我侬词

你侬我侬，忒煞情多。① 情多处，热似火。把一块泥，捻一个你，塑一个我。将咱两个一齐打破，用水调和，再捻一个你，再塑一个我。我泥中有你，你泥中有我，与你生同一个衾，死同一个椁。②

①你侬我侬：吴方言，意思是你我，卿卿我我。忒煞（tè shà）：太甚，过于。

②衾（qīn）：被子。椁（guǒ）：套在棺材外面的大棺材。

赵孟頫是元代大才子，诗书画三绝，相传他想纳妾，就作一首小词暗示夫人管道升，管道升看后，就作了这首歌词回他，赵孟頫看后非常惭愧，打消了纳妾的念头。这是一首口语化的通俗诗歌，相当于古代的白话诗。语言虽俗，但感情真挚，以捏泥人比喻夫妻，巧妙高明，深刻动人，讴歌了真正夫妻应该有的样子。"你侬我侬"后来用来形容夫妻或相爱的男女十分亲昵，类似于"卿卿我我"。

虞集（1272—1348），字伯生，号道园，人称"邵庵先生"。元代著名学者、诗人。官至奎章阁侍书学士。其诗与揭傒斯、范梈、杨载齐名，称"元诗四大家"，其词风格雅正，语言浅白。有《道园学古录》。

杏花春雨江南。

风入松
寄柯敬仲①

画堂红袖倚清酣，华发不胜簪。②几回晚直金銮殿，东风软，花里停骖。③书诏许传宫烛，轻罗初试朝衫。④　御沟冰泮水挼蓝。⑤飞燕语呢喃。重重帘幕寒犹在，凭谁寄、银字泥缄。⑥报道先生归也，杏花春雨江南。

①柯敬仲：柯九思（1290—1343），字敬仲，浙江仙居人。工诗，官至奎章阁鉴书博士。

②清酣：清新酣畅。华发：白发。不胜簪：插不住簪子，形容头发稀少。

③晚直：晚上值班。直，回"值"。骖（cān）：同驾一车的三匹马，这里泛指马。

④传宫烛：传唤掌握火的宫人，送学士归院。

⑤泮（pàn）：融解。挼（ruó）：揉搓。

⑥银字泥缄：这里是指书信。

——

这首词是虞集寄赠给退居吴下的柯九思的。词以春天为背景，画面设色匀称明艳，意境柔和妩媚、动静相宜，透露出和谐欢快的气息。上阕写柯九思宫中执勤的日子，下阕写柯九思辞官退居的情形，依旧是春天，御沟的冰渐渐化去，燕子已呢喃迎春，词人不能和好友共享春光，颇有几分忧伤和思念。词人想象柯九思所归去的江南，那里花飞雨飘，春意盎然，寄托了词人对朋友的美好祝愿。虞集用了六个字"杏花春雨江南"，意境全出，如有魔力一般，抓住了人的心弦，令人对春日江南美景浮想联翩，独步千古，真是大手笔！

"杏花春雨江南"，入画入书或入印，还被人织成锦帕，为时所贵。徐悲鸿先生的自题联云"白马秋风塞上，杏花春雨江南"，画家吴冠中先生把这一句改为"骏马秋风冀北"，意境相似，后一句则完整保留。画家李可染更是以"杏花春雨江南"为题，画了一幅水墨画。台湾作家余光中先生在《听听那冷雨》中就这样写道："杏花。春雨。江南。六个方块字，或许那片土就在那里面。而无论赤县也好神州也好中国也好，变来变去，只要仓颉的灵感不灭，美丽的中文不老，那形象，那磁石一般的向心力当必然长在。"

王冕

王冕（1287—1359），字元章，号煮石山农，绍兴诸暨（今属浙江）人，元朝著名画家、诗人、篆刻家。他出身农家，幼年替人放牛，靠自学成才。后隐居会稽九里山，以卖画为生。善画梅，其咏梅诗多表现清高孤傲的情怀。有《竹斋集》。

不要人夸颜色好，只留清气满乾坤。

墨梅①

吾家洗砚池边树，朵朵花开淡墨痕。②
不要人夸颜色好，只留清气满乾坤。③

①墨梅：用墨笔勾勒出来的梅花。

②吾家：我家。因王羲之与王冕同姓，所以王冕称与王羲之是一家。洗砚池：即墨池，王羲之写字后洗笔洗砚的池子，在今浙江绍兴蕺山下。淡墨：水墨画中将墨色分为多种，如淡墨、浓墨、焦墨。这里是说那朵朵盛开的梅花，是用淡淡的墨迹点化成

的。痕：痕迹。

③清气：梅花的清香之气。满乾坤：弥漫在天地间。满，弥漫。乾坤，天地间。

这是一首题画诗，王冕墨梅图今有一幅藏于故宫，其上题诗的版本为"吾家洗研池头树，个个华开澹墨痕，不要人夸好颜色，只流清气满乾坤。"而后世更通行的版本为"我家洗砚池边树，朵朵花开淡墨痕。不要人夸颜色好，只留清气满乾坤。"诗歌化用王羲之"临池学书，池水尽黑"的典故。名句"不要人夸颜色好，只留清气满乾坤"流传甚广，诗人写梅不侧重写花色与姿态，而是赋予梅花人的品格，赞美墨梅不求人夸，只愿给人间留下清香的美德，实际上是借梅自喻，表达自己光明正大的人生态度以及不向世俗献媚的高尚情操。

冰雪林中著此身，不同桃李混芳尘。

素梅　其五十六

冰雪林中著此身，不同桃李混芳尘。①
忽然一夜清香发，散作乾坤万里春。

①著（zhuó）：附，托。

这是一首咏物诗，用比兴的手法描绘了清高孤傲的梅花形象，寄寓了诗人对高洁品格的追求以及对坚韧生命力的赞美。梅花一般在冬季开放，有红梅和白梅，白梅又叫素梅。它孤傲地生长在冰雪世界之中，并没有像桃花、李花那样争春斗艳。可是一旦在寂静的夜晚突然花开满枝，就会散发出充满天地的浓郁香气，仿佛整个天地都春意盎然。诗人以素梅自况，"冰雪林中著此身，不同桃李混芳尘"就是诗人精神品质的形象表白，也成为形容文人清高孤傲形象的名句。

高启（1336—1374），长洲（今江苏苏州）人，字季迪，号槎轩。张士诚据吴时，隐居吴淞江青丘，自号青丘子。博览群书，工诗，尤精于史，与杨基、张羽、徐贲并称"吴中四杰"。其诗之才力声调，过三人远甚，为元明间一大家。明洪武初，以荐参修《元史》，授翰林院国史编修官，并受命教授诸王。后擢户部右侍郎，自陈年少不敢当重任，辞归故里。后苏州知府魏观在张士诚宫址改修府治，高启作《上梁文》，因文字获罪被诛。

雪满山中高士卧，月明林下美人来。

梅花　其一

琼姿只合在瑶台，谁向江南处处栽。①
雪满山中高士卧，月明林下美人来。②
寒依疏影萧萧竹，春掩残香漠漠苔。
自去何郎无好咏，东风愁寂几回开。③

①瑶台：指仙人居住的地方。

②"雪满"二句：前句用汉代袁安故事：袁安在洛阳，大雪时闭门僵卧，门外雪深数尺。后句用隋代赵师雄故事：赵师雄过罗浮

山，天寒日暮，见树林中有酒家，一美女淡妆素服出来迎客，两人于是一同喝酒。师雄醉后醒来，发现自己睡在大梅树下，上有翠鸟鸣叫。

③何郎：指何逊。何逊好咏梅花，故有"何逊梅"。宋人诗："林逋与何逊，赋咏徒区区。"

一

高启写有六首《梅花》咏物诗，这是第一首，将梅花比拟为高士、美人，具有高洁的品格。"雪满山中高士卧，月明林下美人来"：大雪封山，高士闭门而卧；疏林映月，美人倩妆而来。后多用此二句象征梅花的高洁。

于谦

于谦（1398—1457），字廷益，号节庵，杭州钱塘（今属浙江）人。永乐十九年（1421）进士，官至少保，世称于少保。瓦剌兵逼京师，于谦率军击退之，论功加封少保。后因"谋逆"罪被冤杀。谥曰忠肃。有《于忠肃集》。

粉骨碎身全不怕，要留清白在人间。

石灰吟①

千锤万击出深山，②烈火焚烧若等闲。③
粉骨碎身全不怕，④要留清白在人间。⑤

①石灰吟：赞颂石灰。吟，古代诗歌题材的一种。

②万击：一作"万凿"。无数次的锤击开凿。此句中的千、万都是虚数，形容开采石灰非常艰难。

③若等闲：好像很平常的事情一样。

④不怕：一作"不顾"，又作"不惜"。

⑤清白：指石灰洁白的本色，比喻高尚的节操。

这是一首托物言志诗，采用象征手法，以石灰喻人，体现了诗人高尚的人格。于谦为官廉洁正直，曾平反冤狱，救灾赈荒，深受百姓爱戴。明英宗时，瓦剌入侵，明英宗被俘。于谦议立明景帝，亲自率兵固守北京，击退瓦剌。但英宗复辟后却以"谋逆罪"诬杀了这位民族英雄。这首《石灰吟》可以说是于谦生平和人格的真实写照。"粉骨碎身"极形象地写出将石灰石烧成石灰粉的过程，而"全不怕"则指诗人不怕牺牲的精神。最后一句"要留清白在人间"更是直抒情怀，立志要做纯洁清白的人。作者以石灰自喻，表达自己为国尽忠、不怕牺牲的意愿和坚守高洁情操的决心。现今常用"要留清白在人间"喻指不与世俗同流合污的高洁品质。

据学者考证，此诗初见元末明初姚广孝《逃虚类稿》中的《双莲忠禅师传》，是宋末元初高僧信忠的作品。原文为："工夫打就出深山，烈火曾经煅一番。粉骨碎身都不问，要留明白在人间。"于谦对信忠禅师诗稍加改造，即为今天流行的名篇。

一寸丹心图报国，两行清泪为思亲。

立春日感怀

年去年来白发新，匆匆马上又逢春。
关河底事空留客？岁月无情不贷人。①
一寸丹心图报国，两行清泪为思亲。
孤怀激烈难消遣，漫把金盘簌五辛。②

①关河：关山河川，这里指边塞。底事：何事。不贷人：不饶

人。不贷，不饶。

②漫：胡乱地，随便地。金盘：金属制成的盘。簇五辛：簇，攒聚。五辛，指五种辛味的菜，古代立春日吃此菜，取迎新之意。"辛"谐音"新"。《本草纲目》："元旦、立春，以葱、蒜、韭、蓼蒿、芥辛嫩之叶杂和食之，取迎新之意，谓之五辛盘。"

这首诗是作者在击退了瓦剌入侵后第二年的立春日于前线所写。遇此佳节，引起了作者思亲之念，但是为了国事，又不得不羁留在边地。作者表达了忠孝难以两全，不得不舍孝取忠，而又忍不住思念父母，感觉对不起双亲的痛苦心情。一个洒下英雄泪的顶天立地的大丈夫形象跃然纸上，十分真实感人。"一寸丹心图报国，两行清泪为思亲"两句在和平年代也成为常年在外报效祖国的爱国者形象的写照。

钱福

钱福（1461—1504），字与谦，自号鹤滩，松江华亭（今上属海）人。弘治三年（1490）状元，官至翰林修撰。诗以敏捷见长，其《明日歌》流传甚广，后被文徵明之子文嘉改写。有《鹤滩集》。

我生待明日，万事成蹉跎。

明日歌

明日复明日，明日何其多！①
我生待明日，万事成蹉跎。②
世人苦被明日累，春去秋来老将至。③
朝看水东流，暮看日西坠。
百年明日能几何？请君听我明日歌。④

①复：又。何其：多么。
②待：等待。蹉跎（cuō tuó）：光阴虚度。以上两句说：如果

天天只空等明天，那么只会虚度时日，一事无成。

③累（léi）：牵累，使受害。

④几何：多少。

这是一首语言通俗、朗朗上口的诗歌。其中前四句流传甚广，说理也通俗易懂，告诫人们珍惜时间，把握当下，做事不要拖拉。整首诗明白如话，没什么隐喻的部分，表达了对时光无情消逝、难以挽留的唏嘘和对世人"今日事今日毕"的劝诫之意。现在有些人将自己的计划和希望不断往后拖延到明天，没有意识到时间是去而不复返的，不懂得牢牢把握当下，最终只能落得个一事无成的下场。诗中"我生待明日，万事成蹉跎"说的就是这一情况，其中概括出的普遍真理能够警醒世人，故《明日歌》数百年来广为传诵，经久不衰。

唐寅（1470—1523），字伯虎，号六如居士、桃花庵主，苏州吴县（今属江苏）人。明代著名画家、文学家。弘治十一年（1498）以第一名中举，后参加进士考试未中。玩世不恭而又才气横溢，与祝允明、文徵明、徐祯卿并称"吴中四才子"，画与沈周、文徵明、仇英并称"明四家"。其古体诗《把酒对月歌》《桃花庵歌》，七绝《画鸡》《言志》皆脍炙人口。

平生不敢轻言语，一叫千门万户开。

画鸡

头上红冠不用裁，满身雪白走将来。
平生不敢轻言语，一叫千门万户开。①

①轻言语：指随便地鸣叫。

这是一首题画诗，一说是明代沈周所作。这幅画画的是一只白色的大公鸡，大公鸡的主要用处是报晓。古代劳动人民早起干活主要依靠公鸡报晓，公鸡的报晓声如同起床劳作的号令，所以"不敢轻言语"，表现了公鸡的灵性以及对于人的特殊意义。"平生不敢轻言语，一叫千门万户开"两句之间是因果关系，用拟人化手法，赞美了引领者的担当。

晓看天色暮看云，行也思君，坐也思君。

一剪梅

雨打梨花深闭门，孤负青春，虚负青春。[①]**赏心乐事共谁论？花下销魂，月下销魂。　　　愁聚眉峰尽日颦，千点啼痕，万点啼痕。晓看天色暮看云，行也思君，坐也思君。**

[①]雨打梨花深闭门：借用宋人李重元《忆王孙·春词》结尾句。孤负：同"辜负"。

这是一首闺怨词，以女子口吻表现离别相思之情。全词善于化用古人经典名句，善于使用叠句和叠字，语言优美，极富音乐性，这些艺术手段使得感情更加真挚和美好。"晓看天色暮看云，行也思君，坐也思君"几句极为动人，写尽抒情主人公朝暮之间无时无刻不在翘首企盼对方归来的情状，颇似李清照的"此情无计可消除，才下眉头，却上心头"。

桃花庵歌

桃花坞里桃花庵，桃花庵下桃花仙；①
桃花仙人种桃树，又摘桃花换酒钱。
酒醒只在花前坐，酒醉还来花下眠；
半醒半醉日复日，花落花开年复年。
但愿老死花酒间，不愿鞠躬车马前；
车尘马足贵者趣，酒盏花枝贫者缘。
若将富贵比贫者，一在平地一在天；
若将贫贱比车马，他得驱驰我得闲。
别人笑我忒风颠，我笑他人看不穿；②
不见五陵豪杰墓，无花无酒锄作田。③

①桃花坞（wù）：位于苏州阊门外。北宋时章粢父子在此建成别墅，后渐废为蔬圃。唐寅于此筑室，故名桃花庵。

②忒（tè）风颠：太疯癫。

③五陵：原指汉朝的长陵、安陵、阳陵、茂陵、平陵五座皇陵，皇陵周围还环绕着富家豪族和外戚陵墓，后用来指豪门贵族。无花无酒：指无人祭奠。

本篇作于弘治十八年（1505）三月，唐伯虎在与祝枝山等友人文酒之会上作此诗。唐寅曾将此诗书碑（苏州唐寅园诗碑），后来又修改了两个版本，这里所选为唐寅最终改定本。此诗是唐寅的代表作，是其人格精神的自白，以桃花庵比拟自己的桃花源，花和酒是其最重视的人生内容，车马富贵是其鄙弃的人生内容。贫穷但有闲暇，有花酒以伴随自己的艺术人生，则足矣，富贵、豪杰终究在历史上留不下痕迹，连坟墓都会被后人锄作田。本诗采用歌行体，善于将民歌常用的叠词、顶真手法和文人喜爱的对仗相结合，语言流转如珠，雅俗共赏。"但愿老死花酒间，不愿鞠躬车马前"两句高度概括了诗人的人生观、价值观，也是知识分子人格和骨气的写照。《红楼梦》中黛玉的《桃花行》，就是模仿本篇而作。

杨慎　　杨慎（1488—1559），字用修，号升庵，四川新都（今成都）人。正德六年（1511）状元，官至翰林学士。嘉靖初年因"大礼议"贬谪云南终老。其诗清新绮丽，又善文、词及散曲。著作达百余种。后人辑为《升庵集》。

青山依旧在，几度夕阳红。

临江仙

滚滚长江东逝水，浪花淘尽英雄。[1]是非成败转头空。青山依旧在，几度夕阳红。[2]　　白发渔樵江渚上，惯看秋月春风。[3]一壶浊酒喜相逢。[4]古今多少事，都付笑谈中。

①淘尽：荡涤一空。

②几度：多少次。

③渔樵：指隐居。渚（zhǔ）：原意为水中的小块陆地，此处

意为江岸边。秋月春风：指大自然的美好风光。

④浊酒：用糯米等酿制的酒，较混浊。

这是一首咏史词，借叙述历史兴亡抒发人生感慨，豪放中有含蓄，高亢中有深沉。一、二句以长江喻历史，在漫长的历史长河中，英雄迭出，一往不回。"是非成败转头空"，道历史进程之迅速，个人的成败转瞬即逝，从中也可看出作者旷达超脱的人生观。代代英雄虽然消逝，但大自然美好的青山和夕阳却是永恒存在的。再写隐世遁名的从容心态，通过饮酒来衬托其视功名如粪土的情怀。"古今多少事，都付笑谈中"，从历史的胜负成败中汲取智慧，以笑谈之态面对一切。整首词折射出高远的意境和深邃的人生哲理。作者试图在历史长河的奔腾与沉淀中探索永恒的价值，在成败得失之间寻找深刻的人生哲理，有历史兴衰之感，更有人生沉浮之慨，体现出一种旷达的胸怀。此词对历史、人生的兴衰感有极强的概括力，清朝初期被小说《三国演义》借来作为开篇词，如今被谱成曲作为电视连续剧《三国演义》的片头曲，可见其影响之大。

徐渭

徐渭（1521—1593），字文清，改字文长，号青藤，浙江山阴（今绍兴）人。天才超逸，诗文书画皆工。尝自言"吾书第一，诗次之，文次之，画又次之"。有《南词叙录》、杂剧《四声猿》及文集。

消得春风多少力，带将儿辈上青天。

风鸢图诗①

柳条搓线絮搓绵，搓够千寻放纸鸢。
消得春风多少力，带将儿辈上青天。②

① 风鸢图：放风筝的画。风鸢，即风筝。
② 消得：消耗，耗费。

这是一首题画诗。徐渭晚年穷困潦倒，主要以卖画为生。他晚年曾画了大量的《风鸢图》，并有题诗，这是其中较有代表性的一首。此诗通过对小孩子放风筝的描述，和风筝飞上天时的感慨，礼赞了春风和儿童。全篇有打油诗的风格，用了三个"搓"，又用了"消得""带将"两个俗语，但俗中见雅，颇有哲理的深度。"消得春风多少力，带将儿辈上青天"两句设想奇妙，采用多种修辞手法，将情感与哲理融合，成为赞美父母和老师的名句。首先，用拟人与比喻相结合，把春风比作大人，把风筝比作儿辈；其次，用双关与借代相结合，"儿辈"既指风筝又指儿童，用"虚的"儿童的理想代替"实的"儿童，其实"上青天"的是儿童的理想。

戚继光（1528—1587），字元敬，号南塘，山东登州（今蓬莱）人。戚继光为明代名将，能文能武。曾创"戚家军"，屡歼倭寇，平定浙、闽倭患，升为福建总兵官。后镇守蓟州，为张居正所重，升为左都督、少保。

封侯非我意，但愿海波平！

韬钤深处①

小筑惭高枕，忧时旧有盟。②
呼尊来揖客，挥麈坐谈兵。③
云护牙签满，星含宝剑横。④
封侯非我意，但愿海波平！

①韬钤（tāo qián）：古代兵书有《六韬》和《玉钤》，合称"韬钤"，后泛指兵书。此代指作者与同僚商议军机之营帐。

②小筑：精雅的小屋。

③呼尊：置酒。揖客：向宾客拱手行礼，指请客。挥麈(zhǔ)：挥动麈尾。

④牙签：书签。因是牙制，故称。

本篇约作于嘉靖三十六年（1557），时戚继光任参将，负责防守倭寇出没频繁的钱塘江以东地区。这是一首言志诗。诗写作者领兵备倭驻守沿海之时，一夕忧时不能安枕，与老朋友饮酒谈兵，自谓学书、学剑，能文能武，献身边防，不为功名利禄，唯愿海疆安宁。"封侯非我意，但愿海波平"两句，反用班超的名言："大丈夫无它志略，犹当效傅介子、张骞立功异域，以取封侯，安能久事笔研间乎？"表明自己从军不为个人功名，为的是驱逐倭患、保卫国家海防、拯救百姓，彰显出崇高的品质。

孙承宗（1563—1638），字稚绳，号恺阳，保定高阳（今属河北）人。万历三十二年（1604）进士，官至兵部尚书兼东阁大学士。崇祯十一年（1638），清军攻破高阳城，孙承宗被擒，自缢而死，子孙皆战死。谥号"文忠"。有《高阳集》。

孙承宗

画家不识渔家苦，好作寒江钓雪图。

渔家

呵冻提篙手未苏，满船凉月雪模糊。[①]
画家不识渔家苦，好作寒江钓雪图。[②]

①呵冻：呵气取暖，想让僵硬的手暖和起来。凉月：清冷的月光，突出寂寥寒冷的气氛。

②不识：不了解，不懂得，此处指体会不到。好（hào）：此处指偏好、喜欢。

这首诗反映渔家穿越风浪生活的艰苦。首句写天气寒冷，渔家为了生计顶着严寒打鱼。一个"呵"字，一个"提"字，生动逼真：渔人呵一呵冻僵的手，试图让体温来驱走些弥漫的寒气，再拿起结满冰霜的竹篙来撑船，人物神态毕现。第二句写景，渔船上散漫清凉的月光，与积雪互映，突出天气寒冷，照应首句"呵冻"。第三、四句，直陈对画家好作"寒江钓雪图"习尚的不满。书斋中的许多封建士大夫未真正体察民苦，不解自然的险恶、劳动的艰辛，却想当然地描摹出一幅幅风花雪月图，借以排遣仕途失意和苦闷。"画家不识渔家苦，好作寒江钓雪图"说的是画家们往往不体察渔家的辛苦，喜好把渔人冒雪捕鱼作为入画题材，自我陶醉和欣赏。表达了诗人对下层劳动者的同情，并婉转批评那些漠视民瘼的官僚及文人。

吴伟业

吴伟业（1609—1672），字骏公，号梅村，江南太仓（今属江苏）人。复社张溥弟子。明崇祯四年（1631）进士，官至左庶子。入清不仕，顺治九年（1652）被迫进京，官国子监祭酒。与钱谦益、龚鼎孳并称"江左三大家"。长于七言歌行，后人称为"梅村体"。

冲冠一怒为红颜。

圆圆曲（节选）

鼎湖当日弃人间，破敌收京下玉关。①
恸哭六军俱缟素，冲冠一怒为红颜。②
…… ……
教曲妓师怜尚在，浣沙女伴忆同行。③
旧巢共是衔泥燕，飞上枝头变凤凰。④
…… ……
妻子岂应关大计，英雄无奈是多情。
全家白骨成灰土，一代红妆照汗青。
…… ……

①鼎湖：典出《史记·封禅书》。传说黄帝铸鼎于荆山下，鼎成，有龙垂胡须下迎黄帝，黄帝即乘龙而去。后世因称此处为"鼎湖"。常用来比喻帝王去世。此指崇祯帝自缢于煤山（今北京景山）。

②缟（gǎo）素：丧服。红颜：美女，此指陈圆圆。

③浣纱女伴：西施入吴宫前曾在若耶溪浣纱。这里是说陈圆圆早年做妓女时的同伴。

④衔泥燕：比喻地位低微的人。

《圆圆曲》是清诗中享有盛誉的七言歌行体叙事长诗，其历史背景是公元1644年的甲申之变。分六大段，前五段叙事，后一段议论。本诗叙事紧紧扣住陈圆圆命运转折变化中的几件大事展开，将李自成攻陷北京、吴三桂引清兵入关夺回圆圆等内容有机地融入情节结构中。运用倒述、追叙、插叙等手法，安排情节结构，通过这些精心的安排，使主题更加引人注目。多运用顶针格，以前后词句相同、相似或者相关之联系，使情节的时空大转换平滑接转，而不显得过于突兀。"冲冠一怒为红颜"，既写陈圆圆在吴三桂心中的重要地位，也表露吴三桂置民族大义于不顾的自私与鲁莽；在同情圆圆不幸的同时，也委婉地揭露了吴三桂为了一介女色抛开民族大节、降清叛变的罪行。诗中"冲冠一怒为红颜""飞上枝头变凤凰""英雄无奈是多情""一代红妆照汗青"等句成为传诵名句。其中"飞上枝头变凤凰"已作为现代小说和电影的名称使用，现在经常说"乌鸦飞上枝头变凤凰"或"山鸡飞上枝头变凤凰"，来形容因为攀上高枝之后身价倍增的人。

王士禛

王士禛（1634—1711），号阮亭，晚号渔洋山人，山东新城人。顺治十五年（1658）进士，授扬州推官，官至刑部尚书。是康熙时期的代表性诗人，论诗主张"神韵说"，编有《唐贤三昧集》，著有《带经堂集》。

一人独钓一江秋。

题秋江独钓图

一蓑一笠一扁舟，一丈丝纶一寸钩。
一曲高歌一樽酒，一人独钓一江秋。

数字诗是古代的诗歌游戏，有趣而巧妙，可参本书前面所选宋代邵雍的《山村咏怀》。本篇是数字诗里的"一字诗"，由唐朝王建的《古谣》开创。明清时期比较有名的"一字诗"有唐寅的《登山》、纪昀《一字诗》、陈沆的《一字诗》等。王士禛的这首《题秋江独钓图》，是历代"一字诗"中的代表作，同时它又是一首题画诗。自从南宋马和之画了名画《秋江独钓图》（又名《寒江独钓图》）之后，历代皆有画家继作，王士禛早年应朋友之请为《秋江独钓图》题了这首诗。诗紧扣画中意境，巧妙地嵌入九个"一"，描写了秋江边渔人独钓的逍遥景象。最后一句"一人独钓一江秋"，渔人钓的到底是什么，非常耐人寻味，这一句从具象到抽象，从实到虚，一下子提升了全诗的立意和审美层次；也正是因为有了这一句，使得此诗在历代"一字诗"中脱颖而出，成为名篇。

查慎行

查慎行（1650—1727），字悔余，号初白，浙江海宁人，清初宋诗派的代表人物，尤致力于学苏轼，为"清初六家"之一。

孤光一点萤。

舟夜书所见

月黑见渔灯，孤光一点萤。
微微风簇浪，散作满河星。①

①簇：簇拥。

诗歌的魔力就是能把瞬间的景色定格成永恒的画面。这首诗便是描写一个瞬间的美景，而且是很特别的夜景。漆黑的夜晚一切都是熟睡的样子，诗人在小舟中看到渔船上的灯火在黑夜里像微弱的萤火虫一样。忽然微风吹来聚集起道道波浪，把倒映在水面上的这一点灯火吹散了，就像是散作了满河的星星，十分美丽。诗人用"一点萤""满河星"两个比喻，把夜晚在舟中见到的瞬间的美景形象生动地呈现出来，动静之间，无限唯美。"孤光一点萤"可用来形容一个人处境虽然孤独渺小，但仍然顽强不自卑，终有一天会借着东风散发出全身的光辉。

纳兰性德

纳兰性德（1655—1685），字容若，号楞伽山人，满洲正黄旗人。大学士明珠之子。康熙十五年（1676）进士，官一等侍卫。善骑射，好读书。词以小令见长，多感伤情调，间有雄浑之作。与朱彝尊、陈维崧并称"清词三大家"，其词在中国词史上享有较高声誉。词集名《纳兰词》，又名《饮水词》。诗词文合集名《通志堂集》。

一生一代一双人，争教两处销魂？

画堂春

一生一代一双人，争教两处销魂？①**相思相望不相亲，天为谁春？**② 浆向蓝桥易乞，药成碧海难奔。③若容相访饮牛津，相对忘贫。④

①一生一代一双人：语出唐骆宾王《代女道士王灵妃赠道士李荣》："相怜相念倍相亲，一生一代一双人。" 争教：怎教。

②相思相望不相亲：语出唐王勃《寒夜怀友杂体》："故人故情怀故宴，相思相望不相见。"

③蓝桥：在今陕西蓝田东南蓝溪上，传说此处有仙窟，为裴航遇仙女云英处。裴航于蓝桥驿求水喝，云英饮以琼浆。后两人捣药百日，药成双双成仙。见裴铏《传奇·裴航》。碧海：喻指天上。

④饮（yìn）牛津：即传说中牛郎织女相会之天河。相对忘贫：愿意像牛郎织女隔河相对，做贫贱夫妇。

据清代笔记记载，纳兰性德与表妹青梅竹马，但表妹被选秀入宫，纳兰性德遂有牛郎织女之痛，因而作此词。这是一首苦情词，写相恋的两个人无法相见，好比一个在天上，一个在地上，如若真有机会相见，自己愿意放弃富贵，哪怕是做牛郎织女般隔河相对的贫贱夫妇也行。"一生一代一双人，争教两处销魂"把骆宾王的句子盘活了，可谓化腐朽为神奇，成为写真爱受阻隔的名句。

人生若只如初见。

木兰花令
拟古决绝词柬友①

人生若只如初见，何事秋风悲画扇？②等闲变却故人心，却道故人心易变。③ 骊山语罢清宵半，泪雨霖铃终不怨。④何如薄幸锦衣郎，比翼连枝当日愿。⑤

①柬（jiǎn）：给……信札。

②"何事"句：用汉朝班婕妤被弃的典故。班婕妤为汉成帝妃，被赵飞燕谗害，退居冷宫，作有《团扇诗》，以秋扇闲置为喻抒发被弃的怨情。

③故人：指情人。

④"骊（lí）山"两句：用唐明皇与杨贵妃的爱情典故。相传唐明皇与杨贵妃曾于七月七日夜，在骊山华清宫长生殿里盟誓，愿世世为夫妻。后安史乱起，明皇入蜀，于马嵬坡赐死杨贵妃。明皇此后于途中闻雨声、铃声而悲伤，遂作《雨霖铃》曲以寄哀思。这里借用此典说即使是最后作决绝之别，也不生怨。

⑤薄幸：薄情。锦衣郎：指唐明皇。

这是一首拟古之作，模拟女子的口吻控诉男子的薄情，抒写了被丈夫抛弃的幽怨之情。第一句"人生若只如初见"用语自然平淡但感情十分强烈，写出初见印象在有情男女心中的美好与分量。"秋风悲画扇"紧承上句，道出"初见"时的情感难以持久，导致自己遭弃的命运。"骊山"之语暗指原来浓情蜜意的时刻。"泪雨霖铃"写像唐玄宗和杨贵妃那样的亲密爱人也最终肠断马嵬坡。"比翼连枝"出自《长恨歌》诗句，写曾经的爱情誓言已成为遥远的过去。而这"闺怨"的背后，似乎有着更深层的痛楚，"闺怨"只是一种假托。

"人生若只如初见"是整首词里最平淡又是感情最强烈的一句，一段感情，如果在人的心里分量足够重的话，那么无论他以后经历了哪些变故，初见的一刹那，永远是最触动心灵的。一个"初见"，使词情一下子被拽回到初恋的美好记忆中。如今，"人生若只如初见"被广泛应用于文学创作和音乐创作中。

当时只道是寻常。

浣溪沙

谁念西风独自凉。①**萧萧黄叶闭疏窗。**②**沉思往事立残**

阳。③　　被酒莫惊春睡重，赌书消得泼茶香。④当时只道是寻常。

① "谁念"句：秦观《减字木兰花》词："天涯旧恨，独自凄凉人不问。"

② 萧萧：风吹叶落发出的声音。疏窗：刻有花纹的窗户。

③ "沉思"句：语出李珣《浣溪沙》词："暗思何事立残阳。"

④ 被酒：指醉酒。"赌书"句：用李清照和赵明诚的典故。李清照《金石录后序》："余性偶强记，每饭罢，坐归来堂烹茶，指堆积书史，言某事在某书某卷第几叶第几行，以中否角胜负，为饮茶先后。中即举杯大笑，至茶倾覆怀中，反不得饮而起，甘心老是乡矣！故虽处忧患困穷而志不屈。"此处以此典为喻，说明往日与亡妻有着像赵明诚夫妇一样美满的夫妻生活。消得：消受、享受。

纳兰性德的《浣溪沙》是一首悼亡之作。康熙十三年（1674），纳兰娶妻卢氏，卢氏温柔体贴，与纳兰伉俪情深，夫妻感情十分恩爱。三年后卢氏不幸病亡，纳兰深陷悲痛之中，反复写诗词来悼念亡妻，此词即为其一。读此词的第一印象应该是萧瑟、落寞与凄苦。词人首先是被眼前萧瑟的秋景勾起对亡妻的思念，西风、黄叶、残阳等意象无不给伤痛中的作者以繁华陨落、生命不再的感触。但是，当词人进入回忆时，他脑海中留存的影像却是幸福的，他与妻子共处的生活片段随时都能清晰地浮现，酒后浓睡与赌书泼茶两个镜头多么甜蜜和谐！令人惋惜和沉痛的是，这些"当时只道是寻常"的生活点滴，如今却成了不可复得的追忆。词语到此戛然而止，词情却绵绵不息，久久回荡在读者的心间。

风也萧萧，雨也萧萧，瘦尽灯花又一宵。

采桑子

谁翻乐府凄凉曲？[①]**风也萧萧，雨也萧萧，瘦尽灯花又一宵。**[②]　　**不知何事萦怀抱，醒也无聊，醉也无聊，梦也何曾到谢桥！**[③]

①翻：依照旧曲制作新曲。

②风也萧萧，雨也萧萧：化用蒋捷《一剪梅》："风又飘飘，雨又萧萧。" 瘦尽灯花：剔尽臃肿的灯花。

③梦也何曾到谢桥：反用晏几道的名句"梦魂惯得无拘检，又踏杨花过谢桥"（《鹧鸪天》）。谢桥：指谢娘所在之地。谢娘，唐代名姬谢秋娘，通常泛指所恋之美人。

　　这是一首恋情词，写一份刻骨痴情遭逢阻绝，而长夜难眠，无可奈何的凄楚和苦痛。上阕点出时间背景与情境氛围。首句以问句发端，表达对这凄凉曲声的共鸣。加上凄凉的风声雨声，形成秋夜凄冷萧疏的情境氛围。词人无聊地剔除完臃肿的灯花，这样又度过了一个漫漫长夜。下阕扣住"瘦尽灯花又一宵"，近一步诉说其百无聊赖的心绪。不知是什么事老是萦绕心头，清醒时无聊尚可理解，然而"醉也无聊"，即使借酒沉醉也难遣满怀愁情。究竟为什么呢？写到此处，突然笔锋一转，荡出一句"梦也何曾到谢桥"，既属全篇之总结，更是全篇之关键，于是所思之人呼之欲出，跃然纸上。读者至此便豁然明白，此词是一篇恋情词，类似于李商隐的苦恋。纳兰以情语入词，直抒胸臆，善用寻常口语，自然平浅，不事雕饰的特质，又酷似李清照"此情无计可消除，才下眉头，却上心头"等句。"风也萧萧，雨也萧萧，瘦尽灯花又一宵"几句，已成为写情名句。

纳兰的这首词，曾被梁启超先生赞为"时代哀音"，称其"眼界大而感慨深"。当代长篇小说《采桑子》书中各章的标题均来自这首词。

聒碎乡心梦不成，故园无此声。

长相思

山一程，水一程，身向榆关那畔行。[①]**夜深千帐灯。风一更，雪一更，聒碎乡心梦不成。**[②]**故园无此声。**

①榆关：指山海关。

②聒：声音嘈杂，使人厌烦。乡心：思乡的情感。

康熙二十一年（1682）二月十五日，康熙帝因云南平定，出关东巡，去奉天（今辽宁沈阳）祭告祖陵。二十三日，纳兰随从康熙帝出了山海关，也就是榆关。塞上风雪交加，苦寒的天气引发了词人对他的家北京城的思念，于是写下了这首词。本篇抒写词人羁旅关外、思念故乡的情怀，于柔婉缠绵中见慷慨沉雄。上阕写行程之劳，描写眼前所见之景。叠用两个"一程"，直写出戍途之曲折迢遥。"榆关"即交代出了行旅去向，但此处为"身"向榆关，可见词人"心"之所向并非此地。"夜深千帐灯"描写的景象场面宏大，看似壮观之语，实则情思深苦之句，因为夜深看灯表示彻夜不眠，引出下阕乡情思恋之笔。下阕写游子思乡之苦，重在写所闻、写听觉。"一更"又"一更"的重复叠沓，表明时间的推移和帐外风雪肆虐的情况。作者觉得"梦不成"是因为这风声、雪声令人难以承受，将主观原因推诿客观，看似无理，反见情痴。"聒碎乡心梦不成。故园无此声"两句，语似平淡，意更深层，由其无理之怨中可以想见征人对故乡的深深眷恋之情，即使如今读来也可以引发无数游子身漂异乡、梦回家园的共鸣。

纳兰性德是满洲叶赫那拉氏，祖籍地在现在的吉林四平叶赫满族镇，但纳兰性德本人在北京城出生长大，所以他把北京当作故乡，他诗词中的思乡，思的就是北京，不是他的祖籍地满洲。我们从小在哪里长大，就对哪个地方充满感情，往往就把哪里当作故乡，此为人之常情。

别有根芽，不是人间富贵花。

采桑子
塞上咏雪花

非关癖爱轻模样，冷处偏佳。①别有根芽，不是人间富贵花。　　谢娘别后谁能惜，漂泊天涯。②寒月悲笳，万里西风瀚海沙。③

①癖（pǐ）爱：癖好，特别喜爱。轻模样：雪花轻轻飞扬的样子。

②谢娘：指谢道韫（yùn），曾有咏雪花名句"未若柳絮因风起"。（见《世说新语·言语》）

③悲笳（jiā）：悲凉的笳声。瀚海沙：沙漠上的白沙，喻指雪。暗用李贺"大漠沙如雪"之意。瀚海，沙漠。

本篇作于康熙二十一年（1682）冬。这是一首咏雪花词，写雪花无人爱惜，漂泊到塞外天涯，虽然凄凉，但仍然高洁孤傲。"别有根芽，不是人间富贵花"两句，意思是"雪花"虽然也叫"花"，但它"别有根芽"，非同寻常花，有人间富贵之花不可比拟的高洁之姿。用曲喻的手法，由"雪花"这个名字联想到它作为"花"也有根和芽，但它的根和芽不在人间，其想象之奇妙，堪与李白咏雪花名句"应是天仙狂醉，乱把白云揉碎"、李贺写天上白云的名句"银浦流云学水声"相媲美。这两句今天可用来赞美人的高贵不凡或高洁孤傲，也可用作反语，讽刺人有特殊背景。

郑燮

郑燮（1693—1765），字克柔，号板桥，江苏兴化人。清代画家、文学家。乾隆元年（1736）进士，任知县长达十二年，后罢官归乡，以卖书画为生，为"扬州八怪"之一。其诗、书、画世称"三绝"。其诗多关心民生疾苦。有《板桥集》。

千磨万击还坚劲，任尔东西南北风！

竹石①

咬定青山不放松，立根原在破岩中。②
千磨万击还坚劲，任尔东西南北风！③

①竹石：扎根在石缝中的竹子。诗人是著名画家，他画的竹子特别有名，这是他题写在竹石画上的一首诗。

②咬定：喻根扎得结实，像咬着青山不松口一样。立根：扎根，生根。破岩：破裂的岩石。

③磨：磨炼。击：打击。还：仍然。任：任凭。尔：你，指风暴。

这是一首题咏竹石图诗，描绘了坚韧、刚直、不屈的竹子形象，象征着在曲折恶劣的环境中不屈不挠、战胜困难的优秀品质。一个"咬"字，表现出了竹子不论遭受多大的打击磨难，都依旧倔强和坚韧的性格；一个"任"字生动准确地写出了傲竹临风而立、无所畏惧的英雄气概。诗人自己说过："凡吾画兰、画竹、画石，用以慰天下之劳人，非以供天下之安享人也。"这首诗的确是在以竹喻人。"千磨万击还坚劲，任尔东西南北风"铿锵有力，给不同时代的读者传达勇气和力量。现在我们常用这两句来形容革命者在斗争中的坚定立场和受到敌人打击也绝不动摇的品格。

些小吾曹州县吏，一枝一叶总关情。

潍县署中画竹呈年伯包大中丞括①

衙斋卧听萧萧竹，疑是民间疾苦声。②
些小吾曹州县吏，一枝一叶总关情。③

①潍县：今属山东。年伯：古称同榜考取的人为同年，称同年的父辈为年伯。包大中丞括：包括，字银河，钱塘（今浙江杭州）人，康熙四十五年（1706）进士。乾隆年间曾任山东布政使、御史中丞，故称"中丞"。
②衙斋：官衙中的书斋。
③些小：指官职卑微。吾曹：我们。关情：关心。

这是郑燮于乾隆十一至十二年（1746—1747）出任山东潍县知县时赠给上司包括的诗。一、二两句托物取喻。诗人听见竹子被风吹出萧萧声时，不禁想到了老百姓的疾苦，风竹声好像是饥寒交迫中挣扎的老百姓的呜咽之声，充分体现了作者身在官衙心系百姓的情怀。三、四两句畅述胸怀，写自己官位虽微，但担当着为民解忧的责任。"一枝一叶总关情"，这句诗既照应了题画内容，又形象地说明官民亲密的关系，表达对老百姓的深切关爱和同情。倘若当官的皆如郑燮一般心系百姓，爱民如子，则国家幸矣。

新竹高于旧竹枝，全凭老干为扶持。

新竹

新竹高于旧竹枝，全凭老干为扶持。
明年再有新生者，十丈龙孙绕凤池。①

①龙孙：竹笋的别称。杨万里《都下食笋自十一月至四月戏题》："竹祖龙孙渭上居，供侬樽俎半年余。"凤池：凤凰池的省称。凤凰池本是禁苑中的池沼，魏晋南北朝时，设中书省于禁苑，掌管机要，接近皇帝，故称中书省为"凤凰池"，凤凰池周边多种竹。

郑板桥的朋友家生了个男孩，郑板桥赠送一幅新竹的画，画中题了这首诗，这幅画现藏在扬州博物馆。新竹能长得这么快，是因为旧竹在给它遮风挡雨。诗歌赞美了新竹能够青出于蓝而胜于蓝，也赞颂了旧竹的扶持之功，提醒后辈不忘前辈扶持教导之恩。展望未来，新竹将会更加茂盛。"龙孙"就是新竹的美称，"凤池"本是指宰相衙门所在地，"十丈龙孙绕凤池"暗喻后辈将会成为国家的栋梁。"新竹高于旧竹枝，全凭老干为扶持"已成为赞美家长和老师培育之功的名言。

曹雪芹

曹雪芹（1715？—1763？），名霑，字梦阮，号雪芹、芹圃、芹溪。满洲正白旗人。从其曾祖起，先后三代任江宁织造。祖父曹寅曾主编《全唐诗》。雍正时其父被革职抄家，迁居北京。晚年居北京西郊，以十年时间撰写《石头记》（即《红楼梦》），书未完而卒，时年不到五十。

一畦春韭绿，十里稻花香。

杏帘在望

杏帘招客饮，在望有山庄。
菱荇鹅儿水，桑榆燕子梁。①
一畦春韭绿，十里稻花香。
盛世无饥馁，何须耕织忙？

①菱荇（xìng）：菱角和荇菜，都可以吃。

这首五律出自《红楼梦》第十八回，是《大观园题咏》中的一首，为林黛玉代贾宝玉所作。诗歌描绘了山庄的远景，表现了富庶闲逸的情调。虽然大观园中并没有这么大的"十里"山庄，明显带有夸张想象的成分，类似庄子所谓蜗角触蛮，但是全诗能够生动传神地描绘出富庶农庄的典型特点。颈联"一畦春韭绿，十里稻花香"，用近景与远景的相互映照，视觉"绿"的色彩与嗅觉"香"的气味相互配合，展现出一幅暮春乡村丰收的美景图。我国大部分地区稻花香在夏季，而长江以南的早稻暮春就开花，所以这两句今天多用来形容江南暮春农村的美景。这两句也作为名句被收入小学语文课本中。

好风凭借力，送我上青云！

临江仙

白玉堂前春解舞，东风卷得均匀。^①蜂团蝶阵乱纷纷。^②几曾随逝水？^③岂必委芳尘？^④　　万缕千丝终不改，任他随聚随分。^⑤韶华休笑本无根。好风凭借力，送我上青云！^⑥

　　①白玉堂：原是形容贾家的富贵豪奢，这里形容柳絮所处高贵。春解舞：说柳花被春风吹散，像翩翩起舞。均匀：指舞姿柔美，缓急有度。

　　②"蜂团"句：以蜂蝶之纷乱比喻飞絮。

　　③随逝水：落于水中，随波流去。喻虚度年华。逝水常暗指光阴。

　　④委芳尘：落于泥土中。喻处于卑贱的地位。

　　⑤"万缕"二句：虽然柳絮从枝上离去，柳树依旧长条飘拂。

比喻不因别人的亲疏而改变固有的姿态。

⑥凭：早期的《石头记》各本皆作"频"，程伟元、高鹗本《红楼梦》作"凭"。

这首词见于《红楼梦》第七十回，缘起于史湘云见到暮春时节柳絮纷飞，心有所感，作《如梦令》一首，后传给诗社众人看，诗社便发起填词。黛玉写了一首《唐多令》缠绵凄恻，宝钗这首《临江仙》是乐观之词，有意要翻黛玉悲戚之词的案，很好地表现了宝钗的性格特点。

这首咏柳絮词可谓形神兼备。上阕主要状其"形"，下阕主要状其"神"，上下阕皆采用先描写再议论的手法。"韶华休笑本无根。好风凭借力，送我上青云"这几句为全词的神来之笔，一改大多数人对于柳絮轻浮的嘲笑或是飘零时的哀愁，转而将对柳絮无根不定的哀伤化为一种积极乐观的人生态度，与刘禹锡的"自古逢秋悲寂寥，我言秋日胜春朝。晴空一鹤排云上，便引诗情到碧霄"有异曲同工之妙。

"好风凭借力，送我上青云"已为生活中常用名句，多用来形容借助外力或关系青云直上，一下子获得较高的名利、地位。

袁枚

袁枚（1716—1797），字子才，号简斋，晚年号随园老人，钱塘（今浙江杭州）人。乾嘉时期代表诗人、诗论家，诗主性灵，与赵翼、蒋士铨合称为"乾隆三大家"。乾隆四年（1739）进士，曾任知县，有政绩。三十四岁即辞官，在江宁（今江苏南京）小仓山下筑园名"随园"，闲居近五十年。有《小仓山房文集》《随园诗话》《子不语》等。

苔花如米小，也学牡丹开。

苔

**白日不到处，青春恰自来。
苔花如米小，也学牡丹开。**

苔，又叫青苔、绿苔、苔藓，生长在阴暗潮湿的地方，虽然阳光照不到，但是青苔照样绽放自己的绿色；开出来的苔花，虽然只有米粒那么小，但是它也要学着牡丹开花的模样开放。这首小诗以花喻人，通过赞美苔花毫不自卑、积极向上、勇敢展现自己的品质，暗中赞美了生活在偏远、贫穷山区的孩子乐观向上的精神。唐代白居易诗曾写过类似的情景："荠花榆荚深村里，亦道春风为我来。"（《春风》）写荠花、榆荚虽然很小而又生长偏僻，但仍在春风中自信地开花结果。

春风如贵客，一到便繁华。

春风

春风如贵客，一到便繁华。
来扫千山雪，归留万国花。
有情罗幔卷，无力纸鸢斜。[①]
惯送梅消息，孤山处士家。[②]

①罗幔：丝罗帷幔。纸鸢：风筝的别名。
②孤山处士：宋初隐居杭州西湖孤山的隐士林逋，特别爱梅和鹤，有"梅妻鹤子"之号。

这是一首咏春风的咏物诗，也是一曲春风的赞歌。一个家庭平时很平静，一旦来了尊贵的客人，便立刻繁华热闹起来，因为全家都来迎接和问候。春风就像贵客，一来世间，这个世界就变得繁华美好起来：千山雪也被扫干净了，万国花也留下来了，有情人的罗幔也卷起来了，风筝也悠闲地飘起来了，春风还每年都送梅花的消息到林逋家。"春风如贵客，一到便繁华"两句用比喻和拟人相结合的手法，对春风的特点进行精妙的概括，给人以新鲜美好的感受，同时具有普遍的意义：美好的人或事物一旦到来，世界就会立刻变得美好。

赵翼（1727—1814），字云崧，号瓯北，江苏阳湖（今常州）人。清代文学家、史学家。乾隆二十六年（1761）进士。官至贵西兵备道。后辞官，主讲扬州安定书院。论诗主独创，反摹拟，与袁枚、蒋士铨并称"乾隆三大家"。有《瓯北集》。

江山代有才人出，各领风骚数百年。

论诗五首　其二

李杜诗篇万口传，至今已觉不新鲜。①
江山代有才人出，各领风骚数百年。②

①李杜：指唐代诗人李白和杜甫。

②风骚：《诗经》中有《国风》，《楚辞》中有《离骚》，这里借指出色的诗篇。

　　此诗的题目十分明确地交代是为论诗而写，所以该诗有议论说理的特色。一、二句以李白、杜甫这两位大诗人为代表，指出他们的诗篇也有历史局限性。三、四句说江山之广，文学精英代不乏人，他们以各自的文学风采成为一代之楷模，引领一时之风尚。就诗歌的发展而言，认为一代有一代之文学，不必步古人窠臼。"江山代有才人出，各领风骚数百年"其哲理内涵已越出诗风求变的讨论范畴，也用来指各个领域、各个时期人才推陈出新的历史规律。

矮人看戏何曾见，都是随人说短长。

论诗五首　其三

只眼须凭自主张，纷纷艺苑漫雌黄。①
矮人看戏何曾见，都是随人说短长。

①只眼：独到的见解，眼力出众。漫雌黄：信口雌黄。

这一首认为，文艺批评应提倡有独到的见解，不可鹦鹉学舌，人云亦云。评诗论艺如果自己见识低下，就像矮人看戏似的，自己什么也没看见，对戏的好坏无法判断，只能随声附和别人。"矮人看戏何曾见，都是随人说短长"用生动形象的生活事例来说理，见解高明深刻，不只适用于文艺评论，对人生有普遍的启迪意义。

黄景仁

黄景仁（1749—1783），字仲则，江苏武进人，官至县丞，三十五岁病卒，为乾隆时期代表性诗人。

百无一用是书生。

杂感

仙佛茫茫两未成，只知独夜不平鸣。
风蓬飘尽悲歌气，泥絮沾来薄幸名。①
十有九人堪白眼，百无一用是书生。
莫因诗卷愁成谶，春鸟秋虫自作声。②

①风蓬：蓬草随风飘转，比喻人被命运拨弄，踪迹不定。泥
絮：被泥水沾湿的柳絮，比喻不会再轻狂。薄幸：对女子负心。

②谶（chèn）：将要应验的话。作者自注："或戒以吟苦非福，

谢之而已。"

乾隆三十三年（1768）秋，黄景仁参加江宁乡试，落榜后愤而作此诗。黄景仁作诗似唐朝的孟郊，多写愁苦之言，此诗即是一例。这首诗表达怀才不遇、不平则鸣的愤懑之情。"十有九人堪白眼，百无一用是书生"巧用数字对，道出了古往今来读书人的辛酸，在自嘲的同时，亦寄寓了强烈的悲愤。"百无一用是书生"已用作俗语，现在多用来形容读书人虽有满腹学问，可惜有志难伸的困境。

林则徐

林则徐（1785—1850），字少穆，晚号竢村老人，福建侯官（今福州）人。嘉庆十六年（1811）进士，官至两广总督。晚清政治家、思想家、诗人，曾主持虎门销烟，是中华民族抵御外侮过程中伟大的民族英雄，被誉为近代中国第一个"睁眼看世界"的人。

苟利国家生死以，岂因祸福避趋之。

赴戍登程口占示家人　其二

力微任重久神疲，再竭衰庸定不支。①
苟利国家生死以，岂因祸福避趋之！②
谪居正是君恩厚，养拙刚于戍卒宜。③
戏与山妻谈故事，试吟断送老头皮。④

①衰庸：意近"衰朽"，衰老而无能。这里是自谦之词。

②苟利国家：如果对国家有利。《左传·昭公四年》记郑国大夫子产改革军赋，受到时人的诽谤，子产曰："何害？苟利社稷，

死生以之。"杨伯峻注："以，由也。"生死以：无论生死皆不计较。避：退避。趋：趋前。

③谪居：因有罪被遣戍远方。养拙：犹言藏拙，有守本分、不显露自己的意思。刚：正好。戍卒宜：做一名戍卒为适当。这句诗谦恭中含有愤激与不平。

④"戏与"二句：作者自注：宋真宗闻隐者杨朴能诗，召对，问："此来有人作诗送卿否？"对曰："臣妻有一首，云：'更休落魄耽杯酒，且莫猖狂爱咏诗。今日捉将官里去，这回断送老头皮。'"上大笑，放还山。东坡赴诏狱，妻子送出门，皆哭。坡顾谓曰："子独不能如杨处士妻作一首诗送我乎？"妻子失笑，坡乃出。这两句诗用此典故，表达他的旷达胸襟。山妻：对自己妻子的谦称。故事：旧事，典故。

　　道光二十一年（1841），林则徐被遣戍新疆伊犁，在西安与家人告别时，作了题为《赴戍登程口占示家人》七律二首，这就是其中的第二首。诗人先写自己衰朽平庸，不能担当重任，其实是以反语来表达对自己无端获罪、被贬西域的愤慨和不平。把谪居视为养拙，当然也是婉转自嘲的说法，无奈中见其乐观。诗末巧用宋人杨朴、苏轼的典故，把妻子的担心轻轻化开，颇有几分幽默之趣，显示了诗人不畏险难的坦荡胸怀。本诗中最为可贵的是"苟利国家生死以，岂因祸福避趋之"两句，这是诗人自我牺牲精神的表白，也是对志士仁人的深切勉励。读来令人荡气回肠，血脉偾张，感受到诗人强烈的爱国情怀。

龚自珍

龚自珍（1792—1841），字璱人，号定盦，浙江仁和（今杭州）人。道光九年（1829）中进士，官至礼部主事。曾全力支持林则徐禁除鸦片。与魏源并称"龚魏"，为近代著名启蒙思想家。其诗笔力矫健，自成一家。有《定庵集》。

落红不是无情物，化作春泥更护花。

己亥杂诗　其五①

浩荡离愁白日斜，吟鞭东指即天涯。②
落红不是无情物，化作春泥更护花。③

①己亥：道光十九年（1839）。

②浩荡：离别愁绪很深广。吟鞭：诗人的马鞭。即天涯：意谓离开京城有如到了天涯海角。

③落红：落花。更：还要。

龚自珍的《己亥杂诗》共创作了三百一十五首，这是第五首，写诗人离京的感怀。前两句写离开京城时的沉郁心情，因为诗人此时已辞去礼部主事的官职，南归故里。"落红不是无情物，化作春泥更护花"两句，诗人笔锋一转，以落红自况，表达甘愿牺牲自己，为国家培养新生力量的志向和决心，由抒发离别之情转入抒发报国之志。这两句反用陆游《卜算子·咏梅》词中名句"零落成泥碾作尘，只有香如故"，但意蕴更加回环深广，境界更加高迈洒脱，充分表达出诗人不甘消极沉默、碌碌无为的壮怀，成为传世名句。落花本无情，诗人偏说它"不是无情物"，这就是"以我观物"的移情手法。

我劝天公重抖擞，不拘一格降人才。

己亥杂诗　　其一二五

九州生气恃风雷，万马齐喑究可哀。①
我劝天公重抖擞，不拘一格降人才。②

　　①九州：中国。生气：生气勃勃的局面。恃（shì）：依靠。万马齐喑（yīn）：比喻社会政局毫无生气。喑，哑。究：终究，毕竟。

　　②天公：天的泛称，暗指皇帝。重：重新。抖擞：振作精神。降：降生。

　　这是《己亥杂诗》中的第一百二十五首，是一首出色的政治诗。全诗脉络清晰，层次分明：作者一上来就厉声指出，中国的现状必须来一场风雷激荡般的变革。原因就是整个国家已处在万马齐暗、死气沉沉的困境中，如果不尽早改变此毫无生气的现实，国家民族就会日益衰亡。如何扭转这一颓势呢？作者鲜明地提出自己的主张，那就是靠人才来兴国。打破旧有的用人标准，及早地发现人才，破格荐用人才，因为社会国家的进步是靠各界英才来推动的。诗歌说理的成分虽然多了一点，但寓意深刻，逻辑缜密，气势磅礴，其拳拳之心足以折服广大读者。成语"万马齐喑""不拘一格"皆出自本篇。

张维屏

张维屏（1780—1859），字子树，广东番禺人。道光二年（1822）进士，官至南康知府。精通经义、诗文、词曲、书法、医学，诗歌代表作《三元里》《三将军歌》等，反映鸦片战争中的抗敌英杰。著有《听松庐诗钞》等。

千红万紫安排著，只待新雷第一声。

新雷

造物无言却有情，每于寒尽觉春生。①
千红万紫安排著，只待新雷第一声。②

①造物无言：语出《论语·阳货》："天何言哉！四时行焉，百物生焉。"造物，就是天。

②千红万紫：形容百花竞艳的景象。安排著（zhuó）：安排到，安排好了。

本篇约作于道光四年（1824）初春，时值鸦片战争前十余年。当时清政权腐败黑暗，西方的鸦片贸易日益猖獗。士大夫目睹这内外交困的局势，既焦急不安，又渴望新局面的到来。《新雷》正是这种破旧立新情绪的产物。新雷，就是春天的第一声雷。新雷一响，就代表春天来临，万象更新。诗用拟人手法，写新雷炸响之前的酝酿过程，老天虽不说话，但通情达理，顺着人们的愿望，把春天一切美好的事物都安排好了，就等第一声新雷正式启动春天。"千红万紫安排著，只待新雷第一声"写出了诗人渴望美好春天尽快到来的急迫心情，以及春天即将来临的喜悦。"新雷第一声"现在常用来表示新事物的来临或者好事情的启动。

高鼎

高鼎（1828—1879），字象一，又字拙吾，仁和（今浙江杭州）人。清末诗人，自幼从外祖父孙麟学诗，一生未曾为官，曾为椎署文员，太平军攻杭州，逃至宁波以教书为生。有《拙吾诗文稿》。

儿童散学归来早，忙趁东风放纸鸢。

村居

草长莺飞二月天，拂堤杨柳醉春烟。[①]
儿童散学归来早，忙趁东风放纸鸢。[②]

①拂堤杨柳：杨柳抚摸堤岸。醉：迷醉，陶醉。春烟：春天水泽、草木间蒸发形成的烟雾般的水气。
②散学：放学。纸鸢：是一种纸做的、形状像老鹰的风筝。鸢，老鹰。

本篇作于同治二年（1863）二月。高鼎是杭州人，为躲避家乡的太平天国战乱，逃到宁波乡下以教书为生。春二月的一个下午放学后，诗人观察到孩子们抢着放风筝的画面，想到远离战争的地方，孩子们是多么快乐，用《村居》这首诗勾画出一幅生机勃勃、色彩缤纷、欢乐祥和的"乐春图"。一、二句写自然景物，三、四句写人的活动，美丽的自然景物与可爱的儿童组成和谐的画面。在这幅图画里，诗人把散学归来、迫不及待地放风筝的儿童作为主角，"忙趁"二字体现诗人完全站在儿童的立场，把那份童真与浪漫表现得十分逼真。诗人采用了动静结合的手法，将早春二月的勃勃生机展露无遗。本诗落笔明朗，用词洗练，全诗洋溢着欢快的情绪，字里行间透出了诗人对春天来临的喜悦和赞美。

佚名

三更灯火五更鸡，正是男儿读书时。

劝学诗

三更灯火五更鸡，正是男儿立志时。^①
黑发不知勤学早，白头方悔读书迟。^②

①三更灯火：三更半夜灯火不熄。五更鸡：天快亮时，鸡啼叫。

②黑发：指少年。白首：指老人。

这是清代的一首诗，作者无名氏，最早用颜体字写成，常被误霜天竞自由。怅寥廓，问苍茫大地，谁主沉浮？ 携来百侣曾游，忆往昔峥嵘岁月稠。恰同学少年，风华正茂；书生意气，挥斥方遒。指点江山，激扬文字，粪土当年万户侯。曾记否，到中流击水，浪遏飞舟！

（1925年晚秋）

烟雨莽苍苍，龟蛇锁大江。

菩萨蛮·黄鹤楼

茫茫九派流中国，沉沉一线穿南北。烟雨莽苍苍，龟蛇锁大江。 黄鹤知何去？剩有游人处。把酒酹滔滔，心潮逐浪高！

（1927年春）

敌军围困万千重，我自岿然不动。

西江月·井冈山

山下旌旗在望，山头鼓角相闻。敌军围困万千重，我自岿然不动。 早已森严壁垒，更加众志成城。黄洋界上炮声隆，报道敌军宵遁。

（1928年9月）

附编一：毛泽东诗词四十首

埋骨何须桑梓地，人生无处不青山。

七绝·改诗赠父亲

孩儿立志出乡关，学不成名誓不还。
埋骨何须桑梓地，人生无处不青山。

（1910年秋）

自信人生二百年，会当水击三千里。

七古·残句

自信人生二百年，会当水击三千里。

（1917年）

指点江山，激扬文字，粪土当年万户侯。

沁园春·长沙

独立寒秋，湘江北去，橘子洲头。看万山红遍，层林尽染；漫江碧透，百舸争流。鹰击长空，鱼翔浅底，万类作颜真卿诗。前两句通过对学习环境的描写来表达年少读书时应该勤奋，后两句通过头发颜色变化来表达年长时读书已晚，劝勉青少年要珍惜少壮年华，勤奋学习，有所作为，否则到老一事无成，后悔已晚。"三更灯火五更鸡"已用为成语，意思是三更灯火不熄，五更鸡叫起床，形容勤学苦练。

洒向人间都是怨，一枕黄粱再现。

清平乐·蒋桂战争

风云突变，军阀重开战。洒向人间都是怨，一枕黄粱再现。　　红旗跃过汀江，直下龙岩上杭。收拾金瓯一片，分田分地真忙。

（1929年秋）

人生易老天难老。

采桑子·重阳

人生易老天难老，岁岁重阳，今又重阳，战地黄花分外香。　　一年一度秋风劲，不似春光，胜似春光，寥廓江天万里霜。

（1929年10月）

赤橙黄绿青蓝紫，谁持彩练当空舞？

菩萨蛮·大柏地

赤橙黄绿青蓝紫，谁持彩练当空舞？雨后复斜阳，关山阵阵苍。　　当年鏖战急，弹洞前村壁。装点此关山，今朝更好看。

（1933年夏）

踏遍青山人未老，风景这边独好。

清平乐·会昌

东方欲晓，莫道君行早。踏遍青山人未老，风景这边独好。　　会昌城外高峰，颠连直接东溟。战士指看南粤，更加郁郁葱葱。

（1934年）

惊回首，离天三尺三。

十六字令三首

【其一】山，快马加鞭未下鞍。惊回首，离天三尺三。
【其二】山，倒海翻江卷巨澜。奔腾急，万马战犹酣。
【其三】山，刺破青天锷未残。天欲堕，赖以拄其间。

（1934年至1935年）

雄关漫道真如铁，而今迈步从头越。

忆秦娥·娄山关

西风烈，长空雁叫霜晨月。霜晨月，马蹄声碎，喇叭声咽。　　雄关漫道真如铁，而今迈步从头越。从头越，苍山如海，残阳如血。

（1935年2月）

红军不怕远征难，万水千山只等闲。

七律·长征

红军不怕远征难，万水千山只等闲。
五岭逶迤腾细浪，乌蒙磅礴走泥丸。
金沙水拍云崖暖，大渡桥横铁索寒。
更喜岷山千里雪，三军过后尽开颜。

（1935年10月）

不到长城非好汉，屈指行程二万。
今日长缨在手，何时缚住苍龙？

清平乐·六盘山

天高云淡，望断南飞雁。不到长城非好汉，屈指行程
二万。　　六盘山上高峰，红旗漫卷西风。今日长缨在
手，何时缚住苍龙？

（1935年10月）

谁敢横刀立马？唯我彭大将军。

六言诗·给彭德怀同志

山高路远坑深，大军纵横驰奔。
谁敢横刀立马？唯我彭大将军。

（1935年10月19日）

横空出世，莽昆仑，阅尽人间春色。

念奴娇·昆仑

横空出世，莽昆仑，阅尽人间春色。飞起玉龙三百万，搅得周天寒彻。夏日消溶，江河横溢，人或为鱼鳖。千秋功罪，谁人曾与评说？　　而今我谓昆仑，不要这高，不要这多雪。安得倚天抽宝剑，把汝裁为三截？一截遗欧，一截赠美，一截还东国。太平世界，环球同此凉热。

（1935年10月）

数风流人物，还看今朝。

沁园春·雪

北国风光，千里冰封，万里雪飘。望长城内外，惟余莽莽；大河上下，顿失滔滔。山舞银蛇，原驰蜡象，欲与天公试比高。须晴日，看红装素裹，分外妖娆。　　江山如此多娇，引无数英雄竞折腰。惜秦皇汉武，略输文采；唐宗宋祖，稍逊风骚。一代天骄，成吉思汗，只识弯弓射大雕。俱往矣，数风流人物，还看今朝。

（1936年2月）

牢骚太盛防肠断，风物长宜放眼量。

七律·和柳亚子先生

饮茶粤海未能忘，索句渝州叶正黄。

三十一年还旧国，落花时节读华章。
牢骚太盛防肠断，风物长宜放眼量。
莫道昆明池水浅，观鱼胜过富春江。

（1949年4月19日）

天若有情天亦老，人间正道是沧桑。

七律·人民解放军占领南京

钟山风雨起苍黄，百万雄师过大江。
虎踞龙盘今胜昔，天翻地覆慨而慷。
宜将剩勇追穷寇，不可沽名学霸王。
天若有情天亦老，人间正道是沧桑。

（1949年4月23日）

一唱雄鸡天下白。

浣溪沙·和柳亚子先生

一九五零年国庆观剧，柳亚子先生即席赋《浣溪沙》，因步其韵奉和。

长夜难明赤县天，百年魔怪舞翩跹，人民五亿不团圆。
一唱雄鸡天下白，万方乐奏有于阗，诗人兴会更无前。

（1950年10月）

往事越千年，魏武挥鞭。

浪淘沙·北戴河

大雨落幽燕，白浪滔天，秦皇岛外打鱼船。一片汪洋都不见，知向谁边？　　往事越千年，魏武挥鞭，东临碣石有遗篇。萧瑟秋风今又是，换了人间。

（1954年夏）

不管风吹浪打，胜似闲庭信步。

水调歌头·游泳

才饮长沙水，又食武昌鱼。万里长江横渡，极目楚天舒。不管风吹浪打，胜似闲庭信步，今日得宽余。子在川上曰：逝者如斯夫！　　风樯动，龟蛇静，起宏图。一桥飞架南北，天堑变通途。更立西江石壁，截断巫山云雨，高峡出平湖。神女应无恙，当惊世界殊。

（1956年6月）

忽报人间曾伏虎，泪飞顿作倾盆雨。

蝶恋花·答李淑一

我失骄杨君失柳，杨柳轻飏直上重霄九。问讯吴刚何所有，吴刚捧出桂花酒。　　寂寞嫦娥舒广袖，万里长空且为忠魂舞。忽报人间曾伏虎，泪飞顿作倾盆雨。
（1957年5月11日）

坐地日行八万里，巡天遥看一千河。
春风杨柳万千条，六亿神州尽舜尧。

七律二首·送瘟神

其一

绿水青山枉自多，华佗无奈小虫何！
千村薜荔人遗矢，万户萧疏鬼唱歌。
坐地日行八万里，巡天遥看一千河。
牛郎欲问瘟神事，一样悲欢逐逝波。

其二

春风杨柳万千条，六亿神州尽舜尧。
红雨随心翻作浪，青山著意化为桥。
天连五岭银锄落，地动三河铁臂摇。
借问瘟君欲何往，纸船明烛照天烧。
（1958年7月1日）

为有牺牲多壮志，敢教日月换新天。

七律·到韶山

别梦依稀咒逝川，故园三十二年前。
红旗卷起农奴戟，黑手高悬霸主鞭。
为有牺牲多壮志，敢教日月换新天。

喜看稻菽千重浪，遍地英雄下夕烟。

（1959年6月25日）

云横九派浮黄鹤，浪下三吴起白烟。

七律 · 登庐山

一山飞峙大江边，跃上葱茏四百旋。
冷眼向洋看世界，热风吹雨洒江天。
云横九派浮黄鹤，浪下三吴起白烟。
陶令不知何处去，桃花源里可耕田？

（1959年6月29日）

我欲因之梦寥廓，芙蓉国里尽朝晖。

七律 · 答友人

九嶷山上白云飞，帝子乘风下翠微。
斑竹一枝千滴泪，红霞万朵百重衣。
洞庭波涌连天雪，长岛人歌动地诗。
我欲因之梦寥廓，芙蓉国里尽朝晖。

（1961年）

中华儿女多奇志，不爱红装爱武装。

七绝·为女民兵题照

飒爽英姿五尺枪，曙光初照演兵场。
中华儿女多奇志，不爱红装爱武装。

（1961年）

天生一个仙人洞，无限风光在险峰。

为李进同志题所摄庐山仙人洞照

暮色苍茫看劲松，乱云飞渡仍从容。
天生一个仙人洞，无限风光在险峰。

（1961年9月9日）

博大胆识铁石坚，刀光剑影任翔旋。
鉴湖越台名士乡，忧忡为国痛断肠。

七绝二首·纪念鲁迅八十寿辰

其一

博大胆识铁石坚，刀光剑影任翔旋。
龙华喋血不眠夜，犹制小诗赋管弦。

其二

鉴湖越台名士乡，忧忡为国痛断肠。
剑南歌接秋风吟，一例氤氲入诗囊。

（1961年9月25日）

待到山花烂漫时，她在丛中笑。

卜算子·咏梅

风雨送春归，飞雪迎春到。已是悬崖百丈冰，犹有花枝俏。   俏也不争春，只把春来报。待到山花烂漫时，她在丛中笑。

（1961年12月）

梅花欢喜漫天雪，冻死苍蝇未足奇。

七律·冬云

雪压冬云白絮飞，万花纷谢一时稀。
高天滚滚寒流急，大地微微暖气吹。
独有英雄驱虎豹，更无豪杰怕熊罴。
梅花欢喜漫天雪，冻死苍蝇未足奇。

（1962年12月26日）

一万年太久，只争朝夕。

满江红·和郭沫若同志

小小寰球，有几个苍蝇碰壁。嗡嗡叫，几声凄厉，几声抽泣。蚂蚁缘槐夸大国，蚍蜉撼树谈何易。正西风落叶下长安，飞鸣镝。   多少事，从来急；天地转，光阴迫。一万年太久，只争朝夕。四海翻腾云水怒，五洲震荡风雷激。要扫除一切害人虫，全无敌。

（1963年1月）

君今不幸离人世，国有疑难可问谁？

七律·吊罗荣桓同志

记得当年草上飞，红军队里每相违。
长征不是难堪日，战锦方为大问题。
斥鷃每闻欺大鸟，昆鸡长笑老鹰非。
君今不幸离人世，国有疑难可问谁？

（1963年12月）

世上无难事，只要肯登攀。

水调歌头·重上井冈山

久有凌云志，重上井冈山。千里来寻故地，旧貌变新颜。到处莺歌燕舞，更有潺潺流水，高路入云端。过了黄洋界，险处不须看。　　风雷动，旌旗奋，是人寰。三十八年过去，弹指一挥间。可上九天揽月，可下五洋捉鳖，谈笑凯歌还。世上无难事，只要肯登攀。

（1965年5月）

念奴娇·鸟儿问答

鲲鹏展翅，九万里，翻动扶摇羊角。背负青天朝下看，都是人间城郭。炮火连天，弹痕遍地，吓倒蓬间雀。怎么得了，哎呀我要飞跃。　借问君去何方，雀儿答道：有仙山琼阁。不见前年秋月朗，订了三家条约。还有吃的，土豆烧熟了，再加牛肉。不须放屁！试看天地翻覆。

（1965年5月）

附编二：近现代诗词二十九首

宰相有权能割地，孤臣无力可回天。

离台诗　其一
丘逢甲

宰相有权能割地，孤臣无力可回天。
扁舟去作鸱夷子，回首河山意黯然。

（1895年7月）

四百万人同一哭，去年今日割台湾！

春愁
丙申稿，清光绪二十二年作
丘逢甲

春愁难遣强看山，往事惊心泪欲潸。
四百万人同一哭，去年今日割台湾！

注：四百万人，台湾人口合闽粤籍约四百万人也。

（1896年5月5日）

我自横刀向天笑，去留肝胆两昆仑。

狱中题壁

谭嗣同

望门投止思张俭，忍死须臾待杜根。
我自横刀向天笑，去留肝胆两昆仑。

（1898年9月）

亘古男儿一放翁！
谁怜爱国千行泪，说到胡尘意不平。

读《陆放翁集》

梁启超

其一

诗界千年靡靡风，兵魂销尽国魂空。
集中什九从军乐，亘古男儿一放翁！

按：中国诗家无不言从军苦者，惟放翁则慕为国殇，至老不衰。

其二

辜负胸中十万兵，百无聊赖以诗鸣。
谁怜爱国千行泪，说到胡尘意不平。

按：放翁集中胡尘等字，凡数十见，盖南渡之音也。

（1899年）

身不得，男儿列；心却比，男儿烈！

满江红

秋瑾

小住京华，早又是、中秋佳节。为篱下黄花开遍，秋容如拭。四面歌残终破楚，八年风味徒思浙。苦将侬、强派作蛾眉，殊未屑！　　身不得，男儿列；心却比，男儿烈！算平生肝胆，因人常热。俗子胸襟谁识我？英雄末路当磨折。莽红尘，何处觅知音，青衫湿！

（1903年）

休言女子非英物，夜夜龙泉壁上鸣。

鹧鸪天

秋瑾

祖国沉沦感不禁，闲来海外寻知音。金瓯已缺总须补，为国牺牲敢惜身？　　嗟险阻，叹飘零。关山万里作雄行。休言女子非英物，夜夜龙泉壁上鸣。

（1904年）

拼将十万头颅血，须把乾坤力挽回。

黄海舟中日人索句并见日俄战争地图
秋瑾

万里乘风去复来，只身东海挟春雷。
忍看图画移颜色，肯使江山付劫灰？
浊酒不销忧国泪，救时应仗出群才。
拼将十万头颅血，须把乾坤力挽回。

（1905年）

一腔热血勤珍重，洒去犹能化碧涛。

对酒
秋瑾

不惜千金买宝刀，貂裘换酒也堪豪。
一腔热血勤珍重，洒去犹能化碧涛。

（1905年）

最是人间留不住，朱颜辞镜花辞树。

蝶恋花
王国维

阅尽天涯离别苦，不道归来，零落花如许。花底相看无
一语，绿窗春与天俱暮。　　待把相思灯下诉，一缕新

欢，旧恨千千缕。最是人间留不住，朱颜辞镜花辞树。

（1905年）

我有一言应记取，文章得失不由天。

别诸弟三首　其三
鲁迅

从来一别又经年，万里长风送客船。
我有一言应记取，文章得失不由天。

（1900年春）

我以我血荐轩辕。

自题小像
鲁迅

灵台无计逃神矢，风雨如磐暗故园。
寄意寒星荃不察，我以我血荐轩辕。

（1901年）

梦里依稀慈母泪，城头变幻大王旗。

无题
鲁迅

惯于长夜过春时，挈妇将雏鬓有丝。

梦里依稀慈母泪，城头变幻大王旗。
忍看朋辈成新鬼，怒向刀丛觅小诗。
吟罢低眉无写处，月光似水照缁衣。

（1931年2月）

无情未必真豪杰。

答客诮
鲁迅

无情未必真豪杰，怜子如何不丈夫？
知否兴风狂啸者，回眸时看小於菟。

（1931年2月）

横眉冷对千夫指，俯首甘为孺子牛。

自嘲
鲁迅

运交华盖欲何求，未敢翻身已碰头。
破帽遮颜过闹市，漏船载酒泛中流。
横眉冷对千夫指，俯首甘为孺子牛。
躲进小楼成一统，管他冬夏与春秋。

（1932年10月12日）

岂有豪情似旧时，花开花落两由之。

悼杨铨
鲁迅

岂有豪情似旧时，花开花落两由之。
何期泪洒江南雨，又为斯民哭健儿。

（1933年6月21日）

度尽劫波兄弟在，相逢一笑泯恩仇。

题三义塔
题注：1933年作
鲁迅

序：三义塔者，中国上海闸北三义里遗鸠埋骨之塔也，在日本，农人共建之。

奔霆飞熛歼人子，败井残垣剩饿鸠。
偶值大心离火宅，终遗高塔念瀛洲。
精禽梦觉仍衔石，斗士诚坚共抗流。
度尽劫波兄弟在，相逢一笑泯恩仇。

（1933年6月21日）

于无声处听惊雷。

无题
鲁迅

万家墨面没蒿莱，敢有歌吟动地哀。
心事浩茫连广宇，于无声处听惊雷。

（1934年5月30日）

曾因酒醉鞭名马，生怕情多累美人。

钓台题壁
郁达夫

不是樽前爱惜身，伴狂难免假成真。
曾因酒醉鞭名马，生怕情多累美人。
劫数东南天作孽，鸡鸣风雨海扬尘。
悲歌痛哭终何补，义士纷纷说帝秦。

（1931年1月23日）

会当立马扶桑顶，扫穴犁庭再誓师。

乱离杂诗　其十一
郁达夫

千里驰驱自觉痴，苦无灵药慰相思。
归来海角求凰日，却是隆中抱膝时。

一死何难仇未复，百身可赎我奚辞。
会当立马扶桑顶，扫穴犁庭再誓师。

（1938年12月）

还卿一钵无情泪，恨不相逢未剃时。

本事诗　其一
苏曼殊

乌舍凌波肌似雪，亲持红叶索题诗。
还卿一钵无情泪，恨不相逢未剃时。

（1909年）

温柔乡是英雄冢。

哀沈阳
马君武

赵四风流朱五狂，翩翩蝴蝶最当行。
温柔乡是英雄冢，那管东师入沈阳。

（1931年）

面壁十年图破壁，难酬蹈海亦英雄。

无题
周恩来

大江歌罢掉头东，邃密群科济世穷。
面壁十年图破壁，难酬蹈海亦英雄。

（1917年9月）

国破尚如此，我何惜此头！

就义诗
吉鸿昌

恨不抗日死，留作今日羞。
国破尚如此，我何惜此头！

（1934年11月24日）

此去泉台招旧部，旌旗十万斩阎罗。

梅岭三章
陈毅

其一

断头今日意如何？创业艰难百战多。
此去泉台招旧部，旌旗十万斩阎罗。

其二

南国烽烟正十年，此头须向国门悬。

后死诸君多努力，捷报飞来当纸钱。

其三
投生革命即为家，血雨腥风应有涯。
取义成仁今日事，人间遍种自由花。
（1936年冬）

大雪压青松，青松挺且直。

青松
陈毅

大雪压青松，青松挺且直。
要知松高洁，待到雪化时。
（1960年冬）

葬我于高山之上兮，望我大陆。

望大陆
于右任

葬我于高山之上兮，望我故乡；
故乡不可见兮，永不能忘。
葬我于高山之上兮，望我大陆；
大陆不可见兮，只有痛哭。
天苍苍，野茫茫，山之上，国有殇！
（1962年1月24日）

原后记

仿佛一眨眼，《中国诗词大会》已经举办三季了。读者朋友们知道，《中国诗词大会》在全国掀起了巨大的爱诗词、学诗词的热潮，也多次得到中央领导的点名表扬。因为古代诗词是中华优秀传统文化的一张名片，本来就属于中国人特有的文化基因。曾几何时，不敢想象，唐诗宋词这种古老典雅的文化能重新流行在大众生活中。《中国诗词大会》不仅激活了普通大众的诗词文化基因，也造就了几位"诗词文化明星"：美丽睿智的主持人董卿老师，多才而幽默的康震老师，稳重而深厚的王立群老师，江南才子郦波老师，伶牙俐齿的蒙曼老师，还有一批选手也成了明星级"诗词达人"。

《中国诗词大会》也让我的名字为大众所知，尽管我是一个幕后工作者。这得感谢诗词，感谢《中国诗词大会》，更要感谢总导演颜芳女士。三年前央视为了响应习近平总书记关于诗词是"中华民族文化基因"的论述，准备办个大型诗词类节目，由教育部下达文件给全国诗词研究实力最强的二十所高校，要求每校推荐两名擅长诗词的专家，在一起研讨并遴选。记得是2015年6月2号在上海大学，由教育部领导主持会议，最后遴选了十位命题专家（第二季后缩减为八位），加上四位来自"百家讲坛"的点评嘉宾，再加上主持人董卿老师和央视导演组，组成了"中国诗词大会团队"。可以说，我们小小的"团队"做出了惊天动地的事业，改变了中国的文化氛围。我们为祖国的文化事业，为弘扬中华优秀传统文化做出了突出贡献，我为此感到无比自豪！我的主要任务是为《中国诗词大会》命题，让我深感荣幸并感谢的是，总导演颜芳在征求各位专家意见及请示领导后，还任命我担任学术总负责人，全程深度参与该节目，对节目各个环节进行学术把关，专家有不同的学术观点时也以我的看法为最后结论。如果说，我算一匹"诗词千里马"，那颜芳总导演就是"诗词伯乐"。

我本是研究唐宋诗词的学者，如果要问我有什么特出的地方，我个人觉得有三点：其一，绝大多数学者要么擅长版本考证，要么擅长艺术分析，而我是两者兼擅，尤其是我能背诵诗词一万多首，又精通与诗词紧密相关的音乐理论；其二，我对不同阶段的学生的知识储备有一个较为全面的了解，因为我做过小学教师，做过初中教师，做过高中教师，做过中专教师，做过大专教师，做过本科教师，做过硕士生导师，做过博士生导师，这一经历，全国恐怕难找第二人；其三，我把《中国诗词大会》当作"历史担当"的伟大事业来做，希望借助这个最高的媒体平台来报效祖国、奉献国民。因为我觉得我当了三十多年教师，只能影响几千学生，我写的学术著作和论文最多也只有几千人看，但《中国诗词大会》在央视一套等多个频道反复播出，将会影响几亿人，帮助和引导几亿人！所以我有很强的敬业精神，只要有任务，无论是白天夜里、吃饭还是睡觉的时间，我都以最快的速度完成，我自感为《中国诗词大会》付出了巨大的心血，也发挥了我特有的智能。因为我的贡献，颜芳总导演称我是《中国诗词大会》的"定海神针"，王立群老师称我是"坑神"，康震老师称我是"大拿"，董卿老师说"我永远会记得在冬日的暖阳下，李定广老师和我谈论诗词的美好场景"。这些都是我人生的一段美好记忆。

这本书是我受总导演委托，为《中国诗词大会》选定的命题范围诗词，从第一季到第二季再到第三季，内容逐步有所扩展，总共约400首，是《中国诗词大会》命题的主要依据。我认为这400首左右的诗词是中国诗词最经典的名篇，是中国人应该掌握的、必备的诗词经典。本书以经典名句为纲，按照作者生年顺序编排，包含"作者简介""原作""注释""赏析"几部分，除了自己的研究心得外，也吸收了学界最新学术成果，代表了目前学界的最新学术动态，但又注重深入浅出、言简意赅，力求适合各个不同层次的读者需要。需要特别说明的是，近几年来市面上各种诗词类图书很多，本是好事，但泥沙俱下，良莠不齐，有的错误百出，误导孩子和家长。希望本书能成为广大家长、孩子以及社会大众最佳的诗词读本。

因为这本书是我在《中国诗词大会》工作内容的一部分，所以这里一并感谢多次来现场慰问我的央视科教频道阚兆江总监、梁红副总监，感谢节目组与我并肩战斗的战友们！感谢央视颜芳总导演和华蕾蕾主任的出版授权，感谢东方出版中心鲁培康编审的辛勤劳动！此外，我指导的博士生左福生、叶汝骏，硕士生王洁、王婷婷、朱俊声、宋炎宏、冯云霄、龙慧文，以及熊瑶、李能知等，均协助我不少工作，在此一并致谢。

李定广于丁酉年冬（2017年）

李定广 —— 著

中国诗词 名篇赏析

上册

中华书局

图书在版编目（CIP）数据

中国诗词名篇赏析：全二册/李定广著. —北京：中华书局，
2025.9. —ISBN 978-7-101-17250-8

Ⅰ.I207.2

中国国家版本馆 CIP 数据核字第 2025H24G80 号

书　　名	中国诗词名篇赏析（全二册）	
著　　者	李定广	
责任编辑	傅　可　刘德辉	
封面设计	刘　丽	
责任印制	陈丽娜	
出版发行	中华书局	
	（北京市丰台区太平桥西里 38 号　100073）	
	http://www.zhbc.com.cn	
	E-mail：zhbc@zhbc.com.cn	
印　　刷	三河市中晟雅豪印务有限公司	
版　　次	2025 年 9 月第 1 版	
	2025 年 9 月第 1 次印刷	
规　　格	开本/710×1000 毫米　1/16	
	印张 53¾　插页 4　字数 310 千字	
印　　数	1-5000 册	
国际书号	ISBN 978-7-101-17250-8	
定　　价	148.00 元	

前　言

央视《中国诗词大会》掀起了全民诗词热潮，把古诗词从边缘地带推入了社会大广场，成为社会大众学习、谈论的重要内容。随之而来的问题是，如何有效地开展诗词的学习与教学，以适应时代的潮流。

"古诗词"与"古文"不同

有的人把"古诗词"与"古文"相混淆，以为古诗词也是古文，这很不妥，反映出其对古诗词的基本特点把握不清。

"古诗词"广义上主要包含诗、词、散曲三大类。古诗词是中华审美文化的精粹，其外在特点主要表现在三个方面：一是富有音乐性或音乐美，尤其是节奏美；二是形式固定，诗歌语言齐整，词曲语言虽不齐整但格式固定；三是语言凝练。其最主要的内在特点是抒情性和意境美。"古文"又称为文言文，其所用的语言是"文言"，而诗词的语言则介于文言与白话之间。有老师常说唐宋诗词是用文言文写的，其实不对。毛泽东诗词以及我们当代人创作的诗词，语言上与唐宋诗词没太大差别。与诗词相比，"古文"以思想内容见长，但生僻难懂的语词较多，语法结构也更复杂，特别是常用"之乎者也"之类的结构和语气虚词，变化很多，在美感和"天然吸引力"方面远不及古诗词。古诗词的上述特点，古文基本不具备；古文的上述特点，古诗词也基本不具备：在性质和特点上二者差异很大。因而在教学和学习的方法上二者也不应相同，古诗词教学特别重视大声朗诵和背诵以及整体诗意的把握，古文教学则更重视小声读和默读以及字词句段的分解。因此，切不可将"诗词"与"古文"混为一谈。

学习古诗词有什么用

如果从眼前的实用性来看，学习古诗词除了应付考试，似乎看不出有太多的用处。实际上，学习古诗词，至少在四个方面"有用"：一是审美教育。人类除了物质需求，在精神需求上最主要的追求是真、善、美。而古诗词就是融真善美为一体，又以"美"为最突出的特点。尤其是其中的节奏美和意境美，颇能提升孩子对"美"的感觉和领悟能力。二是人格教育。诵读欣赏古诗词，有助于提升孩子的人文情怀和人格修养。古代伟大文人的高尚情操和人格力量，通过古诗词能感染激发孩子的心灵。读"少壮不努力，老大徒伤悲""男儿须读五车书"这样的励志诗，可以激发孩子的奋斗精神；读杜甫、罗隐、陆游、文天祥等人的爱国诗，很少有不被感染的；读孟郊的孝亲诗"谁言寸草心，报得三春晖"，大都会流下热泪；读白居易《观刈麦》，郑板桥的"衙斋卧听萧萧竹，疑是民间疾苦声。些小吾曹州县吏，一枝一叶总关情"，会对古代这些关爱人民的官员发自肺腑地敬佩。三是气质和修养的提升。所谓"腹有诗书气自华"，学古诗词能提升孩子的气质和修养是无须多作解释的。四是语言能力的提升。古诗词语言凝练，是汉语浓缩的精华，又没有古文那么难读，常读古诗词，孩子的口头表达以及书面表达能力会大大提升。

如何学习古诗词

学诗词要从娃娃抓起，然而不同年龄段的教学与学习方法也要有所变化。我把从小学到研究生各个阶段学习诗词的重点概括为由低到高的五个层次：认读加背诵——认知加背诵——理解加背诵——鉴赏加背诵——鉴赏加判断。诗词比古文要更容易记住，小孩子背诗词没什么不好，既可以感受节奏美，又可以促进记忆力提升。对于小学低年级学生来说，认读加背诵，感受诗词音韵之美；对于小学高年级学生来说，认知加背诵，感受诗词意蕴和意境之美；初中生要理解加背诵，适当学习诗词知识，比如朗诵要点、格律、修辞、典故等知识；高中生要鉴赏加背诵，更多地学习诗词知识，读懂诗词，知妙在何处，何以成为名篇名句，对于名句尤其要重点鉴赏；大学以上学生要鉴赏加判断，在对一首诗词进行鉴赏的基础上，能够做出审美判断，能判断一首诗词的优劣，并全面掌握诗词知识，及诗词艺术规律。

学生背诵诗词，特别需要注意的是，要学会正确的节奏和读音。古代五言诗的正确节奏是前二后三，古代七言诗的正确节奏是前四后三。古诗词的读音与平仄格律、韵脚、特殊含义等相关联，与读古文不是一回事，绝不能轻视或忽视读音问题。一旦读错，先入为主，以后很难纠正。譬如"遥看瀑布挂前川""相看两不厌""青鸟殷勤为探看"的"看"，都读第一声（平声），"分明怨恨曲中论"的"论"应读第二声（平声），等等。

总之，古诗词的学习，特别强调以"诵读"为基础，也就是大声地朗读和背诵，要能尽量多地背诵下来。加强古诗词诵读，实际上就是在练好优秀传统文化的"童子功"。

本书的特色和好处

中央电视台热播节目《中国诗词大会》自2016年开播以来至2025年已制作十季，其命题范围内的全部诗词约600首。这些诗词由该节目学术总负责人李定广选定并作注释赏析，编为《中国诗词名篇赏析》一书，最早由东方出版中心于2018年出版，受到广泛好评。本次对原书进行增订升级，主要有三方面：1.原书包含《中国诗词大会》第一至第三季诗词约400首，本书包含第一至第十季约600首；2.本书所有诗词都按照创作时间编年排列，并注明创作地，实际上是一部中华诗词编年系地史；3.原书中有个别不恰当或不准确的地方，本书均予以改正。

相比书店里林林总总的诗词类图书，本书有五大特色：

一、本书是中央电视台《中国诗词大会》节目的命题依据，所选诗词都是必须掌握的经典名篇名句。

二、以经典名句引领诗词。目录列诗词名句而不是篇名，且对名句有重点赏析，有助于读者查找和记忆诗词精华，增强读者的阅读兴趣。

三、每首诗词都考证出创作时间和创作地点，并按照创作时间先后排列，读者实际上是在读一部中华诗词史和每位诗人的创作史。

四、诗词的文字版本、读音，作家的生平简介以及诗词注释、赏析具有准确性和权威性。本书从学术严谨性出发，为广大读者提供一种权威、可靠的诗词读本。

五、赏析抓住要害，深入浅出。对诗词主旨、艺术特色的解说力求言简意赅，活泼平易；对经典名句的独特内涵、审美意义以及当代价值的赏析，使读者充分理解名句在不同时代的不同含义，从而能够正确使用。

阅读背诵本书，对读者，特别是中小学生有四大好处：

一、能让读者快速了解和掌握中国最为经典的诗词名篇名句。中国古诗词浩如烟海，知道哪些诗词是经典名篇，非常重要。本书的独特和创新之处就在于此，它让读者从一开始就由经典入门，掌握最经典的诗词名篇名句，赢在起跑线上。

二、能让读者掌握重要字词的正确读音、正确含义，纠正一些广为流传的错误。本书对关键词、易读错的字都有注音，对于容易产生误解的地方都有注释，读此书不仅使学生不犯错误，还能纠正社会上流行的一些读音和理解上的错误。

三、提升读者审美能力和鉴赏技巧。中考和高考语文试卷中，除了默写，还包含诗词鉴赏题，所以学生对于古典诗词的学习就不能仅限于背诵，而要上升到审美鉴赏的高度。本书的诗词赏析言简意赅、层层推进、脉络清晰，读者能从中学会诗词的鉴赏技巧。

四、为读者增强写作能力，增加写作素材。作文写不好的主要原因在于写作素材匮乏，缺少精彩的点睛之笔。借助恰当的诗词，由诗词延伸开去，会使作文的语言变得优美、文雅，为文章"画龙点睛"，并增加丰富的写作素材。

目 录

先秦至六朝编

唐宋编

230 白也诗无敌，飘然思不群。

231 翻手作云覆手雨。

232 读书破万卷，下笔如有神。

235 射人先射马，擒贼先擒王。

236 落日照大旗，马鸣风萧萧。

237 朱门酒肉臭，路有冻死骨。

241 清辉玉臂寒。

242 感时花溅泪，恨别鸟惊心。

243 人生七十古来稀。

244 夜雨剪春韭，新炊间黄粱。

246 绝代有佳人，幽居在空谷。

247 月是故乡明。

248 死别已吞声，生别常恻恻。

249 斯人独憔悴。

250 出师未捷身先死，长使英雄泪满襟！

251 自去自来梁上燕，相亲相近水中鸥。

252 润物细无声。

253 细雨鱼儿出，微风燕子斜。

254 花径不曾缘客扫，蓬门今始为君开。

256 留连戏蝶时时舞，自在娇莺恰恰啼。

256 语不惊人死不休。

257 此曲只应天上有。

258 安得广厦千万间，大庇天下寒士俱欢颜。

260 白日放歌须纵酒，青春作伴好还乡。

261 新松恨不高千尺，恶竹应须斩万竿。

262 两个黄鹂鸣翠柳，一行白鹭上青天。

263 群山万壑赴荆门。

264 万古云霄一羽毛。

265 孤舟一系故园心。

267 功盖三分国，名成八阵图。

267 男儿须读五车书。

268 无边落木萧萧下，不尽长江滚滚来。

269 星垂平野阔，月涌大江流。

270 亲朋无一字，老病有孤舟。

271 正是江南好风景，落花时节又逢君！

岑参

273 枕上片时春梦中，行尽江南数千里。

274 庭树不知人去尽，春来还发旧时花。

275 马上相逢无纸笔，凭君传语报平安。

276 功名只向马上取，真是英雄一丈夫！

277 忽如一夜春风来，千树万树梨花开。

278 一生大笑能几回，斗酒相逢须醉倒。

张志和

280 西塞山前白鹭飞，桃花流水鳜鱼肥。

刘方平

282 今夜偏知春气暖，虫声新透绿窗纱。

刘禹锡

324 晴空一鹤排云上，便引诗情到碧霄。

325 玄都观里桃千树，尽是刘郎去后栽。

326 天地英雄气，千秋尚凛然。

327 东边日出西边雨，道是无晴却有晴。

328 千淘万漉虽辛苦，吹尽狂沙始到金。

329 人世几回伤往事，山形依旧枕寒流。

330 旧时王谢堂前燕，飞入寻常百姓家。

331 沉舟侧畔千帆过，病树前头万木春。

333 唯有牡丹真国色，花开时节动京城。

334 蜻蜓飞上玉搔头。

335 莫道桑榆晚，为霞尚满天。

白居易

337 野火烧不尽，春风吹又生。

338 月明人倚楼。

339 在天愿作比翼鸟，在地愿为连理枝。

343 力尽不知热，但惜夏日长。

345 可怜身上衣正单，心忧炭贱愿天寒。

346 草萤有耀终非火，荷露虽团岂是珠。

348 试玉要烧三日满，辨材须待七年期。

349 可怜九月初三夜，露似真珠月似弓。

350 同是天涯沦落人，相逢何必曾相识。

353 人间四月芳菲尽，山寺桃花始盛开。

354 晚来天欲雪，能饮一杯无？

355 乱花渐欲迷人眼，浅草才能没马蹄。

356 令公桃李满天下，何用堂前更种花！

357 日出江花红胜火，春来江水绿如蓝。

柳宗元

358 孤舟蓑笠翁，独钓寒江雪。

359 欸乃一声山水绿。

360 春风无限潇湘意，欲采蘋花不自由。

崔护

361 人面桃花相映红。

崔郊

363 侯门一入深如海。

胡令能

365 路人借问遥招手，怕得鱼惊不应人。

元稹

367 曾经沧海难为水，除却巫山不是云。

369 不是花中偏爱菊，此花开尽更无花。

370 唯将终夜长开眼，报答平生未展眉。

顾夐

495　换我心，为你心，始知相忆深。

冯延巳

497　风乍起，吹皱一池春水。

李璟

499　青鸟不传云外信，丁香空结雨中愁。

李煜

501　离恨恰如春草，更行更远还生。

502　车如流水马如龙。

503　自是人生长恨水长东。

504　剪不断，理还乱，是离愁。别是一般滋味在心头。

504　流水落花春去也，天上人间！

505　问君能有几多愁？恰似一江春水向东流！

翁宏

507　落花人独立，微雨燕双飞。

佚名

509　春去花还在，人来鸟不惊。

寇准

511　举头红日近，回首白云低。

林逋

513　疏影横斜水清浅，暗香浮动月黄昏。

柳永

515　才子词人，自是白衣卿相。

516　杨柳岸、晓风残月。

518　衣带渐宽终不悔，为伊消得人憔悴。

519　有三秋桂子，十里荷花。

范仲淹

521　江上往来人，但爱鲈鱼美。

522　酒入愁肠，化作相思泪。

523　浊酒一杯家万里。

张先

524　心似双丝网，中有千千结。

525　云破月来花弄影。

晏殊

527　柳絮池塘淡淡风。

528　昨夜西风凋碧树，独上高楼，望尽天涯路。

529　无情不似多情苦，一寸还成千万缕。

530　无可奈何花落去，似曾相识燕归来。

张俞

531　遍身罗绮者，不是养蚕人。

宋祁

533　红杏枝头春意闹。

欧阳修

535　始知锁向金笼听，不及林间自在啼。

张孝祥

660 悠然心会，妙处难与君说。

张栻

662 春到人间草木知。

林升

664 山外青山楼外楼。

僧志南

666 吹面不寒杨柳风。

辛弃疾

668 求田问舍，怕应羞见，刘郎才气。

670 乘风好去，长空万里，直下看山河。

671 众里寻他千百度，蓦然回首，那人却在，灯火阑珊处。

672 青山遮不住，毕竟东流去。

673 君莫舞，君不见玉环飞燕皆尘土！

674 少年不识愁滋味，爱上层楼，爱上层楼，为赋新词强说愁。

675 最喜小儿无赖，溪头卧剥莲蓬。

676 沙场秋点兵。

677 稻花香里说丰年，听取蛙声一片。

678 我见青山多妩媚，料青山见我应如是。

679 千古兴亡多少事，悠悠，

679 不尽长江滚滚流。

680 想当年，金戈铁马，气吞万里如虎。

姜夔

682 波心荡，冷月无声。

684 长记曾携手处，千树压西湖寒碧。

685 春未绿，鬓先丝，人间别久不成悲。

翁卷

687 乡村四月闲人少，才了蚕桑又插田。

赵师秀

689 有约不来过夜半，闲敲棋子落灯花。

僧慧开

691 春有百花秋有月，夏有凉风冬有雪。

叶绍翁

693 春色满园关不住，一枝红杏出墙来。

694 知有儿童挑促织，夜深篱落一灯明。

吴文英

696 何处合成愁？离人心上秋。

697 落絮无声春堕泪，行云有影月含羞。

卢梅坡

699 梅须逊雪三分白，雪却输梅一段香。

金元明清编

735 但愿老死花酒间，不愿鞠躬
车马前。

杨慎

737 青山依旧在，几度夕阳红。

徐渭

739 消得春风多少力，带将儿辈
上青天。

戚继光

741 封侯非我意，但愿海波平！

孙承宗

743 画家不识渔家苦，好作寒江
钓雪图。

吴伟业

745 冲冠一怒为红颜。

王士禛

747 一人独钓一江秋。

查慎行

749 孤光一点萤。

纳兰性德

751 一生一代一双人，争教两处
销魂？

752 人生若只如初见。

753 当时只道是寻常。

755 风也萧萧，雨也萧萧，瘦尽
灯花又一宵。

756 聒碎乡心梦不成，故园无此声。

757 别有根芽，不是人间富贵花。

郑燮

759 千磨万击还坚劲，任尔东西
南北风！

760 些小吾曹州县吏，一枝一叶
总关情。

761 新竹高于旧竹枝，全凭老干
为扶持。

曹雪芹

762 一畦春韭绿，十里稻花香。

763 好风凭借力，送我上青云！

袁枚

765 苔花如米小，也学牡丹开。

766 春风如贵客，一到便繁华。

赵翼

767 江山代有才人出，各领风骚
数百年。

768 矮人看戏何曾见，都是随人
说短长。

黄景仁

769 百无一用是书生。

林则徐

771 苟利国家生死以，岂因祸福
避趋之。

龚自珍

773 落红不是无情物，化作春泥
更护花。

先秦至六朝编

佚名

日月光华，旦复旦兮。

卿云歌（节选）[1]

卿云烂兮，纠缦缦兮。[2]
日月光华，旦复旦兮。[3]

---

①《卿云歌》：出自《尚书大传》卷一，题目是后人所加。

②卿云：即庆云，一种彩云，古人视为祥瑞。卿，同"庆"。
烂：色彩鲜丽。纠：集结。缦缦（màn）：纡缓回旋的样子。

③旦复旦：光明复又光明。旦，明亮。

《卿云歌》是上古时期的歌谣。相传舜帝禅位给治水有功的大禹时，和百官同唱《卿云歌》，以"旦复旦"隐喻禅代。《卿云歌》曾两度被改编为中华民国国歌。复旦大学校名由名句"日月光华，旦复旦兮"而来，并且校歌也使用《卿云歌》。《卿云歌》共三首，这里节选的是第一首，是舜帝对"卿云"直接的赞美，也是全诗中传唱最广的部分。描写纡缓回旋之祥云集结下，舜将帝位禅让给禹，圣人光辉有如日月笼罩大地，大地一片光明，天下一片祥和。绚丽的祥云，光明的日月，暗喻舜帝教化广远，天下祥和。现在人们常用"日月光华，旦复旦兮"来表达对人生、事业的赞美和憧憬。

沧浪之水清兮，可以濯我缨。

孺子歌①

沧浪之水清兮，可以濯我缨。②
沧浪之水浊兮，可以濯我足。

①《孺子歌》：出自《孟子·离娄上》，又见于《楚辞·渔父》。
②沧浪：古水名，一般指汉水下游或其支流。浪，读 láng。濯：洗。缨：帽子两侧的带子。

这是春秋战国时期流传在汉水一带的民歌，富含哲理。大意是："如果沧浪河的水清澈，就可以用来洗我的帽带；如果沧浪河的水浑浊，就可以用来洗我的脚。"清水可以用来洗帽带，因为帽子戴在头上，需要干净；浊水可以用来洗脚，因为脚踩在地上，本来就比较脏。诗歌朴素的语言中潜藏着为人处世的大智慧：江水的清或浊是客观的环境，但是人可以灵活应对客观环境，顺应自然；人无论处在什么环境下，都要适应这个世界。古人解释这首诗，认为"清"比喻清明之世，"浊"比喻乱世，也很有道理。

山有木兮木有枝，心悦君兮君不知。

越人歌[①]

今夕何夕兮，搴舟中流。[②]
今日何日兮，得与王子同舟。
蒙羞被好兮，不訾诟耻。[③]
心几烦而不绝兮，得知王子。
山有木兮木有枝，心悦君兮君不知。

①《越人歌》：出自《说苑·善说》，又见于《玉台新咏》。
②搴（qiān）舟中流：驾着小舟到河中央。搴舟，挽舟。
③蒙羞被好：害羞地接受恩好。訾（zǐ）：非议。诟（gòu）耻：耻辱。

这首歌是由先秦越人所唱的越语歌翻译而来，是最早的译诗。歌词写得旖旎缠绵，优美动人。"山有木兮木有枝，心悦君兮君不知"两句，用比兴和谐音双关的手法，含蓄地表达了对眼前人的爱恋之情。"枝"谐音"知"。意思是："树木都有知，可你却没有'知'我对你的爱恋。"这两句后来成为写暗恋或单相思的名句，与《楚辞·湘夫人》中的名句"沅有芷兮澧有兰，思公子兮未敢言"有异曲同工之妙。

《诗经》

《诗经》是我国最早的一部诗歌总集，收集了西周初年至春秋中叶（公元前11世纪至前6世纪）约五百年间的诗歌，共三百一十一篇（其中六篇有目无诗），其中大部分是由采诗官从民间采集，加以整理后呈给君王，用以观察民风。《史记》认为《诗经》是孔子所编，即所谓"删诗说"，历代文人大都相信司马迁的说法。《诗经》奠定了中国文学的写实与抒情两个传统。

国　风

窈窕淑女，君子好逑。

关雎

关关雎鸠，在河之洲。窈窕淑女，君子好逑。①
参差荇菜，左右流之。窈窕淑女，寤寐求之。②
求之不得，寤寐思服。悠哉悠哉，辗转反侧。③
参差荇菜，左右采之。窈窕淑女，琴瑟友之。④
参差荇菜，左右芼之。窈窕淑女，钟鼓乐之。⑤

①关关：象声词，雌雄二鸟相互应和的叫声。雎鸠（jū jiū）：一种水鸟。洲：水中的陆地。窈窕（yǎo tiǎo）：娴静美好的样子。淑女：贤良美好的女子。淑，善良。好逑（hǎo qiú）：好的配偶。

②参差（cēn cī）：长短不齐的样子。荇（xìng）菜：水草类植物。圆叶细茎，根生水底，叶浮在水面，可供食用。左右流之：时而向左、时而向右地择取荇菜。这里是以求取荇菜隐喻追求"淑女"。流，求，指摘取；之，指荇菜。寤寐（wù mèi）：醒和睡，指日夜。

③思服：思念。服，想。悠哉悠哉：意为"悠悠"，就是长。这句是说思念绵绵不断。辗转反侧：翻覆不能入眠。

④琴瑟友之：弹琴鼓瑟来亲近她。琴、瑟，皆弦乐器。友，用作动词，亲近的意思。

⑤芼（mào）：择取，挑选。钟鼓乐之：敲钟击鼓使她快乐。乐，使动用法，使……快乐。一说读yào，一说读yuè。

《关雎》出自《诗经·周南》，也是《诗经》中的第一篇。孔子评价这首诗"乐而不淫，哀而不伤"（《论语·八佾》）。这首诗从古至今有不同的解读，现在通行的说法是写男女爱情。诗歌描写的是一男子在河边见到一个采摘荇菜的美丽娴静的姑娘，产生了强烈的爱慕之情，之后便日思夜想，想着怎样追求这位"淑女"。诗歌运用了比兴的手法，先写鸟之间的爱情，引出人之间的爱情。之后便一直描写男子对女子的念想，他希望能追求到美好的女子，却不知道女子的想法，所以担心得失眠。"窈窕淑女，君子好逑"成为写男子追求淑女的名句。

击鼓

击鼓其镗，踊跃用兵。土国城漕，我独南行。①
从孙子仲，平陈与宋。不我以归，忧心有忡。②
爰居爰处？爰丧其马？于以求之？于林之下。③
死生契阔，与子成说。执子之手，与子偕老。④
于嗟阔兮，不我活兮！于嗟洵兮，不我信兮！⑤

①镗（tāng）：象声词，鼓声。踊跃：欢欣鼓舞的样子。用兵：使用兵器。土国：在国都服筑城等劳役。土，土功；国，国都。城漕：修理漕城。

②孙子仲：即公孙文仲，字子仲，邶国将领。平陈与宋：平定陈与宋两国纠纷，使两国和好。不我以归：即"不以我归"，有家不让回。有忡：忡忡。

③爰（yuán）居爰处：指不还者。爰，于。丧：丧失，此处指跑失。于以：在何处。

④契阔：聚散。契，合；阔，离。成说：立下誓约。

⑤于嗟：哎哟，感叹词。活：借为"佸"，相会。洵：久远。信：守约有信。

《击鼓》出自《诗经·邶风》，本是一首反对战争的诗歌，描述了战争给人们带来的种种痛苦——因服役而失去了人身自由，战乱导致财产上的损失和人之间的生离死别。"死生契阔，与子成说。执子之手，与子偕老"原是士兵之间的誓约，现今多用作有情人之间的誓词，表明双方之间的生死相依、不离不弃、忠贞不二。

如切如磋，如琢如磨。

淇奥（节选）

瞻彼淇奥，绿竹猗猗。[①]
有匪君子，如切如磋，如琢如磨。[②]
瑟兮僩兮，赫兮咺兮。[③]
有匪君子，终不可谖兮。[④]

①淇奥（yù）：淇水弯曲处。淇，淇水，源出河南林州，东经淇县流入卫河。猗猗（yī）：美盛的样子。

②匪：同"斐"，有文采的样子。切：用刀切断。磋：用锉锉平。琢：用刀雕刻。磨：用物磨光。

③瑟：仪容庄重的样子。僩（xiàn）：神态威严。赫：显赫。咺（xuān）：有威仪的样子。

④谖（xuān）：忘记。

《淇奥》出自《诗经·卫风》，共三章，这是第一章，着重赞美君子的才能美德。开头以"绿竹"起兴，借绿竹的挺拔、青翠、浓密来赞颂君子的高风亮节。"如切如磋，如琢如磨"用为八字成语，意思是好像把骨角玉石加工成器物那样，比喻共同商讨、互相砥砺。也用为四字成语"如切如磋""切磋琢磨"。孔子与弟子的一段对话从人品提升的角度，对这个成语进行了阐释。《论语·学而》："子贡曰：'贫而无谄，富而无骄，何如？'子曰：'可也。未若贫而乐，富而好礼者也。'子贡曰：'《诗》云"如切如磋，如琢如磨"，其斯之谓与？'"

巧笑倩兮，美目盼兮。

硕人（节选）

硕人其颀，衣锦褧衣。齐侯之子，卫侯之妻，东宫之妹，邢侯之姨，谭公维私。①
手如柔荑，肤如凝脂，领如蝤蛴，齿如瓠犀，螓首蛾眉。巧笑倩兮，美目盼兮。②

①硕人：美人。硕，大。颀（qí）：长。当时女子以高大为美。衣锦：穿着锦衣。衣，穿，作动词用。褧（jiǒng）衣：妇女出嫁时御风尘用的麻布罩衣，即披风。子：女儿。东宫：指太子。邢：春秋国名，在今河北邢台。姨：小姨子。谭公维私：意谓谭公是庄姜的姐夫。谭，春秋国名，在今山东历城；维，其；私，女子称其姊妹之夫。

②柔荑（tí）：白茅初生的嫩芽，用来比喻女子柔嫩洁白的手。凝脂：凝结的脂肪，形容肤色光润。领：颈。蝤蛴（qiú qí）：天牛的幼虫，色白身长。瓠犀（hù xī）：瓠瓜子儿，色白，排列整齐。螓（qín）首：形容前额丰满开阔。螓，一种小蝉，头宽广方正。蛾眉：蚕蛾触角，细长而曲，这里形容眉毛细长弯曲。倩：嘴角间好看的样子，笑时两颊出现酒涡。盼：眼珠转动，一说眼睛黑白分明。

《硕人》是《诗经·卫风》中的篇目，共四章，这里节选前两章。齐国国君的女儿庄姜嫁到卫国，为卫庄公夫人，卫国人作此诗赞美她。诗中用了"手如柔荑，肤如凝脂"等多种比喻盛赞庄姜的美貌，后人遂以"硕人"为美人的代称。"巧笑倩兮，美目盼兮"

也用为称赞美人的八字成语，意为"巧笑的两靥多好看，水灵的双睛分外娇"。《论语·八佾》："子夏问曰：'巧笑倩兮，美目盼兮，素以为绚兮，何谓也?'子曰：'绘事后素。'""绘事后素"意思是说绘画一事要在白绢上进行。意为要先有美好的底子，然后再加以修饰，这样便愈见其美。

投我以木桃，报之以琼瑶。

木瓜

投我以木瓜，报之以琼琚。匪报也，永以为好也。①
投我以木桃，报之以琼瑶。匪报也，永以为好也。②
投我以木李，报之以琼玖。匪报也，永以为好也。③

①木瓜：蔷薇科木瓜属植物，果实亦称为"木瓜"，呈椭圆形。原产于湖北、湖南、四川等地，性温，色黄，气香，可食，亦可供药用。与岭南的番木瓜不同，番木瓜原产美洲，明清时期传入中国。琼琚（jū）：佩玉，美玉为琼。匪：同"非"，不是。

②琼瑶：美玉名。

③琼玖：美玉名。

《木瓜》出自《诗经·卫风》。这是一首写青年男女相互赠送礼物以表达爱慕的情诗。"她赠我木瓜，我给他佩玉，不是为报答呀，只因为亲密。她赠我木桃，我送她美玉，不是为报答呀，只因为亲密。她赠我木李，我送他宝玉，不是为报答呀，只因为亲密。"成语"报之琼瑶""投桃报琼"出自本诗，谓报答恋人深情。汉张衡《四愁诗》："美人赠我金错刀，何以报之英琼瑶。"《诗经·大雅·抑》也有"投我以桃，报之以李"，遂有成语"投桃报李"，比喻友好往来或互相赠送东西。

知我者，谓我心忧；不知我者，谓我何求。

黍离

彼黍离离，彼稷之苗。行迈靡靡，中心摇摇。知我者，谓我心忧；不知我者，谓我何求。悠悠苍天，此何人哉！ ①
彼黍离离，彼稷之穗。行迈靡靡，中心如醉。知我者，谓我心忧；不知我者，谓我何求。悠悠苍天，此何人哉！
彼黍离离，彼稷之实。行迈靡靡，中心如噎。知我者，谓我心忧；不知我者，谓我何求。悠悠苍天，此何人哉！ ②

①黍（shǔ）：北方的一种农作物，形似小米，有黏性。离离：茂盛而下垂的样子。稷（jì）：一种粮食作物，指粟或黍属。行迈：行走。靡靡（mǐ）：行步迟缓的样子。中心：心中。摇摇：心神不定的样子。悠悠：遥远的样子。此何人哉：这是谁造成的呢？
②中心如噎（yē）：心中忧愁太深而难以喘息。噎，堵塞。

《黍离》出自《诗经·王风》。《毛诗序》说东周的大夫经过西周故都镐京，为西周的覆亡而伤心，遂作此诗。可知这是一首忧国之作。诗歌描写诗人缓缓走到故都，见到黍稷茂盛，一片荒芜，心中的彷徨不安不被世人理解，只好问苍天："这都是谁造成的？"通过提问，诗人不被理解的孤独感和无限忧思跃然纸上。诗中"知我者，谓我心忧；不知我者，谓我何求"成为表达心中忧思的名句。

一日不见，如三秋兮。

采葛

彼采葛兮，一日不见，如三月兮！ ①
彼采萧兮，一日不见，如三秋兮！ ②
彼采艾兮，一日不见，如三岁兮！ ③

①葛（gé）：一种蔓生植物，块根可食，茎可制纤维。

②萧：蒿的一种，即香蒿，古时用于祭祀。三秋：三个季度，指九个月。

③艾：一种菊科多年生草本植物，嫩叶可食，老叶制成绒，供针灸用。岁：年。

《采葛》出自《诗经·王风》，全诗没有具体的内容，三段都在表达作者强烈的思念之情。闻一多指出"采集皆女子事，此所怀者女，则怀之者男"（《风诗类钞》）。写的应该是男子因为与心爱的女子分别后产生相思之苦。成语"一日三秋""一日不见，如隔三秋"就出自此诗，比喻分别时间虽短，却觉得很长，形容思念殷切。全诗采用了艺术的夸张手法，由时间层层递进，思念的感情也越来越重，先是一天不见就像三个月不见一样，再是一天不见就像三季不见一样，最后竟然一天不见就像三年不见一样。重叠之中换几个字，起到递进的效果，巧妙地写出了情人分别后思念煎熬的心理，引起了后人的共鸣。

风雨如晦，鸡鸣不已。

风雨

风雨凄凄，鸡鸣喈喈。既见君子，云胡不夷。①
风雨潇潇，鸡鸣胶胶。既见君子，云胡不瘳。②
风雨如晦，鸡鸣不已。既见君子，云胡不喜。③

①凄凄：寒冷。喈喈（jiē）：象声词，指鸡鸣声。云胡：为什么。夷：同"怡"，悦。

②潇潇：风狂雨骤的样子。胶胶：象声词，指鸡鸣声。瘳（chōu）：病愈。

③晦：黑暗。已：止。

《风雨》出自《诗经·郑风》。宋代朱熹认为"君子"指女子所期待的男子。本诗写在一个"风雨如晦，鸡鸣不已"的早晨，一位女子与丈夫重逢，喜出望外的场景。"风雨凄凄"为成语，意思是风雨交加，清冷凄凉。"风雨如晦，鸡鸣不已"为八字成语，意思是在风雨交加、天色昏暗的早晨，雄鸡鸣叫不止，后比喻在黑暗的社会里不乏有识之士。"风雨如晦"也单用为四字成语，比喻政治黑暗、社会不安。

青青子衿，悠悠我心。

子衿

青青子衿，悠悠我心。纵我不往，子宁不嗣音？ ①
青青子佩，悠悠我思。纵我不往，子宁不来？ ②
挑兮达兮，在城阙兮。一日不见，如三月兮。 ③

①子，男子的美称，这里指"你"。衿，衣服的交领。悠悠：忧思的样子。纵：纵然，即使。宁（nìng）：难道。嗣（sì）音：寄传音讯。

②佩：佩玉。

③挑（tāo）兮达（tà）兮：独自徘徊的样子。城阙（què）：城门两旁的观楼。

《子衿》出自《诗经·郑风》。早期解释这首诗，认为是写学校荒废，学生纷纷离校，少数留在学校的师生责怪离校学生为何还不回来上学。宋代朱熹以后，多以为这首诗描写的是少女思念其心上人，相约在城楼见面，但久等不至，望眼欲穿，埋怨心上人不来赴约，更怪他不捎信来，于是唱出"一日不见，如三月兮"。"青青子衿，悠悠我心"用为八字成语，意思是"看到你青青的衣领，使我心里惦记个不停"，也可表达思念贤才的意思，曹操《短歌行》引用这个成语就是此意。"青衿"一词古代专指读书人的服装，青年学子所穿，后又借指青年学子，到明清时还专指秀才。

有美一人，清扬婉兮；邂逅相遇，适我愿兮。

野有蔓草

野有蔓草，零露漙兮。
有美一人，清扬婉兮；
邂逅相遇，适我愿兮。①
野有蔓草，零露瀼瀼。
有美一人，婉如清扬；
邂逅相遇，与子皆臧。②

①蔓草：蔓延生长的草。零：落。漙（tuán）：露水圆团的样子。清扬：形容眉目开朗有神。婉：美好。邂逅：不期而遇。适：符合。

②瀼瀼（ráng）：露水很浓的样子。皆臧（zāng）：同好，相好。一说读xié cáng，指一同藏起来，皆同偕，臧同藏。

《野有蔓草》出自《诗经·郑风》，写男女相遇于田野中。一个男子与他渴慕的姑娘不期而遇，不禁赞叹那个美人眉清目秀，妩媚动人。汉唐人解释这首诗，认为是写世道昏乱，导致"剩男剩女"太多，所以男女希望邂逅相遇，赶紧婚配。"邂逅相遇"用为成语，意思是并未相约而无意中遇见。"有美一人，清扬婉兮""有美一人，婉如清扬"皆成为后世赞美美人的名句。

所谓伊人，在水一方。

蒹葭

蒹葭苍苍，白露为霜。所谓伊人，在水一方。①
溯洄从之，道阻且长。溯游从之，宛在水中央。②
蒹葭萋萋，白露未晞。所谓伊人，在水之湄。③
溯洄从之，道阻且跻。溯游从之，宛在水中坻。④
蒹葭采采，白露未已。所谓伊人，在水之涘。⑤
溯洄从之，道阻且右。溯游从之，宛在水中沚。⑥

①蒹葭（jiān jiā）：泛指芦苇。苍苍：茂盛的样子。下文"萋萋""采采"义同。为：这里指凝结成。所谓：所说的，此指所怀念的。伊人：那个人，指所思慕的对象。在水一方：在河流的那一边。

②溯洄（sù huí）：逆流而上。下文"溯游"指顺流而下。从：追寻。阻：险阻。宛：好像。

③晞（xī）：干。湄（méi）：河岸，水与草交接的地方。

④跻（jī）：高而陡。坻（chí）：水中的小块陆地。下文"沚"（zhǐ）义同。

⑤涘（sì）：岸边。

⑥右：迂回曲折。

《蒹葭》是《诗经·秦风》中著名的篇目，描绘的是主人公对于心目中的爱人执着的追求和求之不得的惆怅心境。主人公沿着河流到处追寻，都追寻不到，好像在水中央，又好像在水中小渚上。诗歌没有具体描写所追求的对象，"伊人"若即若离，朦胧的感觉让人引起无限的遐想。王国维说这首诗"最得风人深致"，那长长的的河流、苍苍的蒹葭、冥冥的薄雾，为这首诗的营造了空灵唯美的意境；诗中的"伊人"不知道是谁，也不知道在哪，仿佛蒙了一层面纱，显得更加神秘莫测，引起后人对于心目中美丽"伊人"的无限幻想。

岂曰无衣？与子同袍。

无衣

岂曰无衣？与子同袍。王于兴师，修我戈矛，与子同仇。^①
岂曰无衣？与子同泽。王于兴师，修我矛戟，与子偕作。^②
岂曰无衣？与子同裳。王于兴师，修我甲兵，与子偕行。^③

①袍：外衣，此指战袍。同仇：共同对敌。

②泽：内衣。矛戟：矛和戟，泛称兵器。偕作：一起行动。

③裳（cháng）：下衣，此指裙甲。甲兵：铠甲与兵器。偕行：同行。

《无衣》出自《诗经·秦风》。这是一首激昂慷慨、同仇敌忾的战歌，表现了秦国战士团结互助、共御外侮的高昂士气和乐观精神。"岂曰无衣？与子同袍"意思是："谁说没衣穿？和你同穿一件袍。"后用为八字成语，表示友爱互助之意。"与子同袍""同袍同泽""同袍""袍泽"也均用为成语，多比喻战友间情谊深厚的关系，后也指朋友间交情极深。成语"同仇敌忾"也出自本篇，指全体一致痛恨敌人。

小　雅

呦呦鹿鸣，食野之苹。

鹿鸣

呦呦鹿鸣，食野之苹。我有嘉宾，鼓瑟吹笙。吹笙鼓簧，承筐是将。人之好我，示我周行。①
呦呦鹿鸣，食野之蒿。我有嘉宾，德音孔昭。视民不恌，君子是则是效。我有旨酒，嘉宾式燕以敖。②
呦呦鹿鸣，食野之芩。我有嘉宾，鼓瑟鼓琴。鼓瑟鼓琴，和乐且湛。我有旨酒，以燕乐嘉宾之心。③

①呦呦（yōu）：鹿的叫声。苹：艾蒿。簧：笙中的舌片。承筐：意为奉上礼品。将：送，献。好（hào）：喜好，对……友善。周行（háng）：大道，引申为处事所应遵循的正道。

②蒿：青蒿。德音：美好的品德声誉。孔：很。昭：明。视：同“示”。恌（tiāo）：同“佻”，轻薄，轻浮。是则是效：纷纷仿效。旨酒：美酒。式：语助词。燕：同“宴”。敖：舒畅快乐。

③芩（qín）：草名，蒿类植物。湛（dān）：尽兴。

《鹿鸣》为《诗经·小雅》的第一篇。这是一首宴饮诗，诗以野鹿呦呦的叫声起兴，写周代国君宴会群臣宾客，鼓乐吹笙，且以筐装钱帛奉送给嘉宾。“呦呦鹿鸣，食野之苹。我有嘉宾，鼓瑟吹笙”用为十六字成语，大意是：“鹿儿呦呦鸣叫，呼唤伙伴同吃苹草，我的贵宾一起聚会，也要弹瑟吹笙热热闹闹。”形容古代贵族宴会的欢乐场面。“鼓瑟吹笙”“鸣野食苹”“食苹鹿”等也用为成语。唐代以后历代科举考试，皆歌《鹿鸣》之诗。

嘤其鸣矣，求其友声。

伐木（节选）

伐木丁丁，鸟鸣嘤嘤。出自幽谷，迁于乔木。嘤其鸣矣，求其友声。①
相彼鸟矣，犹求友声。矧伊人矣，不求友生？神之听之，终和且平。②

①丁丁（zhēng）：砍树的声音。嘤嘤：鸟叫的声音。
②相：审视，端详。矧（shěn）：况且。

《伐木》出自《诗经·小雅》，是一首抒写友情的诗歌。诗歌采用比兴的手法，共六章，每章六句。这里节选最有名的第一、二章，先写幽谷伐木时，听到鸟儿鸣叫求友，由此引出感叹：鸟尚如此，何况人呢！呼吁人与人之间也应当重视友谊。此诗对友情的歌颂对后世产生了深远的影响。如"嘤鸣"一词被人用作朋友间意气相投的比喻。"嘤其鸣矣，求其友声"已为成语，比喻寻求志同道合的朋友。"乔迁"一词称友人迁居或升职。

昔我往矣，杨柳依依。今我来思，雨雪霏霏。

采薇（节选）

昔我往矣，杨柳依依。①
今我来思，雨雪霏霏。②
行道迟迟，载渴载饥。
我心伤悲，莫知我哀。

①依依：形容柳丝轻柔、随风摇曳的样子。

②思：用在句末，没有实在意义。雨（yù）：下雨雪的意思。
霏霏（fēi）：雪花纷落的样子。

《采薇》是《诗经·小雅》中的一篇，共六章，这里节选的是最后一章。写一位退役的征夫在雪花纷飞的冬天返回故乡，及其在途中的所见所想。"昔我往矣，杨柳依依；今我来思，雨雪霏霏"因情景交融而被传诵千古，王夫之认为这几句"以乐景写哀，以哀景写乐，一倍增其哀乐"（《姜斋诗话》）。

它山之石，可以攻玉。

鹤鸣

鹤鸣于九皋，声闻于野。鱼潜在渊，或在于渚。乐彼之园，爰有树檀，其下维萚。它山之石，可以为错。①
鹤鸣于九皋，声闻于天。鱼在于渚，或潜在渊。乐彼之园，爰有树檀，其下维榖。它山之石，可以攻玉。②

①九皋：水泽深处。皋，沼泽。渚（zhǔ）：水中小洲。爰（yuán）：句首语气词。树檀：檀树，这里用来比喻贤人。萚（tuò）：酸枣一类的矮树，这里用来比喻小人。错：磨石，用于磨光玉器的石头。

②榖（gǔ）：树木名，即楮树，古人以为是恶木，这里用来比喻小人。攻玉：谓将玉石琢磨成器。

《鹤鸣》出自《诗经·小雅》。这首诗讽谏周王朝最高统治者应该招用隐居山野的贤才，后因以"鹤鸣"指贤者隐居。诗写诗人在广袤的荒野听到鹤鸣之声，震动四野，高入云霄，看到游鱼潜入深渊又跃上滩头，又看到园林檀树，其下有恶木，近旁有一座山峰，于是他想到山上的石头可以取作磨砺玉器的工具。"鹤鸣九皋"用为成语，意思是"鹤鸣于湖泽的深处，它的声音很远都能听见"，比喻贤士身隐名著，声名远扬。"它山之石，可以攻玉"用为八字成语，意为"别的山上的石头，可用来琢磨玉器"，比喻别国的贤才可作为本国君主的辅佐，后用以比喻能帮助自己改正缺点错误的外力，一般多指朋友。亦作"它山之石""他山之石""他山之攻"。

屈原

屈原（前340？—前278），名平，字原，我国古代伟大的爱国诗人，战国时期楚国贵族，任三闾大夫、左徒，兼管内政外交大事。他主张对内举荐贤能，修明法度，对外联齐抗秦。后因遭贵族排挤，被流放沅、湘流域。楚国国都被秦军攻破后，屈原投汨罗江自杀。相传端午节就是为了纪念屈原而产生的节日。屈原主要作品有《离骚》《九章》《九歌》《天问》等，他创造的"楚辞"体在中国文学史上独树一帜，与《诗经》并称"风骚"，对后世诗歌创作产生了积极而深远的影响。

路漫漫其修远兮，吾将上下而求索。

离骚（节选）

朝发轫于苍梧兮，夕余至乎县圃。①
欲少留此灵琐兮，日忽忽其将暮。②
吾令羲和弭节兮，望崦嵫而勿迫。③
路漫漫其修远兮，吾将上下而求索。④
…………
长太息以掩涕兮，哀民生之多艰。⑤
余虽好修姱以鞿羁兮，謇朝谇而夕替。⑥
既替余以蕙纕兮，又申之以揽茝。⑦

亦余心之所善兮，虽九死其犹未悔。

①发轫（rèn）：出发。苍梧：即九嶷山，在今湖南宁远，舜所葬之地。县圃（xuán pǔ）：神山，在昆仑山之上。

②灵琐：仙门上的花纹。

③令：命令。羲和：神话中的太阳神。弭（mǐ）节：停车。崦嵫（yān zī）：神话中太阳所落之山。迫：接近。

④漫漫：一作"曼曼"，路途遥远的样子。修远：长远。

⑤太息：叹气。民生：人生。一说指人民的生计。

⑥修姱（kuā）：洁净而美好。鞿（jī）羁：喻自我约束。謇（jiǎn）：发语词，无义。谇（suì）：进谏。替：废。

⑦替余：将我解职。以：因为。纕（xiāng）：佩带。申：加上。揽茝（chǎi）：采摘白芷。

《离骚》是屈原用他的理想、遭遇、痛苦、热情，以至于整个生命熔铸而成的宏伟诗篇，其中闪耀着诗人崇高的人格。节选的两段，第一段写屈原想象自己驾车去到仙界，去追求理想的浪漫情景。"路漫漫其修远兮，吾将上下而求索"两句，表达理想的道路虽然漫长遥远，但自己为追求理想不畏任何艰难险阻。其后写上求天帝，下求美女的求索过程。"路漫漫其修远兮，吾将上下而求索"今已成为人们勉励自己坚持不懈、努力奋斗的金句。第二段写追寻理想的道路艰难，自己会迎难而上，九死未悔。"长太息以掩涕兮，哀民生之多艰"两句，现在多被借用来表达对民生疾苦的挂念和担忧。"九死未悔"也用为成语，形容意志坚定，不论经历多少危险，也绝不动摇退缩。

悲莫悲兮生别离，乐莫乐兮新相知。

少司命

秋兰兮麋芜，罗生兮堂下。①
绿叶兮素华，芳菲菲兮袭予。②
夫人自有兮美子，荪何以兮愁苦？③

秋兰兮青青，绿叶兮紫茎。④
满堂兮美人，忽独与余兮目成。⑤

入不言兮出不辞，乘回风兮载云旗。⑥
悲莫悲兮生别离，乐莫乐兮新相知！⑦

荷衣兮蕙带，倏而来兮忽而逝。⑧
夕宿兮帝郊，君谁须兮云之际？⑨

与女沐兮咸池，晞女发兮阳之阿。⑩
望美人兮未来，临风恍兮浩歌。⑪

孔盖兮翠旍，登九天兮抚彗星。⑫
竦长剑兮拥幼艾，荪独宜兮为民正。⑬

①秋兰：兰草，叶茎皆香。秋天开淡紫色小花，香气更浓。古人以为生子之祥。麋芜：即蘼芜，细叶芎䓖，叶似芹，丛生，七八月开白花。罗：散布。

②华：花。袭：指香气扑人。予：我，男巫以大司命口吻

自称。

③夫：发语词。美子：好儿女。荪：一种香草。这里指少司命。何以：因何。以上六句为男巫以大司命口吻迎神所唱。

④青青：茂盛的样子。以下三节为少司命所唱。

⑤美人：指祈神求子的妇女。忽：很快地。余：我，少司命自称。目成：通过眉目传情达成默契。

⑥回风：旋风。云旗：以云作为旗帜。

⑦生别离：生生地离别。

⑧蕙：蕙草。倏：迅疾的样子。逝：离去。

⑨帝郊：指天国的郊野。君：指少司命。须：等待。

⑩女（rǔ）：汝。咸池：神话中天池，太阳在此沐浴。晞（xī）：晒干。阳之阿（ē）：即阳谷，也作旸谷，神话中太阳经过之处。

⑪美人：此处为大司命称少司命。恍（huǎng）：神思恍惚惆怅的样子。浩歌：放歌，高歌。

⑫孔盖：孔雀羽毛做的车盖。翠旍（jīng）：翠鸟羽毛装饰的旌旗。旍，同"旌"。九天：指天的最高处。

⑬竦（sǒng）：握着。拥：抱着。幼艾：儿童。民正：民众之长。以上二节为男巫以大司命口吻所唱。

本篇出自《楚辞·九歌》。大司命是掌管人间寿夭的男神，少司命是主管人间子嗣的女神。《少司命》是祭祀少司命的歌舞辞，写的是少司命与大司命的对唱。第一节和五、六节为大司命所唱，第二、三、四节为少司命所唱。这首祭祀的诗歌描绘了少司命温柔美丽的形象，表达了人们对于少司命的崇敬和爱戴。其中名句"悲莫悲兮生别离，乐莫乐兮新相知"在文中表达了少司命的多情、不忍离开"新相知"的悲伤，现在常用来表达"人生中最悲伤的事就是难以再见的分别，最开心的就是结识知己"。"满堂兮美人，忽独与余兮目成"也是名句，"目成"一词常用来表达女子以目示意，表示心许。

身既死兮神以灵，魂魄毅兮为鬼雄。

国殇[①]

操吴戈兮被犀甲，车错毂兮短兵接。[②]
旌蔽日兮敌若云，矢交坠兮士争先。[③]
凌余阵兮躐余行，左骖殪兮右刃伤。[④]
霾两轮兮絷四马，援玉枹兮击鸣鼓。[⑤]
天时怼兮威灵怒，严杀尽兮弃原野。[⑥]
出不入兮往不反，平原忽兮路超远。[⑦]
带长剑兮挟秦弓，首身离兮心不惩。[⑧]
诚既勇兮又以武，终刚强兮不可凌。[⑨]
身既死兮神以灵，魂魄毅兮为鬼雄。[⑩]

①国殇：指为国捐躯的人。

②吴戈：吴国制造的戈，因锋利而闻名。被（pī），同"披"，穿着。犀甲：犀牛皮制作的铠甲，特别坚硬。车错毂（gǔ）兮短兵接：敌我双方战车交错，彼此短兵相接。错，交错；毂，这里泛指战车的轮轴；短兵，指刀剑一类的短兵器。

③旌：旌旗。矢交坠：两军相射的箭纷纷坠落在阵地上。

④凌：侵犯。躐（liè）：践踏。行（háng）：队列。殪：死。左骖（cān）殪（yì）兮右刃伤：左右的骖马被敌人兵刃所击或伤或死。

⑤霾（mái）：同"埋"。古代作战，在激战将败时，埋轮缚

马，表示坚守不退。絷（zhí）：拴住马足。玉枹（fú）：镶嵌着玉的鼓槌。先秦作战，主将击鼓督战，以旗鼓指挥军队进退。

⑥天时：指上天。怼（duì）：怨怒。威灵：指神灵。严杀尽兮弃原野：在严酷的厮杀中战士们全都死去，他们的尸骨都被弃在原野上。

⑦出不入兮往不反：英雄出征以后没有生还。反：同"返"。忽：渺茫。超远：遥远无尽头。

⑧秦弓：指良弓。战国时，秦地木材质地坚实，制造的弓射程远。首身离：身首异处。心不惩：壮心不悔。

⑨诚：确实。以：且，连词。武：威武。终：始终。

⑩神以灵：指死而成神，英灵不灭。毅：英武。鬼雄：鬼中的英雄豪杰。

一　　《国殇》出自《楚辞·九歌》，是一篇祭祀保卫国土的战死将士的祭歌，也是一首爱国主义赞歌。诗歌首先浓墨重彩地渲染战场上激烈战斗的场面，短兵相接，殊死搏斗，令人仿佛身临其境，感受到战争的宏大壮烈。之后写将士们为了保家卫国而尸横遍野。最后讴歌将士们刚强不屈，为了捍卫国家，即使身首异处也无怨无悔的英雄气魄。诗中名句"身既死兮神以灵，魂魄毅兮为鬼雄"充满了英雄豪气。李清照的"生当作人杰，死亦为鬼雄"（《夏日绝句》）就化用了这一名句。

荆轲

荆轲（？—前227），战国末期卫国朝歌（今河南淇县）人，后入燕，燕人称呼他荆卿，在燕与高渐离友善，被燕太子丹尊为上卿。后为太子丹刺杀秦王，图穷匕见，不成功被杀。事迹见《战国策》《史记·刺客列传》。

风萧萧兮易水寒，壮士一去兮不复还。

易水歌

风萧萧兮易水寒，壮士一去兮不复还。①

①萧萧：指风声。易水：河流名，源出河北易县，是当时燕国的南界。壮士：勇士，这里指荆轲。

《易水歌》出自《战国策·燕策》，是荆轲的绝命诗，全诗仅两句。创作背景是荆轲准备去刺杀秦王，在易水和太子丹分别。上句写环境，一个"寒"字把氛围烘托得悲凉凄婉。下句写诀别的情怀：纵使此去必死无疑，也绝不后悔，毅然前往。表达出了诗人慷慨赴死的壮烈情怀。

项羽

项羽（前232—前202），名籍，字羽，秦下相（今江苏宿迁）人，世为楚将。秦二世元年（前209）跟随叔父项梁起义。曾在灭秦的巨鹿之战中破釜沉舟，灭秦后称"西楚霸王"，后与刘邦进行了四年的楚汉战争，公元前202年兵败于垓下，自刎于乌江边。

力拔山兮气盖世。

垓下歌①

力拔山兮气盖世。时不利兮骓不逝。②
骓不逝兮可奈何！虞兮虞兮奈若何！③

①垓（gāi）下：古地名，在今安徽灵璧南沱河北岸。
②骓（zhuī）：项羽的骏马，名骓。逝：奔跑。
③可奈何：怎么办。虞：项羽的美人，名虞。奈若何：拿你怎么办。若，你。

一

本篇出自《史记·项羽本纪》,《垓下歌》这个题目是后人所加,作于项羽被刘邦军队围困在垓下的时候,是项羽的绝命诗。项羽虽然武功盖世,但如今兵败垓下,连自己最心爱的美人和骏马都保护不了,"可奈何""奈若何"表达了对虞美人和骓马深沉的、刻骨铭心的爱。"力拔山兮气盖世"是项羽戎马一生的写照,后来成为形容勇猛的英雄人物力气强大或志向远大的名句,又缩写为成语"拔山盖世"。

刘邦

刘邦（前256—前195），即汉高祖，沛县（今属江苏徐州）人，汉朝开国皇帝，中国历史上杰出的政治家、卓越的战略家和指挥家，对汉族的发展，以及中国的统一和强大有突出贡献。

大风起兮云飞扬。

大风歌①

大风起兮云飞扬，
威加海内兮归故乡，②
安得猛士兮守四方！③

① 《大风歌》出自《史记·高祖本纪》，原无题，后世称为《大风歌》。

② 威：威望。加：施加。海内：四海之内，即"天下"。

③ 安得：怎样得到。守：守护，保卫。四方：指代国家。

　　汉高祖刘邦击破英布叛军后回长安，途经沛县，邀请父老乡亲饮酒，并亲自击筑（一种打击乐器），唱了这首歌。诗歌共三句，首句是最令人拍案叫绝的名句"大风起兮云飞扬"，并没有直接描写平定英布的战场厮杀，而是写风云变幻，气概远大，号称"英雄之语"。第二句一个"威"字写出了刘邦威加天下，四海臣服，此时正是衣锦还乡。第三句体现刘邦居安思危，如今天下已定，希望求得猛士良臣为他稳固江山。刘邦之所以赢得天下，正是靠着知人善任、求贤若渴，使麾下聚集了张良、韩信、萧何等一大批人才，为其所用。

刘彻

刘彻（前156—前87），即汉武帝，西汉皇帝，在位五十四年，是中国历史上杰出的政治家、战略家、诗人。

少壮几时兮奈老何！

秋风辞①

秋风起兮白云飞，草木黄落兮雁南归。②
兰有秀兮菊有芳，携佳人兮不能忘。③
泛楼船兮济汾河，横中流兮扬素波。④
箫鼓鸣兮发棹歌，欢乐极兮哀情多。⑤
少壮几时兮奈老何！⑥

①《秋风辞》出自《文选》。辞：韵文的一种。
②黄落：变黄而枯落。

③秀：开花。芳：香气。兰、菊：这里比拟佳人。"兰有秀"与"菊有芳"互文见义，意为兰和菊均有秀、有芳。携，或作"怀"。

④泛：浮。楼船：上面建造楼的大船。济：渡。汾河：黄河第二大支流，在今山西省中部。中流：河中央。扬素波：激起白色波浪。

⑤发：这里是唱的意思。棹（zhào）歌：行船时所唱的歌。棹，船桨，代指船。极：尽。

⑥奈老何：对年老怎么办呢？

一　　汉武帝刘彻在我国历史上是一代雄主，同时也是一位优秀的诗人。鲁迅称赞他的《秋风辞》："缠绵流丽，虽词人不能过也。"（《汉文学史纲要》）诗歌先描绘了秋天的种种景象：秋风白云、草木枯黄、大雁南飞，之后写作者因景物联想，怀念佳人。最后写舟中宴饮，乐极生哀，感慨人生易老，无可奈何。末句"少壮几时兮奈老何"是悲秋伤时的名句，后世引用很多。

李延年

李延年，西汉音乐家，中山（今河北定州）人，父母兄弟妹均通音乐，都是以乐舞为职业的艺人。太初年间（前104—前101）被汉武帝诛杀。代表作《佳人歌》。

一顾倾人城，再顾倾人国。

佳人歌[①]

北方有佳人，绝世而独立。[②]
一顾倾人城，再顾倾人国。[③]
宁不知倾城与倾国，佳人难再得。

①《佳人歌》出自《汉书·外戚传上》，原无题，《文选补遗》卷三十五作《佳人歌》。

②佳人：貌美的女子。独立：特立，超群。

③倾城、倾国：原指因女色而亡国，后多形容妇女容貌极美。

　　这首诗描绘的是一位绝世美女，但是并没有具体描写美人的相貌，而是从侧面描写，美到看她一眼城邦就会倾覆，再看她一眼国家就会沦亡。中国古代有"美女亡国"之说，最早见于《诗经·大雅·瞻卬》："哲夫成城，哲妇倾城。"最后两句反弹琵琶，说纵然美人美到"祸国殃民"的地步，但是这样千古难得一遇的美女一旦错过可就再也难得到了。李延年献舞时唱了这首歌，汉武帝听后不禁感叹道："世间哪有这样的佳人呢？"汉武帝的姐姐平阳公主就推荐了李延年的妹妹。从此，李延年之妹成了武帝的宠姬李夫人，李延年也更加得到宠幸。后来形容人绝世容颜的名句"一顾倾人城，再顾倾人国"成了成语"倾国倾城"，由贬义转变成褒义。"绝世独立"也为成语，形容卓然出众，无人能比，多用来形容不同凡俗的美貌女子。

苏武

苏武（？—前60），杜陵（今陕西西安）人，西汉大臣，杰出的外交家，民族英雄。汉武帝天汉元年（前100）出使匈奴，被扣。历尽艰辛，留居匈奴十九年，持汉节牧羊，始终不屈。"苏武牧羊"成为坚贞不屈的典故。

结发为夫妻，恩爱两不疑。

留别妻（节选）

结发为夫妻，恩爱两不疑。①
欢娱在今夕，嬿婉及良时。②
……
生当复来归，死当长相思。

①结发：一般认为指古时成婚（第一次结婚）时，新人各剪下一绺头发，绾在一起，作为永结同心的信物。

②嬿婉：指夫妇和爱。

这是苏武出使前的别妻诗，表达对结发妻子的深厚感情。全诗共十六句，这里节选首尾几句，写结发夫妻之间互相信任、生死不渝的情感，与《孔雀东南飞》中"结发同枕席，黄泉共为友"意思相近。成语"结发夫妻"即出自本篇，指原配夫妻。

汉乐府

乐府是汉代的乐舞机构，负责采集民间歌谣或文人的诗来配乐。魏晋以后，将汉代乐府所搜集演唱的诗歌统称为"乐府诗"，简称"乐府"。汉乐府诗主要分为两部分：一部分是供执政者祭祀祖先神明使用的郊庙歌辞，其性质与《诗经》中的"颂"相同；另一部分则是采集民间流传的民歌，世称乐府民歌，作者多不可考。汉乐府属五言诗，语言自然流畅，生活气息浓厚。北宋郭茂倩所编《乐府诗集》，是现存收集汉到唐五代乐府诗最完备的书，其中汉乐府民歌四十余篇，包括《孔雀东南飞》《陌上桑》等名作。

少壮不努力，老大徒伤悲！

长歌行[①]

青青园中葵，朝露待日晞。[②]
阳春布德泽，万物生光辉。[③]
常恐秋节至，焜黄华叶衰。[④]
百川东到海，何时复西归？[⑤]
少壮不努力，老大徒伤悲！[⑥]

①长歌行：汉乐府曲题有《长歌行》《短歌行》，指歌声有长短。这首选自《乐府诗集》卷三十，属相和歌辞中的平调曲。

②葵：葵菜，中国古代重要蔬菜之一。李时珍《本草纲目》说："葵菜古人种为常食，今之种者颇鲜。有紫茎、白茎二种，以白茎为胜。大叶小花，花紫黄色，其最小者名鸭脚葵。其实大如指顶，皮薄而扁，实内子轻虚如榆荚仁。"朝露：清晨的露水。晞（xī）：晒干。

③阳春：温暖的春天。布：布施，给予。德泽：恩惠。

④秋节：秋季。焜（kūn）黄：形容草木凋落枯黄的样子。华（huā）：同"花"。衰（cuī）：衰败。

⑤百川：河流的总称。

⑥少壮：指青少年时代。老大：年纪大。徒：白白地。

一

《长歌行》是一首劝人珍惜时光，及早努力的诗歌。诗歌托物起兴，借景抒情，先写园中葵因担心秋天到来，在阳春时期努力生长。之后写时间像流水一样，无法回流。物尚如此，人何以堪。最后感慨，劝人们更应该趁着青春年少，及早努力，不然老了再后悔伤悲也没有用了。"少壮不努力，老大徒伤悲"成为奉劝人们珍惜时光、及早奋斗的金句，也已用为成语。

青青河畔草，绵绵思远道。

饮马长城窟行①

青青河畔草，绵绵思远道。②
远道不可思，夙昔梦见之。③
梦见在我傍，忽觉在他乡。④
他乡各异县，辗转不可见。⑤

枯桑知天风，海水知天寒。⑥
入门各自媚，谁肯相为言？⑦
客从远方来，遗我双鲤鱼。⑧
呼儿烹鲤鱼，中有尺素书。⑨
长跪读素书，书中竟何如？⑩
上有加餐食，下有长相忆。⑪

——

①《饮马长城窟行》在《文选》《乐府诗集》中载为"乐府古辞"，《玉台新咏》署蔡邕作。饮（yìn）马：给马喝水。

②畔：一作"边"。绵绵：这里语义双关，由看到连绵不断的青青春草，而引起对征人的缠绵不断的思念。

③夙昔：同"宿昔"，指昨夜。

④傍（páng）：同"旁"。

⑤辗转：转移，经过许多地方。

⑥枯桑：落了叶的桑树。这两句说征人在外经受风寒。

⑦自媚：自寻乐趣。

⑧遗（wèi）：赠送。双鲤鱼：历代解释不一。唐朝人（《六臣注文选》）解释为真鲤鱼，用鱼腹藏书表示隐晦不泄露。明朝人又有两种解释：一说指刻成鲤鱼形的两块木板，一底一盖，把书信夹在里面；一说将写着书信的绢结成鱼形。

⑨烹：煮。尺素书：古人写书信用长一尺左右的绢帛，称为"尺素"。

⑩长跪：伸直了腰跪着。古人席地而坐，坐时两膝着地，臀部压在脚后根上。跪时将腰伸直，上身就显得长些，所以称为"长跪"。

⑪上、下：指书信的前部与后部。相忆：相思，思念。

古代男子离家远出，或求取功名，或服兵役，或经商游学。家中只剩下妇孺留守。这首诗表达的就是丈夫离家长期未归，独守的妇人思念丈夫的愁苦。诗歌采用思妇的第一视角，开头采用比兴，之后虚实描写结合，用梦与现实的对比、他人家庭的相聚与自己独守的对比、美好的幻灭，写出期盼终成失望：即使到最后收到书信，也未知丈夫何时归来。诗歌语言朴素流畅，情真意切，感人肺腑。《古诗十九首》中也有名句"青青河畔草，郁郁园中柳"。"青青河畔草"为托物起兴诗句，后用为成语，以抒发对恋人或对友人的思念之情。

愿得一心人，白头不相离。

白头吟（节选）

皑如山上雪，皎若云间月。①
闻君有两意，故来相决绝。②
············
凄凄复凄凄，嫁娶不须啼。③
愿得一心人，白头不相离。④
············

①皑（ái）、皎：白。
②两意：二心（和下文"一心"相对）。决：别。
③凄凄：悲伤，凄惨。
④一心人：同心的人。

本篇选自《玉台新咏》，原题作《皑如山上雪》，这里节选了开头和中间两段。晋代葛洪《西京杂记》认为此诗是卓文君所作。司马相如要纳茂陵女为妾，卓文君知道后就作了这首《白头吟》，自行断绝跟司马相如之间的关系。相如看后很惭愧，于是停止了纳妾的行为。诗歌开头用起兴手法，表明爱情应该是纯洁无瑕、光明永恒的。"既然你怀有二心，所以我特来与你告别分手。""凄凄"四句是说："一般女子出嫁总是悲伤啼哭，其实不必，只要嫁得一个情意专一的男子，白头不分离，就无比幸福了，有什么好哭的呢？该悲伤的是像我这样被抛弃的人。""愿得一心人，白头不相离"成为形容忠贞爱情的名句，曾被影视剧和流行歌曲误引作"愿得一人心，白首不相离"。

山无陵，江水为竭，冬雷震震，夏雨雪，天地合，乃敢与君绝！

上邪

上邪！我欲与君相知，长命无绝衰。[①]**山无陵，江水为竭，冬雷震震，夏雨雪，天地合，乃敢与君绝！**[②]

①上邪（yé）：天啊。相知：相爱。命：使。衰：衰减，断绝。

②山无陵：大山变成平地。陵，山头，即地平线以上的山体。雨（yù）雪：降雪。雨，名词活用作动词。乃：才。绝：断绝，指分手。

《上邪》是一首誓词，表达了女主人公对坚贞专一爱情的追求。先写女子指天发誓，以天为证，要永远与相爱之人厮守。接着，为了证实她的矢志不渝，她列举了五种不可能发生的自然现象：山平了、江水干了、冬天打雷、夏天大雪飘飘、天地合而为一。只有这五种自然现象出现，才能与相爱之人分手，表明了生死不渝的爱，真是深情奇想。注意，只能是"山无陵"，而不能是"山无棱"，因为"山无陵"是不可能出现的，而"山无棱"的"棱"指棱角，经过长期的风化，没有棱角的圆顶山、平顶山还是较常见的，可见"山无棱"不合理。

《古诗十九首》

南北朝人称汉诗为古诗。梁昭明太子萧统编《文选》，从汉代无名氏诗歌中选取了十九首，命名《古诗一十九首》，后人简称《古诗十九首》。十九首诗都没有题目，后人选每首诗的第一句为题目。《古诗十九首》被誉为五言诗之祖。

思君令人老，岁月忽已晚。

行行重行行

行行重行行，与君生别离。 ①
相去万余里，各在天一涯。 ②
道路阻且长，会面安可知！ ③
胡马依北风，越鸟巢南枝。 ④
相去日已远，衣带日已缓。 ⑤
浮云蔽白日，游子不顾返。 ⑥
思君令人老，岁月忽已晚。 ⑦
弃捐勿复道，努力加餐饭！ ⑧

①重（chóng）：又。这句是说走个不停。

②相去：相距，相离。涯：边。

③阻：艰险。

④胡马：泛指产在西北少数民族地区的马。越鸟：南方的鸟。这两句是借喻思念故乡。

⑤已：同"以"，连词，相当于"而"。远：久。缓：宽松。衣带一天天变宽松，意思是身体一天天消瘦。

⑥顾返：还返，回家。顾、返同义。

⑦老：并非实指年龄，而指消瘦的体貌和忧伤的心情，是说心身憔悴，有老态、老相。晚：岁暮。此句说行人未归，岁月已晚，表明相思又一年，暗喻青春易逝。

⑧弃捐：抛弃。道：说。

《行行重行行》写的是一位妇女思念离家远行的丈夫。诗歌开头即交代夫妻的情况是"生别离"，之后便描写二人天各一方，相会无期，马和鸟都怀念故乡，而丈夫却久久不能归来。"胡马依北风，越鸟巢南枝"是写思念故乡的名句。思妇忧愁而变得憔悴，但是思妇对丈夫的爱是如此真挚，思念是如此强烈，最后并没有怪罪丈夫久不归家，而希望丈夫在外保重身体，多吃饭，好来日相会。"思君令人老，岁月忽已晚"，深沉的话语既道出了心中的万般思念，又勾勒出了对爱人不归、时光已逝的无奈，成为描写思妇情感的典范。

盈盈一水间，脉脉不得语。

迢迢牵牛星

迢迢牵牛星，皎皎河汉女。①
纤纤擢素手，札札弄机杼。②
终日不成章，泣涕零如雨；③
河汉清且浅，相去复几许！④
盈盈一水间，脉脉不得语。⑤

①迢迢（tiáo）：遥远。牵牛星：俗称"牛郎星"，在银河南，隔银河和织女星相对。皎皎：明亮。河汉：即银河。河汉女：指织女星，在银河北。

②擢（zhuó）：伸出。札札（zhá）弄机杼（zhù）：正摆弄着织布机，发出札札的织布声。杼，织机的梭子。

③终日不成章：整天也织不成布。是化用《诗经·小雅·大东》语："跂彼织女，终日七襄。虽则七襄，不成报章。"《诗经》原意是织女徒有虚名，不会织布；这里则是说织女因相思而无心织布。零：落。

④几许：多少。这两句是说，织女和牵牛二星彼此只隔着一条银河，相距没多远。

⑤盈盈：清澈、晶莹的样子。脉脉（mò）：含情凝视的样子。

《迢迢牵牛星》选材是中国著名的牛郎织女神话故事，是借助神话故事来反映人间爱情。诗中描绘了牛郎织女之间因银河相隔，无法见面，只能每日思念。诗歌中有六句都运用了叠词，这些叠词令诗歌读起来朗朗上口，清丽质朴，情趣盎然。"盈盈一水间，脉脉不得语"，一个忧愁而深情的少妇形象跃然纸上，意蕴深沉，风格浑成，是难得的写情佳句，后用为十字成语，表示由于某种障碍，男女爱情得不到交流。"盈盈一水"也用为成语，比喻相隔不远。

佚名

楚王好细腰，宫中多饿死。

无题①

吴王好剑客，百姓多疮瘢。②
楚王好细腰，宫中多饿死。

①此篇最早见于《后汉书·马援传》，为民间谣谚，所以没有
题目，作者也不知何人。

②吴王：《资治通鉴》胡三省注认为指阖闾。疮瘢：创伤或疮
疡的疤痕。

春秋时楚灵王喜欢士大夫细腰身，大臣们就被迫减肥，每天只吃一顿饭，先屏住气再束紧腰带，站起来的时候要扶住墙壁，一年之后大家都饿得脸色黧黑。这个故事出自《墨子·兼爱》。以史为鉴，可以正衣冠。这首诗所表达的意义放在今日依然适用。

曹操

曹操（155—220），字孟德，小字阿瞒，沛国谯（今安徽亳州）人。东汉末年杰出的政治家、军事家、文学家，三国时期曹魏政权的奠基人。曹丕称帝后，追尊为武帝，庙号太祖。其诗今存二十多首，都是乐府，多抒发政治抱负，反映社会现实和人民苦难，辞气慷慨。

日月之行，若出其中。星汉灿烂，若出其里。

观沧海①

东临碣石，以观沧海。②
水何澹澹，山岛竦峙。③
树木丛生，百草丰茂。④
秋风萧瑟，洪波涌起。⑤
日月之行，若出其中；
星汉灿烂，若出其里。⑥
幸甚至哉，歌以咏志。

①《观沧海》是曹操所作乐府组诗《步出夏门行》中的第一章。

②临：登上，有游览的意思。碣（jié）石：山名，在今河北昌黎。

③何：多么。澹澹（dàn）：荡漾的样子。竦峙（sǒng zhì）：耸立。

④丛生：指草木聚集在一处生长。

⑤萧瑟：形容风吹树木的声音。洪波：汹涌澎湃的波浪。

⑥星汉：银河，天河。

建安十二年（207）曹操北征乌桓，在得胜回师途中，行军到海边，途经碣石山，登山观海，一时兴起而作本篇。曹操的文学成就不亚于他在政治上的作为。汉献帝建安时代是我国诗歌史上文人创作的第一个高潮，而开创者正是曹操，他开辟了建安诗歌所特有的梗概多气、慷慨悲凉的风貌，史称"建安风骨"。《观沧海》正是"建安风骨"的代表，诗人站在碣石山上，面朝波涛汹涌的大海，慷慨赋诗，所描绘的大海壮丽无比，气吞山河，抒发了胸怀天下的进取精神。"日月之行，若出其中。星汉灿烂，若出其里"四句借描写大海展示出诗人的胸襟，真英雄之语也！

老骥伏枥，志在千里。

龟虽寿①

神龟虽寿，犹有竟时。②
腾蛇乘雾，终为土灰。③
老骥伏枥，志在千里。④

烈士暮年，壮心不已。⑤
盈缩之期，不但在天；⑥
养怡之福，可得永年。⑦
幸甚至哉，歌以咏志。⑧

①本篇是曹操所作乐府组诗《步出夏门行》中的第四章。

②竟：终结，这里指死亡。

③腾蛇：飞蛇，传说能乘云雾升天。

④骥：良马，千里马。伏：趴，卧。枥（lì）：马槽。

⑤烈士：有气节、志向高远的人。暮年：晚年。已：停止。

⑥盈缩：此处指人的寿命长短。

⑦养怡：指调养身心，保持身心健康。怡，愉快、和乐。永年：长寿，活得长。

⑧幸甚至哉，歌以咏志：两句是乐府诗的一种形式性结尾，意思是："太值得庆幸了！就用诗歌来表达心志吧。"

本篇作于建安十二年（207），此时曹操五十三岁，刚刚击败袁绍，平定北方乌桓，正是春风得意之时，乐观自信，抱负远大，充满豪情壮志。诗歌先写生命是有限的，即使神龟和腾蛇那样的神物也难逃一死，但人胸中的志向抱负却不能死；大丈夫生于天地间，志向当存高远，不能因年老而消沉。表现出诗人老当益壮、自强不息、积极进取的精神面貌，体现了英雄豪杰的气概。曹操诗歌爽朗刚健、慷慨激昂的风格也成为"建安风骨"的代表。"老骥伏枥，志在千里。烈士暮年，壮心不已"四句是千古传诵的名句，笔力遒劲，气韵沉雄，内蕴着一股自强不息的豪迈气概，激励着后世人们奋发向上。

对酒当歌，人生几何！

短歌行①

对酒当歌，人生几何！譬如朝露，去日苦多。②
慨当以慷，忧思难忘。何以解忧？唯有杜康。③
青青子衿，悠悠我心。但为君故，沉吟至今。④
呦呦鹿鸣，食野之苹。我有嘉宾，鼓瑟吹笙。⑤
明明如月，何时可掇？忧从中来，不可断绝。⑥
越陌度阡，枉用相存。契阔谈讌，心念旧恩。⑦
月明星稀，乌鹊南飞。绕树三匝，何枝可依？⑧
山不厌高，海不厌深。周公吐哺，天下归心。⑨

①《短歌行》是汉乐府旧题，属于《相和歌·平调曲》。

②对酒当歌：对着酒对着歌，即有酒有歌，指人生美好的时光。当，对。李白名句"唯愿当歌对酒时，月光长照金樽里"即是此意。一说意为面对着酒应当高歌。几何：多少。朝露：早晨的露水，用来比喻上一句中的"人生"。去日：过去了的日子。苦多：太多。

③慨当以慷，忧思难忘：意谓在感叹时光飞逝之余，应当慷慨高歌，无奈忧思重重，难以释怀。杜康：相传古代最初造酒的人。这里作为酒的代称。

④青青子衿，悠悠我心：两句出自《诗经·郑风·子衿》。原写姑娘思念情人，这里用来比喻渴望得到有才学的人。沉吟：原指小声叨念，这里指对贤人的思念和倾慕。

⑤呦呦鹿鸣，食野之苹。我有嘉宾，鼓瑟吹笙：四句出自《诗

经·小雅·鹿鸣》。呦呦：鹿叫的声音。苹：艾蒿。嘉宾：尊贵的客人。鼓：弹。

⑥掇：拾取，摘取。

⑦越陌度阡：指贤人远道而来。陌、阡，田间小路，南北为阡，东西为陌。枉用相存：屈驾来访。存，问候、探望。契阔：久别。讌（yàn）：同"宴"。旧恩：往日的情谊。

⑧乌鹊：乌鸦。匝（zā）：周，圈。

⑨海不厌深：这里是借用《管子·形解》中的话："海不辞水，故能成其大；山不辞土，故能成其高；明主不厌人，故能成其众。"意思是表示希望尽可能多地接纳人才。吐哺：把口中咀嚼的食物吐出来。相传周公旦因忙于接待天下贤士，有时连吃饭都要吃吃停停。《韩诗外传》说周公"一沐三握发，一饭三吐哺，犹恐失天下之士"。

一

据传统观点，本篇约作于建安十三年（208）赤壁大战前夕，曹操平定北方后，率大军抵达长江北岸，准备渡江消灭孙权和刘备，进而统一中国。在设宴款待众将时，曹操创作了这首《短歌行》。古往今来感叹时光易逝、人生易老的作品都透露出一股令人悲伤的气息，从而劝人及时行乐。曹操这首诗也在感伤时光流逝，但诗人更进一层地感慨时光易逝、贤人难得，担忧自己大业未成，从而渴求贤人来帮助自己早日实现理想。诗歌体现出曹操积极进取的精神和礼贤下士、求贤若渴的宽广胸怀。"对酒当歌，人生几何"两句原意是人生美好的时光不多，应当及时有所作为，后多指人生无常，应及时行乐。"对酒当歌"为成语，既可用来表达积极的人生态度，也可用来表达消极的思想。

曹植（192—232），字子建，沛国谯（今安徽亳州）人，曹操第四子，曹丕同母弟，生前曾为陈王，去世后谥号"思"，因此又称陈思王。曹植是三国时期著名文学家，建安文学的代表人物，其代表作有《洛神赋》《白马篇》《七哀诗》等。后人因其文学上的造诣而将他与曹操、曹丕合称为"三曹"。

捐躯赴国难，视死忽如归！

白马篇①

白马饰金羁，连翩西北驰。借问谁家子，幽并游侠儿。②
少小去乡邑，扬声沙漠垂。宿昔秉良弓，楛矢何参差。③
控弦破左的，右发摧月支。仰手接飞猱，俯身散马蹄。④
狡捷过猴猿，勇剽若豹螭。边城多警急，胡虏数迁移。⑤
羽檄从北来，厉马登高堤。长驱蹈匈奴，左顾凌鲜卑。⑥
弃身锋刃端，性命安可怀？父母且不顾，何言子与妻！⑦
名编壮士籍，不得中顾私。捐躯赴国难，视死忽如归！⑧

①《白马篇》是乐府歌辞，以幽并健儿任侠从军、立功报国为内容。

②金羁（jī）：金饰的马笼头。连翩（piān）：连续不断，原指鸟飞的样子，这里用来形容白马奔驰的骏逸形象。幽并：幽州和并州。在今河北、山西一带。

③去乡邑（yì）：离开家乡。扬声：扬名。垂：同"陲"，边境。宿昔：一直。秉：执，持。楛（hù）：木名，茎可以做箭杆。

④控弦：开弓。的（dì）：箭靶。月支：一种箭靶。接：接射。飞猱（náo）：飞奔的猿猴。散：分散，指击碎。马蹄：射帖（箭靶）名。

⑤狡捷：灵活敏捷。勇剽（piāo）：勇敢剽悍。螭（chī）：传说中一种没有角的龙。胡虏：指北方少数民族军队。数（shuò）迁移：指经常进兵入侵。数，经常。

⑥羽檄（xí）：军事文书，插鸟羽以示紧急，必须迅速传递。厉马：扬鞭策马。长驱：向前奔驰不止。蹈：践踏。左顾：斜视，怒视。凌：压制。鲜卑：中国东北方的少数民族，东汉末成为北方强族。

⑦弃身：舍身。怀：爱惜。

⑧籍：名册。中顾私：心里想着个人的私事。中，内心。捐躯：献身。赴：奔赴。忽如：犹如，如同。

本篇约作于汉献帝建安年间曹植跟随父亲征战时，是他前期的代表作品，描写的是一个英姿飒爽、武艺高强的青年英雄。诗中的英雄形象是诗人的自我写照，抒发的是诗人满腔的报国热情。诗歌开头描绘了一位白马少年奔赴战场的场景，之后一大段描写少年的骁勇善战，最后四句照应开头，升华主题，从个人英雄主义上升到精忠报国的大义。诗歌语言气势如虹、风格豪放，"捐躯赴国难，视死忽如归"成为名句，说尽千古多少爱国志士的壮志豪情。成语"捐躯赴难"出自本篇，"视死如归"则借用自先秦典籍。

本是同根生，相煎何太急！

七步诗①

煮豆燃豆萁，豆在釜中泣。②
本是同根生，相煎何太急！③

①本篇出自《初学记》所引《世说新语》。
②豆萁：豆秸。釜：古代的一种锅。
③煎：煎熬，这里指迫害。

本篇约作于黄初四年（223）曹植应诏赴京见曹丕时。自古有"生不愿在帝王家"一说，为争夺继承权，皇嗣间常会滥杀无辜，骨肉相残。曹丕和曹植是亲兄弟，曹植才高，曹丕怕曹植威胁到自己的地位，便召曹植，命令他七步之内作诗一首，否则就处死他，于是就有了这首《七步诗》。诗歌以豆萁和豆子比喻兄弟，豆萁燃烧，煮着豆子，比喻亲兄弟自相残杀，表达了诗人心中的悲愤。曹丕听过这首诗后"深有惭色"。"本是同根生，相煎何太急"成为人们劝诫避免兄弟反目、自相残杀的名句，流传极广。

嵇康（224—263），三国魏谯郡铚（今安徽宿州）人，字叔夜。妻为曹操曾孙女。魏正始间，官至中散大夫，世称嵇中散。后隐居不仕，与阮籍等交游，为"竹林七贤"之一。崇尚老庄，主张"越名教而任自然"，拒绝山涛推荐，自谓不堪做官。后遭钟会构陷，被司马昭杀害。精音律，善鼓琴，诗文风格清峻。

目送归鸿，手挥五弦。

赠秀才入军（节选）

目送归鸿，手挥五弦。①
俯仰自得，游心太玄。②

①归鸿：归雁。五弦：五弦琴。上古琴本五弦，至周代增为七弦，成为琴的主流，五弦琴仍存，为"复古"的象征。

②俯仰：原意指低头抬头，这里泛指举止动作。太玄：大道，虚无恬淡之道。"游心太玄"，是说心中对于道有所领会，也就是上句中"自得"的意思。

嵇康的四言诗写得很好，这首诗是为其兄嵇喜从军而作，想象其兄在军中暇日怡然自乐的情景，实际是要向兄长表达自己的人生观。"目送归鸿，手挥五弦"两句历来为人称道，写出了高士的风神，富有哲理。"目送归鸿，手挥五弦""目送归鸿""目送手挥"均用为成语，本义是手眼并用，意趣自得，表达怡然自得的情趣，或志趣自得的状态，后亦用为送别的典故，也比喻语言文字意义双关、意在言外。

陆机

陆机（261—303），西晋吴郡吴县华亭（今属上海）人，字士衡，陆逊之孙，陆抗之子。吴亡，十年不仕。晋武帝末，与弟陆云入首都洛阳，官至平原内史，人称"陆平原"，后与陆云一起被成都王司马颖诛杀。其诗重藻绘排偶，所作《文赋》亦为名篇。

渴不饮盗泉水，热不息恶木阴。

猛虎行①（节选）

渴不饮盗泉水，热不息恶木阴。②
恶木岂无枝，志士多苦心。

①《猛虎行》是乐府曲名。或写客行，或写功业未建的苦闷，或以猛虎喻贪暴之苛政。

②盗泉：古泉名。故址在今山东泗水东北，常喻不义之财。《尸子》卷下："（孔子）过于盗泉，渴矣而不饮，恶其名也。"恶木：贱劣的树木。《文选》李善注引江邃《文释》："《管子》：'夫士

怀耿介之心，不荫恶木之枝。'恶木尚能耻之，况与恶人同处。"

　　陆机《猛虎行》作于西晋政治大变乱时期，写诗人在官场浮沉之中不得不入仕而又后悔的复杂心情。全诗共二十句，这里节选开头四句，写诗人自己坚守志节的苦心，颇见壮怀。"渴不饮盗泉水，热不息恶木阴""渴不饮盗泉水，热不荫恶木枝""盗泉之水""不饮盗泉"皆用为成语，都是避讳恶名、保持廉正之意。

刘琨

刘琨（271—318），字越石，中山魏昌（今河北无极）人，西晋政治家、军事家、文学家和音乐家。刘琨有两个著名典故：闻鸡起舞和吹笳退敌。"永嘉之乱"时任并州刺史，守太原孤城，抵御匈奴刘渊、刘聪和羯人石勒十余年，后兵败投奔鲜卑人段匹磾（dī），欲与鲜卑合力匡辅晋室，被段匹磾猜忌杀害。

何意百炼刚，化为绕指柔！

重赠卢谌①（节选）

握中有悬璧，本自荆山璆。②
…………
功业未及建，夕阳忽西流。
时哉不我与，去乎若云浮。③
朱实陨劲风，繁英落素秋。④
狭路倾华盖，骇驷摧双辀。⑤
何意百炼刚，化为绕指柔！⑥

①卢谌（chén）：曾为刘琨主簿，转从事中郎，后为段匹磾别驾，与刘琨有诗歌赠答。刘琨被段匹磾囚拘后，自知必死，曾写诗激励卢谌。然而，卢谌的答诗并未体会刘琨的诗意，只以普通之词酬和。于是刘琨再以诗赠之，故称"重赠"。诗中抒发了自己为国出力的志愿和事业经受挫折、抱负无法施展的悲哀。

②悬璧：用悬黎制成的璧，悬黎是美玉名。荆山：在今湖北南漳西，楚国卞和曾在此得璞玉。璆（qiú）：玉。此二句以璆璧比喻卢谌。

③若云浮：像云飘过一样。

④朱实：红色的果实。陨：落。繁英：繁茂的鲜花。素秋：秋季。

⑤华盖：泛指高贵者所乘之车。骇驷：受惊吓的驾车之马。辀（zhōu）：车辕。

⑥何意：怎么会想到。绕指柔：能缠绕手指的柔软之物。此二句自叹经历破败，从坚刚变为软弱。

刘琨在生还无望的情况下，作此诗于狱中。这是一首绝命诗，表达诗人身陷囹圄、无可奈何的悲凉。诗歌开头称赞卢谌是美玉，之后举了古代许多任用贤能的例子，说明自己精忠无二。最后感叹自己落入如此田地，处境凄惨，心生悲凉，感慨自己经历太多不幸，本是铮铮铁骨的汉子，却变得如此委曲求全。"何意百炼刚，化为绕指柔"是诗人最后身不由己、无可奈何的哀鸣，成为流传后世的名句。后用作成语，比喻经历失败后变得无能为力，也用来比喻使火暴强硬的性情变得柔顺。

陶渊明

陶渊明（365—427），字元亮（一说名潜，字渊明），浔阳柴桑（今江西九江）人，号五柳先生，私谥"靖节"，东晋末南朝宋初诗人、辞赋家、散文家。曾任江州祭酒、建威参军、镇军参军等职，最后一次出仕为彭泽县令，八十多天便弃职而去，从此归隐田园。他是中国第一位田园诗人，被称为"古今隐逸诗人之宗"。

采菊东篱下，悠然见南山。

饮酒　其五①

结庐在人境，而无车马喧。②
问君何能尔？心远地自偏。③
采菊东篱下，悠然见南山。④
山气日夕佳，飞鸟相与还。⑤
此中有真意，欲辩已忘言。⑥

①陶渊明爱喝酒，辞官退隐后，时常酒后诗兴大发，杂抒感慨，这年秋天共得二十首诗，他把这一组诗题为《饮酒二十首》。

②结庐：建造住宅，这里指居住。车马喧：车马的喧闹声，这里指世俗交往的喧扰。

③君：指作者自己。尔：这样。

④悠然：悠闲的样子。见：看见，动词。南山：指庐山。

⑤山气：山间的云气。日夕：傍晚。相与还：结伴还山。

⑥真意：指鸟与人皆有归还之意。欲辩已忘言：既然已经知道了意思，就不再需要言词。化用《老子》"大辩若讷"及《庄子》"大辩不言""得意忘言"之意。

《饮酒（其五）》是陶渊明诗歌艺术风格的一个典范代表，描写了陶渊明归隐后的闲适生活，表达怡然自得的心境。小隐隐于野，大隐隐于市。诗人住在车马喧闹的地方，内心平静得宛如在偏远的深山老林。采菊的陶渊明已经脱离了尘世打扰，一切景物与人都是那么和谐，人与自然达到了融合的境界。其中的"真意"大概是回归自然。诗中名句"采菊东篱下，悠然见南山"写隐士采菊服食的生活，本自采菊，无意望山，举头见到山就在眼前，表达了诗人悠然自在、忘情山水的趣味，意境高远。成语"东篱菊""东篱君子"出自本篇，写隐士的田园生活，或用以咏菊。

羁鸟恋旧林，池鱼思故渊。

归园田居　其一①

少无适俗韵，性本爱丘山。②
误落尘网中，一去三十年。③
羁鸟恋旧林，池鱼思故渊。④
开荒南野际，守拙归园田。⑤

方宅十余亩，草屋八九间。⑥
榆柳荫后檐，桃李罗堂前。⑦
暧暧远人村，依依墟里烟。⑧
狗吠深巷中，鸡鸣桑树颠。
户庭无尘杂，虚室有余闲。⑨
久在樊笼里，复得返自然。⑩

①《归园田居》组诗共五首，是陶渊明弃官归隐后所作。

②少：指少年时代。适俗韵：适应世俗的情趣。

③尘网：尘世的罗网，指仕途。意谓仕途有如罗网，使人不得自由。三十年：有人认为当作"十三年"，因从陶氏初仕江州祭酒至辞彭泽令归田，前后恰为十三年。

④羁（jī）鸟：被束缚于笼中之鸟。池鱼：池塘之鱼。此二句以"羁鸟""池鱼"比喻自己过去仕途生活的不自由，以"旧林""故渊"比喻田园。

⑤守拙：安于愚笨。指不善为官，也就是不会取巧逢迎之意。

⑥方宅：宅地方圆。

⑦荫（yìn）：遮盖。罗：罗列。

⑧暧暧（ài）：模糊隐约的样子。依依：轻柔而缓慢地飘升。墟里：村落。

⑨户庭：门庭。尘杂：尘俗杂事。虚室：空室。余闲：闲暇。

⑩樊（fán）笼：关鸟兽的笼子，比喻官场生活。返自然：指归耕园田。

《归园田居》组诗描写了陶渊明逃离官场，重归田园后的生活和感受。这是组诗中的第一首，表达了对官场的厌恶和对田园生活的惬意。"误入"表达陶渊明对做官的后悔。官场的黑暗让陶渊明感觉就像生活在牢笼中一般，不能做真我。诗人庆幸自己归隐田园的生活，虽然物质上不及做官时富裕，但是做回了真正的自己，简单快乐。陶诗语言平淡而有味，让人读罢如品茶，余味不尽。"羁鸟恋旧林，池鱼思故渊"寓情于景，用巧妙的比喻表达了诗人回归田园的愉悦心情，现在常用来表达对故乡的深厚感情。

晨兴理荒秽，带月荷锄归。

归园田居五首　其三

种豆南山下，草盛豆苗稀。①
晨兴理荒秽，带月荷锄归。②
道狭草木长，夕露沾我衣。③
衣沾不足惜，但使愿无违！

①二句化用汉代杨恽《歌诗》："田彼南山，芜秽不治。种一顷豆，落而为萁。"南山：指庐山。

②晨兴：早起。荒秽：指野草之类。带月：披戴月色。荷（hè）：扛着。

③狭：狭窄。长：读cháng。

陶渊明因无法忍受官场的污浊，坚决地辞官归隐，躬耕田园，作《归园田居五首》，这是第三首，描写了诗人隐居之后种豆劳动的情景。孟子说："劳心者治人，劳力者治于人；治于人者食人，治人者食于人。"反映了古代儒家轻视劳动和劳动人民的观念。陶渊明打破传统观念，甘心做辛苦的"劳力者"，这在中国古代文人中是极其罕见的，这种无畏的精神、美好的人格、高尚的境界令人敬仰。

奇文共欣赏，疑义相与析。

移居二首　其一^①

昔欲居南村，非为卜其宅。^②
闻多素心人，乐与数晨夕。^③
怀此颇有年，今日从兹役。^④
敝庐何必广，取足蔽床席。^⑤
邻曲时时来，抗言谈在昔。^⑥
奇文共欣赏，疑义相与析。^⑦

①《移居二首》是陶渊明于义熙十一年（415）迁至南村不久后所作。

②南村：一般认为在浔阳城（今江西九江）下。卜宅：占卜问宅之吉凶。这两句是说早就想迁居南村，并不是因为那里的住宅好。

③素心人：指心地纯洁的人。数（shuò）晨夕：朝夕相处。数，屡次。

④怀此：抱着移居南村这个愿望。颇有年：已经有很多年了。兹役：这种活动，指移居。

⑤敝庐：破旧的房屋，这里是谦词。何必广：不必求宽大。取足蔽床席：能放得下坐卧用具就足够了。蔽，遮蔽；床席，指坐卧用具。

⑥邻曲：邻居。抗言：高声谈论。在昔：指往事。

⑦析：剖析文义。这两句是说共同欣赏奇文，一起剖析疑难文义的理趣。

《移居》二首描写的是陶渊明搬到南村后的感受，这是第一首，写搬家求友的初衷和邻里之间交往的愉快。陶渊明很早就听说南村人心性纯洁，想搬去住，而今终于搬来，虽然住所不大，但没有官场上的勾心斗角，平日里和好友高谈阔论，共赏奇文，生活很惬意。诗人只要最低的物质条件，追求的是能与心性纯洁的友人交往，尤其是共赏诗文，多么高洁的情志啊！"奇文共欣赏，疑义相与析"两句用为成语，意为共同欣赏奇文，互相解析疑义。"奇文共赏"四字也用为成语，本义是少见的好文章大家一同欣赏，现在也常常反用，用来对荒唐无稽或者狗屁不通的文章进行嘲讽。

及时当勉励，岁月不待人。

杂诗十二首　其一①

人生无根蒂，飘如陌上尘。②
分散逐风转，此已非常身。③
落地为兄弟，何必骨肉亲！④
得欢当作乐，斗酒聚比邻。⑤
盛年不重来，一日难再晨。⑥
及时当勉励，岁月不待人。

①这是陶渊明《杂诗十二首》的第一首。杂诗：随感而作的诗。

②根蒂：植物的根及瓜果的把儿，比喻事物的根基或基础。陌：东西向的路，这里泛指路。

③非常身：不是经久不变的身，即此时之身已非旧时之身。"人生无根蒂"四句来自《古诗十九首》："人生寄一世，奄忽若飙尘。"

④落地：刚生下来。

⑤斗（dǒu）：酒器。比邻：近邻。

⑥盛年：青壮年。

诗歌前四句先表达人生无常，飘忽不定，生命短暂；中四句写既然人生苦短，何必分彼此，应当及时行乐；后四句的本意是劝人珍惜时光，及时行乐。诗中佳句迭出，如"人生无根蒂，飘如陌上尘""落地为兄弟，何必骨肉亲""盛年不再来，一日难再晨"。最后两句"及时当勉励，岁月不待人"本意并不是鼓励人奋发学习，但却成为后人勉励自己及他人奋发向上、努力学习的金句。

众鸟欣有托，吾亦爱吾庐。

读《山海经》十三首①　其一

孟夏草木长，绕屋树扶疏。②

众鸟欣有托，吾亦爱吾庐。

既耕亦已种，时还读我书。

穷巷隔深辙，颇回故人车。③

欢然酌春酒，摘我园中蔬。

微雨从东来，好风与之俱。

泛览《周王传》，流观《山海图》。④

俯仰终宇宙，不乐复何如？⑤

①《山海经》：我国古代的地理神话笔记，一般认为成书于战国，记述古代传说中的山川、部族、物产、草木、鸟兽、风俗等，内容多怪诞灵异，保存了不少古代神话传说及史地材料。

②孟夏：初夏，农历四月。扶疏：枝叶茂盛纷披的样子。

③穷巷：陋巷。隔：隔绝。深辙：大车所轧之痕迹，此代指贵者所乘之车。回：掉转。

④《周王传》：指《穆天子传》，记录有关周穆王的传说。《山海图》:《山海经图》。朱熹疑《山海经》依图画而述之，一说是依《山海经》文字而绘图。

⑤俯仰：一俯一仰之间，指时间短暂。

一

　　《读〈山海经〉十三首》为一组联章诗，作于陶渊明归园田居之后。诗人在耕种之余便读书自娱，他读了《山海经》《穆天子传》之类书籍，写读后的奇思异想及对人生和政治的感慨。本篇为第一首，咏隐居耕读之乐。"众鸟欣有托，吾亦爱吾庐"奠定了全诗的基调："众鸟因为有了家而欢欣，我也喜爱我的茅庐。""爱吾庐""吾爱吾庐"用为成语，指人依恋自己的家，也为田园归隐之典。

陆凯

陆凯，东晋至南朝宋时江南人，与范晔友善。

江南无所有，聊赠一枝春。

赠范晔[1]

折花逢驿使，寄与陇头人。[2]
江南无所有，聊赠一枝春。[3]

[1]范晔（398—445）：南朝宋史学家，字蔚宗，顺阳（今河南淅川）人，著有《后汉书》。

[2]驿使：传递公文、书信的人。陇头人：北方边塞的朋友，指范晔。

[3]聊：姑且。一枝春：指梅花，人们常常把梅花作为春天的象征。

一

　　本篇约作于东晋义熙十四年（418）春。义熙十三年（417）冬，范晔随檀道济北伐军在长安，次年春陆凯从江南寄梅花一枝给范晔。这首五言绝句意趣盎然，表达了诗人对友人的思念和祝福，是写友情的名篇。诗人在江南春天梅花开放时赏梅花，折梅花时正好碰到驿使，于是就想到托驿使捎带一枝美丽的梅花给北方好友，并写了这首诗一并捎去。"江南无所有，聊赠一枝春"是写梅花和友情的名句，颇有情趣："江南没什么贵重的礼品可以送给你，就把一枝代表春天的梅花送给你吧。"用借代手法，以具体的一枝梅花来代替抽象的春天，让北方边塞的友人感受到春天的来临，高洁的梅花也象征他们之间的崇高友谊。"驿使""一枝春"后来都成为梅花及赠别的代称了。"驿使梅花"也用为成语，表示对亲友的问候及思念。

谢灵运

谢灵运（385—433），陈郡阳夏（今河南太康）人，生于会稽始宁（今浙江上虞），东晋名将谢玄之孙，小名"客儿"，人称谢客；东晋时袭封康乐公，人称"谢康乐"。他是文学史上山水诗的开创者，诗与颜延之齐名，并称"颜谢"。

池塘生春草，园柳变鸣禽。

登池上楼①

潜虬媚幽姿，飞鸿响远音。②
薄霄愧云浮，栖川怍渊沉。③
进德智所拙，退耕力不任。④
徇禄反穷海，卧痾对空林。⑤
衾枕昧节候，褰开暂窥临。⑥
倾耳聆波澜，举目眺岖嵚。⑦
初景革绪风，新阳改故阴。⑧
池塘生春草，园柳变鸣禽。

祁祁伤豳歌，萋萋感楚吟。⑨
索居易永久，离群难处心。⑩
持操岂独古，无闷征在今。⑪

①池：指谢公池，在今浙江永嘉西北。谢灵运受到刘宋新贵集团的排挤，迁为永嘉太守。来永嘉后的第一个冬天，他卧病在床，至第二年春病愈，于是登楼观景，写下《登池上楼》，抒写郁闷之情。

②潜虬（qiú）：潜游的虬龙。飞鸿：飞翔的鸿雁。

③薄：迫近，靠近。愧：惭愧。栖川：（虬龙）栖息在深渊中。怍（zuò）：惭愧。

④进德：指仕途上的进取。任：担当，承受。

⑤徇禄：追求禄位。痾（kē）：同"疴"，病。

⑥衾（qīn）枕昧节候：卧病衾枕之间，分不清季节变化。衾，被子；昧，昏乱。褰（qiān）开：揭开帷帘，打开窗子。窥临：临窗眺望。

⑦岖嵚（qū qīn）：山势险峻的样子。

⑧初景：初春的阳光。革：消除。绪风：余风，指冬季残留下来的寒风。新阳：新春。故阴：指残冬。

⑨豳（bīn）歌：指《诗经·豳风·七月》中"春日迟迟，采蘩祁祁。女心伤悲，殆及公子同归"的句子。萋萋感楚吟：有感于《楚辞·招隐士》中"王孙游兮不归，春草生兮萋萋"的句子。

⑩索居：独居。群：朋友。

⑪持操：保持节操。无闷：没有烦闷。出自《易经·乾卦》："遁世无闷。"意为贤人能避世而没有烦恼。征：验证。

本篇约作于宋少帝景平元年（423）初春。谢灵运在上一年被逐出京都，担任永嘉太守，卧病至初春始愈，于是登楼观景，写下此诗。诗歌所描绘的是谢灵运登池上楼后的所见所感，表达了诗人政治失意后的苦闷心情。前八句是写诗人官场失意后进退两难的矛盾心情，诗人本是朝廷贵族，有极大的政治抱负，如今被逐出京都，不免有龙困浅滩之感。接着八句为第二层，主要写诗人登楼远眺看见的春景。诗人拉开窗帘远眺，满目春光尽收眼底，万物复苏，令人神清气爽。大病初愈的诗人此时也如重获新生一般。第三层是最后六句，诗人审视自己的处境，借用典故来表示自己的感慨，情绪又转向忧伤，最后两句也表明了即使现在处境艰难，也要坚守节操的坚定意志。此诗写景名句"池塘生春草，园柳变鸣禽"历来为诗论家所称道，从细微的变化写春天的到来，清新自然，浑然天成。池塘水中生春草，一般人不易察觉；从园中柳树上禽鸟叫声的变化来判断鸟的种类变化，一般人亦不易做到。

谢朓（464—499），字玄晖，陈郡阳夏（今河南太康）人。南朝齐时山水诗人，与"大谢"谢灵运同族，世称"小谢"，为竟陵王萧子良门下的"竟陵八友"之一。任宣城太守，人称"谢宣城"。后遭诬陷，下狱死，时年三十六岁。曾与沈约等共创"永明体"诗歌。今存诗二百余首，多描写自然景物，诗风清新。

余霞散成绮，澄江静如练。

晚登三山还望京邑①

瀰涘望长安，河阳视京县。②
白日丽飞甍，参差皆可见。③
余霞散成绮，澄江静如练。④
喧鸟覆春洲，杂英满芳甸。⑤
去矣方滞淫，怀哉罢欢宴。⑥
佳期怅何许，泪下如流霰。⑦
有情知望乡，谁能鬒不变？⑧

①三山：山名，在今南京市西南长江南岸。还望：回头眺望。京邑：指南齐都城建康，即今南京市。

②灞涘（bà sì）望长安：借用汉末王粲《七哀诗》"南登霸陵岸，回首望长安"诗意。灞涘，灞水边。灞水源出陕西蓝田，流经长安城东。河阳视京县：借用西晋潘岳《河阳县诗》"引领望京室"诗意。河阳，在今河南孟州西。京县，指西晋都城洛阳。两句以古人的望京比自己的望京。

③丽：使动用法，意为"照射使……色彩绚丽"。飞甍（méng）：上翘如飞翼的屋脊。参差：高低不齐的样子。

④绮：有花纹的丝织品。澄江：清澈的江水。练：洁白的绸子。意为：澄清的江水平静得如同一匹白练。散，读sàn。

⑤覆春洲：形容鸟儿众多。覆，盖。杂英：各色的花。甸：郊野。

⑥去：离开。方：将。滞淫：久留。怀：想念。

⑦佳期：指归来的日期。怅：惆怅。何许：何时。霰（xiàn）：雪粒。

⑧鬒（zhěn）：黑发。

谢朓是南朝齐著名诗人，擅长山水诗。李白最欣赏谢朓，他直接提到谢朓的诗现存有十多首，并且都表现出仰慕之情。谢朓的这首诗是他的代表作之一，作于建武二年（495）夏天被任命为宣城太守离开京城时，抒写的是诗人傍晚登上三山回望京城时看到的美景和不舍之情。他把京城建康当作自己的故乡，一步三回头地离开了。诗中"余霞散成绮，澄江静如练"一联已是流传千古的写景名句，用两个巧妙的比喻来进行远景描绘，"绮""练"二字既包含视觉，又包含触觉，写出了丝绸般的柔滑之感。李白《金陵城西楼月下吟》有"解道澄江净如练，令人长忆谢玄晖"的赞许。今有成语"余霞散绮""余霞成绮"形容彩霞绚丽，也用来比喻文章的结尾有含蓄不尽的妙趣。成语"澄江如练"常用来赞美鸟瞰的江景。

王籍

王籍（480？—550？），南朝梁人，字文海，祖籍琅邪临沂（今属山东）。博学有才气，官至中散大夫，自感仕途不得志。学谢灵运作诗，名句"蝉噪林逾静，鸟鸣山更幽"曾传入北朝，引起南北朝文人争辩。

蝉噪林逾静，鸟鸣山更幽。

入若耶溪①

舻艎何泛泛，空水共悠悠。②
阴霞生远岫，阳景逐回流。③
蝉噪林逾静，鸟鸣山更幽。④
此地动归念，长年悲倦游。⑤

①若耶溪：河名，出浙江绍兴若耶山，北流入运河。相传为西施浣纱之所。

②舻艎（yú huáng）：原是吴王大舰名，这里指大船。泛泛：

船行无阻。

③阴霞：山北面的云霞。若耶溪流向自南而北，诗人溯流而上，故曰"阴霞"。远岫（xiù）：远处的高山。阳景：阳光。回流：曲折的溪流。

④噪：许多鸟或虫子乱叫。逾（yú）：更加。幽：宁静，幽静。

⑤归念：归隐的念头。倦游：厌倦游宦生涯。

诗歌描绘了诗人泛舟若耶溪时所见美景，从而引起辞官归隐的念头。前六句写景，后两句抒情，语言清新秀丽。"蝉噪林逾静，鸟鸣山更幽"是千古传诵的写景名句，以动写静，更加突出环境的幽静，写法新颖。但北朝文人认为这两句不好，又没说原因，可能因为有"合掌"之嫌（合掌即对偶的两句意义重复或相近，被视为一种诗病）。唐王维《鸟鸣涧》"人闲桂花落，夜静春山空。月出惊山鸟，时鸣春涧中"就是模仿这一写法。宋王安石曾改写成"一鸟不鸣山更幽"，被黄庭坚嘲笑。

南北朝乐府民歌是继汉乐府民歌之后的又一批民间诗作。南朝乐府民歌以写男女恋情为多，北朝乐府民歌中除了歌咏爱情的篇章之外，还有一些反映民生疾苦、边塞风光和歌颂英雄人物的诗篇。

天苍苍，野茫茫，风吹草低见牛羊。

敕勒歌①

敕勒川，阴山下。天似穹庐，笼盖四野。②
天苍苍，野茫茫，风吹草低见牛羊。③

①敕勒（chì lè）：我国古代北方民族名，北齐时居住在朔州（今山西北部）一带。

②敕勒川：敕勒族居住的地方，在今山西、内蒙一带。川，平原。阴山：在今内蒙古。穹庐：用毡布搭成的帐篷，如后来的蒙古包。四野：草原的四面八方。

③苍苍：青色。茫茫：辽阔无边的样子。见（xiàn）：同"现"，
显露。

《敕勒歌》是北朝游牧民族的民歌，原是鲜卑语，被人翻译成
汉语。诗歌首四句采用的鸟瞰的视角，给人以辽阔的感觉，无边无
际，尽收眼底，描绘了大草原壮阔的景象。后三句宛如一幅壮丽的
草原全景图，生机勃勃，境界开阔，也反映了游牧民族热爱生活、
胸怀宽广、豪放坦荡的精神品质。全诗采用自由的杂言体，被认为
有一种"天然豪迈"的风格。"天苍苍，野茫茫。风吹草低见牛羊"
是千古传诵的名句，成为大草原的代名词。

健儿须快马，快马须健儿。

折杨柳歌辞　其五①

健儿须快马，快马须健儿。②
跊跋黄尘下，然后别雄雌。③

①折杨柳：乐府歌曲名，属于横吹曲，后来演变为《杨柳
枝》。折杨柳是古代送别的习俗，送者、行者常折柳留念。《乐府诗
集》中《折杨柳歌辞》共五首，这里选的是第五首。
②健儿：勇士，壮士。
③跊跋（bié bá）：快马飞奔时马蹄击地声。黄尘：指快马奔
跑时扬起的尘土。别雄雌：分高低，决胜负。

这首民歌描写的是北方民族在赛马场上激烈比赛的场景，描
写马儿飞奔的马蹄声和扬起的尘土都是为了突显场面的紧张。诗

歌风格刚健简练，展现出好男儿的阳刚之美。"健儿须快马，快马须健儿"是赞美英武之才的名句，俗语"宝马配英雄"也是从此而来。

将军百战死，壮士十年归。

木兰诗①

唧唧复唧唧，木兰当户织。不闻机杼声，唯闻女叹息。②
问女何所思，问女何所忆。女亦无所思，女亦无所忆。
昨夜见军帖，可汗大点兵，军书十二卷，卷卷有爷名。③
阿爷无大儿，木兰无长兄，愿为市鞍马，从此替爷征。④
东市买骏马，西市买鞍鞯，南市买辔头，北市买长鞭。⑤
旦辞爷娘去，暮宿黄河边。不闻爷娘唤女声，但闻黄河流水鸣溅溅。⑥
旦辞黄河去，暮至黑山头。不闻爷娘唤女声，但闻燕山胡骑鸣啾啾。⑦
万里赴戎机，关山度若飞。朔气传金柝，寒光照铁衣。⑧
将军百战死，壮士十年归。归来见天子，天子坐明堂。⑨
策勋十二转，赏赐百千强。可汗问所欲，木兰不用尚书郎，愿驰千里足，送儿还故乡。⑩
爷娘闻女来，出郭相扶将。阿姊闻妹来，当户理红妆。小弟闻姊来，磨刀霍霍向猪羊。⑪
开我东阁门，坐我西阁床。脱我战时袍，著我旧时裳。当窗理云鬓，对镜帖花黄。⑫
出门看火伴，火伴皆惊忙。同行十二年，不知木兰是女郎。⑬

雄兔脚扑朔，雌兔眼迷离。双兔傍地走，安能辨我是雄雌。⑭

———

①《木兰诗》又称《木兰辞》，《乐府诗集》归入《横吹曲辞·梁鼓角横吹曲》。

②唧唧（jī）：叹息声，意思是木兰无心织布，停机叹息。当户（dāng hù）：对着门。机杼（zhù）声：织布机发出的声音。

③军帖（tiě）：征兵的文书。可汗（kè hán）：古代柔然、突厥、回纥、蒙古等民族最高统治者称号。十二：表示很多，不是确指。下文的"十二转""十二年"用法与此相同。爷：和下文的"阿爷"一样，都指父亲。

④为：为此。市：买。鞍马：马和鞍子。

⑤鞯（jiān）：马鞍下的垫子。辔（pèi）头：驾驭牲口用的嚼子和缰绳。

⑥旦：早晨。辞：离开，辞行。溅溅（jiān）：流水声。

⑦胡骑：胡人的战马。啾啾（jiū）：马叫的声音。

⑧戎机：指战争。度：越过。朔（shuò）气：北方的寒气。传金柝：传送着打更的声音。金柝（tuò），即刁斗。古代军中用的一种铁锅，白天用来做饭，晚上用来报更。铁衣：铠甲。

⑨明堂：古代天子宣明政教的地方。

⑩策勋十二转（zhuǎn）：记很大的功。策勋，记功；转，勋级每升一级叫一转。"十二转"不是确数，形容功劳极高。赏赐百千强：赏赐很多的财物。百千，形容数量多；强，有余。千里足：千里马。

⑪郭：外城。扶将：扶持。姊（zǐ）：姐姐。理：梳理。霍霍：磨刀时发出的声音。

⑫阁：内室。著（zhuó）：同"着"，穿。裳：读cháng，下

身穿的衣服。云鬓：指女子的头发，形容头发漂亮柔软像云一样。帖（tiē）花黄：当时流行的一种化妆款式，把金黄色的纸剪成星、月、花、鸟等形状贴在额上，或在额上涂成黄色的半月形。帖，同"贴"。

⑬火伴：同伍的士兵。当时规定若干个士兵同一个灶吃饭，所以称"火伴"。

⑭"雄兔"二句：提着兔子的耳朵悬在半空时，雄兔两只前脚时时动弹，雌兔两只眼睛时常眯着，所以容易辨认。扑朔，爬搔。迷离，眯着眼。双兔傍地走，安能辨我是雄雌：两只兔子贴着地面跑，怎能辨别哪个是雄兔，哪个是雌兔呢？

北朝民歌《木兰诗》记述了木兰女扮男装，代父从军，征战沙场，凯旋回朝，建功受封，辞官还家的故事，充满传奇色彩，塑造了巾帼英雄木兰的经典形象。诗歌语言保留了民歌易朗诵的特色，多对仗排比，读来朗朗上口。木兰姓花是从明代徐渭的杂剧《四声猿·雌木兰》出现并开始流传的。"将军百战死，壮士十年归"两句采用了互文和对仗手法，表现了战争的残酷无情、将士们生死无常，是千古传诵的名句。由"雄兔脚扑朔，雌兔眼迷离"两句生出成语"扑朔迷离"，用来形容事物错综复杂，难以明了真相。

唐宋编

虞世南　王湾　刘长卿　崔护　僧希运　杜荀鹤　范仲淹　周邦彦　翁卷
李世民　常建　于良史　崔郊　李商隐　崔涂　张先　聂胜琼　赵师秀
骆宾王　金昌绪　韩翃　胡令能　严恽　郑谷　晏殊　李清照　僧慧开
卢照邻　孟浩然　戴叔伦　元稹　李频　王驾　张俞　李重元　叶绍翁
李峤　李颀　韦应物　贾岛　黄巢　王贞白　宋祁　陈与义　吴文英
苏味道　王昌龄　戎昱　杨敬之　陆龟蒙　僧契此　欧阳修　岳飞　卢梅坡
王勃　王维　卢纶　杜秋娘　曹松　牛希济　邵雍　陆游　文天祥
刘希夷　高适　李益　李贺　罗隐　顾敻　王安石　范成大　郑思肖
宋之问　李白　孟郊　许浑　章碣　冯延巳　王观　杨万里　蒋捷
贺知章　崔颢　张籍　张祜　韦庄　李璟　苏轼　朱熹　张炎
张若虚　杜甫　王建　徐凝　聂夷中　李煜　晏几道　张孝祥
陈子昂　岑参　韩愈　朱庆余　李山甫　翁宏　黄庭坚　张栻
张旭　张志和　李绅　温庭筠　秦韬玉　佚名　秦观　林升
张九龄　刘方平　刘禹锡　杜牧　韩偓　寇准　李之仪　僧志南
王翰　张继　白居易　陈陶　张泌　林逋　汪洙　辛弃疾
王之涣　贾至　柳宗元　赵嘏　鱼玄机　柳永　贺铸　姜夔

虞世南

虞世南（558—638），字伯施，余姚（今属浙江）人，南北朝至隋唐时著名书法家、文学家、政治家，凌烟阁二十四功臣之一。唐太宗称他博闻、德行、书翰、词藻、忠直为五绝。善书法，与欧阳询、褚遂良、薛稷合称"初唐四大家"。

居高声自远，非是藉秋风。

蝉

垂绥饮清露，流响出疏桐。①
居高声自远，非是藉秋风。②

①绥（ruí）：古时帽带打结后下垂的部分，这里指蝉头部的触须。流响：连续不断的蝉鸣声。疏桐：疏落的梧桐树。
②藉（jiè）：同"借"。

这是一首咏物诗。前两句描写蝉的独特形象：在梧桐树上饮露鸣叫；后两句借这一形象说理：蝉鸣声能传播远方，并不是因为借助了秋风的力量，而是蝉本身站得高。有人说诗人是以蝉自喻，比喻自己品格高洁，不必借外在的帮助，自然声名远播。有人将"居高声自远，非是藉秋风"和骆宾王"露重飞难进，风多响易沉"及李商隐"本以高难饱，徒劳恨费声"称为唐代咏蝉诗三绝。

李世民

李世民（599—649），即唐太宗，陇西成纪（今甘肃秦安）人。唐朝第二位皇帝，在位二十三年，年号贞观。李世民不仅是著名的政治家、军事家，还是一位书法家和诗人。他开创了著名的"贞观之治"，为后来唐朝全盛时期的"开元盛世"奠定了重要基础，为后世明君之典范。

疾风知劲草，板荡识诚臣。

赐萧瑀①

疾风知劲草，板荡识诚臣。②
勇夫宁识义，智者必怀仁。③

①萧瑀：唐朝宰相。高祖父是南朝梁武帝萧衍；曾祖父是昭明太子萧统；祖父萧詧，是后梁宣帝；父亲名岿，是后梁明帝。降唐后受封宋国公，任光禄大夫。李世民即位后六次担任宰相，又因故六次被罢免。凌烟阁二十四功臣中排第九位。唐太宗十分欣赏萧瑀的品德，曾赞扬他说："卿之忠直，古人不过。"又作此诗深加勉

慰，夸奖其忠直。

②板荡：《板》《荡》都是《诗经·大雅》中讥刺周厉王无道而导致国家败坏、社会动乱的诗篇，后因以指政局混乱或社会动荡。

③勇夫：勇敢的人。宁（níng）：必定。一作"安"，语义不通。

一　　这是唐太宗李世民赠送给宰相萧瑀的一首诗，称赞萧瑀的高尚人格。前两句采用比兴手法："只有在疾风下才知道什么样的草是坚忍不拔的，只有在朝廷动荡的情况下才知道哪个人是忠臣。"夸赞萧瑀忠贞不二。后两句说："勇敢的人必定懂得道义，有大智慧的人必定心怀仁爱。"夸赞萧瑀道义、仁爱。如此高度的赞美，可见唐太宗多么喜爱他这位贤相。"疾风知劲草"这一成语出自《东观汉记》，范晔《后汉书》加以引用，李世民又用为诗句，遂广为流传。比喻在艰难困苦的环境下，才能考验出人的坚强意志和节操。

骆宾王

骆宾王（623？—684），字观光，婺州义乌（今属浙江）人。初唐诗人，与王勃、杨炯、卢照邻合称"初唐四杰"，四人中他年辈最老，但排名最后。"四杰"都是官小名大，性格浪漫，都喜欢自我表现，争名好胜。光宅元年（684），骆宾王随徐敬业起兵讨伐武则天，写出著名的《讨武曌檄》，传遍天下，当年兵败被杀，有传说他逃命后当了和尚。

白毛浮绿水，红掌拨清波。

咏鹅

鹅、鹅、鹅，曲项向天歌。[①]
白毛浮绿水，红掌拨清波。

①曲（qū）项：弯曲着脖子。

这是骆宾王七岁时习作的一首咏物小诗，流传很广，几乎妇孺皆知。这首诗语言通俗易懂，读起来朗朗上口，通常作为学龄儿童的启蒙诗歌。全诗内容十分简单，用纯白描的手法描绘了一幅白鹅戏水图。"白毛浮绿水，红掌拨清波"尤为人们所喜爱，两句一静一动，用了几种对比强烈的色彩词突出了画面效果。

露重飞难进，风多响易沉。

在狱咏蝉

西陆蝉声唱，南冠客思深。①
那堪玄鬓影，来对白头吟。②
露重飞难进，风多响易沉。③
无人信高洁，谁为表予心！④

①西陆：指秋天。南冠：楚国人的帽子，借指囚犯。客思：远离家乡者的思绪。

②那（nǎ）堪：怎能忍受。玄鬓：本指黑色的鬓发，古代妇女的一种发式叫"蝉鬓"。这里指黑色的蝉。这一联是流水对，一语双关。表层意思是："我不能忍受有如玄鬓的蝉对着我这白发人长吟。"深层意思是："我对着黑蝉吟诵委屈哀伤的《白头吟》。"《白头吟》是古乐府曲名。

③露重：秋露浓重。飞难进：是说蝉难以高飞。响：指蝉声。沉：沉没，被掩盖。

④高洁：清高洁白。古人认为蝉栖高饮露，是高洁之物。作者用来自喻。予：我。

唐高宗仪凤三年（678），诗人在首都长安任侍御史，因上疏论事，触怒武后，被诬下狱，此诗作于狱中，时间是秋天。全诗以蝉喻己，用蝉的高洁品性来比喻自己的坚贞。诗歌前两联，都是一句写蝉，一句写自己，通过对比来突显自己的颓唐境地。第三联"露重飞难进，风多响易沉"是全诗的名句，表面上写蝉，实际上写诗人自己受到外部势力的打压，无法伸展报负，无法抒发己见。诗人这首咏物诗，以高超的写作技巧和情感表达达到了物我合一的境界。

卢照邻

卢照邻（637？—686？），字升之，自号幽忧子，幽州范阳（今河北涿州）人。望族出身，曾为王府典签，又出任益州新都（今四川成都附近）尉。他是"四杰"中最悲苦的一位，屈沉下僚，患风疾，手足痉挛，自投颍水而死。

得成比目何辞死，愿作鸳鸯不羡仙。

长安古意①

长安大道连狭斜，青牛白马七香车。②
玉辇纵横过主第，金鞭络绎向侯家。③
龙衔宝盖承朝日，凤吐流苏带晚霞。④
百丈游丝争绕树，一群娇鸟共啼花。⑤
啼花戏蝶千门侧，碧树银台万种色。
复道交窗作合欢，双阙连甍垂凤翼。⑥
梁家画阁天中起，汉帝金茎云外直。⑦
楼前相望不相知，陌上相逢讵相识。

借问吹箫向紫烟，曾经学舞度芳年。⑧
得成比目何辞死，愿作鸳鸯不羡仙。⑨
比目鸳鸯真可羡，双去双来君不见。
生憎帐额绣孤鸾，好取门帘帖双燕。⑩
双燕双飞绕画梁，罗帏翠被郁金香。⑪
片片行云着蝉鬓，纤纤初月上鸦黄。⑫
鸦黄粉白车中出，含娇含态情非一。
妖童宝马铁连钱，娼妇盘龙金屈膝。⑬
御史府中乌夜啼，廷尉门前雀欲栖。⑭
隐隐朱城临玉道，遥遥翠幰没金堤。⑮
挟弹飞鹰杜陵北，探丸借客渭桥西。⑯
俱邀侠客芙蓉剑，共宿娼家桃李蹊。⑰
娼家日暮紫罗裙，清歌一啭口氛氲。
北堂夜夜人如月，南陌朝朝骑似云。
南陌北堂连北里，五剧三条控三市。⑱
弱柳青槐拂地垂，佳气红尘暗天起。
汉代金吾千骑来，翡翠屠苏鹦鹉杯。⑲
罗襦宝带为君解，燕歌赵舞为君开。
别有豪华称将相，转日回天不相让。⑳
意气由来排灌夫，专权判不容萧相。㉑
专权意气本豪雄，青虬紫燕坐春风。㉒
自言歌舞长千载，自谓骄奢凌五公。㉓
节物风光不相待，桑田碧海须臾改。
昔时金阶白玉堂，即今惟见青松在。
寂寂寥寥扬子居，年年岁岁一床书。㉔
独有南山桂花发，飞来飞去袭人裾。

①古意："古意"是六朝以来诗歌中常见的标题，表示这是拟古之作。

②狭斜：指小巷中的妓院。七香车：用多种香木制成的华美小车。

③玉辇：本指皇帝所乘的车，这里泛指一般豪门贵族的车。主第：公主府第。第，房屋。络绎：往来不绝，前后相接。

④龙衔宝盖：车上张着华美的伞状车盖，支柱上端雕作龙形，如衔车盖于口。古时车上张有圆形伞盖，用以遮阳避雨。凤吐流苏：车盖上的立凤嘴端挂着流苏。流苏，以五彩羽毛或丝线制成的穗子。

⑤游丝：春天虫类所吐的飘扬于空中的丝。

⑥复道：宫苑中用木材架设在空中的通道。交窗：有花格图案的木窗。合欢：这里指复道、交窗上的合欢花形图案。甍(méng)：屋脊。垂凤翼：指双阙上饰有垂翅的金凤。

⑦梁家：本指东汉外戚梁冀家，这里指豪门之家。金茎：铜柱。

⑧吹箫：用春秋时萧史吹箫引来凤凰的故事。向紫烟：指飞入天空。紫烟，指云气。

⑨比目：鱼名。古人用比目鱼、鸳鸯鸟比喻男女相伴相爱。

⑩帐额：帐子前的横幅。孤鸾：象征独居。鸾，传说中凤凰一类的神鸟。好取：好将。双燕：象征自由幸福的爱情。

⑪郁金香：一种名贵的香料。这里是指罗帐和被子都用郁金香熏过。

⑫行云：形容发型蓬松美丽。蝉鬓：古代妇女的一种类似蝉翼的发式。初月上鸦黄：额上用黄色涂成弯弯的月牙形，是当时女性面部化妆的一种样式。鸦黄：化妆用的黄粉。

⑬妖童：泛指浮华轻薄子弟。铁连钱：指马的毛色青而斑驳，

有连环的钱状花纹。娼妇：妓女。盘龙：钗名。此指金屈膝上的雕纹。屈膝：这里是指车门上的铰链。

⑭"御史"两句：写权贵骄纵恣肆，御史、廷尉都无权约束他们。御史：官名，掌弹劾。乌夜啼：与下句"雀欲栖"均暗示执法官门庭冷落。廷尉：官名，掌刑法。

⑮翠幰（xiǎn）：妇女车上镶有翡翠的帷幕。金堤：坚固的河堤。

⑯杜陵：在长安东南，汉宣帝陵墓所在地。探丸借客：指行侠杀吏，助人报仇等蔑视法律的行为。

⑰桃李蹊：指娼家的住处。桃李喻美色，暗示这里是吸引游客纷至沓来的地方。蹊，小径。

⑱北里：即唐代长安平康里，是妓女聚居之处，因在城北，故称北里。五剧：交错的路。三条：通达的道路。控：引，连接。三市：泛指闹市。"五剧""三条""三市"都是用前人成语，其中数字均非实指。

⑲金吾：泛指禁军军官。"翡翠"一句：写禁军军官在娼家饮酒。翡翠：本为碧绿透明的美玉，这里形容美酒的颜色。屠苏：美酒名。鹦鹉杯：即海螺盏，用南洋出产的一种状如鹦鹉的海螺加工制成的酒杯。

⑳转日回天：极言权势之大，可以左右皇帝的意志。天，喻皇帝。

㉑灌夫：汉武帝时期的一位将军，勇猛任侠。萧相：指汉初丞相萧何。

㉒青虬、紫燕：均指良马。

㉓五公：这里泛指权贵。

㉔扬子：汉代扬雄，字子云，在长安时仕宦不得意，曾闭门著《太玄》《法言》。一床书：指以诗书自娱的隐居生活。

这首诗在写法、用语上不脱齐梁宫体诗的浮艳秾丽，但在思想内容上已经与无聊的宫体诗截然不同，虽托名"古意"，实际上讽刺了当时骄奢淫逸、铺张浪费的社会风气以及纲纪紊乱的朝廷。全诗可分为四部分，第一部分（从开头到"娼妇盘龙金屈膝"）极力描写权贵之家奢侈享乐的生活，用大量笔墨描写了市道街景，构成全诗的背景；第二部分（从"御史府中乌夜啼"到"燕歌赵舞为君开"）主要以市井娼家为中心，写形形色色人物醉生梦死的夜生活；第三部分（从"别有豪华称将相"至"即今惟见青松在"）写长安上层社会对权力的渴望、追逐，使得文武权臣互相倾轧，但终将化为乌有，嘲讽力度更加强烈。最后四句是诗的第四部分，诗人以扬雄自比，与长安城里所有权豪划清界限，以著书立说自我期许。全诗情感充沛，重点突出。"得成比目何辞死，愿作鸳鸯不羡仙"一联掷地有声，感情真挚，成为写爱情的名句。

李峤

李峤（644—713），字巨山，赵州赞皇（今属河北石家庄）人，官至宰相。他与杜审言、崔融、苏味道并称"文章四友"，又与苏味道并称"苏李"。李峤善作咏物诗，对唐代律诗和歌行的发展有一定的推动作用。

过江千尺浪，入竹万竿斜。

风

解落三秋叶，能开二月花。①
过江千尺浪，入竹万竿斜。②

①三秋：农历九月，也泛指秋季。二月：指农历二月，也泛指春季。

②过：经过。斜：倾斜。

唐代启蒙教育中，流行一种"避题字"的咏物小诗。题目是谜底，诗歌正文是谜面，正文中不能出现谜底（即题目）字，这就叫"避题字"。本篇就是这类小诗的代表。风是什么？风能吹落秋天的叶子，能吹开春天的花，能刮过江面掀起千尺巨浪，也能吹进竹林使万竿倾斜。这是将看不见摸不着的风，变成具体的形象，让人会心一笑，茅塞顿开。"过江千尺浪，入竹万竿斜"描绘出了风的动态和能量，不失为佳句。

苏味道

苏味道（648—705），赵州栾城（今河北石家庄栾城区）人。官至宰相，但名声不佳。少时与李峤并称"苏李"，后又与李峤、崔融、杜审言合称"文章四友"。宋代"三苏"为其后裔。

明月逐人来。

正月十五夜

火树银花合，星桥铁锁开。①
暗尘随马去，明月逐人来。②
游伎皆秾李，行歌尽落梅。③
金吾不禁夜，玉漏莫相催。④

①火树银花：喻元宵节灯火之辉煌。星桥：星津桥，在洛阳。铁锁开：指取消宵禁。唐朝都城都有宵禁，但在正月十五这天取消宵禁，连接洛水南岸的里坊区与洛北禁苑的天津桥、星津桥、黄道

桥上的铁锁打开，任平民百姓通行。

②暗尘：夜间看奔马扬起的尘土，故称暗尘。逐人来：追随人流而来。

③游伎：指出游的歌妓。秾李：指观灯歌妓打扮得艳若桃李。落梅：即《梅花落》歌曲。

④金吾：指金吾卫，守卫京城、禁人夜行的武官。不禁夜：指取消宵禁。唐时，京城每天晚上都要戒严，对私自夜行者处以重罚。一年只有三天例外，即正月十四、十五、十六。玉漏：古代用玉做的计时器皿，即滴漏。

一

本篇约为武周证圣元年（695）元宵节作于洛阳，当时武则天取消了元宵节"宵禁"，作为宰相的苏味道写了这首诗赞美。此诗描写洛阳正月十五上元节看灯的热闹场面。读这首诗，读者仿佛置身于千百年前那个亮如白昼的夜晚，跟着众人一起载歌载舞，沉浸在欢乐的节日气氛中。诗人在首联里总写灯火辉煌的节日氛围，成语"火树银花"即由此而来；第二、三两联具体描绘都城热闹的场面；尾联表达对这个美好夜晚的珍惜与不舍之情。"明月逐人来"写出月亮跟人走的特殊错觉，是全篇的传神之句，宋以后成为流行的词调名。

王勃

王勃（650—676），绛州龙门（今山西河津）人。祖父王通是隋代大儒，叔祖王绩是唐初诗人。自幼聪明过人，十七岁开始做官。上元二年（675），王勃到交趾（今越南）探望父亲，途经南昌，写出著名骈文《滕王阁序》，从交趾返回时，渡海溺水而死，年仅二十七岁。王勃与杨炯、卢照邻、骆宾王齐名，号"初唐四杰"，王勃的才名又是四杰之最。

海内存知己，天涯若比邻。

送杜少府之任蜀州

城阙辅三秦，风烟望五津。 ①
与君离别意，同是宦游人。 ②
海内存知己，天涯若比邻。 ③
无为在岐路，儿女共沾巾。 ④

——

①"城阙"一句：长安以三秦为辅。是说送别地点。城阙：指都城长安。三秦：指长安附近的三秦之地。项羽灭秦后曾将秦地分为三国，故称三秦。风烟：风尘，烟雾。五津：泛指蜀地。长江自

湔堰至犍为一段五大渡口合称五津，皆在蜀中，因用以泛指蜀地。

②宦游：在外求官或做官。

③存：挂念。也可理解为"存在"。这两句化用曹植诗句"丈夫志四海，万里犹比邻"。

④无为：不要。岐路：分手的岔路口。岐，同"歧"。儿女共沾巾：像青年男女一样哭哭啼啼。

一

    这首送别诗是高宗乾封元年（666）王勃在长安所作。此时王勃十七岁，正准备参加制科考试，所以自称"宦游人"。送别诗是唐诗中的一大类，大多数送别诗（包括王勃的许多首）都写得比较感伤。这首诗别开生面，感情深重而又开朗旷达，很受人们喜爱，成为千古名篇。第一联没有直接点明离别，而是描绘送别地点"长安"以及杜少府上任地点"蜀州"的地势风貌，为"壮别"奠定了基调。杜少府是谁？作者与他有何关系？为什么能有如此深厚的感情？在第二联中作者给出了答案："同是宦游人。"因"宦游人"所产生的情感共鸣深化了二人之间的友情。"海内存知己，天涯若比邻"两句尤其写出了大丈夫的洒落胸怀，有别于传统送别的消极感伤，境界宏大，情调豪迈，是广为传诵的名句。

刘希夷

刘希夷（651—679？），字庭芝，汝州（今属河南）人。上元二年（675）进士及第，善弹琵琶。其诗以歌行见长，多写闺情，辞意柔婉华丽，且多感伤情调。闻一多把他的诗比作"卢骆的狂风暴雨后宁静爽朗的黄昏"，"离绝顶不远"（《唐诗杂论》）。

年年岁岁花相似，岁岁年年人不同。

代悲白头翁①

洛阳城东桃李花，飞来飞去落谁家？
洛阳女儿惜颜色，坐见落花长叹息。
今年花落颜色改，明年花开复谁在？
已见松柏摧为薪，更闻桑田变成海。②
古人无复洛城东，今人还对落花风。
年年岁岁花相似，岁岁年年人不同。
寄言全盛红颜子，应怜半死白头翁。③
此翁白头真可怜，伊昔红颜美少年。

公子王孙芳树下，清歌妙舞落花前。④
光禄池台文锦绣，将军楼阁画神仙。⑤
一朝卧病无相识，三春行乐在谁边？
宛转蛾眉能几时？须臾鹤发乱如丝。⑥
但看古来歌舞地，唯有黄昏鸟雀悲。

①代：拟。白头翁：白发老人。这首诗有两个题目：作为诗歌，题为《代悲白头翁》；作为乐府歌曲，题为《白头吟》或《代白头吟》。

②松柏摧为薪：松柏被砍伐作柴薪。《古诗十九首》："古墓犁为田，松柏摧为薪。"桑田变成海：沧海桑田，变化巨大。《神仙传》中仙人麻姑说："接待以来，已见东海三为桑田。"

③红颜子：指少年。

④"公子"两句：谓白头翁年轻时曾和公子王孙在树下花前共赏清歌妙舞。

⑤光禄：指东汉光禄勋马防，马援之子。《后汉书·马援传》载：马防在汉章帝时拜光禄勋，生活很奢侈。文锦绣：指以锦绣装饰池台中物。将军：指东汉贵戚梁冀，他曾为大将军。《后汉书·梁冀传》载：梁冀大兴土木，建造府宅。

⑥宛转蛾眉：本为年轻女子的面部画妆，此代指青春年华。须臾：片刻，喻时间短暂。鹤发：白发。

这首诗慨叹岁月无情，富贵难以长久。诗歌构思奇特，语言优美，富有哲理。《红楼梦》中的《葬花吟》即模仿本篇。全诗主要分为两个部分，前五联写洛阳女儿感伤落花，抒发红颜易老、青春易逝的感慨。第六联过渡，将笔锋转到白发老翁，用四联概括了白发老翁沦落潦倒的过程，抒发富贵变幻、人世无常的感叹。作者用妙龄女子与白头老人进行类比，告诫世人：无论是美丽的容颜还是醉人的富贵都是转瞬即逝的东西。最后两联总结全诗，点明主旨。"年年岁岁花相似，岁岁年年人不同"一联，用寻常的语言道出了深刻的哲理，人人心中有，人人口中无，一经说出，发人深思，韵味无穷。

宋之问

宋之问（656？—712），字延清，弘农（今河南灵宝）人。身材魁梧，能言善辩，二十岁就被武则天召进宫。武后游龙门，令群臣赋诗，宋之问得第一，被赐锦袍。传说宋之问曾想将外甥刘希夷的名句"年年岁岁花相似，岁岁年年人不同"夺为己有，刘不让步，宋之问派人用土袋子将刘活活压死。后因巴结奸臣，被流放钦州（今属广西），后被赐自杀。宋之问与沈佺期并称"沈宋"，为唐代律诗的成型做出了一定的贡献。

近乡情更怯，不敢问来人。

渡汉江①

岭外音书断，经冬复历春。②
近乡情更怯，不敢问来人。③

①汉江：汉水。长江最大支流，源出陕西，经湖北流入长江。

②岭外：五岭以南的广大地区，约今广东、广西一带通常称岭南。唐代常作罪臣的流放地。书：信。

③怯：畏缩。来人：渡汉江时遇到的从家乡来的人。

这首诗是神龙二年（706）宋之问在北归途中所作。宋之问因媚附武则天的男宠张易之，被唐中宗贬到岭南，后来冒险从岭南逃回洛阳，途经汉江时写下了本篇。这首诗简洁明了，却韵味无穷。诗人被流放岭南，与亲人断绝了音信，熬过了冬天又经历新春，很长时间没有亲人的消息了。按理说，在久未通信的情况下，回家团聚应该是高兴的，为什么会"情怯"呢？因为他是在获罪的情况下与家人分离的，所以相见之前会担心：家人是不是都平安无事？有没有不好的消息？在这种焦虑恐惧的心态下，才会"不敢问来人"，怕从"来人"口中听到不幸的消息。最后一联语短情长，亲情动人，成为千百年来广为传诵的佳句。"近乡情怯"已为成语，形容久别故乡，再重返家园时，所产生的一种既期待又畏惧的心情。

贺知章

贺知章（659—744），越州永兴（今浙江萧山）人，幼时移家山阴（今浙江绍兴）。证圣元年（695）进士及第，做过太子宾客、秘书监等官。性情狂放，不拘礼节，自号"四明狂客"。天宝二年（743）冬，病中梦游天堂，遂请求回故乡四明山做道士，第二年唐玄宗隆重为他送行。回乡不久后病逝，享年八十六岁。他与张旭、包融、张若虚合称"吴中四士"。

不知细叶谁裁出，二月春风似剪刀。

咏柳

碧玉妆成一树高，万条垂下绿丝绦。①
不知细叶谁裁出，二月春风似剪刀。②

①碧玉：碧绿色的玉，这里比喻春天嫩绿的柳叶。妆：装饰，打扮。一：满，全。丝绦（tāo）：用丝编成的绳带，比喻像丝带一样的柳条。

②裁：裁剪。似：如同，好像。

这是贺知章早年的作品，是一首别出心裁的咏物诗，诗人用晓畅的语言、生动形象的比喻，写出早春二月柳树的美丽姿态，显得清新隽永，不落俗套。前两句抓住了柳树的特征：像碧玉一样的嫩叶，像美人一样亭亭玉立的树干，像丝带一样柔软的枝条，给人具体真切的美感。"不知细叶谁裁出，二月春风似剪刀"新颖巧妙，诗人突发奇想，将乍暖还寒的二月春风比喻成裁缝的剪刀，剪出了这么精美的细叶，想象奇妙，既赞美了春风的神奇，又歌颂了春天的美好，让人眼前一亮。

少小离家老大回，乡音无改鬓毛衰。

回乡偶书

少小离家老大回，乡音无改鬓毛衰。①
儿童相见不相识，笑问客从何处来。②

①鬓毛衰（cuī）：两鬓的头发已经斑白稀疏。
②儿童：古代没到婚龄的青少年都叫儿童。一说指贺知章自家的孙辈。

这首诗是天宝三载（744）贺知章八十六岁告老还乡后感慨而作。诗人少小离家外出奋斗，而今年老回到熟悉而又陌生的故乡环境中，心情难以平静。家乡口音虽然没变，但鬓毛却已经疏落了。终于回到朝思暮想的故乡，叶落归根了，可故乡的人对自己却陌生了，反而把自己当成客人。一种无家的酸楚感顿时袭上诗人的心头。"儿童相见不相识，笑问客从何处来"，笑的背后有酸楚的内涵，有问无答，发人深思，动人心弦，千百年来被广泛传诵。

张若虚

张若虚（660？—720？），扬州（今江苏扬州）人。曾任兖州兵曹。中宗神龙（705—707）中，以文词俊秀驰名京都，与贺知章、张旭、包融并称"吴中四士"。诗仅存二首，其中《春江花月夜》是一篇脍炙人口的名作。

人生代代无穷已，江月年年只相似。

春江花月夜

春江潮水连海平，海上明月共潮生。
滟滟随波千万里，何处春江无月明！①
江流宛转绕芳甸，月照花林皆似霰。②
空里流霜不觉飞，汀上白沙看不见。③
江天一色无纤尘，皎皎空中孤月轮。④
江畔何人初见月？江月何年初照人？
人生代代无穷已，江月年年只相似。⑤
不知江月待何人，但见长江送流水。

白云一片去悠悠，青枫浦上不胜愁。⑥
谁家今夜扁舟子？何处相思明月楼？⑦
可怜楼上月徘徊，应照离人妆镜台。
玉户帘中卷不去，捣衣砧上拂还来。⑧
此时相望不相闻，愿逐月华流照君。
鸿雁长飞光不度，鱼龙潜跃水成文。
昨夜闲潭梦落花，可怜春半不还家。
江水流春去欲尽，江潭落月复西斜。⑨
斜月沉沉藏海雾，碣石潇湘无限路。⑩
不知乘月几人归，落月摇情满江树。⑪

①滟滟（yàn）：波光荡漾的样子。

②芳甸：芳草丰茂的原野。甸，郊外之地。霰（xiàn）：空中降落的白色不透明的小冰粒，形容月光下春花晶莹洁白。

③流霜：飞霜，古人以为霜和雪一样，是从空中落下来的，所以叫流霜。这里说因为月光皎洁，所以没察觉有霜霰飞扬。汀（tīng）：沙滩。

④纤尘：微细的灰尘。月轮：指月亮，因为月圆时像车轮，所以称为月轮。

⑤穷已：穷尽。只相似：另一种版本为"望相似"。

⑥青枫浦：地名，今湖南浏阳境内有青枫浦。这里泛指游子所在的江边。"浦"在这里隐含离别之意。

⑦扁（piān）舟子：指乘船在外的游子。扁舟，小舟。明月楼：月夜下的闺楼，这里指闺中思妇。用曹植诗意："明月照高楼，流光正徘徊。上有愁思妇，悲叹有余哀。"

⑧玉户：形容楼阁华丽，以玉石镶嵌。捣衣砧（zhēn）：捣衣石，捶布石。

⑨复西斜：此中"斜"为韵脚，读作"xiá"。

⑩碣（jié）石、潇湘：碣石与潇湘一北一南，指路途遥远。碣石，碣石山，在河北昌黎北；潇湘在湖南。无限路：极言相距之远。

⑪乘月：趁着月光。摇情：激荡情思。

这首诗与刘希夷的《代悲白头翁》一样，是一首文人拟作的乐府诗。如果说《代悲白头翁》是感叹时间之悲，那么《春江花月夜》就是在感叹空间之悲，抒写游子、思妇因空间相隔而产生的思念，以及由此引发的对人生的哲理思考。全诗分两大部分，从开头到"但见长江送流水"是第一部分，写春江花月夜的美好情景，以及由此引发的对宇宙人生的思考。第二部分写这一完美世界中的唯一缺陷：美好宇宙中唯一的不美好，就是游子、思妇相隔千里的相思之苦。这首诗的特色是洗去了宫体诗的浓脂艳粉，给人以澄澈空明、清丽自然的感觉，诠释了唐诗兴象玲珑的意境美。全诗共三十六句，每四句换一韵，使得整首诗读起来流转如珠，具有高度的语言美和音乐美。难怪闻一多称之为"诗中的诗，顶峰上的顶峰"。"人生代代无穷已，江月年年只相似"一联包含了诗人对人生真谛的思考以及对大自然奥秘的探索，也使得情、景、理三者融为一体，增强了作品的艺术性和哲理性。

陈子昂

陈子昂（661—702），字伯玉，梓州射洪（今属四川）人。历任麟台正字、右拾遗等官。曾通过炒作"摔琴"一事获取名声。圣历元年（698），以父亲年老为由辞官回乡。在家乡为县令段简所害，死在狱中，年仅四十二岁。陈子昂是初唐复古派的代表人物。

前不见古人，后不见来者。

登幽州台歌①

前不见古人，后不见来者。②
念天地之悠悠，独怆然而涕下。③

①幽州台：传说战国燕昭王筑黄金台（幽州台），招揽贤才，故址在今北京市西南。

②古人：指古代像燕昭王那样的贤君。来者：指未来的贤君。

③怆（chuàng）然：悲伤的样子。涕：眼泪。

陈子昂怀着一腔建功立业、报效国家的热情，三十六岁这年随建安王武攸宜讨伐契丹。武攸宜不懂军事，不但不听陈子昂的建议，还降了他的官职。陈子昂满怀悲愤，登上幽州台，有感于燕昭王的故事，写下这首诗。诗人登台而不写景，全诗只在抒发诗人生不逢时、怀才不遇的悲愤心情。"前不见古人，后不见来者"两句表现的"伟大孤独感"，千百年来引起无数失意文人的共鸣：看不见古代爱惜人才的贤君，也看不见以后的贤君，这个时代又偏偏容不下自己。面对无限悠远的时空，人生显得短暂而渺小，对于一个壮志难酬的人来说，更感孤寂悲伤，生不逢时的痛苦在悠远的时空中被无限放大。诗歌特意采用远古的骚体，节奏、语言皆与主流唐诗不同。

张旭

张旭，字伯高，吴（今江苏苏州）人。与贺知章、包融、张若虚并称"吴中四士"。张旭性格最狂放，擅长草书，被称为"草圣"，常醉后呼叫狂走而后下笔，故又称"张颠"。又与李白等合称"饮中八仙"。他的草书与李白诗歌、裴旻剑舞合称唐代"三绝"。

桃花尽日随流水，洞在清溪何处边？

桃花溪

隐隐飞桥隔野烟，石矶西畔问渔船。[①]
桃花尽日随流水，洞在清溪何处边？[②]

①石矶：河流中露出的石堆。
②洞：指《桃花源记》中武陵渔人找到的洞口。

这首诗是张旭入仕之前漫游朗州武陵县（今湖南常德桃源）时所作，约在唐玄宗开元前期。唐朝有不少诗人都翻写过陶渊明《桃花源记》，比如王维就写过《桃源行》，也是借《桃花源记》的意境而创作的写景诗。在云雾迷蒙的深山里，一座高桥隔着云烟隐隐绰绰，诗人站在桃花溪边的石矶西侧，向溪中渔船里的渔夫打听："桃花整日随着流水四处流淌，那么桃源仙洞到底在桃花溪的哪个方向？"诗人在梦幻般的景色中生出奇想，巧妙借用《桃花源记》的意境，表达对世外桃源的向往之情，意境深邃，余味深长。

张九龄

张九龄（678—740），曲江（今广东韶关）人。玄宗开元年间做过三年宰相，后罢相，为荆州长史。为相期间，曾力劝玄宗杀安禄山，玄宗说他误害忠良；玄宗要选李林甫为宰相，他说必将祸害国家。张九龄是一位有胆识、有远见的著名政治家、文学家、诗人、名相。兼擅古近体诗，诗风清淡。

相知无远近，万里尚为邻。

送韦城李少府①

送客南昌尉，离亭西候春。②
野花看欲尽，林鸟听犹新。
别酒青门路，归轩白马津。③
相知无远近，万里尚为邻。

①韦城：县名，属滑州（今属河南滑县）。少府：县尉的别称。

②南昌尉：原指汉代梅福，梅福在成仙之前任南昌尉，后人因以"南昌尉"美称县尉。此喻指李少府。西候：西边的驿馆，代指

送别之地。

③青门：汉代长安城东南的霸城门，因城门为青色，故俗称为"青门"。白马津：渡口名，在今河南滑县东北古黄河南岸，与北岸黎阳津相对。因秦、汉时属于白马县，故名。

本篇为张九龄三十多岁在长安任校书郎时所作，约作于公元709—710年。暮春之时，友人李某回故乡任县尉，张九龄在长安东南门外的驿馆为他饯行，写下此诗。诗的前三联用叙事手法，按时间叙述。最后一联"相知无远近，万里尚为邻"议论抒情，化用曹植的名句"丈夫志四海，万里犹比邻"，气度恢宏，意境开阔，今多用来表达国与国之间的友情，与王勃的"海内存知己，天涯若比邻"同为传诵千古的名句。

海上生明月，天涯共此时。

望月怀远①

海上生明月，天涯共此时。
情人怨遥夜，竟夕起相思。②
灭烛怜光满，披衣觉露滋。③
不堪盈手赠，还寝梦佳期。

①怀远：思念远方的人。

②情人：相恋之人。遥夜：长夜。竟夕：终夜。

③"灭烛"两句：写自己在满月之夜从室内走到室外的活动。

这首诗大约是唐玄宗开元五年（717）秋张九龄游南海时所作。

这是唐诗中写望月思人的名篇，景色幽美，情致动人。诗人望见明月，立刻想到远方的亲人此时此刻正与自己同望这一轮明月。有情之人都怨恨月夜太过漫长，因此诗人整夜辗转反侧难以成眠。月光是如此明亮，即使熄掉蜡烛也能感受到满屋的月光，让人不禁生起怜爱的感情。诗人披衣步出门庭，露水不知不觉打湿了衣裳。这些描写细致入微地写出了诗人月夜不眠的实景实情。最后一联是说诗人因为久久地望月，便想到要捧一把月光赠给远方的情人，现实中无法做到，所以不如回房做个美梦，或许能和思念的人儿相会。"海上生明月，天涯共此时"已成为千古佳句，意境雄浑，感情豁达。

草木有本心，何求美人折？

感遇　其一

兰叶春葳蕤，桂华秋皎洁。①
欣欣此生意，自尔为佳节。②
谁知林栖者，闻风坐相悦。③
草木有本心，何求美人折！④

---

①葳蕤（wēi ruí）：枝叶茂盛而纷披。桂华：桂花，"华"同"花"。

②自尔：自然。佳节：美好的季节。

③坐：深，非常。

④本心：本性，天性。美人：品德美好的人。指上文"林栖者"。

唐玄宗开元二十五年（737），张九龄由宰相贬为荆州长史，作《感遇》十二首，这是第一首。诗用拟人手法来咏物言志，把自己比作春兰、秋桂，抒发孤芳自赏、气节清高、不求荐引的高尚情怀。前四句是说春兰和秋桂只有在相应的季节里才会充满生命的活力，含蓄婉转地表达了贤人志士只有在政治清明的时候才能一展抱负。后四句是说春兰、秋桂散发出来的香气吸引了林中隐士的喜爱，这是草木纯粹的本性，并不需要借助隐士的折取来表现自己的价值。"草木有本心，何求美人折"两句指出了正人君子自有人格魅力，不需要靠名人引荐，流露诗人清高自守的品质，富有生活哲理，成为唐诗中的名句。

思君如满月，夜夜减清辉。

赋得自君之出矣①

自君之出矣，不复理残机。②
思君如满月，夜夜减清辉。③

①赋得：凡摘取古人成句为题之诗，题首多冠以"赋得"二字。"自君之出矣"出自汉末徐幹《室思诗》，后成为乐府杂曲题目。君之出：夫君离家。

②不复：不再。理残机：料理残破的织布机。

③满月：农历每月十五夜的月亮。减：减弱，消减。清辉：指皎洁的月光。

这是用"赋得体"写的一首思妇诗。首句是古人已有的句子，诗人借此开头，重新构造布局。开头两句交代了思妇的处境：丈夫离家远行，妻子在家苦等，没有心思再去动那部破旧的织布机。寥寥数语勾勒出一个思念丈夫、孤独寂寞的妻子形象。"思君如满月，夜夜减清辉"一联借满月一夜一夜减弱月光这样美妙而贴切的比喻，委婉含蓄地表露妻子因思念而日渐消瘦的身体状况。这样的表述不仅使全诗显得更加清丽动人，而且也让思妇的形象愈加突出，令人印象深刻，不愧为历代传诵的名句。

王翰

王翰，并州（今山西太原）人。睿宗景云元年（710）进士及第。王翰贪恋歌舞酒色，狂妄自大但富有侠气，在当时诗名很大。其诗善写边塞生活，《凉州词》二首尤为著名。其集不传，诗仅存十多首。

醉卧沙场君莫笑，古来征战几人回！

凉州词①

葡萄美酒夜光杯，欲饮琵琶马上催。②
醉卧沙场君莫笑，古来征战几人回！③

①凉州词：即乐府歌曲《凉州曲》的歌词，王翰、王之涣等人都为《凉州曲》作过歌词。凉州在今甘肃武威。唐代《凉州词》皆泛写边塞主题，未必是写凉州。

②催：催人出征。一说是以音乐劝人饮酒。

③醉卧沙场：战死沙场的浪漫说法。

这首诗约作于唐中宗神龙二年（706）王翰二十岁游西北边塞时，是咏边塞情景的名篇。首联描绘一幅"边疆醉饮图"，写了征人们在出征前开怀痛饮的场面：喝的是葡萄美酒，举的是夜光宝杯，奏的是悲壮的琵琶声！如此热闹盛大的宴会和即将到来的作战简直让人热血沸腾。战士们开怀畅饮，忘记了战争的残酷，只有视死如归的决心！"醉卧沙场君莫笑，古来征战几人回！"把横尸沙场想象成"醉卧"，既然赴沙场就有为国捐躯的决心，两句洋溢着视死如归的英雄主义精神，道出了边塞军人的特有情感，是流传不衰的名句。

王之涣

王之涣（688—742），绛州（今山西新绛）人，官冀州衡水主簿，不久辞官回乡，悠游青山，和王昌龄、高适是诗友。有一次，他们三人到酒楼相聚，看到几个歌女在唱诗，就通过被唱诗歌的数量来比诗名大小，最后王之涣胜出。这个故事叫"旗亭赌唱"（见薛用弱《集异记》）。存诗仅六首，全为绝句，多豪迈刚健之风。

欲穷千里目，更上一层楼。

登鹳雀楼①

白日依山尽，黄河入海流。
欲穷千里目，更上一层楼。

①鹳雀楼：在蒲州（今山西永济）西南黄河中，传说常有鹳雀栖息在上面，故名。

王之涣是绛州人，鹳雀楼在蒲州，正在其家乡附近，此诗约作于唐玄宗开元十五年（727）王之涣辞官回乡，悠游青山时。这是一首登高望远的写景诗，诗的头两句就描绘了一幅壮阔辽远的山河美景图，使人神往。诗人用"白日"而不用"红日"，说明太阳"依山尽"的时间还很早，是因为这里的山太高了，所以没到傍晚太阳就落山了，写出了山的高峻。"黄河入海流"一句从近处写出了黄河水势滔滔、气势磅礴。"欲穷千里目，更上一层楼"表现了诗人要追求更高更远美景的愿望，充满积极向上的乐观进取精神，富有哲理，后人把它作为追求理想境界的座右铭，流传千古。"更上一层楼"现在已用作成语，比喻工作上或学习上提高一步，也简化为"更上层楼"。

春风不度玉门关。

凉州词①

黄河远上白云间，一片孤城万仞山。②
羌笛何须怨杨柳，春风不度玉门关。③

①题目一作《出塞曲》。参见王翰《凉州词》注①。

②黄河：一作"黄沙"。万仞：形容山很高。一仞相当于八尺（一说七尺）。

③羌笛：传说笛子是古代羌族人制造的，故称。杨柳：双关语，既指杨柳树，又指《折杨柳》歌曲。《折杨柳》简称《杨柳》，笛子曲，是表达离别哀怨的曲调，因为古代有折柳送别的习俗。玉门关：在今甘肃敦煌西南，是古代通往西域的关口。

这首诗约作于开元十六年（728）王之涣西游边塞时。全诗抒发了镇守在玉门关外戍边将士的思乡之情，也渲染了将士有家不得回的悲怨之情。第一联写景，突出边疆现实环境的荒僻险恶。在这种艰苦的环境中，长年戍边的战士们自然特别想家，同时也很悲怨。于是有了第二联"羌笛何须怨杨柳，春风不度玉门关"，表面上是说："羌笛呀，你何必抱怨杨柳不长枝叶，不让战士们折柳寄情呢？因为春风吹不到玉门关外来，叫它怎么长呢？"实际上是说："羌笛呀，你何必吹奏哀伤离别的《折杨柳》曲子，惹人烦恼呢？皇上的恩泽从来就不曾送过玉门关，到我们这里来呀！"这首诗的主旨是一个"怨"字，写作特色是含蓄。

王湾

王湾，洛阳（今属河南）人。玄宗先天二年（713）进士及第，早年往来于吴楚间，写下了一些歌咏江南山水的作品，其"海日生残夜，江春入旧年"两句，受到当时宰相张说的极度赞赏，并亲自书写悬挂于宰相政事堂上，让文人学士作为学习的典范。直到唐末，诗人郑谷还说"何如海日生残夜，一句能令万古传"。今存诗十首，全为五言律，内容多描写江南山水风景，是王维、孟浩然山水田园诗的先驱。

海日生残夜，江春入旧年。

次北固山下①

客路青山外，行舟绿水前。
潮平两岸阔，风正一帆悬。②
海日生残夜，江春入旧年。
乡书何处达？归雁洛阳边。③

①题目一作《江南意》。次：停留。北固山：在今江苏镇江长江南岸。

②阔：原作"失"，很妙，作者可能觉得太夸张了，后改为

"阔"。风正一帆悬：正好迎风，一只帆船好像悬在天上。风从迎面或背面吹来叫风正，从侧面吹来叫风斜。

③"乡书"两句：家信寄到哪里？北归的大雁带着我的家信飞到洛阳。

王湾这首诗当作于玄宗先天二年（713）进士及第前漫游吴楚之时。诗人在冬末近年关的时候，乘船旅行至润州（今江苏镇江）江中，即景生情，创作了这首五律。诗人细致地描绘了长江两岸早春的景象，表达了对故乡和亲人的思念之情。首联互文，上下两句变换说法，意思差不多，"客路"指的是水路，点明了自己外乡旅客的身份。"青山外"指明长江水路是经过北固山之外的，而不是穿过北固山，为下文写开阔的场景做铺垫。两句在读者的眼前勾画出一幅青山绿水的江南美景。颔联紧承"行舟"，写在行舟上看到的长江涨潮后江水和两岸连成一片，显得特别开阔。"一帆悬"不是说船上悬起一张船帆，而是说因为水面开阔，一只帆船好像悬在空中。两句笔力雄健，气象雄浑。"海日生残夜，江春入旧年"一联写江舟上所见的即将天亮时的情景：红日已经出海，但天还没亮；江上已有春意，但旧年还没过完。诗人行船在长江上，为什么不说"江日"而说是"海日"呢？因为现今江苏镇江一带的长江，在盛唐时期是长江入海口的内口，涨潮以后，江面无比开阔，与东海连成一片，从江面看到日出，感觉太阳像是从东海海面升起。诗人感到昼夜和季节急迫地交替，时光不等人，在外漂泊又是一年，思乡的情绪更加浓烈。同时，新事物在向人招手，让人惊喜，更让人充满希望。最后一联，作者触景生情，表现出淡淡的乡愁，照应了开头的"客"。自古以来，思乡诗词的情感基调多表现为悲凉抑郁，而此诗因所咏景物开阔壮美，无衰飒之气；其清新刚健的笔调、清丽精巧语言，以及壮丽开阔的意境，使人耳目一新，回味无穷，开启了"盛唐气象"的先声。

常建

常建，开元十五年（727）和王昌龄同榜进士及第。他才高官小，在盛唐诗名极大。《河岳英灵集》选盛唐诗二十四家，将其诗列为压卷。诗风与王维、孟浩然较近。

曲径通幽处。

题破山寺后禅院①

清晨入古寺，初日照高林。
曲径通幽处，禅房花木深。②
山光悦鸟性，潭影空人心。
万籁此都寂，但余钟磬音。③

①破山寺：即兴福寺，今江苏常熟北。
②曲径：常建原作是"竹径"，宋代有人引作"曲径"，特别是影响巨大的《千家诗》《唐诗三百首》二书皆作"曲径"，遂广为

流行。

③钟磬（qìng）：佛寺中召集众僧的打击乐器。磬，古代用玉或金属制成的曲尺形的打击乐器。

这是常建最有名的一首诗，约作于开元十八年（730）或稍后，当时常建在任盱眙县尉，到不远处的名胜古迹破山寺一游，写下这首诗。诗人赞美破山寺后禅院景色的幽静，抒发自己寄情山水的隐逸情趣。诗的前六句写看，最后两句写听，通过视觉与听觉结合来烘托寺院的幽静，也表现出作者的心灵得到了洗涤和净化。"曲径通幽处，禅房花木深"两句意境幽美，亲切有味，欧阳修特别喜爱这两句，想模仿几句，终不成功。宋人把常建原作"竹径通幽处"引作"曲径通幽处"，于是产生了"曲径通幽"的成语，意为弯曲的小路通到幽深僻静的地方，形容景色雅致迷人。

金昌绪，杭州余杭（今属浙江）人。主要活动在武则天至唐玄宗开元年间。今仅存《春怨》诗一首，历代称赏。

打起黄莺儿，莫教枝上啼。

春怨①

打起黄莺儿，莫教枝上啼。
啼时惊妾梦，不得到辽西。②

①春怨：指女子春日的愁绪、怨情。本篇在盛唐曾被谱曲，名《伊州歌》，西凉节度使盖嘉运曾向朝廷进此曲。

②辽西：辽河以西的地区，今辽宁省的西部。这里指唐与契丹作战的地方。自武则天万岁通天元年（696）契丹反唐，直到唐玄宗开元五年（717）双方和亲，唐与契丹在辽西一带交战长达二十一年。

这是一首闺怨诗，约作于开元二年（714），用一个妇女的口吻来反映一种社会现实。春天正是黄莺歌唱的季节，可少妇却赶走了树上的黄莺，不让它们鸣嗓，因为黄莺不停地鸣叫，会惊醒她的美梦，因而不能在梦中到辽西去会晤她从军远征的丈夫。辽西是唐朝和契丹作战的地方。当时契丹屡次入侵，唐朝征发了许多士兵去作战，战事连年不歇，使无数夫妻长期离别。诗人作此诗，反映了人民的厌战情绪。"辽西"是此诗的关键，当时人读了这首诗，立刻就体会到作者的用意，因为这正是人人都怕去的地方。这首诗向来被作为绝句中一气连贯章法的代表。

孟浩然（689—740），襄阳（今属湖北）人。长期隐居襄阳鹿门山、万山、岘山，一生中两次到京城谋官都失败，只好回乡闲居，终生没做官，世称"孟襄阳"。孟浩然与王维齐名，并称"王孟"，同是盛唐山水田园诗派的代表作家。今存诗二百多首，不事雕饰，清淡简朴，感受亲切真实，生活气息浓厚，富有超妙自得之趣。

春眠不觉晓。

春晓

春眠不觉晓，处处闻啼鸟。①
夜来风雨声，花落知多少？

① 不觉：没有发觉，不知不觉。

这是一首惜春诗，约作于睿宗景云二年（711）孟浩然隐居鹿门山时。春天温暖而夜短，很好睡觉，直到耳边传来阵阵鸟语，才知道原来是天亮了。多可爱的春天！只可惜昨夜的风雨不知吹落了多少美丽的花朵。诗人没有直接描写春天的一草一木，而是通过春天清晨刚刚睡醒的一刹那间的感受和联想，传达春天的气息。诗人只用耳朵，不用眼睛，就构想出一幅雨打花落的夜雨图。全诗明白晓畅，通俗易懂，表达了诗人对美好春天的喜爱以及对春天易逝的惋惜。

把酒话桑麻。

过故人庄①

故人具鸡黍，邀我至田家。②
绿树村边合，青山郭外斜。
开轩面场圃，把酒话桑麻。③
待到重阳日，还来就菊花。④

①过：拜访。故人：老友。

②具：准备。鸡黍：指为客准备的饭菜。首句来自南朝范云《赠张徐州稷诗》"恨不具鸡黍，得与故人挥"，暗用"范张鸡黍"典故，表示自己守信赴约。

③场圃：晒谷场和菜园子。桑麻：泛指农作物或农事。

④就菊花：有两种解释，一说是观赏菊花，一说是饮菊花酒。古代习俗，九九重阳这一天要饮菊花酒。就，主动亲近。

这首诗约为唐玄宗开元八年（720）夏孟浩然隐居襄阳城南的岘山时所作，是一首田园诗，描写农家恬静安乐的生活情景，以及农民朋友的热情好客。诗写得亲切自然，富有浓厚的农家生活气息，很让人向往。整首诗用省净的语言、平常的字眼、亲切的口吻叙述了一件平淡的小事。但"语淡而味终不薄",整首诗有内在的韵味,显得淳厚隽永、浑然一体。"绿树村边合,青山郭外斜"两句是写农村景物的名句,给人一种清新愉悦的感受,既写出了别有一番天地的近景,又写出了一片开阔的远景,使整个村落既幽静又不孤僻。

野旷天低树,江清月近人。

宿建德江①

移舟泊烟渚,日暮客愁新。②
野旷天低树,江清月近人。

①建德江:在浙江省,即新安江流经建德县的一段。
②烟渚(zhǔ):弥漫雾气的沙洲。客愁新:旅途中新添的愁思。

这首诗是孟浩然离开扬州南游浙西时写的,作于开元十八年(730)。诗人在外漂流,天黑了,就自己一个人住在江边的小船上,宁静的田野一望无际,只有江上的一轮孤月跟自己很亲近。在这安静休憩的时刻,一股淡淡的哀愁袭上心头,但诗人没有放任这种愁思,而是在一幅意象鲜明的图画中自我排解掉了。诗歌语言清新隽永,韵味悠长。"野旷天低树,江清月近人"——在野旷之中,一望无际,树外还有天,远天看起来好像比树还低,而月亮映照在清澈的江水里,和人仿似更接近了。两句写景很巧妙,写的是人片刻间的心理感受,是经典名句。

人事有代谢，往来成古今。

与诸子登岘山 ①

人事有代谢，往来成古今。
江山留胜迹，我辈复登临。 ②
水落鱼梁浅，天寒梦泽深。 ③
羊公碑尚在，读罢泪沾襟。

①岘（xiàn）山：在今湖北襄阳南。西晋名将羊祜镇守襄阳时，常登此山感叹说："自古以来有多少贤人名士像我们一样登过这座山，现在他们的名字都湮没无闻了，真让人伤悲。"（见《晋书·羊祜传》）羊祜死后，襄阳百姓在山上建了一座碑纪念他，游人见碑堕泪，因此叫堕泪碑。

②胜迹：指堕泪碑。

③鱼梁：鱼梁洲，在今襄阳东。梦泽：云梦泽。

这首诗约作于开元二十三年（735）。孟浩然与友人登上岘山凭吊堕泪碑，正是冬季，看到鱼梁洲、云梦泽一片萧条景象，再一读碑文，不禁泪下沾襟：一是读堕泪碑为羊祜流泪，二是为自己流泪，因为羊祜到底还能留名，自己恐怕要湮没无闻，虚度光阴。"人事有代谢，往来成古今"两句具有一定的哲理性，是唐诗中的名句。

望洞庭湖上张丞相

八月湖水平，涵虚混太清。①
气蒸云梦泽，波撼岳阳城。②
欲济无舟楫，端居耻圣明。③
坐观垂钓者，徒有羡鱼情。④

①涵虚：包含天空，指天倒映在水中。混太清：与天混成一体。

②云梦泽：古时云泽和梦泽都是大湖，包括今湖北南部、湖南北部一代低洼地区。云梦泽在洞庭湖的北部。

③济：渡洞庭湖，比喻进官场。端居：闲居。

④羡鱼情：比喻自己想做官的愿望。

这是孟浩然写给丞相张九龄的一首干谒（求官）诗，开元二十五年（737）为荆州从事时所作。诗前四句将洞庭秋色写得波澜壮阔，景象宏大，象征开元时期的清明政治。后四句抒发个人求官无路、闲居有愧的苦衷，希望得到张九龄的帮助。"气蒸云梦泽，波撼岳阳城"一联是咏洞庭湖的名句，用夸张的手法写出了洞庭湖气雾缭绕，将云梦泽都遮蔽了；波涛汹涌，能摇晃岳阳城的壮观景象。这首诗的主旨非常含蓄婉转，诗人将自己比作鱼，将张九龄比作垂钓者，想让张九龄将自己这尾鱼钓上岸，也就是请求汲引的渴望。

李颀

李颀（690？—754？），赵郡（今河北赵县）人。开元二十三年（735）进士及第，做过新乡尉。因久不得升迁，愤而归隐。隐居时对学佛、求仙颇为醉心。李颀为盛唐著名诗人，其边塞诗、人物素描诗、音乐诗、咏史怀古诗等均有佳作，尤擅七古、七律二体。

莫是长安行乐处，空令岁月易蹉跎。

送魏万之京①

朝闻游子唱离歌，昨夜微霜初渡河。②
鸿雁不堪愁里听，云山况是客中过。
关城树色催寒近，御苑砧声向晚多。③
莫是长安行乐处，空令岁月易蹉跎。④

①魏万：李颀的朋友，比李颀晚一辈。魏万和李白是好友。之：往，到某处去。

②"朝闻"两句：早上听你唱着离别歌离去，昨晚轻霜已初次

降到河这边。这两句倒装。

③关城：指潼关。御苑：君王居住的宫室，这里指京城。

④莫是：不要（把……）当作。一作"莫见"。

这首送别诗，应为天宝九载（750）作于洛阳，历来评价很高，诗人将叙事、写景、抒情融为一体，长于炼字。魏万是比李颀晚一辈的诗人，然而两人像是关系十分密切的"忘年交"。李颀看到下霜了，担心天冷；看到云山，担心路远；听到鸿雁叫，担心旅途中的魏万孤独；想到长安捣衣声，又担心他此去的前途。"莫是长安行乐处，空令岁月易蹉跎。"最后叮嘱他："不要只把长安当作行乐的场所，白白消磨掉你的青春年华。"含蓄地告诫他要抓住时机，成就一番事业，不能浪费光阴。由此可以看出作者对魏万的深情厚谊。

年年战骨埋荒外，空见蒲桃入汉家。

古从军行①

白日登山望烽火，黄昏饮马傍交河。②
行人刁斗风沙暗，公主琵琶幽怨多。③
野营万里无城郭，雨雪纷纷连大漠。
胡雁哀鸣夜夜飞，胡儿眼泪双双落。
闻道玉门犹被遮，应将性命逐轻车。④
年年战骨埋荒外，空见蒲桃入汉家。

①《从军行》是乐府旧题，李颀又加了一个"古"字，表示拟汉魏《从军行》诗意。行：古乐府的一种体裁。

②烽火：古代的一种警报。交河：古城名，在今新疆吐鲁番西北。

③刁斗：军中打更用的铜器。公主琵琶：汉武帝时乌孙公主远嫁乌孙国王，路上想家，胡人就弹琵琶给她听。

④"闻道"两句：意思是边战还在进行，只得随着将军去拼命。遮：挡住（不让回国）。

这首诗约作于天宝十载（751），是李颀边塞诗的代表作。诗人借用汉武帝穷兵黩武、视人命如草芥的行为讽刺了唐玄宗好大喜功、随意发动战争的行径。全诗用古事写现实，表达了诗人反战的思想。一、二句写出了白天紧张的军旅生活；三、四句写夜晚恶劣的环境以及凄凉幽怨的氛围；接下来的四句，诗人着意渲染边塞的艰苦环境，连土生土长的胡雁、胡儿都忍受不了如此残酷的环境而哀鸣落泪，更不用说远道而来的戍边将士了。面对这样的情景，回家成了所有将士的心声，但是所有的渴望都是无用的。那么战士们的种种牺牲能够换来什么呢？是边疆的稳定吗？是百姓的安康吗？全诗最后两句给出了答案："年年战骨埋荒外，空见蒲桃入汉家。"不是的，战士的生命换来的只是葡萄种子罢了！多么强有力的批判和讽刺！这两句成为后人传诵的名句。

王昌龄

王昌龄（698—757），字少伯，京兆长安（今陕西西安）人。开元十五年（727）进士及第，曾任江宁丞，故称"王江宁"，又被贬为龙标尉，也称"王龙标"。他的七言绝句在唐朝与李白齐名，被后人誉为"七绝圣手"。其诗内容比较集中地表现了两类主题：一是歌唱边塞征戍者的思乡离愁，有刚健之风；二是从不同角度描写妇女的生活和内心，有深婉之美。

荷叶罗裙一色裁，芙蓉向脸两边开。

采莲曲①

荷叶罗裙一色裁，芙蓉向脸两边开。②
乱入池中看不见，闻歌始觉有人来。

①王昌龄《采莲曲》共二首，这是其二。采莲曲：乐府清商曲名，本于汉乐府《江南曲》。
②罗裙：丝绸制作的裙子。芙蓉：荷花，又名莲花。

这是王昌龄早期的作品，写的是美丽的采莲少女，但全诗却没有一句正面描写，全是侧面烘托，将采莲少女放置在整个大自然中，与自然融为一体，显得生动活泼，饶有趣味。第一联写的是客观的景：采莲少女身着绿色的罗裙，与满塘的绿色荷叶仿佛融为一体了，而少女红润的脸庞与红艳艳的莲花相互映衬，正是人面荷花相映红，人花难辨。这一联不仅将采莲少女美丽的形象描写得自然生动，而且画面感极强，红绿两色对比强烈，色彩鲜明。后一联侧重主观描写：这美丽活泼的少女与满池的荷叶荷花简直让岸边远眺的人难以分辨，只有听到她悠扬的歌声才惊觉有人靠近了。诗人这种构思将读者引入一个优美的意境当中，恍恍惚惚，明明灭灭，让人产生多少遐思，采莲少女的美与青春气息被无限放大了。

但使龙城飞将在，不教胡马度阴山。

出塞①

秦时明月汉时关，万里长征人未还。
但使龙城飞将在，不教胡马度阴山。②

①出塞：乐府旧题。

②龙城飞将：指汉朝名将李广，匈奴畏惧他的神勇，称他为"飞将军"。不教（jiāo）：不使。阴山：阴山山脉横亘内蒙古，汉代匈奴常从阴山南侵。

从初唐以来，北方的突厥屡次南犯，唐朝驻军于雁门关守卫。王昌龄于开元十一年（723）北游雁门关，有感而作此诗。诗人感叹边塞战争的经久不息给人民带来生离死别的痛苦，希望能有李广这样的将领来保卫国家的安宁。头两句用"互文"手法写景抒情，拉开时间和空间：现在的明月还是秦汉时的明月，现在的关隘还是秦汉时的关隘，千百年来人事代谢，不管是秦汉时期的明月还是秦汉时候的关隘都没有发生改变，而且连征人远隔万里回不了家的愁苦之情也没有什么变化。后两句借用典故，有多重含义，耐人寻味。在这种时空交错又相互重叠的情境下，诗人不禁发出感叹：如果朝廷有能担大任的将军该有多好啊！边塞的人民可以平安，将士也可以回家团聚。"但使龙城飞将在，不教胡马度阴山"是诗人深切的呼唤与渴盼。

黄沙百战穿金甲，不破楼兰终不还。

从军行^①

青海长云暗雪山，孤城遥望玉门关。^②
黄沙百战穿金甲，不破楼兰终不还。^③

①王昌龄《从军行》共七首，这是其四。从军行：乐府旧题，多是反映军旅辛苦生活的。

②青海：指青海湖，在今青海省。唐朝大将哥舒翰筑城于此，置神威军戍守。长云：层层浓云。雪山：即祁连山，山巅终年积雪，故云。玉门关：汉置边关名，在今甘肃敦煌西。

③楼兰：汉时西域国名，即鄯善国，在今新疆鄯善东南一带。西汉时楼兰国王与匈奴勾通，屡次杀害汉朝通西域的使臣。此处泛指唐朝西北地区常常侵扰边境的少数民族政权。

这首诗约作于开元十二年（724）秋王昌龄西出河西边塞时，是王昌龄《从军行》七首组诗里的第四首，抒写了戍边将士保家卫国的决心，对自己所担任务的自豪感、责任感，以及戍边生活的孤寂、艰苦之感。一、二两句，诗人向我们描绘了一幅广阔的画面，再现了当时西北戍边将士生活、战斗的典型环境。三、四两句由情景交融的环境描写转为直接抒情。"黄沙百战穿金甲"一句，高度概括了戍边时间之漫长、战事之频繁、战斗之艰苦、敌军之强悍、边地之荒凉。"不破楼兰终不还"写出了将士虽然在艰苦卓绝地战斗，却更加坚定了保家卫国的意志，斗志也更加高昂。此句现已用为熟语，意为攻坚克难、立功报国。

忽见陌头杨柳色，悔教夫婿觅封侯。

闺怨

闺中少妇不知愁，春日凝妆上翠楼。①
忽见陌头杨柳色，悔教夫婿觅封侯。②

①凝妆：盛妆，浓妆。
②陌头：路旁。教：使，怂恿，读 jiāo。

这是一首闺怨诗，约作于开元十七年（729）春。诗人从细节入手，抓住刹那间的心理变化，以"闺怨"为题，却以"不知愁"起笔，曲折婉转，更加渲染了闺中少妇悔恨的情绪，在诗中却泼墨不多，让人回味无穷。闺中少妇本来"不知愁"：开心地打扮自己，还要登上高楼去欣赏春色。可是突然看到路口的杨柳依依飘绿，就开始"愁"了：想念夫婿，悔恨当初不该怂恿他去"觅封侯"——丈夫为了"封侯"，不得不离开妻儿，远赴他方。她后悔的原因大概一是看到"柳"，想到"留"；二是看到这美好的春色却不能与亲爱的人共赏;三是想到柳绿又是一年春,时光在流逝,朱颜即将不在,而丈夫却不能和自己团聚,这不是浪费青春吗?这也唤起读者对于人生"得"与"失"的思考。

洛阳亲友如相问,一片冰心在玉壶。

芙蓉楼送辛渐[①]

寒雨连江夜入吴,平明送客楚山孤。[②]
洛阳亲友如相问,一片冰心在玉壶。[③]

①芙蓉楼:在润州,即今江苏镇江。

②寒雨:秋冬时节的冷雨。连江:雨水与江面连成一片,形容雨很大。吴:这里泛指江苏南部、浙江北部一带。江苏镇江一带为三国时吴国领土。平明:天亮的时候。

③冰心:比喻纯洁的心。玉壶:美玉制成的壶,比喻高洁的胸怀。

这是王昌龄送别诗中的名篇,作于天宝元载(742),王昌龄当时因为受人诬陷被贬为江宁(今江苏南京)丞。辛渐是王昌龄的朋友,这次拟由润州渡江,取道扬州,北上洛阳。王昌龄在芙蓉楼送别辛渐,托他给洛阳的亲友带个话,说自己的品德依然冰清玉洁,没有受到世情的玷污,更不会因为官场黑暗而自暴自弃。"一片冰心在玉壶"这个比喻很妙,早在南朝刘宋时期,诗人鲍照就用"清如玉壶冰"(《代白头吟》)来比喻高洁清白的品格。盛唐诗人如王维、崔颢、李白等都曾以冰壶自励,推崇光明磊落、表里澄澈的品格,现代作家冰心的笔名就来自这句诗。成语"一片冰心"常用来比喻人冰清玉洁、恬静淡泊的性情。

青山一道同云雨，明月何曾是两乡。

送柴侍御①

沅水通波接武冈，送君不觉有离伤。②
青山一道同云雨，明月何曾是两乡！③

①柴侍御：柴阅，天宝八载（749）被贬龙标尉，约次年"量移"邵阳尉，卒于邵阳。他与王昌龄、高适皆有交往。侍御：指监察御史，行使监察、弹劾等权力。唐代常为地方官所带京衔。

②武冈：县名，在湖南省西部，即今武冈市。柴侍御从龙标至邵阳须经武冈，而沅水连接着龙标和武冈。不觉：没有觉得。

③一道：一片。

这首送别诗是诗人被贬到龙标（今湖南怀化洪江）时的作品，约作于天宝九载（750）。这位柴侍御将要从龙标前往武冈，诗人写下这首诗为他送行。整首诗情调明快，虽写送别，却并不显得感伤，是一首"壮别"诗。因为柴侍御所要去的武冈与作者所在的龙标相距很近，沅江将两地相连，所以"不觉有离伤"，何况雨天能共享一片云雨，晴天能共享一轮明月。"青山一道同云雨，明月何曾是两乡"运用灵巧的笔法，一句正说，一句反说，把两人的情感拉得很近。现在常用来表达两人或两国的距离和关系很近。

王维

王维（699—761），字摩诘，蒲州（今山西永济）人。他母亲好佛，给他取的名和字都出自佛教《维摩诘经》中的维摩诘居士。王维是神童，八岁就会写文章，擅长书法、绘画，精通音乐，二十岁进士及第，很快做到给事中的官职。安史之乱时，王维被叛军俘虏，接受了伪职，但他吃药装成哑病，又写诗哀伤百官被安禄山强迫听音乐。所以，安史之乱后他只受到降职的处分，后来又升到尚书右丞的高官，世称"王右丞"。王维今存诗四百多首，和李白、杜甫并称为盛唐三大诗人，和孟浩然并称"王孟"。王维诗歌的禅意与画意，在盛唐诗歌中具有鲜明的特征，宋朝苏轼称赞他"诗中有画，画中有诗。"

每逢佳节倍思亲。

九月九日忆山东兄弟①

独在异乡为异客，每逢佳节倍思亲。
遥知兄弟登高处，遍插茱萸少一人。②

①山东兄弟：山东指现在华山以东的地区，因为王维家乡在蒲州（今山西永济），蒲州在华山以东，而作者当时独自一人在华山以西的长安，故称故乡的兄弟为"山东兄弟"。

②登高：阴历九月九日重阳节，民间有登高避邪的习俗。插茱萸（zhū yú）：传说重阳节把茱萸插在头上，可以除掉恶气而御寒。

这首诗为开元三年（715）王维十七岁时在长安所作。王维十五岁就离开家乡在外漂泊，游子常年在外很想念家乡，到了重阳节就更加思念亲人。这首诗没有直接写"我"怎么样思念家乡的亲人，却反过来想象远在蒲州的兄弟们在登高时一个个插上茱萸，就缺少了自己一人。表现这种内心的落差比直接写自己的思念效果更加强烈，并且王维写的并不只是他一个人的感情，而是千千万万个在外漂泊的游子共同的心声，引发了无数人的共鸣。"每逢佳节倍思亲"千百年来成为抒写游子思念的名言，打动多少游子离人的心。

君自故乡来，应知故乡事。

杂诗①

君自故乡来，应知故乡事。
来日绮窗前，寒梅著花未？ ②

① 本组诗共有三首，此是第二首。
② 绮窗：雕刻着花纹的窗子。著（zhuó）花未：开花没有。

这首诗约为开元三年（715）在长安时作，抒发了游子思念家乡的感情，是组诗的第二首。第一首是乡人主动问抒情主人公："家住孟津河，门对孟津口。常有江南船，寄书家中否。"本诗是主人公问乡人的话。第三首是乡人回答游子的话："已见寒梅发，复闻啼鸟声。愁心视春草，畏向玉阶生。"整组诗是对话体的形式，亲切自然，感情朴素，却很真实。难得见到从家乡来的人，应该带来了故乡的许多新鲜事，可这位游子什么大事都不问，只问自己家窗前的那棵梅树开花了没有。由此，可以牵引出读者进一步的思考："那棵梅树过去是不是陪伴着他长大？他如此喜爱梅花，是不是和他的品性有关？……"就是通过这么小的细节，游子思乡之情便跃然纸上。

相逢意气为君饮，系马高楼垂柳边。

少年行四首 其一

新丰美酒斗十千，咸阳游侠多少年。[①]
相逢意气为君饮，系马高楼垂柳边。[②]

①新丰：在今陕西临潼东北，盛产美酒。斗十千：指美酒名贵。咸阳游侠：即长安游侠。秦代都城咸阳多游侠，至汉代将咸阳城扩建后改名长安，南朝阴铿《西游咸阳中》："上林春色满，咸阳游侠多。"少年：古称青年男子。

②意气：志趣性格。

这首诗约为开元五年（717）春夏之间在长安时作。本年王维十九岁，准备参加京兆府试，意气风发，广交志趣相投的朋友，追求侠气，慷慨立功，反映出盛唐青年才俊踔厉风发的精神面貌，也反映了王维早年诗歌雄浑劲健的风格和英雄主义精神。"相逢意气为君饮，系马高楼垂柳边"为神来之笔，初次相逢即系马痛饮，一见定交，成为写青年人豪迈气概的名句。王维后来所作的《老将行》有名句"一身转战三千里，一剑曾当百万师"，风格精神与此相同。

大漠孤烟直，长河落日圆。

使至塞上[①]

单车欲问边，属国过居延。[②]
征蓬出汉塞，归雁入胡天。[③]
大漠孤烟直，长河落日圆。[④]
萧关逢候骑，都护在燕然。[⑤]

①使：出使。塞：边塞。

②单车：单车独行，不带随从。欲：方，正。问：慰问，访问。属国：指苏武。这里用苏武自比，汉代苏武奉命出使匈奴，经十九年方回国，回国后任典属国，后遂用为典故，如杜甫《秦州杂诗》："属国归何晚？楼兰斩未还。"居延：本为汉初匈奴地名，指居延泽附近一带，为当时河西地区与漠北往来要道所经。苏武出使匈奴经过居延。

③征蓬：随风远飞的蓬草，比喻远行之人。汉塞：大汉的关塞，喻指唐朝的关塞。

④孤烟：古代战争时以狼烟为信号，孤烟表示平安，双烟表示报警。

⑤萧关：在今宁夏固原东南。候骑：骑马的侦察兵。都护：指河西节度使崔希逸。燕（yān）然：古山名，即今蒙古国杭爱山，此指战斗前线。

开元二十五年（737）初夏四月，王维以监察御史的身份出使河西（今甘肃武威），慰问战胜吐蕃的河西节度使崔希逸，并在那里任节度判官，此诗即诗人从长安西行初出萧关看到沙漠后所作。

这首诗是王维刚健诗风的代表，是一首边塞诗。王维从令人郁闷的官场解脱，来到风光无限美好的塞外，郁结的心情一扫而空，诗中充满了豪情，颂扬了边塞将士的忠勇。"大漠孤烟直，长河落日圆"是独绝千古的边塞名句，这一联仅用了白描的手法，看似平淡无奇，像是诗人随手涂抹，但是"看似寻常最奇崛"，其中的炼字功夫是值得大家玩味的。"直"和"圆"两个字就点出了边塞奇异开阔的景象，像是在作简笔画，随手就勾勒出边塞的苍茫、雄浑与壮丽，如在眼前，让人印象深刻。

但去莫复问，白云无尽时。

送别

下马饮君酒，问君何所之？①
君言不得意，归卧南山陲。②
但去莫复问，白云无尽时。

①饮君酒：请你喝酒。何所之：去哪里。
②归卧：隐居。南山陲：终南山边。

这是一首送友人归隐的诗，约作于开元二十六年（738）王维自河西回到长安时。表面看来此诗一问一答，语句平淡无奇，但细细品味，便知十分婉转含蓄。妙在最后两句，意味深长："你只管去吧，我不再追问你了，那无边的白云会给你带来无穷的乐趣，不要说'不得意'了。"两句既是对友人的安慰，也表达了自己对隐居的羡慕。这首诗的最后一联有点禅意的味道，"但去莫复问"这一句还可以接上一联，但是下一句"白云无尽时"却像是顾左右而言他。为什么突然从"莫复问"转到看似不相关的"白云"上面呢？白云这个意象在王维诗歌里经常出现，因为它不断生灭，仿佛无穷无尽，带有一定的禅意，和王维随缘任运的人生观相吻合。隐居的人在林间望天上云卷云舒，会对人生有不一样的感悟，也许会更加超脱。

江流天地外，山色有无中。

汉江临眺^①

楚塞三湘接，荆门九派通。^②
江流天地外，山色有无中。
郡邑浮前浦，波澜动远空。
襄阳好风日，留醉与山翁。^③

①临眺：登高远望。一本作"临泛"。汉江：一称汉水，长江最大支流，东南流经陕西南部、湖北西北部和中部，在武汉入长江。

②"楚塞"两句：说汉江可与三湘、荆门、九江相通，地域广阔。楚塞：楚国的边界，指汉江，因襄阳一带的汉江在楚国北界。三湘：泛指今湖南一带。九派：长江的九条支流。

③山翁：指晋代山简，竹林七贤之一山涛的儿子。在襄阳任征南将军，最爱饮酒，每饮必醉。

开元二十八年（740）王维被朝廷任命为"知南选"的官职，从长安远赴岭南，途经襄阳（今属湖北）时，写了这首诗。他在汉江边极目远眺，水流浩荡，地势壮阔，景色壮丽，就不想走了，希望留在襄阳，像山简一样饮酒赏景。前六句写景，后两句抒情，从大处落笔，极写汉江的博大壮阔，层层推进，由远及近地写出汉江的波涛起伏。这首诗颇能反映王维"诗中有画"的特点，"江流天地外，山色有无中"两句写远景，将动态的水流以静态的方式呈现在画面上，远望山色在若有若无之中，淡雅而传神，不愧为千古名句。宋朝欧阳修和苏轼都非常最喜欢这两句。

人闲桂花落，夜静春山空。

鸟鸣涧①

人闲桂花落，夜静春山空。②
月出惊山鸟，时鸣春涧中。

①鸟鸣涧：王维《皇甫岳云溪杂题五首》的第一首。皇甫岳是王维友人，具体生平未详。云溪是皇甫岳别业的名称和所在地，在江南；鸟鸣涧是云溪游玩景点之一。

②桂花：桂花有春桂花和秋桂花，这里指江南的春桂花。

这首小诗约为开元二十九年（741）在江南时作，写山中春天的月夜景色，是脍炙人口的山水诗。这首诗写月色笼罩下的山林景色，给人一种幽美的感受。推想当年，王维在写这首诗时，也许正独自走在皇甫岳的别墅里，夜很深了，万物寂静，人闲静地看着江南春桂花飘飘落落。忽然，一轮明月破云而出，将幽柔的清光洒满了深山，连鸟儿都从睡梦中惊醒，适应了月亮的光辉后，自在地在山涧中啼叫。王维用短小的篇幅描绘出一幅仿佛看得见、摸得着的片刻景象，具有高度的形象性。

白云回望合，青霭入看无。

终南山①

太乙近天都，连山到海隅。②
白云回望合，青霭入看无。③
分野中峰变，阴晴众壑殊。④
欲投人处宿，隔水问樵夫。

①终南山：在长安南，是秦岭的主峰之一。

②太乙：亦作太一，终南山主峰。天都：天帝的住所。海隅：海边。此句意谓山峰连接不断，直到海边。

③青霭：指云气，因其色紫，故称。

④分野中峰变：意思是终南山很大，中峰就已跨越不同的分野。古人将地上的州国与天上的星辰位置相配，叫作分野。阴晴众壑殊：意思是同一时间内，各个山谷阴晴不一。

开元二十九年（741）王维完成"知南选"任务回到长安后打算到终南山隐居，就去考察终南山环境，写下此诗。全诗用夸张手法渲染终南山的雄伟高大、变化万千，表达诗人流连忘返之情。前三联写景，从不同的角度描绘了终南山的壮美图画，有远景，有近景，有仰视，有俯视。"白云回望合，青霭入看无"一联写终南山上云雾瞬息万变，令人神往，不愧为写景名句。二、三两联写景采用"散点透视"法，有别于通常"单点透视"和"移步换景"的写法。最后一联表达作者留恋不舍之意。沈德潜在《唐诗别裁》中评此诗道："'近天都'言其高，'到海隅'言其远，'分野'二句言其大，四十字中无所不包，手笔不在杜陵（杜甫）下。"

行到水穷处，坐看云起时。

终南别业①

中岁颇好道，晚家南山陲。②
兴来每独往，胜事空自知。③
行到水穷处，坐看云起时。
偶然值林叟，谈笑无还期。④

①终南别业：王维在终南山的别墅。诗题一作《入山寄城中故人》。
②中岁：中年。陲：边。
③胜事：快意的事。空：只。
④值林叟：遇见居住在山林中的老人。

这首诗作于开元二十九年（741）王维隐居终南山时，是王维受到称赞最多的诗之一。王维安家在终南山的辋川别墅，心情非常宽松，实现了一桩心愿。他随性而游，随遇而安，闲适之乐只有他自己才能体会。沿着山溪往上走到水流尽头，没路了，就坐下来仰看白云从山中生起时的情景。偶然在林中遇到一个老头，与他谈得很开心，竟然不知不觉间忘了回家。王维已完全达到了超然物外、神与物游的境界。后人称赞"行到水穷处，坐看云起时"两句达到化境，通常与另一名句"雨中山果落，灯下草虫鸣"作为王维诗禅意和哲理的代表。全诗语言平淡自然，却能在朴素明净的语言中渗透哲理，仿佛在谈笑间就道完了也许一生都无法参透的禅意，韵味无穷。

渡头余落日，墟里上孤烟。

辋川闲居赠裴秀才迪[①]

寒山转苍翠，秋水日潺湲。[②]
倚杖柴门外，临风听暮蝉。
渡头余落日，墟里上孤烟。[③]
复值接舆醉，狂歌五柳前。[④]

①辋（wǎng）川：在今陕西蓝田，王维在那里有别墅，他晚年隐居于此，与裴迪赋诗唱和。

②潺湲（chán yuán）：水缓缓地流。

③墟里：村庄。

④接舆：楚国隐士，人称"楚狂"，曾劝孔子不要做官。这里借指裴迪。五柳：原指陶渊明，陶渊明自称五柳先生。这里是王维自比。

王维自天宝三载至十五载（744—756）常居住在终南山辋川，这首诗即作于此间。王维的辋川别墅景色非常幽美：已经是萧瑟的秋天了，山却转还成青色，水长流不断，傍晚不仅可以听到蝉鸣，还可以观赏落日和炊烟，除此之外，还可以听到裴迪的歌声。真是令人陶醉呀！在这里闲居真是情趣盎然！所以最后一联直接道出了王维对隐逸生活的向往。"渡头余落日，墟里上孤烟"一联写出了落日留在水面，孤烟直上天空的瞬间动景，是写景名句。王维不仅是一位诗人，更是一位画家，作为画家的王维非常注重线条，"渡头余落日"，落日是圆的，落在直线条的水面上，勾勒出简洁的画面；"墟里上孤烟"一句更是从画家的角度描摹了线条，这里的

"孤烟"和"大漠孤烟直"的"孤烟"不同，因为这是炊烟而不是狼烟，因而能轻飘飘地"上"，而不是硬朗地变"直"。从这也能窥见王维写诗的炼字功夫。

明月松间照，清泉石上流。

山居秋暝①

空山新雨后，天气晚来秋。
明月松间照，清泉石上流。
竹喧归浣女，莲动下渔舟。②
随意春芳歇，王孙自可留。③

①暝（míng）：天黑。

②浣女：河边洗衣服的女子。

③"随意"两句：反用《楚辞·招隐士》"王孙兮归来，山中兮不可以久留"两句，意谓任春天的花草枯萎，秋景仍然很美，王孙公子自可留居山中。歇：尽，枯萎。

这首诗即作于终南山辋川，是王维最有名的山水诗之一，描绘了一幅"山居秋暝图"，虽是秋景，却胜似春光，寄托了诗人的高洁情怀和对隐居生活的热爱，向来被视为"诗中有画"的代表作。前六句全是写景，有上下，有远近，有声色，有动静，不仅"诗中有画"，还能"字字入禅"。整首诗清新自然，淡中藏美。"明月松间照，清泉石上流"一联绘声绘色，情景交融，是自然妙境。"竹喧归浣女，莲动下渔舟"一联实际上应是"浣女归而竹喧，渔舟下而莲动"，作者故意颠倒顺序，是以声写形的写景手法。

漠漠水田飞白鹭，阴阴夏木啭黄鹂。

积雨辋川庄作

积雨空林烟火迟，蒸藜炊黍饷东菑。 ①
漠漠水田飞白鹭，阴阴夏木啭黄鹂。 ②
山中习静观朝槿，松下清斋折露葵。 ③
野老与人争席罢，海鸥何事更相疑？ ④

①积雨：雨下了很久。烟火迟：烟气缭绕不散的样子。蒸藜炊黍：（农民）做饭做菜。饷东菑（zī）：把饭菜送到东边田地去。菑，泛指田亩。

②漠漠：密布罗列的样子。阴阴：幽暗的样子。啭（zhuàn）：鸟的婉转啼声。黄鹂：黄莺。

③习静：静坐修炼。朝槿（jǐn）：木槿花。早上开花晚上枯萎。清斋：素食。露葵：雨露打过的葵菜。

④野老：指作者自己。争席罢：不再与别人争夺座位。表示彼此融洽无间，不拘礼节。"争席"用《庄子》典故。"海鸥"句：《列子》中说，有个人与海鸥亲近，互不猜疑，每天有几百只海鸥飞来与他戏游。一天，他父亲要他把海鸥抓回家去，他再到海边时，海鸥都在天上飞舞，不肯下来。说明心术不正，就破坏了他与海鸥的关系。

这是王维田园诗中的名作。辋川庄连日下雨之后，景色更加清新幽美。农民的农忙生活虽然辛苦，却很安乐，诗人自己的隐居生活也悠闲自得，与世无争，所以他在结尾处发问："海鸥们为什么还要怀疑我呢？""漠漠水田飞白鹭，阴阴夏木啭黄鹂"一联本是点化李嘉祐"水田飞白鹭，夏木啭黄鹂"而成，比原诗更富画面感和韵味，如同一幅有声的立体画，意境优美。

空山不见人，但闻人语响。

鹿柴①

空山不见人，但闻人语响。
返景入深林，复照青苔上。②

①鹿柴（zhài）：养鹿的圈。鹿柴是王维辋川别业的一景。柴，圈，栅栏。
②返景：夕阳返照的光。景，阳光。

王维有《辋川集》组诗二十首，分别写辋川别墅周围的二十个景点。本书选了《鹿柴》《竹里馆》两首。这首诗描写傍晚时分，鹿柴附近空山的幽静景色，不见人，却听到人语响，人肯定在远处，远处的人声更能反衬出空山的寂静。"返景入深林，复照青苔上"两句，傍晚的余晖与青苔的颜色相互交融在一起，形成一种独特的颜色，诗人用画家的眼光和敏感度捕捉到了光影刹那间的变化，深林更显得静谧、幽暗。王维不仅是一个诗人，还是一名出色的画家，所以苏轼在评价王维时说"诗中有画，画中有诗"，这首诗便很能代表苏轼的这个观点。

深林人不知，明月来相照。

竹里馆

独坐幽篁里，弹琴复长啸。^①
深林人不知，明月来相照。

①幽篁（huáng）：幽深的竹林。篁，竹林。长啸：撮口吹出清越悠长的声音，类似于吹口哨。

本篇是《辋川集》组诗二十首之一，以自然平淡的笔调，描绘出一幅清新动人的月夜竹林弹琴图。意境幽美，有一种特殊的艺术魅力。王维很多诗中并没有"我"的存在，纯是第三者角度的客观描述，一副旁观者的态度。但这首诗是第一人称，确确实实有"我"的存在。很多人认为此诗是王维抒发知音难觅、孤独忧愁之作，特别是"深林人不知，明月来相照"两句，诗人弹琴长啸无人知晓，只有明月是忠实的听众，虽然自得其乐，像一个仙人，但也孤寂得让人害怕。但诗人害怕吗？其实并没有，诗人的内心是平和的，能够直面孤独，以孤独为自在。整首诗的氛围不是哀怨凄楚的，而是佛家所说的"随缘任性"、淡定从容。

愿君多采撷，此物最相思。

相思^①

红豆生南国，春来发几枝？^②
愿君多采撷，此物最相思。^③

①诗题又作《江上赠李龟年》，疑非是。此诗应作于安史之乱前。

②红豆：又名相思子，相思木所结之子。李时珍《本草纲目》记载："相思子生岭南，树高丈余，白色，其叶似槐，其花似皂荚，其荚似扁豆，其子大如小豆，半截红色，半截黑色，彼人以嵌首饰。"

③采撷（xié）：采摘。

这首诗约作于安史之乱前夕（755），借红豆寄托相思之情，但并没有直接点出相思之意，而是借助一个具有丰富内涵的意象含蓄地透露出来。红豆之所以称为相思子，一个重要的原因是它颜色鲜艳且经久不退，寄托着人与人之间的情感像相思豆一样能够历久弥新的美好愿望。这首诗历来被读者解读成恋人之间的情语，但其实诗里的红豆象征友情，所以诗人很关心红豆的生长情况："春来发几枝？"种得越多采得越多，采得越多就表示思念越多，所以才会"愿君多采撷"。短短的二十个字浓缩了诗人最真挚的情感，将离愁相思的情意最大限度地呈现在读者眼前，显得举重若轻。据说安史之乱后，音乐家李龟年流落江南，经常演唱这首歌，听者无不感动落泪。成语"红豆相思"就出自本篇，今多用来比喻男女相思。

劝君更尽一杯酒，西出阳关无故人！

送元二使安西①

渭城朝雨浥轻尘，客舍青青柳色新。②
劝君更尽一杯酒，西出阳关无故人！③

①元二：人名，未详。安西：唐朝安西都护府，在今新疆库车。本诗被谱曲传唱后，称《渭城曲》，又称《阳关三叠》。"三叠"指的是第一句不叠，二、三、四句每句唱两遍。

②渭城：即咸阳，旧址在今陕西咸阳东北，离西安很近。浥(yì)：湿润。客舍：旅馆。

③阳关：古关名，在甘肃敦煌西南。

这首诗约作于安史之乱前，是一首送别诗，被谱曲后，成为广泛传唱的名曲，曲谱从唐朝一直流传至今，如今我们还能听到"阳关三叠"的悠悠琴音。诗歌表达了朋友之间依依惜别的深厚情谊。清晨雨后，路正好走；旅馆前的杨柳依依留人，"柳"谐音"留"，正好折柳送别。诗人对将要远行的朋友说："已经喝了很多酒了，一杯又一杯，真的不舍得你走啊！但是没有办法，最后再干这一杯，因为出了阳关就没有像我这样的老朋友了，就让这杯酒载着我的友情伴你长行，让你不感到寂寞。""劝君更尽一杯酒，西出阳关无故人"感情深长，情意绵绵。

高适

高适（700？—765），字达夫，洛阳（今属河南）人，郡望渤海蒋县（今河北景县）。少时孤贫，潦倒失意，长期客居宋中（今河南商丘一带），以耕钓为业。天宝八载（749）有道科及第。开元十九年（731）、天宝九载（750）两次北上蓟门（今北京一带），天宝十一载（752）赴河西节度使哥舒翰幕府充掌书记。安史之乱以后，官至散骑常侍，世称"高常侍"，又封渤海县侯，是唐代诗人中唯一封侯的。曾和李白、杜甫结成旅行三人团，又曾和王之涣、王昌龄一起"旗亭赌唱"。高适是唐代边塞诗的代表作家，和岑参并称"高岑"，一生三次出塞，对边塞征战生活有亲身的体验，所写边塞诗多是有感而发，针对性强，笔力雄健，气势奔放，洋溢着盛唐时期所特有的奋发进取、蓬勃向上的时代精神。

莫愁前路无知己，天下谁人不识君。

别董大①

千里黄云白日曛，北风吹雁雪纷纷。②
莫愁前路无知己，天下谁人不识君。③

①董大：唐玄宗时著名琴师董庭兰，陇西（今属甘肃）人。开元时，以善弹《胡笳十八拍》著称于世，在兄弟中排行第一，故称"董大"，天宝初因李颀推荐成为房琯的门客。《别董大》组诗共二首，这是第二首。

②千里：一作"十里"。曛：昏暗。

③君：指董大。

本篇约为开元二十二年（734）冬在宋州（今河南商丘）作，此时高适与董庭兰二人皆很落魄。这是一首著名的送别诗，有别于传统送别诗的萧瑟悲愁，全诗境界阔大，语调豪迈，显示出盛唐人积极进取的精神和开朗的胸襟。上联用白描的手法描绘了送别时的凄惨景象：北风呼啸，黄沙千里遮蔽了天日，云似乎变成了黄色，灰蒙蒙的一片，阳光也昏暗失色。大雪纷纷扬扬地飘落，群雁向南飞去。在这样寒冷凄惨的天气里送别郁郁不得志的友人，诗人并没有消沉颓唐，而是以振奋人心的口吻劝勉朋友："此去你不用担心遇不到像我这样的知己，天下哪个不知道你董庭兰啊！"慷慨激昂的语言给予友人信心和力量，是此时最好的临别赠言！"莫愁前路无知己，天下谁人不识君"常用来表达对朋友的信心和称赞。

战士军前半死生，美人帐下犹歌舞。

燕歌行　并序

开元二十六年，客有从元戎出塞而还者，作《燕歌行》以示适。感征戍之事，因而和焉。①

汉家烟尘在东北，汉将辞家破残贼。
男儿本自重横行，天子非常赐颜色。②
摐金伐鼓下榆关，旌旆逶迤碣石间。③
校尉羽书飞瀚海，单于猎火照狼山。④
山川萧条极边土，胡骑凭陵杂风雨。⑤
战士军前半死生，美人帐下犹歌舞。

大漠穷秋塞草腓，孤城落日斗兵稀。

身当恩遇常轻敌，力尽关山未解围。

铁衣远戍辛勤久，玉箸应啼别离后。⑥

少妇城南欲断肠，征人蓟北空回首。

边风飘飘那可度，绝域苍茫更何有。

杀气三时作阵云，寒声一夜传刁斗。⑦

相看白刃血纷纷，死节从来岂顾勋。⑧

君不见沙场征战苦，至今犹忆李将军。⑨

①元戎：主帅，指幽州节度使张守珪。

②横行：无人可挡地冲杀。

③挝（chuāng）金：打锣。榆关：山海关。碣石：碣石山，在今河北。

④校（jiào）尉：指汉代名将嫖姚校尉霍去病。羽书：插羽毛的紧急文书。瀚海：指大沙漠。单（chán）于：匈奴首领。狼山：狼居胥山的简称，在今内蒙古自治区中部。这里用霍去病封狼居胥山，登临瀚海的典故，喻指敌我交战。

⑤极边土：直到边境的尽头。凭陵：侵犯。

⑥铁衣：指远征战士。玉箸（zhù）：比喻妇女的眼泪。

⑦三时：这里指一天的早、中、晚。刁斗：军中打更用的铜器。

⑧死节：为国而死。顾勋：为了功名利禄。

⑨李将军：汉代名将李广，能与战士同甘共苦。

从诗前的序文看，本篇作于开元二十六年（738），高适此时寓居宋州宋城（今河南商丘），浪迹渔樵，尚未出仕。他有感于边戍之事而写下的一首和诗，也是其边塞诗的代表作。全诗以简练的语言，描写了唐军从出征到战斗失败，再到被围后艰苦支撑的战争经过。全诗分为四个部分，前八句写出师，中间八句描写战斗危急、失败，后八句写围困中将士的心情，最后四句写战斗结局和感想。诗人的感情是复杂的：一方面，歌颂了士兵们爱国杀敌、视死如归的精神，同情他们身处艰苦的环境和两地相思的遭遇；另一方面，也讽刺了将军们作战无能，谴责他们只知享乐邀功，不像名将李广那样爱惜士卒。"战士军前半死生，美人帐下犹歌舞"是谴责将帅享乐的名句，将战士作战的残酷场面与将军贪图享乐的嘴脸进行鲜明对比，深刻揭露将军和战士之间的苦乐悬殊，歌颂了士兵的善良和勇敢，讽刺了将军的贪功冒进和不爱士卒。此诗虽是乐府古体，却讲究平仄对仗。

故乡今夜思千里，霜鬓明朝又一年。

除夜作①

旅馆寒灯独不眠，客心何事转凄然。②
故乡今夜思千里，霜鬓明朝又一年。③

①除夜：除夕之夜。
②客心：自己的心事。转：更。虚词，不是动词。凄然：凄凉悲伤。
③霜鬓：白色鬓发。

本篇为高适近五十岁时所作。诗题《除夜作》，内容却不是我们记忆中家人共度除夕的情景，而是描写诗人除夕之夜客居旅馆、形单影只的凄苦场面。在这样一个家家团聚的日子里，诗人却漂泊他乡，更加凸显孤苦凄凉。前两句渲染了旅馆的凄清和诗人内心的孤寂：触景生情，辗转难眠，连灯都是寒冷的了。"故乡今夜思千里"一句没有从自身角度直接回答"客心何事转凄然"，而是调转笔锋描写故乡的家人在思念千里之外的游子，实际上是表达诗人自己对故乡亲人的思念之情。这种写法显得更有意味，也更加含蓄动人。"霜鬓明朝又一年"是说诗人在漫漫的思念中又要增添白发了，思念之情跃然纸上。"独""转""又"三个虚词使得全诗婉转一气，是诗中之眼。后两句与戴叔伦"一年将尽夜，万里未归人"以及崔涂"乱山残雪夜，孤烛异乡人"，都是唐诗中写除夕漂泊的名句。

李白

李白（701—762），字太白，陇西成纪（今甘肃泰安）人，祖先隋末窜于碎叶（今吉尔吉斯斯坦托克马克城），李白即出生于此。中宗神龙元年（705）随家迁居绵州昌隆县（今四川江油）青莲乡，号青莲居士。天宝元载（742）供奉翰林，因称"李翰林"。被贺知章誉为"谪仙人"，因自称"谪仙"。天宝三载（744）在洛阳结识杜甫，二人在诗坛并称"李杜"。安史乱起，入永王李璘幕府，王室内讧，李璘兵败被杀，李白被捕下浔阳狱，长流夜郎。中途遇赦东还，依族叔当涂令李阳冰，不久病卒。李白一生自比大鹏，志向远大，又深受道教思想影响，曾当道士。李白是唐朝最伟大的理想主义诗人，也是我国古代最有才华的诗人，被誉为"诗仙"，其诗有雄奇飘逸的风格，他和杜甫一起成为我国诗歌艺术成就的最高代表。

宣父犹能畏后生，丈夫未可轻年少。

上李邕[①]

大鹏一日同风起，抟摇直上九万里。[②]
假令风歇时下来，犹能簸却沧溟水。[③]
世人见我恒殊调，闻余大言皆冷笑。[④]
宣父犹能畏后生，丈夫未可轻年少。[⑤]

①上：呈上。李邕（678—747）：字泰和，广陵江都（今江苏扬州）人，书法家，官至北海太守，人称"李北海"。

②抟：回旋，盘旋。一作"扶"。摇：扶摇，旋风。

③假令：假使，即使。簸（bǒ）却：激起。沧溟：大海。

④恒：常常。闻：一作"见"。余：我。大言：言谈自命不凡。

⑤宣父：即孔子，唐太宗贞观年间下诏，尊孔子为宣父。畏后生：出自《论语·子罕》："子曰：'后生可畏，焉知来者之不如今也？'"丈夫：有所作为的成年男子，此指李邕。

开元九年（721）春，李白游过成都后赴渝州（今重庆）拜访渝州刺史李邕，受冷遇后而作此诗。李邕是《文选》家李善之子、著名的书法家，开元初年就是一位大名士，为人自负好名。二十一岁的李白去拜访这位前辈的时候，因为不拘俗礼，放言高论，遭到了李邕的轻视，于是写下了本篇以示回敬。前四句对大鹏鸟的描绘出自《庄子·逍遥游》："鹏之徙于南冥也，水击三千里，抟扶摇而上者九万里。"李白这里是自比大鹏鸟，自谓有大鹏之志，绝非等闲之辈。后四句是李白的激愤之语，他此时位卑年少，凡夫俗子听到他高谈阔论，认为他口出狂言，不知天高地厚。但是李白本是天才，自信不疑，"宣父犹能畏后生，丈夫未可轻年少"是李白对李邕和世人轻视自己的强有力的回应："圣人孔子都说过'后生可畏'，你李邕怎敢欺我李白年少位卑？"言语之间尽显李白的心高气傲，志在千里。

月下飞天镜，云生结海楼。

渡荆门送别①

渡远荆门外，来从楚国游。②
山随平野尽，江入大荒流。③
月下飞天镜，云生结海楼。④

仍怜故乡水，万里送行舟。⑤

①渡荆门：船越过荆门山。荆门，山名，位于今湖北宜都西北长江南岸，与北岸虎牙山对峙，地势险要，自古即有楚蜀咽喉之称。

②远：远自。荆门外：指蜀地。从：至。楚国：楚地，指今湖北一带，春秋时期属楚国。

③平野：平坦广阔的原野。江：长江。大荒：荒漠辽远的原野。

④月下飞天镜：月亮西落，如同飞下的天镜。"下"用作动词。海楼：海市蜃楼。这里指江上云气的折射把远处景物显示在空中而形成的奇异景象。

⑤仍：依然。怜：爱。故乡水：指从蜀地流来的长江水。诗人从小生活在蜀中，称蜀中为故乡。万里：喻行程之远。

　　开元十三年（725）暮春，二十五岁的李白仗剑离开家乡四川，乘船由长江水路越过荆门山，来到了湖北。诗歌描绘了诗人在船上所见的大自然景色，壮丽的景色描写，显示了诗人兴致勃勃的无穷活力。李白自幼在蜀中读书学习，对家乡山水怀有真挚的感情，第一次辞亲远游，自然壮志在胸，所描写景象也是开阔壮丽。"月下飞天镜，云生结海楼"两句是写景的名句：凌晨时分，月亮西落好像飞动的天镜，江上云气聚集，竟然形成了海市蜃楼。两句把空中的景色写得浪漫奇特，艺术效果十分强烈，也把李白首次出蜀的新鲜感受真切地写了出来。

危楼高百尺，手可摘星辰。

夜宿山寺①

危楼高百尺，手可摘星辰。②
不敢高声语，恐惊天上人。

①山寺：指蕲州黄梅县乌牙山顶上的乌牙寺。
②危楼：高楼，因乌牙寺在山顶，所以显得高。

开元十三年（725）秋，李白沿长江进入蕲水，游览蕲州，夜宿乌牙山顶上的乌牙寺，题诗梁间。诗人抓住了夜晚登楼的独特感受：山已经很高了，山上的寺庙当然也很高；在本来就很高的寺庙里，诗人还要登上高楼，那就更加高了——整首诗描写的一个重要感受便是"高"。这座楼到底有多高呢？诗人说"高百尺"。可是读者们对"百尺"并没有深刻的感受啊，于是诗人接着夸张地说道："这个楼高到伸手就可以摘到天上的星辰，甚至在这高楼上都不敢大声说话，因为怕惊动了在天上居住的仙人。"想象十分大胆而新颖，既表达了寺庙的高，又富有童趣。

这首诗在宋代曾经王禹偁、杨亿、晏殊、孟观等多人仿写或修改。

飞流直下三千尺，疑是银河落九天。

望庐山瀑布

日照香炉生紫烟，遥看瀑布挂前川。①

飞流直下三千尺，疑是银河落九天。②

①香炉：庐山香炉峰。山峰烟云聚散，如博山香炉。遥看：从远处看。挂：悬挂。川：河流，这里指瀑布。

②三千尺：形容山高。这里是夸张说法，不是实指。九天：古人认为天有九重，九天是天的最高层。此句极言瀑布落差之大。

这首诗是开元十三年（725）秋李白出川东下，初次过庐山时所作。李白这首《望庐山瀑布》是所有写庐山瀑布诗歌中最有名的，写得雄奇飘逸，表达了对壮丽景色的赞美和热爱。前两句写瀑布所处的大环境，一个"挂"字化动为静，体现了"遥看"的特征。后两句"飞流直下三千尺，疑是银河落九天"以夸张与比喻相结合，气势磅礴，想象奇特，道出了庐山之高、瀑布之宏伟，堪称千古绝唱，这是只有李白才能写出来的气象。

孤帆一片日边来。

望天门山①

天门中断楚江开，碧水东流至此回。②
两岸青山相对出，孤帆一片日边来。③

①天门山：位于今安徽和县与当涂长江两岸，两山东西对峙，分别叫西梁山和东梁山，中隔一江，形同天设的门户，"天门"由此得名。

②中断：江水从中间隔断两山。楚江：即长江。因为古代长江中游地带属楚国，所以叫楚江。开：劈开，断开。回：转折。江水

的流向在这里有一个转折。

③两岸青山：指东梁山和西梁山。出：突出。日边来：指孤舟从天水相接处的远方驶来，远远望去，仿佛来自日边。

这首诗大约是开元十三年（725）李白出川东下，初次过天门山时所作。诗歌紧扣"望"字，描绘了一幅气势磅礴、色彩绚丽的山水图：天门山被楚江断开，碧绿的江水也因为地势的险峻而转变流向，夹江对峙的两岸青山雄伟险要，一叶孤舟从远方驶来，仿佛来自日边。诗歌意境开阔，也是诗人开阔胸襟的写照，表达了诗人对长江山水的热爱。"两岸青山相对出，孤帆一片日边来"气魄豪迈，语言生动形象，只有李白这样豪放不羁的诗人才能信手拈来。"孤帆一片日边来"常用来表达对横空出世的新事物的赞美。

郎骑竹马来，绕床弄青梅。

长干行^①

妾发初覆额，折花门前剧。^②
郎骑竹马来，绕床弄青梅。^③
同居长干里，两小无嫌猜。
十四为君妇，羞颜未尝开。
低头向暗壁，千唤不一回。
十五始展眉，愿同尘与灰。
常存抱柱信，岂上望夫台？^④
十六君远行，瞿塘滟滪堆。^⑤
五月不可触，猿声天上哀。

门前迟行迹，一一生绿苔。

苔深不能扫，落叶秋风早。

八月蝴蝶来，双飞西园草。

感此伤妾心，坐愁红颜老。

早晚下三巴，预将书报家。⑥

相迎不道远，直至长风沙。⑦

①长干（gān）行：乐府曲调名。古辞写长干里的女子善弄潮，唐崔颢开始写男女感情。长干，即长干里，街巷名，在今南京。

②剧：游戏。

③床：这里指井栏。

④抱柱信：指坚守信约。《庄子》里说，有个叫尾生的青年，与女子相约在桥下相见，女子没来，大水来了，他不愿失信离去，抱着桥柱被淹死。

⑤瞿塘：三峡之一。滟滪堆：瞿塘峡口的一块大石礁。

⑥早晚：何时。三巴：泛指四川东部（今属重庆）。

⑦不道远：不说远。长风沙：地名，在今安徽安庆长江边上，离长干有七百里。

开元十四年（726），李白乘船沿长江来到金陵（今江苏南京）游玩，写下此诗。这是李白模仿民歌写的一首思妇诗，不过诗中这位少妇的丈夫不是守边战士，也不是考试求官的宦游人，而是一个商人。唐代制度重农轻商，李白本人出身于商人家庭，所以他敢于蔑视封建制度，大胆歌颂商人妇的纯真爱情。

全诗以少妇的口吻回忆她的爱情经历。开头六句回忆童年时与丈夫一起游戏的幸福情景，接着四句回忆新婚时的羞涩情态，再接着四句说十五岁就不再害羞，只想到生死与共、白头偕老，怎想到会有离别之苦？第二部分写别后相思。前四句说丈夫远行经商后，担心他能否经得住巴蜀一带的水险山高，接下来说自己等待的痛苦和孤独，又害怕自己因为忧愁而变老，期望丈夫早日回家，预先捎个信回来，自己一定到七百里外的长风沙去迎接。诗写得一往情深，活泼动人，叙事、抒情、写景融合无间。"青梅竹马""两小无猜"已成常用成语，用来形容孩童之间真挚的感情。

请君试问东流水：别意与之谁短长？

金陵酒肆留别①

风吹柳花满店香，吴姬压酒劝客尝。②
金陵子弟来相送，欲行不行各尽觞。③
请君试问东流水：别意与之谁短长？

①酒肆：酒店。留别：临别留诗给送行者。

②柳花：指柳絮。满店香：指酒香。一说"柳花"指柳树开的鹅黄色花，又叫黄柳花。宋杨伯岩《臆乘·柳花柳絮》："柳花与柳絮迥然不同。生于叶间，成穗作鹅黄色者，花也；花既褪，就蒂结实，其实之熟，乱飞如绵者，絮也。古今吟咏，往往以絮为花、以花为絮，略无区别，可发一笑。"吴姬：吴地的青年女子，这里指酒店中的女招待。压酒：压糟取酒。古时新酒酿熟，临饮时才压糟取用。劝：一作"唤"。

③子弟：年轻人，指李白的朋友。欲行：将要走的人，指诗人自己。不行：不走的人，指金陵子弟。尽觞（shāng）：喝尽杯中的酒。觞，酒器。

开元十四年（726）暮春，李白从金陵（今江苏南京）离开，一帮朋友来热情相送，李白深受感动而写下此诗，是为李白赠别诗的代表作之一。诗歌清丽流畅，洒脱飘逸，描写了人们欢送李白的场景，金陵酒肆中吴姬的热情和金陵子弟的好客，如在眼前。"请君试问东流水：别意与之谁短长？"李白信手拈来，已成千古名句，把难以表述的情感用源远流长的江水表达出来，使人感受到诗人深深的留恋。

举头望明月，低头思故乡。

静夜思①

床前明月光，疑是地上霜。②
举头望明月，低头思故乡。③

　　①《静夜思》是乐府旧题，一作《夜思》。
　　②床：井栏，与"绕床弄青梅"的"床"意思相同。明：李白原作"看"，明朝人改为"明"。
　　③明月：李白原作"山月"，明朝人改为"明月"。一诗中两个"明"字的版本，因《千家诗》《唐诗三百首》二书而广为流传。

　　这首诗大约是开元十五年（727）李白来到湖北安陆寿山定居时所作。此诗传诵度极广，妇孺皆知。诗歌描写的是一个秋冬清冷的夜晚，诗人在庭院中望月思乡的情景。诗歌的前两句营造出夜晚孤独清冷的氛围，"疑""霜"把夜晚的环境冷、诗人的心冷写了出来。而后诗人抬头望见一轮皓月，想到快到年终了应该与家人团圆；低头看到井栏，于是思乡之情油然而生。"举头望明月，低头思故乡"是诗人的真情流露，自然动人，引起千百年来独处他乡的游子的共鸣。

美人如花隔云端！

长相思①

长相思，在长安。②
络纬秋啼金井阑，微霜凄凄簟色寒。③
孤灯不明思欲绝，卷帷望月空长叹。④
美人如花隔云端！
上有青冥之长天，下有渌水之波澜。⑤
天长路远魂飞苦，梦魂不到关山难。⑥
长相思，摧心肝。

①长相思：乐府旧题，常以"长相思"三字开头和结尾。李白《长相思》共三首，这是第一首。

②长安：今陕西西安。

③络纬：昆虫名，又名莎鸡，俗称纺织娘。金井阑：精美的井阑。簟（diàn）色寒：指竹席的凉意。

④帷：窗帘。

⑤青冥：青天。渌水：清水。

⑥关山：泛指关隘与山岭。

这首诗约作于开元十八年（730）李白第一次入长安时。诗歌描写的是相思之情。前四句通过对秋虫、秋霜、孤灯等景物的描写，营造了凄清孤独的氛围。后面写相思之苦。名句"美人如花隔云端"点出了相思的对象，写出了美人可望而不可即、高洁非凡之感。诗人只好长叹，尽管追求美人天长路远，苦不堪言，也没有结果，但是他依然执着不舍。也体现了求之不得，辗转反侧的相思之苦。

蜀道之难，难于上青天！

蜀道难①

噫吁嚱，危乎高哉！蜀道之难，难于上青天！②
蚕丛及鱼凫，开国何茫然。③
尔来四万八千岁，不与秦塞通人烟。④
西当太白有鸟道，可以横绝峨眉巅。⑤
地崩山摧壮士死，然后天梯石栈相钩连。⑥
上有六龙回日之高标，下有冲波逆折之回川。⑦
黄鹤之飞尚不得过，猿猱欲度愁攀援。⑧
青泥何盘盘，百步九折萦岩峦。⑨
扪参历井仰胁息，以手抚膺坐长叹。⑩
问君西游何时还？畏途巉岩不可攀。⑪
但见悲鸟号古木，雄飞雌从绕林间。⑫
又闻子规啼夜月，愁空山。
蜀道之难，难于上青天，使人听此凋朱颜。⑬
连峰去天不盈尺，枯松倒挂倚绝壁。⑭
飞湍瀑流争喧豗，砯崖转石万壑雷。⑮
其险也如此，嗟尔远道之人胡为乎来哉！⑯
剑阁峥嵘而崔嵬，一夫当关，万夫莫开。⑰
所守或匪亲，化为狼与豺。⑱

朝避猛虎，夕避长蛇。磨牙吮血，杀人如麻。[19]
锦城虽云乐，不如早还家。[20]
蜀道之难，难于上青天，侧身西望长咨嗟。[21]

①蜀道难：古乐府题，属《瑟调曲》，咏叹蜀道之艰难。

②噫吁嚱（xī）：惊叹声，蜀方言，表示惊讶的声音。

③蚕丛、鱼凫：传说中古蜀国两位国王的名字。何：多么。茫然：渺茫遥远的样子。

④尔来：从那时以来。四万八千岁：极言时间漫长，夸张之词。秦塞：秦的关塞，指秦地。通人烟：人员往来。

⑤当：对着，向着。太白：太白山，又名太乙山，在长安西。鸟道：指连绵高山间的低缺处，只有鸟能飞过，人迹所不能至。横绝：横越。峨眉巅：峨眉顶峰。

⑥地崩山摧壮士死：据《华阳国志·蜀志》记载，秦惠王想征服蜀国，知道蜀王好色，答应送给他五个美女。蜀王派五位壮士去接人。回到梓潼（今四川剑阁之南）的时候，看见一条大蛇进入穴中，一位壮士抓住了它的尾巴，其余四人也来相助，用力往外拽。不多时，山崩地裂，壮士和美女都被压死。山分为五岭，入蜀之路遂通。这便是"五丁开山"的故事。摧，倒塌。天梯：非常陡峭的山路。石栈：栈道。

⑦六龙：神话传说日神乘车，六条龙拉着。高标：指蜀道上成为标志的最高峰。冲波：水流冲击腾起的波浪，这里指激流。逆折：水流回旋。回川：有漩涡的河流。

⑧黄鹤：善飞的大鸟。尚：尚且。猿猱（náo）：蜀山中最善攀援的猴类。

⑨青泥：青泥岭，在今甘肃徽县南、陕西略阳北。盘盘：曲折回旋的样子。百步九折：百步之内拐九道弯。萦：盘绕。岩峦：

山峰。

⑩扪（mén）参（shēn）历井：参、井是二星宿名。古人把天上的星宿分别指配于地上的州国，叫作"分野"，以便通过观察天象来占卜地上所配州国的吉凶。参星为蜀之分野，井星为秦之分野。扪：用手摸。历：经过。胁息：屏气不敢呼吸。膺：胸。坐：徒，空。

⑪君：入蜀的友人。畏途：可怕的路途。巉（chán）岩：险恶陡峭的山壁。

⑫但见：只听见。号古木：在古树上大声啼鸣。从：跟随。

⑬子规：即杜鹃鸟，蜀地最多，鸣声悲哀，像说"不如归去"。凋：凋谢。朱颜：红润美好的容颜。

⑭去：距离。盈：满。

⑮飞湍（tuān）：飞奔而下的急流。喧豗（huī）：喧闹声，这里指急流和瀑布发出的巨大响声。砯（pīng）：水撞石之声。壑：山谷。

⑯嗟：感叹声。尔：你。胡为：为什么。来：指入蜀。

⑰剑阁：四川大、小剑山之间的一条栈道，长三十余里，唐代在此设剑门关。峥嵘、崔嵬：形容山势高大雄峻的样子。一夫：一人。当关：守关。

⑱所守：指把守关口的人。或匪亲：倘若不是可信赖的人。匪，同"非"。

⑲朝：早上。吮（shǔn）：吸。

⑳锦城：成都。成都古代以产锦闻名，故称锦城或锦官城。

㉑咨嗟：叹息。

一　这首诗约作于开元十九年（731），李白第一次入长安求取功名，无成欲归，刚好有友人要入蜀，李白送之，作此诗抒发功业难求之意。这首诗描绘了蜀道上惊险壮丽的山川，想象奇特瑰丽，天马行空，风格豪放不羁，是李白诗歌的代表作之一。诗歌大体按照由古至今、自秦入蜀的线索，抓住蜀地山水的特点，以展示蜀道之难。全诗分三段：从"噫吁嚱"到"然后天梯石栈相钩连"为一个段落，融合神话传说阐释蜀道之难的由来；从"上有六龙回日之高标"至"使人听此凋朱颜"为第二段落，此段极写山势之高危、蜀道之艰险；而后至结尾是一段落，描写蜀地的军事形势险要。"蜀道之难，难于上青天"一句出现三次，回环反复，一唱三叹，既强调了蜀道之难，也体现了词句的音乐美。李白诗歌以气盛，此诗把蜀道的气势写得淋漓尽致，使人望而生畏。"蜀道之难，难于上青天"现在也用来表达事物或世道人情的艰难险恶。

长风破浪会有时，直挂云帆济沧海。

行路难①

金樽清酒斗十千，玉盘珍羞直万钱。②
停杯投箸不能食，拔剑四顾心茫然。③
欲渡黄河冰塞川，将登太行雪满山。④
闲来垂钓碧溪上，忽复乘舟梦日边。⑤
行路难，行路难！多歧路，今安在？⑥
长风破浪会有时，直挂云帆济沧海。⑦

①行路难：乐府旧题，多写世路艰难及离别悲伤之意。李白《行路难》共三首，这是第一首。

②金樽（zūn）：古代盛酒的器具，以金为饰。清酒：清醇的美酒。斗十千：一斗值十千钱，形容美酒价高。玉盘：精美的

食具。珍羞：珍贵的菜肴。羞，同"馐"，美味的食物。直：同"值"，价值。

③投箸（zhù）：丢下筷子。不能食：咽不下。茫然：无所适从。

④太行：太行山。

⑤"闲来"两句：这两句暗用典故：姜太公吕尚曾在渭水的磻溪上钓鱼，得遇周文王，助周灭商；伊尹曾梦见自己乘船从日月旁边经过，后被商汤聘请，助商灭夏。这两句表示诗人对仕途仍有所期待。碧：一作"坐"。忽复：忽然又。

⑥多歧路，今安在：岔道这么多，如今身在何处？

⑦长风破浪：比喻实现政治理想。据《宋书·宗悫传》载：宗悫少年时，叔父宗炳问他的志向，他说："愿乘长风破万里浪。"会：当。云帆：高高的船帆。济：渡。

一　　这首诗约为开元十九年（731）李白离开长安时所作。《行路难》三首都是表达人生不得其出路的郁愤之情，这第一首抒发了李白怀才不遇的愤慨和迷茫，同时也表达诗人乐观的精神和豪迈的气概，坚信自己终有出头之日。开头四句描写宴席上美酒佳肴，但是诗人却没有心情来享受；而后四句用比喻和典故来写自己怀才不遇、仕途上的不顺；最后几句表达自己的仕途虽坎坷难行，但是并没有气馁，相信终究会实现自己的政治理想。诗中"长风破浪会有时，直挂云帆济沧海"是千古名句，其乐观的精神激励后人坚信自己，努力奋进，终究会实现理想。"长风破浪"已为成语，比喻志向远大，不怕困难，奋勇前进。李白《行路难》其二、其三分别有名句"大道如青天，我独不得出""且乐生前一杯酒，何须身后千载名"为人所传诵。

此夜曲中闻折柳，何人不起故园情。

春夜洛城闻笛①

谁家玉笛暗飞声，散入春风满洛城。②
此夜曲中闻折柳，何人不起故园情。③

①洛城：洛阳。

②玉笛：笛子的美称。暗飞声：声音不知从何处传来。

③折柳：即《折杨柳》笛曲，后又名《杨柳枝》，内容多唱离情别绪。故园：指故乡，家乡。

此诗为开元二十年（732）李白在洛阳时所作。诗歌描绘了诗人在洛阳听到笛声而引发思乡之情。东都洛阳是繁华之地，诗人在夜晚听到笛声随着春风散播在城内，吹的正是《折杨柳》，这支曲子抒写的是离别行旅之苦。此外"柳"有"留"的含义，古人送别亲友时，折柳相赠，表示留念之意。这里听到《折柳》之曲，联想到现在正是春天折柳时节，漂泊未归，怎能不思念故乡呢！"此夜曲中闻折柳，何人不起故园情"两句是广为传诵的名句，常常引起后世独处他乡的游子的共鸣。

烟花三月下扬州。

黄鹤楼送孟浩然之广陵①

故人西辞黄鹤楼，烟花三月下扬州。②
孤帆远影碧空尽，唯见长江天际流。③

①黄鹤楼：故址在今湖北武昌蛇山的黄鹤矶头，传说因仙人子安驾黄鹤过此而得名，一说三国时费祎乘黄鹤由此登仙。孟浩然：唐代著名诗人，比李白年长十二岁，李白对他很敬佩。之：往。广陵：即扬州。

②故人：老朋友，这里指孟浩然。西辞：黄鹤楼在广陵西面，辞别黄鹤楼去广陵，所以说西辞。烟花：指绮丽的春景，远望像浮动的烟雾。

③碧空尽：消失在蓝天的尽头。天际流：流向天边。

孟浩然比李白大十二岁，李白很尊敬这位前辈。这首诗就是李白在黄鹤楼送孟浩然去扬州而作，时为开元二十三年（735）春三月。友人乘的船都已经消失在江面上了，诗人还久久不愿离开，一直望着江面，表达了对孟浩然真挚的友情。扬州是唐代最繁华的四大都市之一，何况在这阳春三月，李白对去扬州的孟浩然很是羡慕。名句"烟花三月下扬州"真可谓李白给扬州做的最大的广告，后人都因这句诗而非常憧憬这个繁华美丽的都市。

天生我材必有用，千金散尽还复来。

将进酒①

君不见黄河之水天上来，奔流到海不复回。②
君不见高堂明镜悲白发，朝如青丝暮成雪。③
人生得意须尽欢，莫使金樽空对月。④
天生我材必有用，千金散尽还复来。
烹羊宰牛且为乐，会须一饮三百杯。⑤
岑夫子，丹丘生，将进酒，杯莫停。⑥

与君歌一曲，请君为我侧耳听。⑦

钟鼓馔玉不足贵，但愿长醉不愿醒。⑧

古来圣贤皆寂寞，惟有饮者留其名。⑨

陈王昔时宴平乐，斗酒十千恣欢谑。⑩

主人何为言少钱，径须沽取对君酌。⑪

五花马，千金裘，呼儿将出换美酒，与尔同销万古愁。⑫

①将（qiāng）进酒：乐府旧题，内容多写劝酒和唱歌。将，请。

②君不见：乐府中常用的一种套语。天上来：黄河发源于青海，因那里地势极高，故称。

③高堂：高大的厅堂。青丝：黑发。

④得意：适意高兴的时候。

⑤会须：正应当。

⑥岑夫子：岑勋。丹丘生：元丹丘。二人均为李白的好友。

⑦与君：为君。侧耳：一本作"倾耳"。

⑧钟鼓：富贵人家宴会中奏乐使用的乐器。馔（zhuàn）玉：形容食物如玉一样精美。不愿：一本作"不用""不复"。

⑨惟有饮者留其名：激愤之语。

⑩陈王：指陈思王曹植。平乐：宫观名，在洛阳西门外，为汉代富豪显贵的娱乐场所。恣：纵情任意。谑（xuè）：戏。

⑪径须：直须，只管。沽：买。

⑫五花马：毛为五色的名贵的马。千金裘：极名贵的皮裘。尔：你。销：同"消"。

此诗约为开元二十三年（735）李白应元丹丘之邀到河南嵩山时所作。李白的雄浑豪放，在名篇《将进酒》中体现得淋漓尽致，诗歌宛如滔滔江水，一泻千里，读后给人酣畅淋漓之感。李白在长安放还之后，郁郁不得志，此诗是放还后与好友一起喝酒时所作。诗人借题发挥，借酒消愁，抒发自己的愤激情绪。诗歌开头是两组长句，气势非凡，感叹时光一去不复返。接下来八句劝人在有限的人生中，应当放飞自我，纵情饮酒，不必在意钱财。而后写诗人高歌一曲，表达对富贵生活的不以为然，用了曹植的典故来说饮者才能留名青史，依然是劝朋友喝酒。最后诗人酒兴大发，要把宝贵之物当了换酒喝，来消除心中的愁苦。此诗表面上看是在写劝酒享乐，实际上是在发泄政治上被排挤、打击的悲愤之情。全诗句式三、五、七言错杂，节奏急促，六次换韵，以配合动荡不安的情绪。"天生我材必有用"已成表达自信或赞美他人的经典名句。

红颜弃轩冕，白首卧松云。

赠孟浩然

吾爱孟夫子，风流天下闻。①
红颜弃轩冕，白首卧松云。②
醉月频中圣，迷花不事君。③
高山安可仰，徒此揖清芬。④

①孟夫子：指孟浩然。风流：洒脱放逸的风度。

②红颜：指青少年。轩冕：借指官位爵禄。白首：指老年。

③中圣："中圣人"的简称，即醉酒。典出《三国志·魏志·徐邈传》。迷花：此指陶醉于自然美景。事君：侍奉皇帝。

④高山：说孟浩然品格高尚，令人敬仰。《诗经·小雅·车辖》："高山仰止，景行行止。"揖：拱手行礼。清芬：清香，比喻高洁的德行。

开元二十七年（739）夏，孟浩然离开待了两年之久的张九龄荆州幕府，回到襄阳，彻底结束了一切求官梦想。李白来游襄阳，拜访孟浩然，写下这首诗赠给孟浩然。孟浩然是李白的前辈，人格诗名俱佳，且是隐逸高士，李白对他非常崇敬。这首诗塑造了孟浩然不喜为官，不事君王，风流倜傥的隐逸高人形象。"红颜弃轩冕，白首卧松云"两句是广为传诵的名句，赞美孟浩然不追逐名利、一直坚守初心的高风亮节。

登舟望秋月，空忆谢将军。

夜泊牛渚怀古①

牛渚西江夜，青天无片云。②
登舟望秋月，空忆谢将军。③
余亦能高咏，斯人不可闻。④
明朝挂帆席，枫叶落纷纷。⑤

①牛渚：山名，在今安徽当涂西北。诗题下原注："此地即谢尚闻袁宏咏史处。"

②西江：从南京以西到江西境内的一段长江，古代称西江。牛渚也在西江这一段中。

③谢将军：谢尚，东晋安西将军，镇守牛渚时，秋夜泛舟赏月，听到寒士袁宏在船上吟哦自作的《咏史》，大加赞赏。袁宏从此名声大振，后官至东阳太守。

④斯人：指谢尚。

⑤挂帆席：一作"洞庭去"。帆席：船帆。

开元二十七年（739）秋，李白从东吴沿江西上，来到当涂，写下此诗。这首五律是李白失意后写下的，表达了诗人空有奇才，难遇知音的落寞感。诗歌头两句交代了地点和环境。中间四句由望月转到怀古，古代寒士袁宏曾在此地遇到伯乐一展抱负，而诗人今也流落此地，空有才能却没人赏识。最后两句渲染了一幅寂寞冷落的场景：诗人明早坐船离开，枫叶纷纷凋零飘落。环境的凄凉正是诗人心境的表现。名句"登舟望秋月，空忆谢将军"借古喻今，表达怀才之人对伯乐的渴望。全诗平仄合律，但无一联对仗。

但使主人能醉客，不知何处是他乡。

客中作①

兰陵美酒郁金香，玉碗盛来琥珀光。②
但使主人能醉客，不知何处是他乡。③

①题目一作《客中行》。客中：指旅居他乡。

②兰陵：今山东苍山兰陵镇。郁金香：散发郁金的香气。郁金，一种香草，用以浸酒，酒呈金黄色。琥珀：一种树脂化石，呈黄色或赤褐色，色泽晶莹。这里形容美酒色泽如琥珀。

③但使：假使，如果。主人：指留宿客人的房东。

开元二十八年（740）李白客居在东鲁时写下此诗。这首诗表现了李白的豪放不羁和兰陵父老乡亲的热情。前两句写兰陵美酒的珍贵，突出其"色"和"香"与众不同。后两句"但使主人能醉客，不知何处是他乡"一反游子羁旅的愁苦传统，乡愁被主人的好客和美酒化解了，从而不觉身在异乡，体现了李白的豪放本色。"但使"二字别有深意，耐人寻味。

问以经济策，茫如坠烟雾。

嘲鲁儒①

鲁叟谈五经，白发死章句。②
问以经济策，茫如坠烟雾。③
足著远游履，首戴方山巾。④
缓步从直道，未行先起尘。⑤
秦家丞相府，不重褒衣人。⑥
君非叔孙通，与我本殊伦。⑦
时事且未达，归耕汶水滨。⑧

① 《嘲鲁儒》是李白在开元末年初游东鲁时所创作的一首讽刺诗。鲁儒：鲁地的儒生。

② 鲁叟：鲁地的老头子，指鲁儒。五经：指五部儒家经典，即《诗》《书》《礼》《易》《春秋》。死章句：老死于章句之学中。章句，分析古书章节、句读。

③ 经济策：治理国家的方略。茫：茫然不知的样子。

④ 著（zhuó）：穿。远游履（lǚ）：鞋名。方山巾：古代一种方形头巾。

⑤ 从：沿着。

⑥ 秦家丞相：指李斯。褒衣人：指儒生。褒衣，儒生穿的一种宽大的衣服。

⑦ 叔孙通：刘邦建立汉朝后，叔孙通曾在鲁地招集一批儒生，

为刘邦制定朝仪。当时有两个儒生不肯去，说他的做法"不合古"。叔孙通讥笑他们是"鄙儒也，不知时变"。殊伦：不同类。两句意为："你不能像叔孙通那样顺应时变，和我本来不是一路人。"

⑧汶水滨：指鲁儒的故乡。汶水，今山东大汶河。

本篇是开元二十八年（740）李白在东鲁时所作。李白心高气傲，不容别人轻视他，这首诗就是鲁儒嘲笑他高谈阔论后，他写的一首讽刺诗，嘲讽鲁儒皓首穷经，死守章句，是不懂经邦治国之策的迂腐之人。诗歌前四句揭示了鲁儒的外强中干，不会学以致用，是书呆子。而后四句写鲁儒仪容的可笑，金玉其外，败絮其中，这种反差造成了滑稽的观感。最后四句以古喻今，再次批评鲁儒不懂时事，只能回家种地。"问以经济策，茫如坠烟雾"常用来批评书呆子不懂国家大事。"如坠烟雾"一词形容人茫然不得要领或认不清方向。

仰天大笑出门去，我辈岂是蓬蒿人。

南陵别儿童入京①

白酒新熟山中归，黄鸡啄黍秋正肥。②
呼童烹鸡酌白酒，儿女嬉笑牵人衣。
高歌取醉欲自慰，起舞落日争光辉。③
游说万乘苦不早，著鞭跨马涉远道。④
会稽愚妇轻买臣，余亦辞家西入秦。⑤
仰天大笑出门去，我辈岂是蓬蒿人。⑥

①南陵：安旗《李白研究·东鲁寓家地考》认为所指为曲阜南陵村。一说在今安徽南陵。

②白酒：古代酒分清酒、白酒（浊酒）两种，这里指美酒。

③起舞落日争光辉：指人逢喜事光彩焕发，与日光相辉映。

④游说（shuì）：战国时代策士们劝说君主采纳其政治主张的一种活动。万乘（shèng）：君主。周朝制度，天子有车万乘，后来称皇帝为万乘。苦不早：恨不能早些年头见到皇帝。

⑤会稽愚妇轻买臣：用朱买臣典故。据《汉书·朱买臣传》载，会稽人朱买臣，家贫，好读书，以卖柴为生，还一边挑柴一边唱歌，他的妻子感到羞耻，要跟他离婚。朱买臣笑着说自己到五十岁一定富贵，现在已四十多了。妻子听不进去，也瞧不起他，于是离他而去。不久朱买臣果然当上会稽太守。这里李白用"会稽愚妇"比轻视自己之人，用朱买臣自比。西入秦：即从南陵动身西行到长安去。

⑥蓬蒿人：草野之人。用隐士张仲蔚所居之地"蓬蒿没人"的典故。

天宝元载（742）秋，李白寓居东鲁，听到玄宗召见入京的消息后，写下这首得意之作。诗歌表达了李白的喜悦之情，认为自己时来运转，实现政治理想的时机到了。诗歌一开始就营造了庄稼丰收、儿童嬉笑、酒席歌舞的轻松愉悦氛围。而后写迫不及待入京面圣的心情，同时也抨击了那些目光短浅轻视自己的世俗小人。名句"仰天大笑出门去，我辈岂是蓬蒿人"是李白得志时的自我肯定，体现了诗人的狂放不羁和对未来踌躇满志的心态，现在也用来表达超级自信的状态。

长安一片月，万户捣衣声。

子夜吴歌·秋歌①

长安一片月，万户捣衣声。②
秋风吹不尽，总是玉关情。③
何日平胡虏，良人罢远征！④

①六朝乐府《清商曲辞·吴声歌曲》即有《子夜四时歌》，因属吴声曲，故又称《子夜吴歌》。李白的《子夜吴歌》共四首，分咏春、夏、秋、冬四季。

②捣衣：把衣料放在石砧上用棒槌捶击，使衣料绵软以便裁缝。

③吹不尽：吹不散。玉关：玉门关，此代指边关。

④平胡虏（lǔ）：平定侵扰边境的敌人。良人：古时妇女对丈夫的称呼。罢：结束。

这首诗是天宝元载（742）李白在长安时所作，是一首思妇诗。诗歌描写的是征夫的妻子思念远征边陲的丈夫，表达了战争给人带来的分别之苦。"长安一片月，万户捣衣声"，月光洒下，到处都是妇人的捣衣声，体现了被征去边陲打仗的人之多，征夫妻子的勤劳和对征夫的牵挂尽在其中。这两句之所以有名，是因为表面上纯粹在写景，实则在抒情。

云想衣裳花想容，春风拂槛露华浓。

清平调词三首　其一①

云想衣裳花想容，春风拂槛露华浓。②
若非群玉山头见，会向瑶台月下逢。③

①清平调：唐教坊曲名，后用为词牌。相传开元中，李白供奉翰林，时宫中牡丹花盛开，玄宗于月夜赏花，召杨贵妃侍酒；以金花笺赐李白，命他创作新辞《清平调》。李白醉中写成三章，由李龟年歌之。

②槛：栏杆。露华浓：牡丹花沾着晶莹的露珠更显得颜色艳丽。

③群玉：山名，传说中西王母所住之地。瑶台：指传说中的神仙居处。

《清平调词三首》都是李白在长安任翰林供奉时写的歌词，作于天宝二年（743）春。玄宗与杨贵妃赏牡丹花听歌，召李白作词助兴，李白才思敏捷，当场即完成三首，皆赞美杨贵妃之作。本诗头两句"云想衣裳花想容，春风拂槛露华浓"是广为传诵的名句，说看见云就想起美人的衣裳，看见花就想起美人的容颜，美人的姿态就像春风夜露中的牡丹花一样，赞美杨贵妃貌美如花。后两句写这样的美人只能在仙境看到。诗歌夸赞不露痕迹，表面写云写花，实则写人，非常巧妙。

借问汉宫谁得似？可怜飞燕倚新妆。

清平调词三首　其二

一枝红艳露凝香，云雨巫山枉断肠。①
借问汉宫谁得似？可怜飞燕倚新妆。②

①红艳：此指红艳艳的牡丹花。云雨巫山：用宋玉《高唐赋》中巫山神女故事，说那只是梦幻，所以"枉断肠"。

②可怜：可爱。飞燕：赵飞燕，西汉成帝的皇后，以美貌著称。倚新妆：凭借新颖别致的打扮修饰。

诗歌一开始描写牡丹花的艳丽和香气，实则以牡丹花比喻杨贵妃。而后写巫山神女是梦幻，如果一定要和美女相比的话，汉代美女赵飞燕凭借新颖别致的打扮倒可以和杨贵妃一比。赵飞燕是汉代非常出名的美女，如此美艳的美人还要依靠新妆才能与杨贵妃比肩，可见杨贵妃真是美丽无双啊！名句"借问汉宫谁得似？可怜飞燕倚新妆"现在也用来赞扬美女之美貌。

解释春风无限恨。

清平调词三首　其三

名花倾国两相欢，长得君王带笑看。①
解释春风无限恨，沉香亭北倚阑干。②

①名花：指牡丹花。倾国：此指杨贵妃。典出李延年《佳人歌》。

②解释：消除。沉香亭：亭子名称，在唐兴庆宫龙池东。

《清平调词》第三首才正面描写杨贵妃，诗歌前两句写杨贵妃与牡丹相得益彰，唐玄宗喜爱不已。三、四句"解释春风无限恨，沉香亭北倚阑干"表面写牡丹花消除了春风的恨意，实则写杨贵妃消除了玄宗心中的烦恼，精妙绝伦。"解释春风无限恨"也用来赞美名花或美女令人赏心悦目。

但见泪痕湿，不知心恨谁。

怨情①

美人卷珠帘，深坐颦蛾眉。②
但见泪痕湿，不知心恨谁。

①怨情：悲怨的情怀。

②颦（pín）蛾眉：皱眉。

这首诗约作于天宝二年（743），是一首闺怨诗，前两句描摹紧锁眉头的美人坐生怨愁，后两句写美人泪痕斑斑，不知其恨谁，让人产生无限的遐想，是写情的佳句。全诗短短二十字将闺怨之情描绘得十分传神，含蓄有味。

五月天山雪，无花只有寒。

塞下曲①

五月天山雪，无花只有寒。②
笛中闻折柳，春色未曾看。③
晓战随金鼓，宵眠抱玉鞍。④
愿将腰下剑，直为斩楼兰。⑤

①《塞下曲》是唐代新乐府题，歌词多写边塞军旅生活。李白所作组诗共六首，此为第一首。

②天山：唐时称伊州（今新疆哈密）、西州（今吐鲁番盆地一带）以北一带山脉为天山。

③折柳：即《折杨柳》，古乐曲名。看，读kān。

④金鼓：指铜锣。

⑤楼兰：汉时西域国名，即鄯善国，在今新疆鄯善东南一带。西汉时楼兰国王与匈奴勾通，屡次杀害汉朝通西域的使臣。此处泛指唐朝西北地区常常侵扰边境的少数民族政权。

天宝元载（742）突厥乌苏可汗不肯归顺唐朝，唐朝发兵攻之，战事激烈，后来乌苏败走，天宝二年李白在长安获得消息后作此诗。李白并未去过西北边塞，凭想象写下这首边塞诗。诗歌前两句写了边塞夏天的独特气候和风景，一个"寒"字，把边塞恶劣的环境特征写了出来。三、四句写折柳，实际上没有柳可折，只能从笛声中听到《折杨柳》曲，春色从来不曾看见。五、六句写边塞的战事紧张，一个"抱"字，写出战士们休息时也时刻准备战斗的状态。最后两句赞美将士们不怕环境恶劣，为国征战毫无怨言，也表达了诗人欲报效国家、为国立功的爱国激情。"五月天山雪，无花只有寒"是写边塞环境的名句。

明月出天山，苍茫云海间。

关山月①

明月出天山，苍茫云海间。②
长风几万里，吹度玉门关。③
汉下白登道，胡窥青海湾。④
由来征战地，不见有人还。⑤
戍客望边色，思归多苦颜。⑥
高楼当此夜，叹息未应闲。⑦

①关山月：乐府旧题，南朝以来，此题皆写征人远戍、离别相思之苦。

②天山：在今新疆中部哈密、吐鲁番一带。有人谓甘肃、青海交界处的祁连山，误。汉代匈奴人口中的"祁连山"即天山，但唐人称的"天山"不是祁连山。

③玉门关：关名，故址在今甘肃敦煌西北，是古代中原通向西域的门户。

④下：指出兵。白登道：白登山下的道路，此用"白登之围"的典故代指失败之路。汉高祖刘邦领兵征匈奴，曾被匈奴在白登山（在今山西大同东）围困了七天。胡：此指吐蕃。窥：窥伺，觊觎。青海湾：即今青海省青海湖一带，是唐军与吐蕃连年征战之地。

⑤由来：自始以来，历来。

⑥戍客：征人，驻守边疆的战士。边色：边疆的荒凉景色。一

作"边邑"。

⑦高楼：古诗中多以高楼指闺阁，这里指戍边兵士的妻子。未应：不曾。

这首诗约作于天宝二年（743）。《关山月》是乐府题目，南朝至唐宋作者甚多，李白的《关山月》最有名，陆游的《关山月》其次。这首诗以西域边疆戍边将士的立场和眼光，写其长期守边没有回家之日、与家中妻子的两地相思之苦。诗歌前四句描写西域雄浑辽阔的边塞图景：士兵眼望东方，一轮明月在天山的苍茫云海间升起，长风从东部跨过几万里穿越玉门关吹到西域。中间四句描写战争的残酷，"由来征战地，不见有人还"与王翰"醉卧沙场君莫笑，古来征战几人回"有异曲同工之妙。最后四自然转入士兵与妻子两地相思的痛苦。"明月出天山，苍茫云海间"体现了李白笔下月亮独有的气质，是写边疆明月的名句。

举杯邀明月，对影成三人。

月下独酌①

花间一壶酒，独酌无相亲。②
举杯邀明月，对影成三人。③
月既不解饮，影徒随我身。④
暂伴月将影，行乐须及春。⑤
我歌月徘徊，我舞影零乱。⑥
醒时同交欢，醉后各分散。⑦
永结无情游，相期邈云汉。⑧

①《月下独酌》诗共四首,这是第一首。

②酌(zhuó):饮酒。无相亲:没有亲近的人。

③三人:指明月、人影和自己。

④不解饮:不会喝酒。徒:只是。

⑤将:和,与。及春:趁着春光明媚之时。

⑥月徘徊:明月随我来回移动。影零乱:因起舞而身影纷乱。

⑦同交欢:一起欢乐。

⑧无情:忘情。相期邈(miǎo)云汉:约定在天上相见。期,约会;邈,遥远;云汉,银河,这里指天上的仙境。

天宝三载(744)春,李白在长安翰林院感到自己的抱负得不到施展,心情很苦闷,就独自一人到花间月下饮酒自醉。一人觉得孤独,他就想象邀请明月和自己的影子,三"人"一起喝,可是明月不会喝酒,影子也只会跟着人,诗人还是觉得孤独。不过,毕竟有它们两个相陪,且歌且舞,诗人真想和它俩在天上再相聚!全诗表现了诗人怀才不遇的孤独感,也表现了他不愿与权贵为伍,向往自由天堂的狂放性格和高洁情怀,但也有及时行乐的消极思想。诗句纯粹是脱口而出,自然天成,却又自得千古奇趣,不是其他诗人能写得出来的。"举杯邀明月,对影成三人"想象奇妙,可能受到陶渊明"挥杯劝孤影"(《杂诗》)的启发,宋朝苏东坡特别喜欢这两句,经常引用它。

今人不见古时月,今月曾经照古人。

把酒问月①

青天有月来几时?我今停杯一问之。

人攀明月不可得，月行却与人相随。
皎如飞镜临丹阙。绿烟灭尽清辉发。[②]
但见宵从海上来，宁知晓向云间没？[③]
白兔捣药秋复春，嫦娥孤栖与谁邻？[④]
今人不见古时月，今月曾经照古人。
古人今人若流水，共看明月皆如此。
唯愿当歌对酒时，月光长照金樽里。[⑤]

①题下作者自注："故人贾淳令予问之。"

②丹阙：朱红色的宫殿。绿烟：指遮蔽月光的浓重的云雾。

③但见：只看到。宁知：怎知。没（mò）：隐没。

④白兔捣药：神话传说月中有白兔捣仙药。晋傅玄《拟天问》："月中何有？白兔捣药。"嫦娥：神话中的月中女神。传说她原是羿的妻子，偷吃了羿的仙药，成为仙人，奔入月中。

⑤当歌对酒时：在唱歌饮酒的时候。曹操《短歌行》："对酒当歌，人生几何！"金樽：精美的酒具。

本篇为天宝三载（744）李白在长安时所作。李白这首诗咏月抒怀，端起酒杯向月亮发问，从饮酒问月开始，以邀月照酒结束，反映了人类对宇宙的困惑不解，是一首非常有情趣、理趣的诗歌。诗人通过人与月的反复对照，由亘古不变的月亮感慨人生短暂、宇宙无穷，展现了博大的胸襟。诗人在塑造永恒美好又神秘的月亮的同时，也从侧面显露了自己孤高的形象。名句"今人不见古时月，今月曾经照古人"用短暂和永恒之间的对比，反映了诗人强烈的宇宙意识，理趣盎然。

安能摧眉折腰事权贵，使我不得开心颜！

梦游天姥吟留别①

海客谈瀛洲，烟涛微茫信难求。②

越人语天姥，云霓明灭或可睹。③

天姥连天向天横，势拔五岳掩赤城。④

天台四万八千丈，对此欲倒东南倾。⑤

我欲因之梦吴越，一夜飞度镜湖月。⑥

湖月照我影，送我至剡溪。⑦

谢公宿处今尚在，渌水荡漾清猿啼。⑧

脚著谢公屐，身登青云梯。⑨

半壁见海日，空中闻天鸡。⑩

千岩万转路不定，迷花倚石忽已暝。⑪

熊咆龙吟殷岩泉，栗深林兮惊层巅。⑫

云青青兮欲雨，水澹澹兮生烟。⑬

列缺霹雳，丘峦崩摧。⑭

洞天石扉，訇然中开。⑮

青冥浩荡不见底，日月照耀金银台。⑯

霓为衣兮风为马，云之君兮纷纷而来下。⑰

虎鼓瑟兮鸾回车，仙之人兮列如麻。⑱

忽魂悸以魄动，恍惊起而长嗟。⑲

惟觉时之枕席，失向来之烟霞。⑳

世间行乐亦如此，古来万事东流水。

别君去兮何时还，且放白鹿青崖间，须行即骑访名山。㉑

安能摧眉折腰事权贵，使我不得开心颜！㉒

①题目又作《别东鲁诸公》。梦游天姥吟："某某吟"是歌行体裁的一种。"留别"是本篇的副标题。天姥：山名，在浙江新昌东。

②瀛洲：古代传说中的东海三座仙山之一（另两座叫蓬莱和方丈）。烟涛：波涛渺茫，远看像烟雾笼罩的样子。微茫：景象模糊不清。信：确实，实在。

③越人：指浙江一带的人。明灭：忽明忽暗。

④向天横：直插天空。拔：超出。五岳：指东岳泰山、西岳华山、中岳嵩山、北岳恒山、南岳衡山。赤城：和下文的"天台（tāi）"都是山名，在今浙江天台北部。

⑤东南倾：向东南方向倾侧。

⑥因之：依据越人的话。镜湖：又名鉴湖，在今浙江绍兴南。

⑦剡（shàn）溪：水名，在今浙江嵊（shèng）州南。

⑧谢公：指南朝诗人谢灵运。谢灵运喜欢游山，游天姥山时，他曾在剡溪这个地方住宿。渌（lù）：清。清猿：因其啼声凄清，故称清猿。

⑨谢公屐（jī）：谢灵运穿的那种木屐。《南史·谢灵运传》记载：谢灵运游山，备有一种特制的木屐，屐底装有活动的齿，上山时去掉前齿，下山时去掉后齿。屐，以木板为底，上面有带子，形状像拖鞋。青云梯：指直上云霄的山路。

⑩半壁见海日：上到半山腰就看到从海上升起的太阳。天鸡：古代传说，东南有桃都山，山上有棵大树叫桃都，树枝绵延三千里，树上栖有天鸡，每当太阳初升，照到这棵树上，天鸡就叫起来，天下的鸡也都跟着它叫。

⑪"迷花"句：迷恋着花草，倚靠着石，不觉天色已经很晚了。暝（míng）：日落，天黑。

⑫"熊咆"句：熊在怒吼，龙在长鸣，岩中的泉水在震响。殷：这里用作动词，震响。栗深林：森林幽深，使人战栗。

⑬青青：黑沉沉的。澹澹：波浪起伏的样子。

⑭列缺：指闪电。

⑮洞天石扉，訇（hōng）然中开：仙府的石门，訇的一声从中间打开。石扉，石门。扉一作"扇"。訇然，形容声音很大。

⑯青冥：指天空。浩荡：广阔远大的样子。金银台：金银铸成的宫阙，指神仙居住的地方。

⑰霓为衣：神仙以云为衣裳。《楚辞》有"青云衣兮白霓裳"。风为马：神仙以风为马。傅玄《吴楚歌》："云为车兮风为马。"云之君：云中的神仙，见《楚辞·九歌·云中君》。

⑱虎鼓瑟：老虎弹着瑟。张衡《西京赋》："白虎鼓瑟，苍龙吹篪。" 鸾回车：鸾鸟驾着车。鸾，传说中如凤凰一类的神鸟；回，运转。

⑲恍：恍然，猛然。

⑳觉时：醒时。失向来之烟霞：刚才梦中所见的烟雾云霞消失了。向来，原来。

㉑"且放"二句：暂且把白鹿放在青青的山崖间，等到要出行的时候就骑上它去访问名山。传说神仙或隐士多骑白鹿。须，等待。

㉒摧眉折腰：低眉弯腰。意为卑躬屈膝。

一

这是一首记梦诗，也是一首游仙诗，作于天宝五载（746）。李白从东鲁家中出发南游，临行前作此诗留别东鲁诸位朋友。此诗意境雄浑，变化多端，缤纷多采的艺术形象、新奇的表现手法，向来为人传诵，被视为李白的代表作之一。诗歌分为三个部分——做梦前、梦境的描写和梦醒后。前八句写做梦前天姥山的峥嵘崔嵬。"我欲因之梦吴越"到"仙之人兮列如麻"都是李白梦境中所见。结尾写李白梦醒时的感受。李白的想象力和夸张在诗中梦游天姥部分也得到了最充分的体现，仙境的描写宏伟壮阔，栩栩如生。梦醒后，梦境和现实的对比使李白感慨人生失意。最后两句"安能摧眉折腰事权贵，使我不得开心颜"道出了文人的骨气，体现了李白高尚的人格魅力。"摧眉折腰"已为成语。

总为浮云能蔽日。

登金陵凤凰台^①

凤凰台上凤凰游，凤去台空江自流。^②
吴宫花草埋幽径，晋代衣冠成古丘。^③
三山半落青天外，二水中分白鹭洲。^④
总为浮云能蔽日，长安不见使人愁。^⑤

①凤凰台：古台名，在今江苏南京凤台山上。

②江：长江。

③吴宫：三国孙权建都时所造宫殿。晋代：指东晋，建都于金陵。衣冠：代称士大夫、官绅。

④三山：山名，在金陵城西南江边，三峰并列，南北相连，故称。半落青天外：形容极远，看不大清楚。

⑤浮云蔽日：比喻奸臣当道，遮蔽贤良。浮云，比喻奸邪小人。陆贾《新语》："邪臣之蔽贤，犹浮云之鄣日月也。"长安：这里指代朝廷和皇帝。

这首诗是天宝六载（747）李白自东鲁南下游金陵时模仿崔颢《黄鹤楼》而作，但李白此诗的意旨比崔诗更为深远。开头四句怀古，面对金陵凤凰台凭吊历史，感慨昔日的繁华一去不复返。五、六句描写了金陵的山水，对仗工整，气势壮阔。最后两句，用浮云蔽日的比兴手法，暗示朝廷奸邪当道，遮蔽贤良，蒙蔽圣上，李白虽身在金陵，但心始终牵挂着长安，表达了李白报国无门的忧愁。"浮云蔽日"已为成语，原比喻奸佞之徒蒙蔽君主，后泛指小人当道，社会一片黑暗。

我寄愁心与明月，随风直到夜郎西。

闻王昌龄左迁龙标遥有此寄①

杨花落尽子规啼，闻道龙标过五溪。②
我寄愁心与明月，随风直到夜郎西。③

①王昌龄：唐代诗人，玄宗天宝七载（748）被贬为龙标（今湖南洪江）县尉。左迁：贬谪，降职。当时王昌龄从江宁丞被贬为龙标县尉，李白在扬州听到好友被贬后写下了这首诗。

②杨花：柳絮。子规：即杜鹃鸟，相传其啼声哀婉凄切。龙标：这里指王昌龄，古人常用官职或任官之地的州县名来称呼一个人。五溪：是武溪、巫溪、酉溪、沅溪、辰溪的总称，在今湖南省西部。

③随风：一作"随君"。夜郎：这里是指唐代在今湖南沅陵所设的夜郎县（后改名辰溪县），不是指古夜郎国。龙标县在夜郎县西面。

天宝七载（748）李白听到王昌龄被贬龙标尉的消息，写下这首千古名篇，让后人感受到两位诗人间深厚的友谊。第一句烘托出悲伤凄凉的暮春氛围，二句交代王昌龄此去路途遥远。三、四句

"我寄愁心与明月，随风直到夜郎西"是千古流传的名句，诗人与友人此时相隔万里，只能将对朋友的一片深情寄予这千里明月，希望这份情谊能够随风传达到友人那里，表达了李白对王昌龄深深的担忧与挂念。

燕山雪花大如席。

北风行①

烛龙栖寒门，光曜犹旦开。②
日月照之何不及此？惟有北风号怒天上来。
燕山雪花大如席，片片吹落轩辕台。③
幽州思妇十二月，停歌罢笑双蛾摧。④
倚门望行人，念君长城苦寒良可哀。⑤
别时提剑救边去，遗此虎文金鞞靫。⑥
中有一双白羽箭，蜘蛛结网生尘埃。
箭空在，人今战死不复回。
不忍见此物，焚之已成灰。
黄河捧土尚可塞，北风雨雪恨难裁。⑦

①北风行：乐府曲调名，内容多写北风雨雪、行人不归的伤感之情。

②烛龙：中国古代神话传说中的神兽，人面龙身而无足，居住在不见太阳的北方极寒之地，衔烛照天下，故称烛龙。寒门：古代传说中北方极寒之地。

③燕山：山名，在河北平原的北侧。轩辕台：纪念黄帝的土台，故址在今河北怀来乔山上。

④双蛾摧：双眉紧锁，形容悲伤、愁闷的样子。

⑤长城：这里泛指北方前线。良：实在。

⑥鞞靫（bǐng chā）：也作"鞴靫"，箭袋。

⑦"黄河"句：用《后汉书·朱浮传》典故，原是以捧土塞黄河比喻不自量力，这里反其意而用之。北风雨（yù）雪：语出《穆天子传》："日中大寒，北风雨雪，有冻人。天子作诗三章以哀民。"这里借以衬托思妇失去丈夫之悲。裁：消除。

这首诗大约是天宝十一载（752）冬李白北游幽州时所作。前六句以传说和夸张的手法描述了北方的寒冷。而后写幽州思妇对为国战死的丈夫的深深思念：丈夫战死，家中物是人非，丈夫的遗物箭袋箭矢令妇人睹物思人，伤心欲绝，她的恨像北风雨雪般强烈和无法断绝，令人读罢唏嘘不已。"燕山雪花大如席"是体现李白奇特想象的代表性名句，乍听似乎匪夷所思，一般人最多说"雪花大如掌"，由"大如席"可见燕山雪花之大、其地之奇寒，非一般寒地可比。鲁迅在《漫谈"漫画"》一文中说："'燕山雪花大如席'，是夸张，但燕山究竟有雪花，就含着一点诚实在里面，使我们立刻知道燕山原来有这么冷。如果说'广州雪花大如席'，那可就变成笑话了。"

相看两不厌。

独坐敬亭山①

众鸟高飞尽，孤云独去闲。②
相看两不厌，只有敬亭山。③

①敬亭山：在今安徽宣城西北。

②尽：没有了。去：离开。闲：形容云彩悠闲自在的样子。

③相看：相互注视。两：指诗人和敬亭山而言。厌：满足。作"厌倦"解也通。

这首诗是天宝十二载（753）李白南游宣城时所作，当时诗人心情不好，登上敬亭山独坐观山，看到鸟和云都离山和自己而去，好像只留下山和人。诗人把敬亭山拟人化，"相看两不厌"，是"李白把敬亭山当成志同道合的人，怎么看都看不厌；而敬亭山也把李白当成与自己一样的山，怎么看都看不厌；敬亭山之美在于其自身的坚毅、稳重和淡定，而不需要靠"鸟"和"云"来装扮，暗中表达了李白自己的人格和敬亭山一样。"相看两不厌，只有敬亭山"是写景名句，使历代无数文人游客对敬亭山心生向往。

抽刀断水水更流。

宣州谢朓楼饯别校书叔云①

弃我去者昨日之日不可留，
乱我心者今日之日多烦忧。
长风万里送秋雁，对此可以酣高楼。②
蓬莱文章建安骨，中间小谢又清发。③
俱怀逸兴壮思飞，欲上青天览明月。④
抽刀断水水更流，举杯销愁愁更愁。⑤
人生在世不称意，明朝散发弄扁舟。⑥

①本篇为天宝末期李白在宣城与李云相遇并同登谢朓（tiǎo）楼时创作的一首送别诗。题目一作《陪侍御叔华登楼歌》。宣州：今

安徽宣城。谢朓楼：又名北楼、谢公楼，在陵阳山上，谢朓任宣城太守时所建，并改名为叠嶂楼。饯别：以酒食送行。校（jiào）书：官名，即秘书省校书郎，掌管图书整理工作。叔云：李白族叔李云。

②长风：远风。此：指长风秋雁的景色。酣（hān）高楼：畅饮于高楼。

③蓬莱文章：借指李云的文章。蓬莱，此指东汉时藏书之东观。建安骨：汉末建安年间，"三曹"和"七子"等作家所作之诗风骨遒劲，后人称之为"建安风骨"。小谢：指谢朓，字玄晖，南朝齐诗人，后人将他和谢灵运并称为大谢、小谢。这里诗人用以自喻。清发：指清新秀发的诗风。

④俱怀：两人都怀有。逸兴（xìng）：飘逸豪放的兴致，多指山水游兴或超远的意兴。壮思：雄心壮志、豪壮的意思。览：一作"揽"，摘取。

⑤销：一作"消"。

⑥称（chèn）意：称心如意。明朝：明天。散发：不束冠，意谓不做官。这里是形容狂放不羁。古人束发戴冠，散发表示闲适自在。弄扁舟：乘小舟归隐江湖。

一

这首诗约为天宝十二载（753）李白游宣城时所作，是一首千古佳篇，虽是送别诗，表达的却不都是离愁别绪，而主要是抒发自己怀才不遇的不平与郁闷。诗人开篇即直抒胸臆，表明了自己的苦闷。而后写饯别时的壮丽美景，与族叔李云高楼饮酒，"俱怀逸兴"，都是才华横溢，但是却无处施展，怀才不遇的烦恼无法消除。最后两句，诗人说欲解除此忧，唯有离开仕途，散发归隐。诗歌一波三折，音调激昂，自然与豪放和谐统一。名句"抽刀断水水更流"后来也用于形容无济于事，反会加速事态发展，也缩减为"抽刀断水"。

为我一挥手，如听万壑松。

听蜀僧濬弹琴[①]

蜀僧抱绿绮，西下峨眉峰。[②]
为我一挥手，如听万壑松。[③]
客心洗流水，余响入霜钟。[④]
不觉碧山暮，秋云暗几重。[⑤]

①蜀僧濬（jùn）：即蜀地名濬的僧人。

②绿绮（qǐ）：琴名。据传司马相如有名琴绿绮。这里以绿绮形容蜀僧濬的琴很名贵。峨眉：山名，在四川。

③挥手：这里指弹琴。万壑松：指万壑松声。这是以万壑松声比喻琴声。琴曲有《风入松》。壑，山谷。

④"客心"句：意思是说，听了蜀僧濬弹的美妙琴声，客中郁结的情怀，像经过流水洗了一样感到轻快。客，诗人自称。余响：指琴的余音。霜钟：指钟声。古代霜降鸣钟，故称。

⑤"不觉"句：意思是说，因为听得入神，不知不觉天就黑下来了。

　　这首诗约为天宝十二载（753）李白游宣城时所作，是李白写音乐的名篇。蜀僧弹琴技艺高超，使李白陶醉其中，忘乎所以。诗歌主要从主观感受写音乐的美妙，"为我一挥手，如听万壑松"两句是写音乐的名句，这两句用大自然中宏伟的音响比喻琴声，使人浮想联翩。

小时不识月，呼作白玉盘。

古朗月行①

小时不识月，呼作白玉盘。
又疑瑶台镜，飞在青云端。②
仙人垂两足，桂树何团团。③
白兔捣药成，问言与谁餐。④
蟾蜍蚀圆影，大明夜已残。⑤
羿昔落九乌，天人清且安。⑥
阴精此沦惑，去去不足观。⑦
忧来其如何，悽怆摧心肝。

①古朗月行：《朗月行》是乐府古题，属《杂曲歌辞》。李白模仿这个古题，故称《古朗月行》。

②瑶台：妆台的美称。

③"仙人"两句：传说月亮里有仙人和桂树。当月亮初生的时候，先看见仙人的两只脚，后看见桂树。

④白兔捣药：传说月中有白兔捣仙药。

⑤大明：指月亮。

⑥羿：我国古代神话中射落九个太阳的英雄。

⑦阴精：指月亮。沦惑：沦没。去去：远去。

这首诗约作于天宝十二载（753），前人解读此诗均认为李白是以月比喻朝政，前半首喻开元时期朝政，后半首喻天宝后期朝政。这是李白的拟乐府诗，题目中的"朗月行"三个字是乐府古题，也就是说在李白之前许多古人就写过这个题目。李白也采用这个题目，所以就在"朗月行"前面加个"古"字。李白虽然用的是以前人就写过的题目，但内容却是自己独创的。他将自己浪漫的想象和神话传说结合在一起，把孩童对月亮稚气天真的认知心理描绘得活灵活现。孩童的想象力是极其丰富和浪漫的，李白在这首诗开头便站在孩子的角度去欣赏月亮："小时候我并不知道月亮到底是什么，只能简单地称呼它叫'白玉盘'。有时候我又怀疑月亮是妆台上的镜子，一不小心飞到了天上！"

浮云游子意，落日故人情。

送友人

青山横北郭，白水绕东城。①
此地一为别，孤蓬万里征。②
浮云游子意，落日故人情。③
挥手自兹去，萧萧班马鸣。④

①郭：古代在城外修筑的外墙。白水：清澈的河。似指宣城句溪河。

②一：一旦。别：告别。孤蓬：随风飘转的蓬草，常比喻飘泊无定的孤客。征：远行。

③浮云：飘动的云，比喻游子四方漂游。典故出自曹丕《杂诗》："西北有浮云，亭亭如车盖。惜哉时不遇，适与飘风会。吹我东南行，行行至吴会。"游子：离家远游的人，此指李白所送的友人。故人：李白自称。

④兹：此。萧萧：马的嘶叫声。班马：离群的马。

这首送别诗，大约是天宝十二载（753）李白住在宣城时所作，表达对友人的真挚情感。首联写送别地点，在城外句溪河边。颔联把友人比作孤蓬，这一别飘行万里，也不知何时才能再相见。颈联又连用两个比喻，分别比喻友人和自己。结尾写友人骑马挥手道别，离群的马儿不住地嘶叫，也不愿离别，进一步衬托出诗人的不舍之情。全诗语言明丽流畅，颔联用流水对，极其自然，看不出是对仗。"浮云游子意，落日故人情"是广为传诵的名句，情景交融，用以表达两人之间的深厚友谊。

白发三千丈。

秋浦歌①

白发三千丈，缘愁似个长。②
不知明镜里，何处得秋霜！③

① 《秋浦歌十七首》是李白的组诗，这是第十五首。
② 缘：因为。个：如此，这般。
③ 秋霜：形容头发白如秋霜。

这首诗约为天宝十三载（754）李白再游秋浦（今安徽贵池西）时所作，用夸张的手法表达自己的忧愁。诗人看着镜中如秋霜的白发，有感而发。白发由愁而生，有三千丈长，说明他的愁绪也有三千丈深。一般人最多夸张说"白发两三丈"，而李白敢说"白发三千丈"，这句可以说是写忧愁之深最独特也是最惊人的名句。李白不能一展抱负，就这样率性表达自己的忧愁和悲愤。现在有成语"白发千丈"，形容头发既白且长，表示人因愁思过重而容颜衰老。

桃花潭水深千尺，不及汪伦送我情。

赠汪伦①

李白乘舟将欲行，忽闻岸上踏歌声。②
桃花潭水深千尺，不及汪伦送我情。③

①汪伦：泾（jīng）县村民，李白的朋友。相传李白游泾县是慕万家酒楼而来，附近村民汪伦经常用自己酿的美酒款待李白。后来有人把汪伦附会成县令。

②踏歌：原为汉、唐时的风俗性歌舞，唱歌时以脚踏地为节奏，参加者围成圆圈或排列成行，互相牵手，边歌边舞。

③桃花潭：在今安徽泾县西南一百里，以"深不可测"而著称。

天宝十四载（755），李白自秋浦至泾县漫游，离开泾县时写下此诗。李白这首赠别诗千古传诵，名气很大，也因此让大家记住了汪伦这个人。诗人表达的是自己即将乘舟离开，友人为了欢送他，用了踏歌的民俗仪式，非常隆重。最后两句是表达友情之深的千古名句，"桃花潭水深千尺，不及汪伦送我情"两句以水比情，表达诗人对友人的友情之深，说桃花潭水有千尺深自然是夸张，诗人对汪伦的情意却十分真挚。全诗虽用了两个真人姓名，但自然天成，情深味长。

相思相见知何日？此时此夜难为情！

三五七言^①

秋风清，秋月明。
落叶聚还散，寒鸦栖复惊。^②
相思相见知何日？此时此夜难为情。^③

①三五七言：指诗歌格式为"三三五五七七"。

②落叶聚还散：落叶在风中时而聚集，时而扬散。寒鸦：寒天的乌鸦。

③难为情：思念之情难熬。

本篇约作于至德元载（756）。诗歌的体裁别具一格，是一首悲秋伤怀之诗，前四句写景，通过秋风、秋月、落叶、寒鸦营造了秋天悲凉萧瑟的氛围，最后两句"相思相见知何日，此时此夜难为情"抒情，也是千古佳句，表达了诗人思念的惆怅和忧伤。

两岸猿声啼不住，轻舟已过万重山。

早发白帝城^①

朝辞白帝彩云间，千里江陵一日还。^②
两岸猿声啼不住，轻舟已过万重山。^③

①发：启程。白帝城：故址在今重庆奉节白帝山上。

②朝：早晨。辞：告别。彩云间：因白帝城在白帝山上，地势高耸，从山下江中仰望，仿佛耸入云间。江陵：今湖北荆州。从白帝城到江陵约一千二百里，其间包括七百里三峡。还：归来。

③猿：猿猴。住：停息。轻舟：轻快的小船。万重山：指三峡两岸连绵不断的崇山峻岭。

唐肃宗乾元二年（759）春天，李白因永王李璘案牵连，流放夜郎，取道四川赶赴被贬谪的地方。行至白帝城的时候，忽然收到赦免的消息，惊喜交加，随即乘舟东下江陵。重获自由的李白在兴奋的状态下作此诗，所以心情极其轻松愉快，比如不说"白云"而说"彩云"；江陵明明不是故乡，却说"还"；过三峡急流的船不可能太小，却说"轻舟"。全诗把景与情非常自然地融合起来，形成美妙的意境。"两岸猿声啼不住，轻舟已过万重山"是千古传诵的名句，现在常被用来表达冲破险境，进入开阔安全的环境。"轻舟已过万重山"也常作成语单独使用。

清水出芙蓉，天然去雕饰。

经乱离后天恩流夜郎忆旧游书怀赠
江夏韦太守良宰^①（节选）

天上白玉京，十二楼五城。仙人抚我顶，结发受长生。②
     …………

剑非万人敌，文窃四海声。儿戏不足道，五噫出西京。③
     …………

览君荆山作，江鲍堪动色。清水出芙蓉，天然去雕饰。④
     …………

桀犬尚吠尧，匈奴笑千秋。中夜四五叹，常为大国忧。⑤
·············

①诗题下原注："江夏岳阳。""岳阳"指黄鹄山之阳。韦太守良宰：鄂州刺史韦良宰。

②"天上"二句：道教认为天上有白玉京，昆仑山上有五城十二楼。"结发"句：指年轻时曾学道教长生不老之术。

③"剑非"两句：李白感叹自己学武不成，转而以诗文扬名四海。"万人敌"用项羽典故，见《史记·项羽本纪》。"五噫"句：汉梁鸿曾作《五噫歌》，离京隐居。此处喻指自己离京而隐居。西京：即长安。

④"览君"二句：谓江淹、鲍照如看到韦太守荆山之作，亦必能为之动情于色。荆山：在今湖北武当山东南、汉水西岸，漳水发源于此。江、鲍：指六朝诗人江淹和鲍照。"清水"二句：赞美韦良宰的作品清新自然，不假雕饰。借用钟嵘《诗品》："谢诗如芙蓉出水。"

⑤"桀犬"句：桀是夏朝末代暴君，此处以桀犬喻叛将余兵，以尧喻唐朝皇帝。按其时安禄山已死，其部史思明、史朝义仍在作乱。"匈奴"句：此处喻指当时宰相苗晋卿、王玙等皆庸碌无能之辈。

这是李白最长的诗歌，全诗共八十三韵、八百三十字。诗人因受永王之败的牵连，被流放夜郎，中途遇到赦免。此诗是在他被赦免后的乾元二年（759）秋在江夏（今湖北武昌）所作。老朋友相见，韦良宰如今已是坐镇一方的长官，而李白此时是被赦免的流犯，李白感慨万分，写了这一首自传体长诗。诗歌描绘了安史之乱前后自己的遭遇，抒发了自己的政见，以及如何遭受流放等。即使是当下如此落魄的李白，也"位卑未敢忘忧国"，写出名句"中夜四五叹，常为大国忧"，始终为国家的命运担忧，真是一片丹心，日月可鉴。诗中"清水出芙蓉，天然去雕饰"是李白用以形容韦良宰诗歌的，同时也是李白自己对诗歌的见解，认为诗歌要写得自然清新才好。后人经常引用这两句评价李白的诗歌。

何处是归程？长亭更短亭。

菩萨蛮①

平林漠漠烟如织，寒山一带伤心碧。②暝色入高楼，有人楼上愁。③
玉阶空伫立，宿鸟归飞急。④何处是归程？长亭更短亭。

①菩萨蛮：词调名，唐教坊有此曲。一本调名下有题目《题驿楼》。

②平林：平地上的树林，与"山林"相对而言。漠漠：密布而迷蒙的样子。伤心碧：因李白此时正伤心，所以看碧绿色也伤心。一说"伤心"是万分的意思。

③暝色：日暮幽暗的景色。

④玉阶：台阶的美称。伫立：久久地站立。

乾元二年（759），李白被流放夜郎，行至白帝城遇赦，乘船返回江陵，在江陵逗留一阵后继续东下鄂州（今湖北武汉），在鄂州过夏，秋天受友人召唤游洞庭湖，至湖西岸朗州沧水驿（在今湖南常德），登上驿楼，感慨万千，题写此词于驿楼上。这首词刻画的是游子思乡的形象，开头用肃杀的秋景和苍茫的暮色起笔，接着写宿鸟归林，从侧面烘托游子的思乡之情，最后以含蓄而有力的设问句点明了题意。全词脉络分明、跌宕有致、情景交融，作者以丰富的想象、娴熟的笔法创造了高浑的艺术境界，被推为"百代词曲之祖"。

崔颢

崔颢（？—754），汴州（今河南开封）人。唐开元年间进士，官至司勋员外郎。今存诗四十多首，兼擅刚健与深婉两种格调。其《黄鹤楼》诗，严羽誉为唐人七言律诗第一，传说曾使李白折服。

黄鹤一去不复返。

黄鹤楼①

昔人已乘黄鹤去，此地空余黄鹤楼。②
黄鹤一去不复返，白云千载空悠悠。
晴川历历汉阳树，芳草萋萋鹦鹉洲。③
日暮乡关何处是，烟波江上使人愁。

①黄鹤楼：故址在今湖北武昌蛇山的黄鹄矶上，传说因仙人子安驾黄鹤过此而得名，也传说三国时费祎乘黄鹤由此登仙。

②乘黄鹤：崔颢原作"乘白云"，后人改为"乘黄鹤"，因《千

家诗》《唐诗三百首》而流传开来。

③晴川：阳光照耀下的平川，这里指汉水平原。历历：清晰、分明的样子。鹦鹉洲：故址在今汉阳西南长江中，为黄祖杀祢衡之处。芳草：一作"春草"。

开元十一年（723）崔颢在京城长安进士及第后南游鄂州（今湖北武汉），登黄鹤楼，题此诗于楼上。崔颢登黄鹤楼有所感，抒发吊古怀乡之情，写法是模仿沈佺期《龙池篇》。美丽莫测的传说和历史悠久的黄鹤楼引起诗人的诸多感慨。前四句是怀古，由黄鹤楼而感到过去许多美好的幻想都是空，流露出淡淡的愁绪与失落。后四句由古返今，由眼前的碧树、芳草而联想起《楚辞》中的"王孙游兮不归，春草生兮萋萋"，于是思乡之情油然而生。传说李白登此楼，看到此诗，十分佩服，说："眼前有景道不得，崔颢题诗在上头。"后来到金陵模仿此诗作《登金陵凤凰台》，后来又模仿了一首《鹦鹉洲》。"黄鹤一去不复返"已为常用成语，比喻事物逝去不再重来。"去如黄鹤""白云黄鹤""昔人已乘黄鹤去，此地空余黄鹤楼"也用为成语。

杜甫

杜甫（712—770），字子美，自称杜陵布衣，又称少陵野老，河南巩县（今河南巩义）人，杜审言之孙。三十五岁之前主要是读书漫游，曾参加进士科考试，落榜。后困居长安近十年，以献《三大礼赋》，进入集贤院。安史之乱起，任左拾遗。晚年移家成都，建草堂于浣花溪畔，世称浣花草堂。在成都依节度使严武，获检校工部员外郎的虚职，故世称"杜工部"。永泰元年（765）夏春之交，离成都，至夔州（今重庆奉节），在夔州近两年，作诗四百三十多首。大历三年（768）正月，出峡，辗转漂泊于湖湘之间。大历五年（770）夏五月，客居湖南耒阳，病卒。杜甫一生官职低微，生活贫苦，但忧国忧民，其诗多反映社会现实和民生疾苦，被称为"诗史"，诗风沉郁顿挫。杜甫是唐朝最伟大的现实主义诗人，被誉为"诗圣"，他与李白并称"李杜""双子星座"，对后世影响十分深远。

会当临绝顶，一览众山小

望岳

岱宗夫如何？齐鲁青未了。①
造化钟神秀，阴阳割昏晓。②
荡胸生曾云，决眦入归鸟。③
会当凌绝顶，一览众山小。④

①岱宗：东岳泰山，别名岱宗。夫：读fú。

②造化：大自然。钟：聚集，集中。

③荡胸：使胸怀浩荡。曾（céng）：同"层"。决眦（zì）：睁

大眼睛看。

④会当：该当，应该要去。凌：登上。

开元二十三年（735）春，二十四岁的杜甫进士考试落第，东游齐赵，经过泰山附近而作此诗。这是代表杜甫年轻时候豪放风格的一首写景诗。杜甫仰望东岳泰山，被它巍峨壮丽的景象吸引，于是决心要去攀登它的最高峰，就可以俯视天下。表现了杜甫坚忍不拔的性格和远大的政治抱负。"会当凌绝顶，一览众山小"常被用来表达一个人的志向和抱负。

天子呼来不上船，自称臣是酒中仙。

饮中八仙歌

知章骑马似乘船，眼花落井水底眠。①
汝阳三斗始朝天，道逢曲车口流涎，恨不移封向酒泉。②
左相日兴费万钱，饮如长鲸吸百川，衔杯乐圣称避贤。③
宗之潇洒美少年，举觞白眼望青天，皎如玉树临风前。④
苏晋长斋绣佛前，醉中往往爱逃禅。⑤
李白一斗诗百篇，长安市上酒家眠，天子呼来不上船，
自称臣是酒中仙。⑥
张旭三杯草圣传，脱帽露顶王公前，挥毫落纸如云烟。⑦
焦遂五斗方卓然，高谈雄辩惊四筵。⑧

①知章：即贺知章，自号"四明狂客"。
②汝阳：汝阳王李琎，唐玄宗的侄子。朝天：朝见天子。曲（qū）车：酒车。移封：改换封地。酒泉：郡名，在今甘肃。传说

郡城下有泉，味如酒，故名酒泉。

③左相：指左丞相李适之。长鲸：鲸鱼。古人以为鲸鱼能吸百川之水，故用来形容人的酒量之大。衔杯：贪酒。圣：酒的代称。避贤：让贤。

④宗之：崔宗之，吏部尚书崔日用之子，袭父封为齐国公，官至侍御史。觞：大酒杯。白眼：晋阮籍能作青白眼，遇俗人视以白眼。这里喻崔宗之傲世嫉俗。玉树临风：比喻崔宗之风度翩翩。

⑤苏晋：开元名士，官至中书舍人，深受玄宗赏识。长斋：长期斋戒吃素。绣佛：画的佛像。逃禅：这里指不守佛门戒律。

⑥酒中仙：李白曾酒醉后自许是酒中仙人。

⑦张旭：唐代著名书法家，善草书，时人称为"草圣"。脱帽露顶：写张旭狂放不羁的醉态。

⑧焦遂：布衣之士，以嗜酒闻名。卓然：神采焕发的样子。

一

本篇约作于天宝五载（746）杜甫初到长安时。这是一首刻画人物的"肖像诗"，画卷中共展示了盛唐时期八个知名的人物，他们或地位显赫，或举止不凡，或在诗文书法上独领风骚；最主要的是皆善饮酒，在风神姿态上有豪放、旷达的共性，故名"饮中八仙"。诗人以洗练之语进行人物速写，突出每个人的主要特点和个性，构成一幅栩栩如生的群像图，以人物风神展示了盛唐气象。值得注意的是，其他七位或两句或三句，只有李白用了四句，可见杜甫对李白的特殊感情。"天子呼来不上船，自称臣是酒中仙"，可谓刻画诗仙李白的千古名句，把李白豪放纵逸、傲视王侯的个性勾勒得十分传神。

白也诗无敌，飘然思不群。

春日忆李白

白也诗无敌，飘然思不群。
清新庾开府，俊逸鲍参军。①
渭北春天树，江东日暮云。②
何时一樽酒，重与细论文？

①庾开府：指庾信，在北周官至骠骑大将军、开府仪同三司，世称"庾开府"。鲍参军：指鲍照，在南朝宋任荆州前军参军，世称"鲍参军"。

②渭北：渭水北岸，借指长安一带，当时杜甫在此地。江东：指今江苏南部和浙江北部一带，当时李白在此地。

天宝三载（744），中国诗歌史上最为璀璨的"双子星座"——李白和杜甫，在洛阳相遇，从此结下了深厚的友谊。同年秋，他们相约同游宋州，在单父（今山东单县南）以北的汶水上，又和大诗人高适相遇，三人一同前往大梁城（今河南开封），这是中国诗歌史上精彩的一幕。翌年秋，李、杜在东鲁第三次会见。是年冬，李白南游江东，杜甫返回长安，二人此后再未会面。后来杜甫写了不少怀念李白的诗，这首是天宝五载（746）春杜甫寓居长安时所作，在抒发怀念之情的同时，高度评价了李白诗歌的独特风格和高超成就。这首五律的前三联都是名句，首联以"白也"对"飘然"，妙绝，"也"和"然"两个语助词加强了赞美的语气；颔联和颈联对仗亦得之自然，值得传诵。

翻手作云覆手雨。

贫交行

翻手作云覆手雨，纷纷轻薄何须数。[①]
君不见管鲍贫时交，此道今人弃如土。[②]

①数，读shǔ。

②管鲍：管仲和鲍叔牙。二人早年交好，管仲贫困，也欺骗过鲍叔牙，但鲍叔牙始终理解并善待管仲。现在人们常用"管鲍之交"来比喻情谊深厚的朋友。

本篇为天宝十一载（752）杜甫在长安时所作。此时杜甫困守长安，仕途困塞，生活贫穷，经历世态炎凉、人情冷暖，于是将心中郁结的感慨发之于诗，以吐露愤懑与辛酸之情。杜甫诗歌善于发端，往往一开篇即给人震撼，许多名句都出现在首联。本诗开篇"翻手作云覆手雨"即将千古世态浓缩在七字之中，人与人之间得意时的交好、失意时的纷散，忽云忽雨，变化无常，给人一种"势利之交诚可畏"之感。后来这一句演变为成语"翻手为云，覆手为雨""翻手云覆手雨"，或"翻云覆雨"，用以形容人反复无常或惯于耍手段。后半篇借用管鲍友谊贫富不移的典故，鞭挞了世人轻薄友谊、以利相交的丑恶现象。

读书破万卷，下笔如有神。

奉赠韦左丞丈二十二韵

纨袴不饿死，儒冠多误身。①

丈人试静听，贱子请具陈：②

甫昔少年日，早充观国宾。③

读书破万卷，下笔如有神。④

赋料扬雄敌，诗看子建亲。⑤

李邕求识面，王翰愿卜邻。⑥

自谓颇挺出，立登要路津。⑦

致君尧舜上，再使风俗淳。⑧

此意竟萧条，行歌非隐沦。⑨

骑驴三十载，旅食京华春。⑩

朝扣富儿门，暮随肥马尘。⑪

残杯与冷炙，到处潜悲辛。⑫

主上顷见征，欻然欲求伸。⑬

青冥却垂翅，蹭蹬无纵鳞。⑭

甚愧丈人厚，甚知丈人真。⑮

每于百僚上，猥诵佳句新。⑯

窃效贡公喜，难甘原宪贫。⑰

焉能心怏怏，只是走踆踆。⑱

今欲东入海，即将西去秦。⑲

尚怜终南山，回首清渭滨。⑳

常拟报一饭，况怀辞大臣。㉑

白鸥没浩荡，万里谁能驯！㉒

①纨绔：指富贵子弟。不饿死：不学无术却无饥饿之忧。儒冠多误身：满腹经纶的儒生却穷困潦倒。这句是全诗的纲要。

②丈人：对长辈的尊称。这里指韦左丞，即韦济。贱子：年少位卑者自谓。这里是杜甫自称。请：意谓请允许我。具陈：细说。

③"甫昔"两句：是指开元二十四年（736）杜甫以乡贡的资格在洛阳参加进士考试的事。杜甫当时二十五岁，已是"观国之光"（参观王都）的国宾了，故曰"早充"。

④破万卷：形容书读得多。如有神：形容才思敏捷，写作如有神助。

⑤扬雄：字子云，西汉辞赋家。料：差不多。敌：匹敌。子建：曹植，字子建。看：比拟。亲：接近。

⑥李邕：唐代名士、书法家，曾任北海郡太守。杜甫少年在洛阳时，李邕曾主动去结识他。王翰：当时著名诗人，是《凉州词》的作者。

⑦挺出：杰出。要路津：重要的职位。

⑧尧舜：传说中上古的圣君。这两句说，如果自己得到重用的话，可以辅佐皇帝实现超过尧舜的业绩，使已经败坏的社会风俗再恢复到上古那样淳朴敦厚。

⑨"此意"两句意思是：想不到我的政治抱负竟然落空，我虽然也写些诗歌，但却不是逃避现实的隐士。

⑩三十载：杜甫十四五岁参与社交创作，到天宝十一载（752）创作本诗时，将近三十年。旅食：寄食。京华：京师，指长安。

⑪肥马：富贵人所骑之马。

⑫潜悲辛：悲辛藏在心里。

⑬主上：指唐玄宗。顷：不久前。见征：征召自己。欻（xū）然：忽然。欲求伸：希望表现自己的才能，实现致君尧舜的志愿。

⑭青冥却垂翅：飞鸟折翅从天空坠落。蹭蹬：行进困难的样

子。无纵鳞：本指鱼不能纵身远游，这里是说理想不得实现。

⑮厚：厚爱，推赏。

⑯"每于"两句：承蒙您经常在百官面前吟诵我新诗中的佳句，极力加以奖掖推荐。猥：辱。这里是谦词。

⑰贡公：指西汉人贡禹，他与王吉为友，闻王吉显贵，高兴得弹冠相庆，因为知道自己也将出头。杜甫说自己也曾自比贡禹，并期待韦济能荐拔自己。难甘：难以甘心忍受。原宪：孔子的学生，以贫穷出名。

⑱怏怏：气愤不平。踆踆（cūn）：且进且退的样子。

⑲东入海：指避世隐居。去秦：离开长安。

⑳怜：留念。清渭滨：清澈的渭水之滨。

㉑报一饭：报答一饭之恩。辞大臣：指辞别韦济。

㉒白鸥：白色的鸥鸟，此是诗人自比。没浩荡：投身于浩荡的烟波之间。驯：拘束。

这是天宝十一载（752）杜甫在洛阳与尚书左丞韦济告别时所写的一首干谒诗。虽然是有求于人，但杜甫却表现得不卑不亢，直抒胸臆，吐出长期郁积下来的对统治者压制人才的悲愤不平。开篇"纨袴不饿死，儒冠多误身"就把久郁于胸的愤懑倾倒而出：不学无术者生活优裕，苦读诗书者却立身艰难。此句对当时不合理的现实进行强烈抨击。接下来的八句，表露自己以儒立身，拥有真才实学，已经具备一定的社会影响力。从"自谓颇挺出"一直到"蹭蹬无纵鳞"，写理想与现实的矛盾：自己本以为学有所成，将会得到主上的欣赏，可以发挥自己的才能，但想不到入仕理想接连受挫，可谓郁闷之极。接下来四句是感激韦济推荐自己，写得真实自然，没有丝毫阿谀之态。最后八句写自己求仕艰难，欲避世隐居的想法，同时也向韦济吐露不忘推荐之恩，以及自己的不屈人格。"读书破万卷，下笔如有神"是名句，表现读书对写作的重要影响，平时做到万卷在胸，下笔时则会有如神助，这是杜甫贡献给后人的至理名言。其他如"致君尧舜上，再使风俗淳""朝扣富儿门，暮随肥马尘。残杯与冷炙，到处潜悲辛"等也常为后人所引用。

射人先射马，擒贼先擒王。

前出塞　其六

挽弓当挽强，用箭当用长。①
射人先射马，擒贼先擒王。②
杀人亦有限，列国自有疆。③
苟能制侵陵，岂在多杀伤！④

①挽：拉。当：应当。长：指长箭。

②擒：捉拿。

③亦有限：也有个限度，有个主从。列国：大国。《左传》："列国有凶"孔颖达疏："列国，谓大国也。"疆：边界。

④苟：如果。侵陵：侵犯。岂：难道。

杜甫一生有两次集中写过《出塞》诗，早期写成的《出塞》共九首，为与后来所写的五首《出塞》相区别，特加"前""后"二字。这首诗为《前出塞》中的第六首，写于天宝十二载（753）秋，针对哥舒翰征伐吐蕃的时事，意在讽刺唐玄宗的穷兵黩武。诗的前四句，分别从弓、箭、人、马等方面写作战使用的武器及策略，体现了杜甫的军事见解，很具哲理性。后四句表达克敌思想，反对杀伐，强调以"制侵陵"为限度，不能乱动干戈，更不应以黩武为能事，提出守边镇国的长远之计。"射人先射马，擒贼先擒王"提出取得胜利的关键，人们据此引申出一个道理：处理问题应关注要害，抓住关键。

落日照大旗，马鸣风萧萧。

后出塞 其二

朝进东门营，暮上河阳桥。①
落日照大旗，马鸣风萧萧。②
平沙列万幕，部伍各见招。③
中天悬明月，令严夜寂寥。
悲笳数声动，壮士惨不骄。④
借问大将谁？恐是霍嫖姚。⑤

①东门营：洛阳东面门有"上东门"，军营在东门，故曰"东门营"。河阳桥：在河南孟津，为通河北的必经之道。

②大旗：大将所用的旗。

③列：整齐地排列。幕：帐幕。招：集合。

④悲笳：悲凉的笳声。

⑤霍嫖姚：汉霍去病为嫖姚校尉，从大将军卫青击匈奴，百战百胜，屡建奇功，有名言："匈奴不灭，无以家为也。"

这是《后出塞》的第二首，约写于天宝十四载（755）安禄山反叛前夕。此诗从一个出征士兵的视角，写行军、驻军的所见和所感。首四句写出征路线及边地景象；中四句写驻军地的气氛与环境；后四句先写月夜军营里悲笳声动时士兵的情绪反应，以士兵对大将是谁的自问自答作结。"恐是霍嫖姚"的猜想，见出诗人对大唐国威的高度自信。"落日照大旗，马鸣风萧萧"，写出落日之下军旗在朔风中飘展，战马迎风嘶鸣的景象，场面宏大壮阔，气象庄严肃穆，构成一幅宏伟壮观的行军图。

朱门酒肉臭，路有冻死骨。

自京赴奉先县咏怀五百字

杜陵有布衣，老大意转拙。①
许身一何愚，窃比稷与契。②
居然成濩落，白首甘契阔。③
盖棺事则已，此志常觊豁。④
穷年忧黎元，叹息肠内热。⑤
取笑同学翁，浩歌弥激烈。
非无江海志，萧洒送日月。
生逢尧舜君，不忍便永诀。
当今廊庙具，构厦岂云缺？
葵藿倾太阳，物性固难夺。⑥
顾惟蝼蚁辈，但自求其穴。⑦
胡为慕大鲸，辄拟偃溟渤？⑧
以兹悟生理，独耻事干谒。⑨
兀兀遂至今，忍为尘埃没。⑩
终愧巢与由，未能易其节。⑪
沉饮聊自适，放歌破愁绝。
岁暮百草零，疾风高冈裂。
天衢阴峥嵘，客子中夜发。⑫

霜严衣带断，指直不得结。
凌晨过骊山，御榻在嵽嵲。⑬
蚩尤塞寒空，蹴踏崖谷滑。⑭
瑶池气郁律，羽林相摩戛。⑮
君臣留欢娱，乐动殷胶葛。⑯
赐浴皆长缨，与宴非短褐。⑰
彤庭所分帛，本自寒女出。⑱
鞭挞其夫家，聚敛贡城阙。
圣人筐篚恩，实欲邦国活。⑲
臣如忽至理，君岂弃此物？
多士盈朝廷，仁者宜战栗。
况闻内金盘，尽在卫霍室。⑳
中堂舞神仙，烟雾蒙玉质。㉑
暖客貂鼠裘，悲管逐清瑟。
劝客驼蹄羹，霜橙压香橘。
朱门酒肉臭，路有冻死骨。
荣枯咫尺异，惆怅难再述。
北辕就泾渭，官渡又改辙。㉒
群冰从西下，极目高崒兀。㉓
疑是崆峒来，恐触天柱折。㉔
河梁幸未坼，枝撑声窸窣。㉕
行李相攀援，川广不可越。
老妻寄异县，十口隔风雪。㉖
谁能久不顾？庶往共饥渴。㉗
入门闻号咷，幼子饥已卒。
吾宁舍一哀，里巷亦呜咽。
所愧为人父，无食致夭折。

岂知秋禾登，贫窭有仓卒。㉘
生常免租税，名不隶征伐。
抚迹犹酸辛，平人固骚屑。㉙
默思失业徒，因念远戍卒。
忧端齐终南，澒洞不可掇。㉚

①杜陵：在长安城东南，为杜甫祖籍地。布衣：平民。

②稷与契：传说为舜帝的两位大臣。稷是周代祖先，教导百姓种植五谷；契是殷代祖先，掌管文化教育。

③濩（huò）落：即廓落（空虚），引申为沦落失意。契阔：辛勤劳苦。

④觊（jì）豁：希望达到。

⑤黎元：老百姓。

⑥葵藿：葵即向日葵，藿即豆叶，二者都有向日的特性。

⑦蝼蚁辈：喻钻营利禄之人。

⑧偃溟渤：到大海中去。

⑨干谒：有所求而请见。

⑩兀兀：穷困劳碌的样子。

⑪巢与由：即巢父、许由，皆为尧时的隐士。

⑫天衢：天空。峥嵘：形容山势高峻险要，此用以形容阴云密布。

⑬骊山：在今西安市临潼区南。嶻嶭：形容山高，此指骊山。

⑭蚩尤：传说中黄帝与蚩尤作战，蚩尤曾作大雾以迷惑对方。这里指代大雾。

⑮瑶池：传说中西王母与周穆王宴会之地，此指骊山行宫的温泉。郁律：形容温泉热气蒸腾。羽林：宫廷禁卫军。摩戛：武器相撞击刮擦。

⑯殷：充满。胶葛：形容乐声震动山冈。

⑰长缨：代指权贵。短褐：代指平民。

⑱彤庭：朝廷。

⑲筐篚：盛物的竹器。古时皇帝以筐、篚盛布帛赏赐群臣。

⑳卫霍：指汉代大将卫青、霍去病。二人都是汉武帝的亲戚，此处喻指杨贵妃的从兄杨国忠。

㉑中堂：指杨氏家族的庭堂。烟雾：形容美女所穿的薄纱衣。

㉒北辕：车向北行。泾渭：二水名，在今西安境内汇合。官渡：官设的渡口。

㉓高崒（zú）兀：形容河中浮冰突兀成群。

㉔崆峒：山名，在今甘肃岷县。天柱：相传天的四角用柱支撑，叫天柱。

㉕河梁：桥。坼：断裂。枝撑：桥的支柱。窸窣：象声词，指木桥震动的声音。

㉖异县：别的县，此处指奉先县。

㉗庶：希望。

㉘贫窭（jù）：贫穷。仓卒：此处指意外的不幸。

㉙平人：平民，唐代人为避唐太宗李世民讳，改"民"为"人"。

㉚终南：即终南山，在长安之南。颎洞：广大的样子。掇：收拾，引申为止息。

一

此诗作于天宝十四载（755）十月初，当时杜甫由长安前往奉先县（今陕西蒲城）探望妻儿，将途中所见所感发而为诗。全诗可以分为三个意段、七个小节，第一意段是从开头至"放歌破愁绝"，抒写忠君、忧国、忧民的怀抱。这一段又可以分为两个小节：开头至"浩歌弥激烈"十二句，正面申述自己的抱负；从"非无江海志"到"放歌破愁绝"二十句，围绕上述中心从几个方面进一步剖析。第二意段是从"岁暮百草零"至"惆怅难再述",写途径骊山的见闻与感慨。这段同样可以分为两个小节:第一小节为前六句,写从长安出发的场景;第二小节为后三十二句,想象骊山上君臣欢娱作乐的情景。第三意段是从"北辕就泾渭"至结尾,写自骊山北行途中情景和到家后的情景,从自己的遭遇联想到国家的前途和人民的苦难。这一意段分为三个小节:第一小节从"北辕就泾渭"到"川广不可越",着力渲染旅途中的情景,天寒地冻,险象环生;第二小节从"老妻寄异县"到"贫窭有仓卒",写自己的探亲目的和到家后的丧子之痛;第三小节从"抚迹犹酸辛"到结尾,推己及人,由个人的不幸遭遇想到广大人民的痛苦,以对国家安危的深广忧思结束全篇。

这首长诗结构宏大而缜密,文辞繁复却意脉明晰,充分展现了杜诗沉郁顿挫的艺术风格,体现了诗人高超的艺术功力。篇中"朱门酒肉臭,路有冻死骨"两句千古传诵,统治阶级的荒淫奢侈和贫民的饥寒交迫形成鲜明对比,形象地揭示出贫富悬殊的社会现实。关于"朱门酒肉臭"的"臭"字究竟读"chòu"还是"xiù",有不同意见。前者作形容词,形容味道难闻;后者作名词,即气味。从艺术效果上来看,应读为"chòu",显得贫富的对比更加鲜明,这种强烈的反差产生了令人震撼的艺术效果。

清辉玉臂寒。

月夜

今夜鄜州月,闺中只独看。①
遥怜小儿女,未解忆长安。②
香雾云鬟湿,清辉玉臂寒。③
何时倚虚幌,双照泪痕干。④

①鄜（fū）州：今陕西富县。当时杜甫的家属在鄜州的羌村，杜甫在长安。闺中：指妻子所住的房屋。看，读kān。

②怜：爱。未解：尚不懂得。

③清辉玉臂寒：凄清的月光照在妻子的手臂上，显得寒凉。清辉，月光。

④虚幌：透明的窗帷。双照：指月光照着杜甫和妻子。

这首诗作于至德元载（756）八月，正是安史之乱初期，当时杜甫困于长安，妻儿安置于陕北鄜州之羌村。国家动乱，亲人阻隔，杜甫于是写下了这首感人的思亲之作，这也是杜甫罕见的专写妻子的诗。这首诗写法独特，全诗都是想象之词，没有一句是正面描写。"遥怜小儿女，未解忆长安"表面上是说儿女因为太小，不懂得思念长安的爸爸，而实际上是在说儿女因为太小，不理解妈妈在望月思念爸爸。这两句委婉细腻，写情传神，成为名句。第三联两句情景相融：雾气本无香与不香，但因为笼罩于妻子发髻而称"香雾"，见出杜甫对妻子的深爱；"清辉玉臂寒"，以月光之皎洁衬托妻子手臂的寒凉，也担心妻子着凉，对妻子的万千怀念与关切尽在描写中。最后一联，想象夫妻团聚的美好情景。"清辉玉臂寒"已成表达为怜香惜玉的名句。

感时花溅泪，恨别鸟惊心。

春望

国破山河在，城春草木深。①
感时花溅泪，恨别鸟惊心。②
烽火连三月，家书抵万金。

白头搔更短，浑欲不胜簪。③

①国：国家。城：都城长安。

②"感时"句：感叹时事，眼泪溅到花上。也可理解为拟人手法。

③浑：简直。不胜簪（zān）：连簪子也插不住。

这首诗写于至德二载（757）春，是杜甫被叛军困在长安时写的，是杜诗中的名篇。首联通过山河破碎、草木丛生的整体状写，反映安史之乱给社会国家带来的巨大破坏，流露出无限忧伤。"感时花溅泪，恨别鸟惊心"，诗人寓情于物，托物抒情，因国破家离的悲痛，导致所见一切都弥漫着伤情：花无情而有泪，实写诗人的内心在滴泪；鸟无恨而惊心，其实是诗人受时局影响，闻鸟鸣而心自惊，真可谓"一切景语皆情语"。颔联写与亲人音讯阻隔时苦盼团圆的心情，"家书抵万金"可谓乱离中人的普遍心声。尾联写自己因战乱而造成的憔悴、衰老形象，"搔"字写出诗人无计可施、徘徊焦虑的苦闷无聊。此处专写头发白且变少，以夸张之笔来渲染内心的痛苦和愁怨，使读者更加深切地体会到诗人伤时忧国、思念家人的情怀。

人生七十古来稀。

曲江二首① 其一

朝回日日典春衣，每日江头尽醉归。②
酒债寻常行处有，人生七十古来稀。③
穿花蛱蝶深深见，点水蜻蜓款款飞。④
传语风光共流转，暂时相赏莫相违。⑤

①曲江：曲江池，在今陕西西安东南，是唐代节日游赏胜地。

②朝（cháo）回：上朝回来。典：典当。

③寻常：多而平常。"寻常"又是古代长度单位，八尺为寻，一丈六尺为常。这里借"寻常"的长度单位义与"七十"对仗，叫作"借对"。行处：到处。

④深深：在花丛深处。见（xiàn）：同"现"。款款：形容徐缓的样子。

⑤传语：传话给。风光：风景，景物。共流转：在一起逗留、盘桓。违：违背；错过。

本篇作于乾元元年（758）暮春，当时杜甫在朝任左拾遗。诗人通过醉酒赏春的行乐，来抒写心中的郁闷。因为日日醉酒，典衣已抵不上酒债了，说明还赊了酒钱。这不能不引人深思：为什么要日日尽醉呢？"人生七十古来稀"，就是人生短暂，诗人给出一个似答非答的理由，实际上别有深意。"人生七十古来稀"已经成为历史悠久的日常生活用语，用以表达对七十岁或以上之人的称赞，或者表达享高寿不易。

夜雨剪春韭，新炊间黄粱

赠卫八处士①

人生不相见，动如参与商。②
今夕复何夕，共此灯烛光。③
少壮能几时？鬓发各已苍。
访旧半为鬼，惊呼热中肠。④
焉知二十载，重上君子堂。

昔别君未婚，儿女忽成行。
怡然敬父执，问我来何方。⑤
问答未及已，儿女罗酒浆。
夜雨剪春韭，新炊间黄粱。⑥
主称会面难，一举累十觞。
十觞亦不醉，感子故意长。⑦
明日隔山岳，世事两茫茫。

①卫八处（chǔ）士：杜甫年轻时的朋友。处士，隐居不做官的人。

②动：动不动就。参（shēn）与商：参星与商星。参星在西而商星在东，二星不同时出现，比喻人永远不能相遇。

③今夕复何夕：意思是：在这难忘的夜晚。"今夕何夕"是《诗经》里的话。

④旧：老朋友。热中肠：内心很悲痛。

⑤父执：父亲的好友。

⑥新炊：新煮的饭。间（jiàn）：掺合。

⑦故意：老友的情意。

这首诗应作于安史之乱时的乾元二年（759）春，当时杜甫从洛阳家中返回华州，途径蒲州，拜访二十年前的好友卫八，悲喜交集，无限感慨。想到许多老友都死了，能在这乱世中相逢实在不容易。杜甫受到了卫八全家的热情款待，感到非常温暖。两人一起喝了很多酒也不醉，可是明天又要分别，各人的命运又不知会怎样。诗读起来很是温暖动人，富有生活美和人情美。"人生不相见，动如参与商""夜雨剪春韭，新炊间黄粱"都是写人情的名句。"动如参商"用为成语，形容朋友间久别不遇。

绝代有佳人，幽居在空谷。

佳人

绝代有佳人，幽居在空谷。
自云良家子，零落依草木。
关中昔丧乱，兄弟遭杀戮。①
官高何足论？不得收骨肉。②
世情恶衰歇，万事随转烛。③
夫婿轻薄儿，新人美如玉。
合昏尚知时，鸳鸯不独宿。④
但见新人笑，那闻旧人哭！
在山泉水清，出山泉水浊。
侍婢卖珠回，牵萝补茅屋。
摘花不插发，采柏动盈掬。⑤
天寒翠袖薄，日暮倚修竹。⑥

①关中昔丧乱：指安史之乱中长安被安史叛军占领。

②官高：指佳人出身高官家庭。

③恶（wù）衰歇：嫌弃衰落失势的人。转烛：像风中的烛光摇摆不定。

④合昏：合欢花，早开晚合。

⑤采柏动盈掬：动不动就采一满把柏树叶。柏树常绿，比喻坚贞。

⑥修竹：长长的竹子。竹子有节，象征贞节。

这首诗是乾元二年（759）秋杜甫在秦州（今甘肃天水）时所

作。写一个绝代佳人，在战乱时亲人被杀，自己也被丈夫抛弃，就带着侍婢在深山空谷里幽居。生活很清苦，但她没有向命运低头，仍然坚守自己的品节。杜甫同情她的悲惨命运，又赞美她的高尚情操。全诗除了首尾四句外，全是佳人的自述，读来凄凉感人。"绝代有佳人，幽居在空谷""但见新人笑，那闻旧人哭""在山泉水清，出山泉水浊"都是发人深思的名句。

月是故乡明。

月夜忆舍弟①

戍鼓断人行，秋边一雁声。②
露从今夜白，月是故乡明。③
有弟皆分散，无家问死生。④
寄书长不达，况乃未休兵。⑤

①舍（shè）弟：谦称自己的弟弟。

②戍鼓：戍楼上的更鼓。戍，驻防。断人行：指鼓声响起后，就开始宵禁。秋边：秋天的边塞。一作"边秋"。

③露从今夜白：指节气"白露"夜晚。

④"有弟"两句：弟兄分散，家园无存，互相间都无从得知死生的消息。

⑤长：一直。达：送到。况乃：何况是。休兵：战争结束。

这首诗是乾元二年（759）秋杜甫在秦州时所作，是一首战乱中怀乡思亲的名作。首联从边塞秋声写起：阵阵戍鼓响起，行人被禁止通行，天空传来几声孤雁的哀鸣，更加使人觉得荒凉寂寞。"露从今夜白"，点明时节，在白露节的夜晚，清露盈盈，令人顿生寒意。"月是故乡明"，由眼前之月想象故乡之月。诗人因为怀念故乡，对那里有感情，所以说故乡的月亮最明。此句不仅是杜甫个人的感受，也写出普天下离家者的共同感受，其实天下的月亮都一样亮，只因为对故乡感情深厚，才觉得故乡的月亮更亮。第三联写弟兄离散、家园不存，亲人音讯断绝、生死难卜。结尾以书信难达来寄托苦思，照应忆弟之题。在安史之乱中，杜甫颠沛流离，备尝艰辛，既怀家愁，又忧国难，真是感慨万端，稍一触动，千头万绪便一齐从笔底流出，所以把常见的怀乡思亲的题材写得如此凄楚哀伤、沉郁顿挫。

死别已吞声，生别常恻恻。

梦李白二首　其一

死别已吞声，生别常恻恻。①
江南瘴疠地，逐客无消息。②
故人入我梦，明我长相忆。
恐非平生魂，路远不可测。
魂来枫林青，魂返关塞黑。③
君今在罗网，何以有羽翼？④
落月满屋梁，犹疑照颜色。⑤
水深波浪阔，无使蛟龙得。

①死别：告别死者。已吞声：止于吞声，痛哭一下就完了。恻恻：悲痛。

②瘴疠：疾疫。古时称江南为瘴疫之地。

③"魂来"两句：李白的魂飞来飞去都要经过江南黑暗的枫林

和北方黑暗的关塞。写其魂魄历尽艰险。青：黑。

④罗网：捕鸟的工具，比喻法网。

⑤颜色：指李白的面容。

《梦李白二首》作于乾元二年（759）秋，当时杜甫正流寓秦州。李、杜二人自天宝四载（745）秋在鲁东分别后，就再也没有机会见面，但杜甫一直对李白表示深切的怀念。至德二载（757），李白因永王李璘案受到牵连，下狱浔阳，后被长流夜郎，未至而遇赦放还，返回江陵。此时杜甫正流寓秦州，消息闭塞，只闻李白流放，不知已被赦还，仍心心在念，遂写下这组诗。首联"死别已吞声，生别常恻恻"为名句，用死别来反衬生别，意谓生别更让人痛苦，后来常用以表达生离死别的痛苦。

斯人独憔悴。

梦李白二首　其二

浮云终日行，游子久不至。①
三夜频梦君，情亲见君意。
告归常局促，苦道来不易。②
江湖多风波，舟楫恐失坠。③
出门搔白首，若负平生志。
冠盖满京华，斯人独憔悴。④
孰云网恢恢，将老身反累。⑤
千秋万岁名，寂莫身后事。

①浮云：比喻飘忽不定。游子：指李白。

②局促：匆忙又不忍离去的样子。苦道：反复地说。以下两句是李白对杜甫说的话。

③楫（jí）：船桨。

④冠盖：指高官。斯人：此人，指李白。憔悴（qiáo cuì）：困顿萎靡的样子。

⑤孰云：谁说。

——

这两首诗虽同题而作，实际上各有分工。前一首写诗人梦见李白时的心理感受，这一首则写梦中所见李白的形象；前一首关注的是李白当前的处境，后一首则是对李白一生遭际的评价和同情；前一首单纯为李白而发，后一首则兼抒己怀。两诗除了以"梦"关合外，"逐客无消息"与"游子久不至"，"明我长相忆"与"情亲见君意"，"君今在罗网"与"孰云网恢恢"，"水深波浪阔，无使蛟龙得"与"江湖多风波，舟楫恐失坠"等句皆互相照应，章法细密。"斯人独憔悴"一句，常常用以形容怀才不遇者苦闷、不堪的处境。冰心曾以此句为题创作短篇小说。

出师未捷身先死，长使英雄泪满襟！

蜀相

丞相祠堂何处寻？锦官城外柏森森。①
映阶碧草自春色，隔叶黄鹂空好音。②
三顾频烦天下计，两朝开济老臣心。③
出师未捷身先死，长使英雄泪满襟！④

——

①丞相：与题目"蜀相"都指三国时期的诸葛亮。丞相祠堂，

即武侯祠，在今成都。锦官城：成都的别称。柏森森：柏树茂盛繁密的样子。

②阶：台阶。空：徒然，白白地。

③三顾：指刘备三顾茅庐问计于诸葛亮的史事。频烦：多次搅扰，多次请示。两朝开济：指诸葛亮辅助刘备开创帝业，后又辅佐刘禅。两朝，刘备、刘禅父子两朝；开，明朗；济，扶助。"频烦"与"开济"对仗，皆是偏正性动词。

④出师：出兵。捷：胜利。襟（jīn）：衣襟。

此诗为杜甫于安史乱后迁居成都时所作。时在上元元年（760）春天，杜甫探访了诸葛武侯祠，写下了这首感人肺腑的千古绝唱。首联以问起句，交代武侯祠的位置和环境，"柏森森"点出环境的幽深静谧。颔联写景，声色虽美，但很凄凉。"自""空"二字可见诸葛之孤独，来此悼念的人很少。颈联写诸葛亮对蜀汉的贡献及对刘备父子的耿耿忠心。尾联以统一大业未成而身死的遗憾，表达诗人对诸葛亮的深切痛惜和感慨。杜甫忠君爱国，以"致君尧舜"为一生的至高理想，诸葛亮是他心目中的偶像，诗人借写诸葛亮事迹，在景仰中委婉地流露自己的志向和追求。

自去自来梁上燕，相亲相近水中鸥。

江村

清江一曲抱村流，长夏江村事事幽。①
自去自来梁上燕，相亲相近水中鸥。②
老妻画纸为棋局，稚子敲针作钓钩。③
多病所须惟药物，微躯此外更何求？④

①清江：清澈的江水。江：指锦江，在成都西郊的一段称浣花溪。抱：环绕。长夏：指夏日。因其白昼较长，故称。幽：幽静，安闲。

②自去自来：来去自由，无拘无束。梁：一作"堂"。相亲相近：相互亲近。

③画纸为棋局：在纸上画棋盘。稚子：年幼的儿子。

④多病所须惟药物：一作"但有故人供禄米"。微躯：微贱的身躯，是作者自谦之词。

这首诗写于上元元年（760），写初夏浣花溪畔恬静幽雅的田园景象。首联写村居环境，诗人所居之处清江环绕，幽静安详。"事事幽"为全诗之眼目，后面之景由此生发。中间二联写"事事幽"的具体事情物态：梁上的燕子自去自来，水中鸥鸟相亲相近，以拟人手法状和谐之景；接着写人的活动，由于生活暂得安定，老妻悠闲地在纸上画棋局，稚子在敲打制作钓鱼的针钩，人人都乐在其中，诗人也感到舒心和惬意。这两句写生活琐事的细节，颇受人称赞。结句说多病之躯所须者唯有药物，其他别无所求了。杜甫作为大诗人，胸怀"致君尧舜"的伟大志向，被生活挤压到如此境况，在表面上似乎从容的话语里，不知隐藏着多少的凄苦和辛酸！

润物细无声。

春夜喜雨

好雨知时节，当春乃发生。①
随风潜入夜，润物细无声。②

野径云俱黑，江船火独明。③
晓看红湿处，花重锦官城。④

①乃：就。发生：出现。

②潜：暗暗地，悄悄地。这里指春雨在夜里悄悄地随风而至。润物：使植物受到雨水的滋养。

③野径：乡间的小路。俱：全。火：渔火。

④晓：天刚亮的时候。红湿处：雨水湿润的花丛。花重（zhòng）：花因为饱含雨水而显得沉重。锦官城：成都的别称。

本篇为上元二年（761）春杜甫在成都时所作。这首赞美春雨的律诗，是杜甫难得的轻松明快的诗，也是他的名作。首联以拟人手法赞美春雨至时而下的特点。第二联从听觉上赞美春雨细密轻柔的特点，"潜""细"二字写出春雨悄悄降临、滋润万物的美好，很好地照应首联"好雨"。第三联写春夜、雨夜的特点，"俱黑"与"独明"形成鲜明的映衬和对照，衬托出春夜的安宁与静谧。尾联为想象之语，以"重"字来形容经雨水浸润后的花所给人的感受，十分传神。"润物细无声"是本诗的哲理名句，人们经常以此来比喻循循善诱、潜移默化的教育方式和效果。

细雨鱼儿出，微风燕子斜。

水槛遣心二首　其一①

去郭轩楹敞，无村眺望赊。②
澄江平少岸，幽树晚多花。
细雨鱼儿出，微风燕子斜。

城中十万户，此地两三家。

①水槛（jiàn）：临水的栏杆。

②去郭：远离城郭。轩楹：指廊间。敞：宽敞明朗。赊（shē）：远。

本篇为上元二年（761）春杜甫在成都时所作。这是一首颇为知名的写景诗，写的是成都草堂周围的景物，通过环境的清幽美好映衬诗人安闲自得的心情及对大自然的热爱。首联写草堂的环境：草堂离城郭较远，庭园开阔宽敞，旁无村落，因而诗人能够极目远眺。中间两联写眺望到的景象，其中"细雨鱼儿出，微风燕子斜"分别将"细雨""微风"放在句首，突出自然状态的舒适宜人；"出"写出了鱼的欢欣，主动浮出水面来透气，十分亲切自然；"斜"写出了燕子的轻盈，真切生动。诗人观察入微，描绘细致，准确地再现出微风细雨中鱼和燕子的动态，透露出内心的喜悦，及对自然的亲近与陶醉。最后诗人以对比手法突出草堂的闲适幽静，衬托自己悠闲自得的心境。

花径不曾缘客扫，蓬门今始为君开。

客至①

舍南舍北皆春水，但见群鸥日日来。②
花径不曾缘客扫，蓬门今始为君开。③
盘飧市远无兼味，樽酒家贫只旧醅。④
肯与邻翁相对饮？隔篱呼取尽余杯。⑤

①诗题下原注："喜崔明府相过。"明府：县令的美称。相过：来访。

②舍：指家。但见：只见。

③花径：长满花草的小路。缘：因为。蓬门：用蓬草编成的门户。

④盘飧（sūn）：盘盛食物的统称。市远：离集市远。兼味：多种美味佳肴。樽：酒器。旧醅：隔年的陈酒。

⑤肯：能否允许，这是向客人征询。呼取：叫，招呼。余杯：余下来的酒。

杜甫的成都草堂落成后的上元二年（761）春，远房表亲崔县令登门来访，杜甫因家贫，就用浊酒、家常菜来招待，还要把隔壁老头喊过来一起喝酒。这是一首洋溢着浓郁生活气息的记事诗。诗人有客到访，以酒待客，并邀邻翁共饮，表现出诚朴、好客的性格。首联写户外之景色，点明时间和地点。这里春水环绕，鸥鸟相狎，环境充满着诗意，又有友人来访，诗人心情格外高兴。颔联转写庭院，引出"客至"：长满花草的庭院小路，还没有因为迎客打扫过；一向紧闭的柴门，今天才第一次为崔明府打开，见出主客交情不浅。颈联写以酒待客，照应"客至"主题。因生活贫困，作者愧无美酒佳肴相待。尾联没有再写与朋友交杯换盏的场面，而是把招呼的对象转到邻翁，诗人高声呼喊着，请邻翁共饮作陪，这一细节描写细腻逼真，把饮酒交流的气氛推向更热烈的高潮。

留连戏蝶时时舞，自在娇莺恰恰啼。

江畔独步寻花

黄四娘家花满蹊，千朵万朵压枝低。①
留连戏蝶时时舞，自在娇莺恰恰啼。②

①黄四娘：杜甫住成都草堂时的邻居。蹊（xī）：小路。千朵：
一作"千花"（见《东坡题跋》），平仄才合律。

②留连：徘徊舍不得离去。娇：可爱的样子。恰恰：象声词，
形容莺叫声。

《江畔独步寻花》绝句共七首，这是第六首，作于上元二年
（761）春。诗写杜甫在浣花溪畔寻花时走到黄四娘家的所见所感。
一、二句直写黄四娘家繁花盛开的热闹情景，语言自然通俗，但
饶有意趣和兴味。"留连戏蝶时时舞，自在娇莺恰恰啼"写花丛中
彩蝶蹁跹、黄莺歌唱的热闹情景。"留连"和"自在"均为双声词，
如贯珠相连，音调婉转；"时时"和"恰恰"均为叠词，渲染出一
派有声有色的春景，同时也透露出诗人流连忘返、陶然沉醉的喜悦
心情。

语不惊人死不休。

江上值水如海势，聊短述①

为人性僻耽佳句，语不惊人死不休。
老去诗篇浑漫兴，春来花鸟莫深愁。②

新添水槛供垂钓，故著浮槎替入舟。③
焉得思如陶谢手，令渠述作与同游。④

①值：正逢。
②浑：全，皆。漫兴（xìng）：率意而作。
③水槛：水边木栏。槎（chá）：木筏。
④陶谢：陶渊明、谢灵运。渠：他们。

本篇为上元二年（761）春杜甫在成都时所作。解读这首诗，关键在于抓住颔联中的"漫兴"二字。诗人见到江中水势如海的奇景，触发诗思，按理应该着手描写水势之盛，但此诗通篇于江水之势未过多着墨，止于咏水槛、浮舟等一二物。杜甫在这里用了避实就虚之法，江水如海的场景触发了诗思，虽感慨万端却又无从谈起，只好聊以短述，借以谈论作诗之法，也就是诗人所言的"漫兴"。这首诗首联惊人，一开始就直发议论，"语不惊人死不休"以夸张的笔法表现出了诗人刻苦严谨、精益求精的写作态度。实际上也正因如此，才造就了"诗圣"杜甫的千古之名。"语不惊人"已为成语。

此曲只应天上有。

赠花卿①

锦城丝管日纷纷，半入江风半入云。②
此曲只应天上有，人间能得几回闻？③

①花卿：成都尹崔光远的部将花惊定。杜甫另有《戏作花卿

歌》写花惊定作为平定叛乱的猛将，功高却得不到重用，理应到皇帝身边去守卫京城。

②锦城：锦官城，即成都。丝管：弦乐器和管乐器，这里泛指音乐。纷纷：形容乐曲的轻快悠扬。入江风：指声音清和。入云：指声音高亢。

③天上：双关语，表面上指天宫，实指皇宫。

本篇为上元二年（761）杜甫在成都时所作。这首绝句读来明白如话，历来有两种不同的解释：一种解释认为这是一首赞美诗，没有讽刺的意思；另一种解释认为这是一首讽刺诗，表面赞美，暗含讽刺。"此曲只应天上有，人间能得几回闻"，若理解成对花卿的赞美，则诗意为："花卿之功就如同这音乐，只应在天上奏响，即只应在皇帝身边供职，论功劳，人间能有几人比得上花卿？"若理解成对花卿的讽刺，则诗意为："如此美妙的曲子只有皇宫中才能演奏，为什么锦官城花卿家也能听到呢？"即讽刺花卿僭用天子音乐。"此曲只应天上有"已成为赞美音乐的日常用语。

安得广厦千万间，大庇天下寒士俱欢颜。

茅屋为秋风所破歌

八月秋高风怒号，卷我屋上三重茅。
茅飞度江洒江郊，高者挂罥长林梢，下者飘转沉塘坳。①
南村群童欺我老无力，忍能对面为盗贼，公然抱茅入竹去，唇焦口燥呼不得，归来倚杖自叹息。
俄顷风定云墨色，秋天漠漠向昏黑。②

布衾多年冷似铁，骄儿恶卧踏里裂。③
床头屋漏无干处，雨脚如麻未断绝。④
自经丧乱少睡眠，长夜沾湿何由彻。
安得广厦千万间，大庇天下寒士俱欢颜，风雨不动安如山。⑤
呜呼！何时眼前突兀见此屋？吾庐独破受冻死亦足！⑥

①罥（juàn）：挂。长：高。塘坳（ào）：低洼积水的地方。坳，水边低地。

②俄顷：不久，顷刻间。

③衾：被子。

④屋漏：泛指屋之深暗处。雨脚如麻：形容大雨如注，像麻线一样密集。雨脚，雨点。

⑤广厦：宽敞的大屋。大庇：全部遮盖、掩护起来。庇，遮盖、掩护。寒士：本指出身低微的读书人，此处泛指天下贫穷的百姓。

⑥突兀（wù）：高耸的样子。见（xiàn）：同"现"，出现。庐：此处指茅屋。足：值得。

　　此诗作于上元二年（761）八月。这年春，杜甫在成都浣花溪畔筑起了一座茅屋。不料到八月茅屋就遭受到了暴风骤雨的袭击，屋漏又遭连夜雨，加之联想到动荡不安的时局，诗人因此彻夜无眠，感慨万端，写下了这首歌行。这首诗在结构上可分为四个部分：前五句为一个意段，点明题意，写茅屋为秋风所破的情状；接着五句是第二部分，写茅屋为秋风所破后诗人的主观反应；接下来八句又不吝笔墨地描绘屋破偏遭连夜雨的苦况；最后六句长短相间，长发感慨，情绪激越，表达了诗人忧国忧民的情怀。"安得广厦千万间，大庇天下寒士俱欢颜"是传诵千古的名句，体现了诗人推己及人、忧国忧民的博大胸襟。

白日放歌须纵酒，青春作伴好还乡。

闻官军收河南河北[①]

剑外忽传收蓟北，初闻涕泪满衣裳。[②]
却看妻子愁何在，漫卷诗书喜欲狂。[③]
白日放歌须纵酒，青春作伴好还乡。[④]
即从巴峡穿巫峡，便下襄阳向洛阳。[⑤]

[①]本篇为广德元年（763）春在梓州（今四川三台）时所作。本年正月，延续八年的安史之乱被彻底平定，河南、河北各州郡全被唐军收复，杜甫在梓州听到此消息，兴奋之余写下本篇。闻：听说。官军：指唐朝军队。

[②]剑外：剑门关以南，这里指四川。蓟北：泛指唐代幽州、蓟州一带，今河北北部地区，是安史叛军的根据地。裳：读cháng。

[③]却看：再看。妻子：妻子和儿女。愁何在：哪还有一点忧愁，即忧愁已无影无踪。漫卷：胡乱地卷起。喜欲狂：高兴得简直要发狂。

[④]放歌：放声高歌。须：应当。纵酒：开怀痛饮。青春：明丽的春景。作伴：指与妻儿一同。

[⑤]便：于是。下：顺江而下。"洛阳"下作者原注："余田园在东京。"

这是杜甫"生平第一首快诗"。安史之乱给广大人民带来极大的灾难，杜甫带着妻小飘零八载，几乎辗转半个中国。好不容易盼到政府平定叛乱、收复山河的消息，诗人欣喜若狂，情不自禁地写下这首脍炙人口的诗篇。首联写喜讯传来，"忽"字形容捷报来得突然，这也是诗人"涕泪满衣裳"的一个关键。颔联续写喜情：再看妻子儿女们脸上的愁云消去了，开始做起回乡的准备，"漫卷诗书"传达其抑制不住的欢快。"白日放歌须纵酒，青春作伴好还乡"把"喜欲狂"的气氛推向高潮：人逢喜事精神爽，天公也十分作美，天气晴朗，春景绚丽。在此大好时节，尽情地放歌饮酒也不足以表达内心的喜悦。尾联写诗人对"青春作伴好还乡"的狂想，身在梓州，而弹指之间心已回到故乡。此联包涵四个地名，"巴峡"与"巫峡"同在长江流域，故用"穿"；"襄阳"与"洛阳"相隔千里，但用"便下"与"向"贯串起来，给人瞬间抵达的感觉。诗人在洛阳有田园，回去不愁温饱了。

新松恨不高千尺，恶竹应须斩万竿。

将赴成都草堂，途中有作，先寄严郑公五首
其四①

常苦沙崩损药栏，也从江槛落风湍。②
新松恨不高千尺，恶竹应须斩万竿！③
生理只凭黄阁老，衰颜欲付紫金丹。④
三年奔走空皮骨，信有人间行路难。⑤

①严郑公：即严武。广德元年（763），严武封郑国公，故称严郑公。
②江槛：临江的栏杆。湍：急流的水。

③新松：指此前手种的四棵小松。杜甫《四松》："四松初移时，大抵三尺强。"

④生计：生计。黄阁老：指严武。唐代中书、门下省的官员称"阁老"，严武以黄门侍郎镇成都，所以这样称呼。紫金丹：烧炼的丹药。

⑤三年奔走：宝应元年（762）七月杜甫与严武分别后，漂泊梓州、阆州，至是，前后达三年。空皮骨：只剩下皮包骨头。

这首诗是广德二年（764）杜甫在从阆中回成都的路上写的。上一年杜甫在梓州突然得到挚友房琯客死在阆中的噩耗，便星夜兼程赶赴阆中吊唁，并料理朋友的后事，广德二年返回成都。前两句写杜甫许久没回草堂，设想草堂的沙岸崩塌，药栏被损毁，可能和临江的栏杆一并被湍急的流水冲走了。三、四句"新松恨不高千尺，恶竹应须斩万竿"是诗中的名句，意为回去后应当好好打理打理草堂附近的植物，也表明了诗人爱憎分明、崇善嫉恶的性格和思想，富有教育意义。后四句是表达感激严武的帮助和三年来的漂泊之苦，感慨人生道路艰难。诗人回顾了过去的艰苦，也憧憬了重回草堂后的生活，情真意切，感人肺腑。国家主席习近平2016年1月12日在十八届中央纪委六次全会上引用"新松恨不千尺高，恶竹应须斩万竿"，强调反腐除恶务尽。

两个黄鹂鸣翠柳，一行白鹭上青天。

绝句四首　其三

两个黄鹂鸣翠柳，一行白鹭上青天。
窗含西岭千秋雪，门泊东吴万里船。①

①西岭：指岷山，在四川和甘肃的交界处。"千秋雪"后作者原注："西山白雪，四时不消。"东吴：指三国时期吴国的领地，今在江苏、浙江一带。

这首七绝小诗作于广德二年（764）四月杜甫寓居成都草堂时。这段时间是杜甫一生中最为安逸、闲适的时光，他在此际写下了不少清新自然的诗篇，这首绝句即为其中脍炙人口的一篇，原题有四首，此为第三首。诗人在四句中分别描绘了四幅早春的画面，一、二句用黄、翠、白、青等缤纷的色彩，展现出明媚的春景，"鸣""上"两个动词将春天生机勃勃的景象生动地刻画出来；第三句写白雪千年不化，写时间；第四句写万里之外的东吴之船，就停在窗外不远处，写空间。在艺术上，绝句一般不用对偶，而杜甫绝句的特点就是善用对偶，这一首四句全用了对偶，虽不是绝句正格，但对仗工稳贴切，音节晓畅，是唐代绝句中的佳篇。

群山万壑赴荆门。

咏怀古迹五首　其三

群山万壑赴荆门，生长明妃尚有村。①
一去紫台连朔漠，独留青冢向黄昏。②
画图省识春风面，环佩空归月夜魂。③
千载琵琶作胡语，分明怨恨曲中论。④

①荆门：山名，在今湖北宜都西北。明妃：指王昭君。
②去：离开。紫台：指汉宫。皇帝居所称紫宫。朔漠：北方的

沙漠。青冢：指王昭君的坟墓。

③省（shěng）识：略识，实际是不识。春风面：比喻美丽的容貌。

④胡：这里指匈奴。论（lún）：倾诉，诉说。

夔州（今重庆奉节）一带有庾信、宋玉、王昭君、刘备、诸葛亮等人留下的古迹，杜甫于唐代宗大历元年（766）游历了这些地方，写下了《咏怀古迹五首》。这里距离王昭君的故乡不远，诗人专访昭君故乡，借咏昭君的命运和遭遇，既寄予深切的同情，也表达自己漂泊异乡的悲伤和忧国怀乡的感情。首联点出昭君生长的环境，是在群山万壑间的山村里，这样雄伟的环境会诞生非凡的人物。"群山万壑赴荆门"是烘托昭君的不平凡，"独留青冢向黄昏"则感叹昭君结局十分凄凉，此句现已成为感叹人结局凄凉的名句。"画图省识春风面，环佩空归夜月魂"反映昭君遭受的不平待遇，说她即便化为魂魄也会在月夜中回归故里，作者对于昭君远嫁、埋骨青冢饱含同情。结尾"千载琵琶作胡语，分明怨恨曲中论"说千载作胡音的琵琶曲调，就是在代昭君倾诉"怨恨"。琵琶是从胡地传入中国的乐器，针对昭君的不幸遭遇，人们创作了《昭君怨》《王明君》等琵琶乐曲，曲中寄寓着怨思和同情。

万古云霄一羽毛。

咏怀古迹五首　其五

诸葛大名垂宇宙，宗臣遗像肃清高。①
三分割据纡筹策，万古云霄一羽毛。②

伯仲之间见伊吕，指挥若定失萧曹。③
运移汉祚终难复，志决身歼军务劳。④

①垂：流传。宗臣：世所敬仰的名臣。肃清高：为其清高而肃然起敬。

②纡（yū）筹策：曲折周密地运用策略。云霄一羽毛：像云霄中翱翔的凤凰。

③伯仲之间：指不相上下。伊吕：伊尹、吕尚。伊尹辅佐商汤，吕尚辅佐周武王。失萧曹：使萧何、曹参失色。

④运移：国运衰变。祚（zuò）：帝位。身歼：身灭。

这首诗咏叹诸葛亮，可与《蜀相》《古柏行》相参看。杜甫一写到诸葛亮就无法控制激情，诗中颂扬诸葛亮的大才古今无人能比，对他生不逢时、劳累而死却未能实现抱负表示沉痛的惋惜。"万古云霄一羽毛"已成为赞美伟人的名句。诗人盛赞诸葛亮的人品与伊尹、吕尚不相上下，而胸有成竹、从容镇定的指挥才能却使萧何、曹参为之黯然失色。杜甫忠君爱国，以身许国，希望为社稷安宁、民生幸福施展才华，但是一生不得志，因此在感叹武侯才智伟业时，总是融入自身理想和遭遇，诗中充溢着一股浩然之气。

孤舟一系故园心。

秋兴八首① 其一

玉露凋伤枫树林，巫山巫峡气萧森。②
江间波浪兼天涌，塞上风云接地阴。③
丛菊两开他日泪，孤舟一系故园心。④

寒衣处处催刀尺，白帝城高急暮砧。⑤

①秋兴（xìng）：秋日的情怀和兴会。"秋兴"名称来自潘岳《秋兴赋》。

②玉露：白露，因其白，故以玉喻之。凋伤：使草木凋落衰败。萧森：萧瑟阴森。

③兼天涌：波浪滔天。塞上：指夔州。接地阴：风云盖地。

④丛菊两开：杜甫此前一年秋天在云安，此年秋天在夔州，从离开成都算起，已历两秋，故云"两开"。"开"字双关，一谓菊花开，又言泪眼开。他日：往日，指多年来的艰难岁月。故园：指长安杜陵。

⑤催刀尺：指赶裁冬衣。急暮砧：黄昏时急促的捣衣声。砧，捣衣石。

《秋兴八首》是大历元年（766）杜甫五十五岁旅居夔州时的作品，是八首蝉联、结构严密、感情深挚的一组七言律诗，体现了诗人晚年的思想感情和艺术成就。这里选的第一首是组诗的序曲。首联写夔州秋日的地理环境和气候特征：严霜笼罩，草木凋残，气象萧飒。颔联写长江流经此处的气势，及巫山上风云蔽日的压抑感。巫峡险峻，江浪滔天，峡中云雾常年不散，秋天则更为阴暗，这两句把巫峡水势与上空阴云写得极为形象逼真。"丛菊两开他日泪，孤舟一系故园心"写飘零的艰难岁月及思乡之情，通过丛菊开与落来表示岁月更替，以一"系"字把怀乡的心理与具体的孤舟联结，情感显得更为真切。尾联脱开自己的身世，转写深秋日暮中隐隐传来的捣砧声，增加了悲凉的气氛，达到以声传情的艺术效果。

功盖三分国，名成八阵图。

八阵图①

功盖三分国，名成八阵图。②
江流石不转，遗恨失吞吴。

①八阵图：指由天、地、风、云、飞龙、翔鸟、虎翼、蛇蟠八种阵势组成的图形，用来操练军队或作战。

②盖：超过。三分国：指魏、蜀、吴三国。

这是一首咏怀诸葛亮的五绝，作于大历元年（766）杜甫寓居夔州时。一、二句点题，开门见山，赞颂诸葛亮创制八阵图的卓越才华，以及确立魏蜀吴三分天下、鼎足而立局势的丰功伟绩。该联采用对仗句式，"三分国"对"八阵图"，以政治上的功绩对军事上的贡献，非常妥帖，可谓用思精巧，这一联也成为咏叹诸葛亮的佳句。三、四两句发议论，表达对诸葛亮功业未就的惋惜之情。在章法上，第三句照应第二句，第四句照应首句，结构精妙。

男儿须读五车书。

题柏学士茅屋①

碧山学士焚银鱼，白马却走身岩居。②
古人已用三冬足，年少今开万卷余。③
晴云满户团倾盖，秋水浮阶溜决渠。④
富贵必从勤苦得，男儿须读五车书。⑤

①柏学士：其人不详，杜甫有多首诗提到此人，其侄柏大与杜甫有交。

②碧山：指柏学士隐居之山。焚：烧。银鱼：指唐朝五品以上官员佩戴的银质鱼符。白马却走：指柏学士骑白马逃跑。应是遭遇安史之乱。身岩居：栖居山中岩洞。

③三冬：指冬季的十月、十一月、十二月这三个月。足：用足。用《汉书·东方朔传》"三冬文史足用"的典故。年少：指柏学士侄子。开：开卷，指读书。

④团：聚。倾盖：像车上的伞盖靠在一起。溜：形容流水之急。决渠：如河渠之决口。

⑤五车书：出自《庄子·天下》："惠施多方，其书五车。"后喻指读书多、学问深。

此诗作于大历二年（767），时杜甫居夔州（今重庆奉节）。杜甫过柏学士隐居之茅屋，题诗于壁，赞美学士的勤学品格，提出富贵须从勤苦得的道理。"富贵必从勤苦得，男儿须读五车书"是说理名句，作为读书人，要想摆脱贫寒、有所作为，必须通过勤奋苦学。"男儿须读五车书"又强调勤读书、多读书的重要性。

无边落木萧萧下，不尽长江滚滚来。

登高

风急天高猿啸哀，渚清沙白鸟飞回。①
无边落木萧萧下，不尽长江滚滚来。②
万里悲秋常作客，百年多病独登台。③
艰难苦恨繁霜鬓，潦倒新停浊酒杯。④

①哀：指猿的叫声凄厉。渚（zhǔ）：水中的小洲。回：盘旋。

②落木：秋天飘落的树叶。萧萧：草木飘落的声音。

③万里：形容离故乡之远。常作客：长期漂泊他乡。百年：一生。

④苦恨：甚恨，深恨。繁霜鬓：满头白发。潦倒：困顿，衰颓。新停：刚刚停止。杜甫晚年因病戒酒，故言"新停"。

此诗又题作《九日登高》，作于大历二年（767）秋天的重阳节，为杜甫晚年寓居夔州时的作品。此诗的最大特点在于善写壮阔之景。前四句写景：首联从远处着笔，以风急、猿啸、鸟飞突出环境之萧瑟苍茫，写得有声有色；次联转向远山、长江，写出落木萧萧、江水滚滚的涵浑气象。后四句抒情，依次写自己晚年的悲境："万里"显离家之远，"百年""繁霜"显身体之衰老，停酒显疾病缠身，连唯一可解忧的酒也享用不得。"无边落木萧萧下，不尽长江滚滚来"一联以浓缩之笔，高度概括出秋天肃杀空旷的景色，与诗人岁暮感伤、壮志难酬的心境相互衬托。成语"穷困潦倒"即出自本篇。

星垂平野阔，月涌大江流。

旅夜书怀

细草微风岸，危樯独夜舟。①
星垂平野阔，月涌大江流。②
名岂文章著？官应老病休，③
飘飘何所似？天地一沙鸥。④

①危樯：高竖的桅杆。独夜舟：是说自己孤零零的一个人夜泊江边。

②月涌：月亮倒映水中，随水流涌。

③名岂文章著：怎么是因诗文而著名呢？

④飘飘：飞翔的样子，此处含飘零、漂泊的意思。

大历三年（768）春，诗人乘舟出三峡，至荆门而作此诗。首联写途中所见，诗人此时应该是在船上，岸上微风吹拂着细草，所乘之船还竖着高高的桅杆，在月夜里孤独地停泊着。这两句颇有几分凄凉寂寞的基调，见出诗人的身世之悲。"星垂平野阔，月涌大江流"是写长江夜景的名句：明星低垂，平野广阔；月随波涌，大江东流。景中含情，雄浑阔大之景反衬出诗人孤苦伶仃的形象和颠沛流离的凄怆心情。第三联以反语自我解嘲，杜甫确实是以诗文而著名的，却偏说不是；休官明明是因论事见弃，却说是因自己老病所致，在矛盾的表述中见出诗人的无奈之情和不平之气。尾联写飘零无依之况，以沙鸥自喻，一字一泪，感人至深。"星垂平野阔，月涌大江流"一联可与李白"山随平野尽，江入大荒流"相辉映。

亲朋无一字，老病有孤舟。

登岳阳楼

昔闻洞庭水，今上岳阳楼。①
吴楚东南坼，乾坤日夜浮。②
亲朋无一字，老病有孤舟。③
戎马关山北，凭轩涕泗流。④

①洞庭水：即洞庭湖，因格律须用仄声字。岳阳楼：在今湖南岳阳，临洞庭湖。

②吴楚：泛指春秋时吴国和楚国的故地。坼（chè）：裂开。乾坤：天地。一说指日月。

③一字：指简短的信札。

④戎马关山北：北方边关战事又起。戎马，比喻战事。凭轩：倚着楼窗。涕泗：眼泪。

此诗作于大历三年（768）十二月，被人赞为盛唐五律第一。这首诗把江山之景、身世之悲、家国之乱三者并在一起来写，情景交融，沉郁顿挫。颔联"吴楚东南坼，乾坤日夜浮"是写洞庭湖的名句，大开大合，一"坼"一"浮"，把洞庭湖的气象描绘得雄浑壮阔，可与孟浩然"气蒸云梦泽，波撼岳阳城"媲美。"亲朋无一字，老病有孤舟"是写苦情或身世之悲的名句：远离亲朋，音讯全无，老而漂泊，疾病缠身。尾联感伤国事，明知国家战乱，自己却报国无门，禁不住涕泪直下，令人为之唏嘘。

正是江南好风景，落花时节又逢君！

江南逢李龟年①

岐王宅里寻常见，崔九堂前几度闻。②
正是江南好风景，落花时节又逢君！

①李龟年：唐代开元、天宝年间的著名乐师，因为受到唐玄宗的宠幸而红极一时。安史之乱后流落江南，以卖艺为生。

②岐王：即李范，唐玄宗之弟。雅善音律，以好学爱才著称。

崔九：即崔涤，中书令崔湜之弟，在族中排行第九。玄宗时曾任殿中监，受到宠幸。岐王宅和崔九堂均在洛阳。

——

这首七绝是大历五年（770）春杜甫漂泊长沙时所作。杜甫年轻时曾出入于岐王李范和殿中监崔涤的门庭，得以欣赏李龟年绝妙的歌唱艺术。大历五年，也就是杜甫谢世的这一年，他在潭州（今湖南长沙）重逢了李龟年。当年红极一时的李龟年，如今却颠沛流离，流落江南，以卖艺为生；而此时的杜甫，也是四处漂泊，居无定所。二人相似的遭际、今昔的对比，加之国事的凋零、世事的变迁，使诗人不禁感慨万千，写下了这一动人的诗篇。"正是江南好风景，落花时节又逢君"不直抒胸臆，而以暮春美景衬托故人重逢、时移世易的喜悦与凄凉，含蓄委婉，"落花时节"尤其耐人寻味。

岑参

岑参（715—770），荆州江陵（今属湖北）人。天宝三载（744）进士及第，初为率府兵曹参军，后两次从军边塞：天宝八载（749）在安西节度使高仙芝幕府任掌书记；天宝十三载（754），封常清为安西北庭节度使时，为其幕府判官。代宗时，到四川任嘉州刺史，世称"岑嘉州"。杜甫曾推荐他做朝廷的谏官。岑参与高适齐名，并称"高岑"，同为盛唐边塞诗派的代表诗人，其诗艺术水平很高，善于用奇妙的语言描写边塞奇特的风光。

枕上片时春梦中，行尽江南数千里。

春梦

洞房昨夜春风起，故人尚隔湘江水。①
枕上片时春梦中，行尽江南数千里。

①洞房：幽深的内室，多指卧室、闺房，不是"洞房花烛夜"的新婚洞房。一作"洞庭"。故人尚隔：一作"遥忆美人"。故人：老朋友。

此诗约为天宝三载（744）岑参进士及第后所作。题作《春梦》，似乎就是诗人春天的一个梦境，却又给人一种朦胧之感。所以有人认为，从诗中出现"洞房""春风""枕上""春梦"等措辞以及全篇的风格来看，它的抒情主人公应为女性，这是一首传统的闺思诗。诗的前两句写梦前之思，点明时节、环境与思念的对象。诗的后两句写思后之梦，"枕上片时春梦中，行尽江南数千里"用时间的速度和空间的广度，显示出诗人对"故人"思念之深。

庭树不知人去尽，春来还发旧时花。

山房春事①
梁园日暮乱飞鸦，极目萧条三两家。②
庭树不知人去尽，春来还发旧时花。

①岑参《山房春事》共二首，这是第二首。山房：山中的房舍，就是唐代士大夫的"别业"。春事：春色，春意。

②梁园：西汉梁孝王的东苑，到唐代还是著名的风景区。故址在今河南开封东南。

这首诗约为岑参进士及第后游梁园时所作。虽然写的是春天，但全诗弥漫着浓浓的悲伤，诗人大发历史兴衰的慨叹。梁园在汉代是著名的风景胜地，一到春天，花团锦簇，游人如织。但是如今呢？游人都不见了，周围的人家也只剩下可怜的两三户。如此沉重的对比，让诗人不禁发出长长的叹息："庭树不知人去尽，春来还发旧时花。"与活生生的人相比，那些无知的庭树和花草依然尽其所能地生长、炫耀。景还是那个景，人却不是以往那些人了，这样萧瑟，这样凄清！繁盛的草木与冷清的游人对比，更加凸显出人世沧桑和战争带给人民的苦难。李白的《梁园吟》、王昌龄的《梁苑》都是写类似的感慨，可以对比阅读。

马上相逢无纸笔，凭君传语报平安。

逢入京使①

故园东望路漫漫，双袖龙钟泪不干。②
马上相逢无纸笔，凭君传语报平安。③

①入京使：去京城的使者。故园：故乡，指长安。岑参不是长安人，但他的妻儿安置在长安。

②龙钟：沾湿的样子。

③凭：托。

这首诗作于天宝八载（749）岑参初次去安西都护府（治所在今新疆库车）途中，遇到入京使者，诗人匆匆忙忙，只好捎个口信给亲人。离开家乡的游子最放心不下的莫过于家中亲人，古代交通不便，人远行在外，路途艰辛，不知何时才能和家人团聚，所以分外珍惜和家人的通信。"马上相逢无纸笔，凭君传语报平安"是生活中常见的事，经岑参这么一点染，相当感人：在意外匆忙的时刻没有纸笔，只能让人捎个口信报平安，对家人的惦念跃然纸上，很有典型意义，不愧为名句。

功名只向马上取，真是英雄一丈夫！

送李副使赴碛西官军①

火山六月应更热，赤亭道口行人绝。②
知君惯度祁连城，岂能愁见轮台月！③
脱鞍暂入酒家垆，送君万里西击胡。
功名只向马上取，真是英雄一丈夫！

①碛（qì）西：即安西都护府，治所在今新疆库车附近。

②火山：又名火焰山，在今新疆吐鲁番。赤亭道口：即今火焰山的胜金口，为鄯善到吐鲁番的交通要道。

③祁连城：十六国时前凉置祁连郡，郡城在祁连山旁，称祁连城，在今甘肃张掖西南。轮台：唐代庭州有轮台县，这里指汉时所置古轮台，在今新疆轮台东南，李副使赴碛西经过此地。

这首诗作于天宝十载（751）六月。当时，高仙芝正在安西率师西征，李副使（名不详）因公从凉州（今甘肃武威）出发赶赴碛西军中，岑参作此诗送别。这首送别诗熔叙事、抒情、议论于一炉，和一般的送别诗不同，诗中既不写饯行的歌舞场面，也不写分手时的难舍离情，作者只是以朋友的口吻聊天、劝酒，语言明快晓畅。"功名只向马上取，真是英雄一丈夫"两句直抒胸襟，是对李副使从军报国的最大礼赞，真是气贯长虹。"只向"语气是多么坚决。这既可看作岑参勉励李氏立功扬名、创造英雄业绩，又是自己的理想和壮志。从军报国，立功边疆，是唐人的普遍理想。

忽如一夜春风来，千树万树梨花开。

白雪歌送武判官归京①

北风卷地白草折，胡天八月即飞雪。②

忽如一夜春风来，千树万树梨花开。

散入珠帘湿罗幕，狐裘不暖锦衾薄。

将军角弓不得控，都护铁衣冷难著。③

瀚海阑干百丈冰，愁云惨淡万里凝。④

中军置酒饮归客，胡琴琵琶与羌笛。⑤

纷纷暮雪下辕门，风掣红旗冻不翻。⑥

轮台东门送君去，去时雪满天山路。

山回路转不见君，雪上空留马行处。

① 判官：唐代节度使、观察使下的属官。

② 白草：西域牧草名，秋天变白色。胡天：指西域的气候。

③ 控：引弓。都护：镇守边疆的武将。唐朝边疆设六个都护府，各有大都护一员。难：一作"犹"。

④ 瀚海：指沙漠。阑干：纵横的样子。

⑤ 中军：主帅的营帐。归客：指武判官。

⑥ 辕门：军营门。掣（chè）：牵引。

这是岑参最有名的边塞诗之一，作于天宝十三载（754）他第二次出塞以后。此时，他很受安西节度使封常青的器重，他的大多数边塞诗写于这一时期。岑参在这首诗中，以诗人的敏锐观察力和奇异奔放的笔调，描绘了祖国西北边塞的壮丽景色，以及边塞军营送别归京官员的热闹场面，表现了诗人和戍边将士的爱国热情，以及他们对战友的真挚感情。前一部分咏雪，描绘出边疆沙漠壮丽的雪景和冰天雪地的奇寒。后一部分写送别的情景，寒冷中有温暖。结尾的送别画面饶有余味。"忽如一夜春风来，千树万树梨花开"，想象奇特，比喻贴切，化悲凉为喜悦，是写边疆雪景的千古名句。

一生大笑能几回，斗酒相逢须醉倒。

凉州馆中与诸判官夜集^①

弯弯月出挂城头，城头月出照凉州。
凉州七里十万家，胡人半解弹琵琶。^②
琵琶一曲肠堪断，风萧萧兮夜漫漫。
河西幕中多故人，故人别来三五春。^③
花门楼前见秋草，岂能贫贱相看老。^④
一生大笑能几回，斗酒相逢须醉倒。

①凉州：唐朝河西节度府所在地，治所在今甘肃武威。馆：客舍。

②半解：半数人懂得。解，懂得、明白。

③河西：此处指河西节度使，治所在凉州。

④花门楼：这里指凉州馆舍的楼房。贫贱：贫苦微贱。

此诗作于天宝十三载（754）。天宝八载岑参第一次赴西域时曾暂驻凉州，结识了许多朋友，所以当天宝十三载赴北庭再次途经凉州时，就有很多老朋友前来迎送，此诗写的就是与河西幕府的老同事们一次欢聚夜饮的场面。前六句主要写环境背景，将凉州的宏大、繁荣和少数民族特有的风气呈现在读者面前。"一生大笑能几回，斗酒相逢须醉倒"写得大气酣畅，将朋友之间的深情厚谊与西北地区的粗犷民风结合，相得益彰——老友之间难得的相遇怎么能不大笑，怎么能不大醉？从中确实可见诗人的真情豪迈。

张志和

张志和（？—774），字子同，初名龟龄，婺州金华（今属浙江）人。唐代著名道士、词人和诗人，自号"烟波钓徒"，又号"玄真子"。唐肃宗时曾待诏翰林，被赐名志和，做过左金吾卫录事参军，因事被贬，赦还以后绝意仕途，长期在太湖一带山水间过着隐逸生活。他学问广博，工诗善画，精通音乐，善于汲取民歌营养，《渔歌子》五首就借鉴了民间渔歌。

西塞山前白鹭飞，桃花流水鳜鱼肥。

渔歌子[①]

西塞山前白鹭飞，桃花流水鳜鱼肥。[②]
青箬笠，绿蓑衣，斜风细雨不须归。[③]

①《渔歌子》又名《渔父》《渔父歌》。这组词共五首，分咏西塞山、钓台、雪溪、松江、青草湖。

②西塞山：在今浙江湖州。一说在今湖北黄石长江边。鳜（guì）鱼：俗称桂鱼，肉质鲜美。

③箬（ruò）笠：竹叶或竹篾做的斗笠。蓑（suō）衣：用草或

棕编制成的雨衣。

大历十年（775）春，张志和与湖州刺史颜真卿在湖州唱和，这首词约作于此时。这首词用二十七字描写了西塞山景色和渔父生活，是一幅生动的江南水乡渔歌图。全诗通过雨中山、桃花水、鳜鱼肥、白鹭飞等自然景物浑然一体之貌，衬托了头戴青箬笠，身披绿蓑衣，在"斜风细雨"中垂钓忘返的渔父形象，以渔父的执着寄托了作者怡情山水、避世终老的平淡心境。前两句描摹出江南水乡风景秀美的场景，像一幅水墨画，生动活泼。"西塞山前白鹭飞"一句，苏轼曾用入《鹧鸪天》《浣溪沙》词，但没有原句那般妙悟通化。这首词为日本的汉诗作者开辟了填词途径，嵯峨天皇的《渔歌子》五首及其臣僚的奉和之作七首皆由此词改制而成。

刘方平

刘方平，洛阳（今属河南）人。天宝中举进士不第，遂隐居，终生未仕。与李颀、皇甫冉、元德秀、严武为诗友。善写闺情宫怨、咏物写景，诗多寓情于景，意蕴无穷。其《月夜》《春怨》等都是历来为人传诵的名作。

今夜偏知春气暖，虫声新透绿窗纱。

月夜

更深月色半人家，北斗阑干南斗斜。①
今夜偏知春气暖，虫声新透绿窗纱。②

①更深：夜深了。古时计算时间，一夜分成五更。月色半人家：月光只照亮了人家房屋的一半，另一半隐藏在黑暗里。阑干：横斜的样子。南斗：在北斗星以南有星六颗，形似斗，故称"南斗"。

②偏知：才知，表示出乎意料。新：初。

这首诗约为天宝十一载（752）前后刘方平在洛阳时所作。诗人写初春的月夜，却另辟蹊径，没有着意刻画月夜笼罩下的各种景物，而是从微末的细节入手，将春夜的静谧和大自然物候的变化描写得细致动人：深更半夜，月光照得人家半明半暗，天上斗转星移，时光在悄悄流逝；大地一片寂静，昆虫首先感知到今夜春气的和暖，快乐地鸣叫起来，鸣声透过绿色的窗纱传到屋里，给人新鲜感。诗人用一双诗意的眼睛发现生活中不易察觉的事物，将自己细腻的感受表达出来。"今夜偏知春气暖，虫声新透绿窗纱"两句写春意袭人，新颖别致，清丽自然，妙趣横生，是广为传诵的佳句。

张
继

张继（715？—779？），字懿孙，襄州（今湖北襄阳）人。天宝十二载（753）进士及第，尚未授官即爆发安史之乱，流寓吴、越等地。与刘长卿友善。今存诗五十余首，擅长五律和七绝，诗风清丽。其《枫桥夜泊》一诗传诵千古。

月落乌啼霜满天。

枫桥夜泊

月落乌啼霜满天，江枫渔火对愁眠。①
姑苏城外寒山寺，夜半钟声到客船。②

①渔火：渔船上的灯火。

②姑苏：苏州。寒山寺：寒山中的寺庙。寒山，冷落寂静的山。一说"寒山寺"特指苏州枫桥附近的一个寺庙，相传唐诗僧寒山子曾居于此，故名。但寒山生活在唐大历、贞元年间，与张继同时而略晚。"寒山寺"作为枫桥附近的一个寺庙，其名称当来源于

张继此诗。

一

这首诗约为天宝十五载（756）秋张继在苏州时所作。张继进士及第之后未及授官，安史之乱爆发了，他避乱沿江东下，准备去会稽（今浙江绍兴），途经苏州，夜泊吴淞江（又名松江），有感而作本篇，诗题一作《夜泊松江》。这首诗通过夜泊枫桥见到的江南水乡秋夜特有的景色，抒发诗人旅途中的惆怅心情，风格苍凉。诗人通过视觉："月落""江枫""渔火"，听觉："乌啼""夜半钟声"，触觉："霜满天"来感受景物，有远景有近景，有动景有静景，都统摄于一个"愁"字。四句诗全是写景，形成了"诗中有画"的特色。诗人巧妙剪裁，精心组合意象，将水乡秋夜的幽静清冷和羁旅者的孤寂漂泊融为一体。特别是"月落乌啼霜满天"一句尤其著名，诗人将朦胧的落月、啼叫的乌鸦、寒冷的霜气组合在一起，三种意象内蕴丰富，和谐一致，共同渲染了秋夜的寂静苍凉情调。与意象密布的一、二句不同，三、四句只写了"夜半钟声"，让诗的境界变得更加开阔，也使全诗的韵味更加悠长。当代流行歌曲《涛声依旧》就是对此诗意境很好的演绎。

贾至

贾至（718—772），字幼邻，洛阳（今属河南）人。天宝元载（742）明经及第，官至中书舍人。曾发起《早朝大明宫》唱和，王维、岑参、杜甫皆参与，成为文坛佳话。今存诗四十多首，诗风高华典雅。

东风不为吹愁去，春日偏能惹恨长。

春思①

草色青青柳色黄，桃花历乱李花香。②
东风不为吹愁去，春日偏能惹恨长。

①思：思绪。
②历乱：纷繁杂乱。

这首诗大约是乾元二年（759）贾至贬官岳州司马后所作，诗人当时被愁绪缠绕，即使是生机盎然的春光也不能消解，反而责怪春光。诗的一、二句描写美丽灿烂的春景：青草丛生，绿柳抽芽，桃花挂在枝头丛丛点缀，李花的香味飘得很远——多么让人心醉的画面啊！但是这样让人心旷神怡的美景也不能将诗人从悲愁中解脱出来。"东风不为吹愁去，春日偏能惹恨长"是名句，诗人怨恨东风不能为自己排遣愁绪，迁怒春天让自己的怨恨延长，由自己个人的心绪迁怒无辜的事物，由此可见诗人的愁是多么深、多么重了。此两句中"惹"字用得绝妙。

刘长卿

刘长（zhǎng）卿（718？—790？），宣州（今安徽宣城）人，郡望河间（今属河北），生长在洛阳，他诗里所说的故乡就是指洛阳。天宝八载（749）进士及第，官至随州刺史，世称"刘随州"。刘长卿身世很不幸，曾屡次考场失利，屡遭贬谪。但他性格刚强，又很自负，他五言诗写得好，就自号"五言长城"。其诗多写荒村水乡，语言精练，形象鲜明，韵味淳厚。今存诗近五百首。

古调虽自爱，今人多不弹。

听弹琴

泠泠七弦上，静听松风寒。①
古调虽自爱，今人多不弹。

①泠泠（líng）：形容琴声清越。松风寒：像寒风吹松林的声音。"松风"也指《风入松》古曲，一语双关。

"七弦琴上弹奏出清幽的琴声，静静地听就像寒风吹入松林那样凄清。虽然我十分喜爱古老的曲调，但现在很少有人弹奏了。"

这首诗有感而发，借听弹琴和对时尚的慨叹，流露出淡淡的感伤，抒发了诗人怀才不遇、知音稀少的感慨，孤芳自赏，能见情操。诗的前两句描写音乐的境界，赞美琴艺的高超，后两句转而抒情，感慨时下的风尚，委婉地流露出自己的心绪。"古调虽自爱，今人多不弹"是常被今人引用的名句。成语"古调不弹"出于此，今多比喻过时的东西不受欢迎。又生出成语"古调单弹"，比喻言行不合时宜。

这首诗是至德二载（757）刘长卿在长洲县尉任上所作。长洲今属于苏州市区的一部分。刘长卿这首《听弹琴》五绝，后两句用巧妙的流水对，很得意。当时两京尚未收复，朝廷派礼部侍郎李希言出任江东采访使兼苏州刺史，知江东贡举。于是刘长卿又把这首《听弹琴》五绝增补了首尾两联，稍作改动，成为一首五律，改题作《幽琴》，投献给李希言，希望李希言能赏识、推荐自己。

荷笠带夕阳，青山独归远。

送灵澈上人①

苍苍竹林寺，杳杳钟声晚。②
荷笠带夕阳，青山独归远。③

①灵澈（chè）：俗姓汤，会稽（今浙江绍兴）人，中唐著名诗僧，与皎然齐名。刘禹锡少年时拜其为师学诗。

②竹林寺：在润州（今江苏镇江）。杳杳：深远的样子。

③荷笠：荷叶制成的斗笠。一说"荷"为动词，"荷笠"意为头戴斗笠，或身背斗笠。夕阳：一作"斜阳"。

这是刘长卿的送别诗中最著名的一篇，约作于大历五年（770）夏秋之际。灵澈上人是中唐时期的著名诗僧，诗中的竹林寺在今江苏镇江，是灵澈此次游方歇宿的寺院。这首诗写傍晚时分，诗人送灵澈返回竹林寺的途中所见，像一幅意境幽美的山水画，写得有声有色，有近有远，情谊真挚。前二句是诗人想象灵澈宿处的情景：苍苍山林中，远远传来寺院报时的钟响，这钟声仿佛在催促灵澈归山。诗人用简短的笔墨就勾勒出清远幽渺的意境，符合送别对象的身份，也契合作者此时寂寞的心情。"荷笠带夕阳，青山独归远"一联历来为人传诵。这一联中只写了行者，并未写送别之人，但"独归远"却显出诗人伫立目送、依依不舍的样子，表达了诗人对灵澈真挚的情意。

柴门闻犬吠，风雪夜归人。

逢雪宿芙蓉山主人①

日暮苍山远，天寒白屋贫。②
柴门闻犬吠，风雪夜归人。

①逢：遇上。宿：投宿。芙蓉山：各地以芙蓉命山名者甚多，这里大约是指湖南宁乡的芙蓉山。主人：指留诗人借宿的房东。

②日暮：傍晚的时候。苍山远：青山在暮色中影影绰绰，显得很远。苍，青色。白屋：用白茅草搭建的屋子，一般指贫苦人家。

本篇约为大历六年（771）冬在潭州（今湖南长沙）时所作。大历六年秋刘长卿自鄂州（今湖北武汉）到湖南，冬日连降大雪，刘长卿在芙蓉山借宿而作此诗。这是刘长卿的名作之一，用极其精练的笔墨描绘了一幅寒山夜宿图，风格凄清。诗的第一句点明诗人投宿的时间、风雪途中所见，暗示自己跋涉的辛劳以及急于投宿的心情。第二句交代了投宿的地点、主人家简陋贫寒的境况。"柴门闻犬吠，风雪夜归人"一联写生活之辛苦，历来为人称道。后两句描写诗人投宿后的情况：在深夜将睡时，突然听到柴门旁狗叫的声音，大概是夜里归来的人惊动了它吧。短短两句，引起了后人诸多猜测，究竟谁是"夜归人"也众说纷纭，有人说是主人，也有人说是邻居。但若没有主人在家，诗人怎么能够借宿？基于这个理由，"夜归人"解释为邻居更好。

于良史

于良史，约于天宝末年入仕，大历中官监察御史。贞元四年（788）至十六年（800）间为徐泗节度使张建封从事。其诗清雅，工于写景状物，被胡应麟作为"中唐诗"的起点和代表。

掬水月在手，弄花香满衣。

春山夜月

春山多胜事，赏玩夜忘归。①
掬水月在手，弄花香满衣。②
兴来无远近，欲去惜芳菲。
南望鸣钟处，楼台深翠微。

①胜事：美好快乐的事。
②掬（jū）：双手捧起。

本篇约为唐代宗大历初年于良史隐居山中时作，描写春夜山中赏月的乐趣。诗人描绘了一幅清幽淡远的春山夜月图，表达悠然自得、纵情山水的畅快心情。"掬水月在手，弄花香满衣"两句写景新颖而工巧，韵味和美感十足，被誉为妙句，后人赞叹模仿甚多，譬如李后主咏团扇诗有"揖让月在手，动摇风满怀"亦称妙句。

韩翃

韩翃（hóng），字君平，南阳（今属河南）人，天宝十三载（754）进士及第，为"大历十才子"之一。唐德宗喜欢他的诗，曾亲自批示，授韩翃知制诰。当时朝中有两个韩翃，宰相不知授予哪个，德宗批复："'春城无处不飞花'韩翃也。"后来韩翃官至中书舍人。他与柳氏的爱情悲欢，被许尧佐写入传奇《柳氏传》。

春城无处不飞花。

寒食①

春城无处不飞花，寒食东风御柳斜。②
日暮汉宫传蜡烛，轻烟散入五侯家。③

①寒食：寒食节。我国传统节日，唐代一般在清明节前两天，禁火，只吃冷食，所以称寒食，到清明为止，总共禁火三天。

②花：指柳絮。御柳：皇宫花园里的柳树。

③汉宫：这里指唐朝皇宫。传蜡烛：寒食节普天下禁火，但权贵宠臣得到皇帝恩赐可以燃烛。五侯：汉成帝时封王皇后的五个兄

弟王谭、王商、王立、王根、王逢时皆为候，受到特别的恩宠。这里泛指天子近幸之臣、豪门贵族。

一

这首诗约为大历七年（772）春韩翃在长安时所作，大历八年以后韩翃就结束了长安闲居生活，到外地幕府去了。有人说这是一首讽刺诗，实际上这是一首颂诗，歌颂唐德宗皇恩浩荡和大唐繁荣祥和的气象，在歌颂的同时暗含委婉的讽谏。头两句写寒食节都城一片美好的春景：皇宫的御柳在东风的吹拂下飘散出满城的飞絮，暗示皇恩浩荡，无处不在。后两句说五侯家得到皇恩最多，寒食节虽然禁火，但得宠的官员却可以得到皇上特赐的火烛——多么光荣啊，看他们家的上空香烟缭绕，好一派升平气象！实际上是诗人用贴切的典故，暗讽豪门贵族获得利益更多的不公平现实。唐德宗非常欣赏这首诗温柔敦厚的风格，因这首诗而提拔韩翃为知制诰的高官；韩翃也因这首诗而名扬千古。"春城无处不飞花"一句已引申为赞美春天的名句，也是"飞花令"这一游戏名称的来源。

戴叔伦

戴叔伦（732—789），字幼公，又字次公，润州金坛（今属江苏）人。年少时拜萧颖士为师。官至容管经略使，后人称为"戴容州"。诗歌题材丰富，有的表现隐逸生活和闲适情调，有的反映民生疾苦，有的表达报国之情。

愿得此身长报国，何须生入玉门关。

塞上曲

汉家旌帜满阴山，不遣胡儿匹马还。
愿得此身长报国，何须生入玉门关。①

①生入玉门关：东汉班超投笔从戎，在西域几十年，立下丰功伟绩。晚年思乡，曾上书朝廷，希望能"生入玉门关"。玉门关，古时通西域的关口，在今甘肃敦煌西北。

戴叔伦的边塞诗《塞上曲》共两首，这是第二首，约作于天宝十二载（753），此年漠北和西域皆有战事，戴叔伦年方二十二岁，有从军报国的理想。诗歌通过描写唐军英勇歼敌的场景，赞颂了边塞将士的英雄气概和赫赫战功，表达自己渴望抵御敌人侵扰、从军报国的爱国热情。前两句先是铺陈出大唐军队的豪迈声势，升华保家卫国的决心。"愿得此身长报国，何须生入玉门关"反用东汉班超希望"生入玉门关"的典故，表达终身守卫边疆、抱着必死决心来报效国家的豪情壮志。

韦应物

韦应物（735—790），字义博，长安（今陕西西安）人。天宝末年，为唐玄宗侍卫，放浪不检。安史之乱后，洗心革面，入太学读书，做了地方官，贞元中任苏州刺史，世称"韦苏州"。韦应物是唐代著名清官。今存诗五百余首，以五言古体为最多。他擅长写山水田园诗，诗风恬淡高远，与王维、孟浩然、柳宗元并称为"王孟韦柳"。

浮云一别后，流水十年间。

淮上喜会梁州故人①

江汉曾为客，相逢每醉还。
浮云一别后，流水十年间。②
欢笑情如旧，萧疏鬓已斑。
何因不归去？淮上有秋山。③

①淮上：淮水边，今江苏淮阴一带。梁州：指兴元府，在今陕西汉中。"州"一作"川"，梁川在今河南临汝。

②流水：喻岁月如流，又暗合"江汉"。

③淮上有秋山：言淮上风光可恋。

大历四年（769）秋，韦应物自京城赴扬州，经楚州时在淮上喜遇梁州故人，感慨而作此诗。十年未见的老友乍一相逢，既有欢喜，也有青春时光易逝的无奈与悲凉。古人在面对离别和相逢时，情感更容易被激发，盖因古时交通不便，"相见时难别亦难"，因而这一次相逢才会让诗人格外喜悦。首联是作者回忆与友人昔日欢乐的时光，凸显二人之间的友情。颔联从往昔的青葱岁月回归到现实，抒发了分别十年的感伤之情。颈联悲喜交加，喜的是"我"与友人的情谊一如往昔，悲的是二人都不复当年的青春年少，两鬓斑白却还在宦游漂泊。尾联以诗人的自问自答，给读者留下回味的余地。"浮云一别后，流水十年间"是广为传诵的名句，这一联属于"流水对"，读起来一气呵成，自然洗练，用"浮云""流水"这种变幻不定的意象，高度浓缩了十年时光的易逝、人事的变幻莫测，短短两句就将复杂的别离情绪概括了出来。

身多疾病思田里，邑有流亡愧俸钱。

寄李儋元锡①

去年花里逢君别，今日花开又一年。
世事茫茫难自料，春愁黯黯独成眠。②
身多疾病思田里，邑有流亡愧俸钱。③
闻道欲来相问讯，西楼望月几回圆。

①李儋（dān）、元锡：都是作者的朋友，两人先后来滁州（今属安徽）访问过韦应物。

②黯黯（àn）：心神沮丧的样子。
③邑：所管地区。流亡：逃难的灾民。俸钱：俸禄，工资。

　　这首诗作于兴元元年（784）春，当时韦应物在滁州刺史任上。这是韦应物的名篇之一，思想境界较高，主要表达他忧时伤乱的沉重心情。结尾说："听说你们要来探望我，我已在西楼等了几个月了。"可见他盼望得到友情的安慰。"世事茫茫难自料，春愁黯黯独成眠"是名句。"身多疾病思田里，邑有流亡愧俸钱"两句尤其著名，意思是说："我虽然疾病缠身但仍然心系百姓，关心百姓的农耕情况。如果我管辖的地区还有逃难的灾民，那么我怎么能心安理得地继续拿朝廷的俸禄呢？"这是韦应物做官的标准，是他高尚品格的具体体现。

春潮带雨晚来急，野渡无人舟自横。

滁州西涧①

独怜幽草涧边生，上有黄鹂深树鸣。②
春潮带雨晚来急，野渡无人舟自横。③

①滁州：今属安徽。西涧：滁州城西的一条河。
②独怜：特别喜爱。
③春潮：春水泛滥。

　　本篇作于贞元元年（785）春，当时韦应物已罢滁州刺史之职，闲居在滁州西涧。这是韦应物写景的名篇，描写春游滁州西涧所见情景，也是韦应物当时处境的写照：纵然"野渡无人"，也情愿

"舟自横"。韦应物独独喜欢涧边刚生出来的幽草，欣赏无人的孤舟在急迫的春潮中悠闲地横躺着的景象，表露了恬淡而孤独的胸怀。"春潮带雨晚来急，野渡无人舟自横"这一联是写景名句，将野渡春雨写得历历在目，形象丰富幽美，是一幅境界独特的风景画。

我有一瓢酒，可以慰风尘。

简卢陟①

可怜白雪曲，未遇知音人。②
恓惶戎旅下，蹉跎淮海滨。③
涧树含朝雨，山鸟哢余春。④
我有一瓢酒，可以慰风尘。⑤

①简：写信给。卢陟：人名，韦应物外甥。

②白雪曲：即《阳春白雪》，战国时楚国的一种高雅乐曲。

③恓（xī）惶：忙碌不安的样子。戎旅：军队。蹉跎：光阴虚度，失意。

④哢（lòng）：指鸟的鸣叫。

⑤风尘：指行旅艰辛。

这是韦应物写给自己外甥卢陟的一首诗，创作时间是贞元元年（785）暮春，韦应物已经罢滁州刺史之职，闲居在滁州。整首诗慨叹自己和外甥知音难觅，只能在军中或者偏僻山涧中蹉跎失意的不幸际遇。前两联概括地描写诗人与外甥身世的不幸，颈联笔锋转到清新明快的景物上，从上联的"恓惶""蹉跎"中宕出一笔，使全诗的基调不至于太过灰暗，也体现了诗人性格中豁达的一面。尾联"我有一瓢酒，可以慰风尘"用"风尘"承接前联的失意，概括舅甥二人漂泊的际遇，既是诗人聊以自慰的话，也传达出诗人在失意时刻希望与外甥相聚的心情。这两句近年来被人改为"我有一壶酒，足以慰风尘"，在网络上广为流传，引起人们的广泛共鸣和争相接续。

戎昱

戎昱（740—801），荆州（今湖北江陵）人。举进士不第，漫游各地，在幕府任职，官至虔州刺史。崇拜诗人岑参、杜甫，诗风清新流丽。

不知近水花先发，疑是经春雪未销。

早梅①

一树寒梅白玉条，迥临村路傍溪桥。②
不知近水花先发，疑是经春雪未销。③

① 本篇明刻本《文苑英华》误作张谓诗。

② 迥（jiǒng）：远。傍：靠近。

③ 不知：一作"应缘"。发：开放。经春：行春，到了春天。一作"经冬"。销：同"消"，融化。

本篇应是戎昱青年时期在故乡荆州所作。这首咏梅诗紧扣一个"早"字，将初春寒梅刻画得形神兼备，暗中赞美了梅花的高洁。第一句用白玉条比喻满树开放的梅花，写出了梅花洁白的身姿，引人陶醉。第二句中"迥""傍"两字点出了梅花远离尘嚣的生长环境，侧面夸赞了梅花高洁脱俗的品性。"不知近水花先发，疑是经春雪未销"一联中"不知""疑"二字将诗人乍见早春寒梅的惊喜表达得淋漓尽致，而且疑白梅作雪，与第一句中的"白玉条"遥相呼应，立意新颖，趣味盎然，突出早梅的傲然高洁，是广为传诵的名句。

黄莺久住浑相识，欲别频啼四五声。

移家别湖上亭①

好是春风湖上亭，柳条藤蔓系离情。
黄莺久住浑相识，欲别频啼四五声。②

①移家：搬家。湖：当为荆州长湖。
②浑：全。频啼：连续鸣叫。

本篇应是戎昱青年时期在故乡荆州所作，作于搬家时，表达对故居的依依惜别之情。整首诗意境优美，画面柔和，色彩鲜明，情感浓烈，诗意盎然。前两句细致描绘出湖上亭的宜人景色：春风荡漾，柳条、藤蔓随风摇摆。作者用"系"字，将情和景巧妙地融合在一起，生动形象地传达出离情之长。后两句运用拟人的修辞手法，把黄莺人格化，赋予黄莺人的情感，物我交融，特别而不突兀，一个"啼"字将全诗的情感带向高潮，用黄莺的不舍衬托出自己对故居的留恋。

卢纶（742—799），字允言，蒲州（今山西永济）人。司空曙是他的表兄，李益是他的表弟。屡试不第，交友广泛，受宰相王缙、元载推荐，步入仕途，官至检校户部郎中。诗多送别酬答之作，也有反映军旅生活的作品。王士禛以之为"大历十才子之冠冕"（《分甘余话》卷四）。

月黑雁飞高

塞下曲

月黑雁飞高，单于夜遁逃。①
欲将轻骑逐，大雪满弓刀。②

①单（chán）于：匈奴最高首领。遁：逃走。
②将：率领。轻骑：轻装快速的骑兵。满：沾满。

卢纶《塞下曲》组诗共六首，原题为《和张仆射塞下曲》，张仆射指张献甫，卢纶弟卢绶是其女婿。贞元四年（788）秋冬，张献甫任邠宁节度使守卫边地，屡次击破吐蕃的侵扰，贞元十二年（796）春加检校左仆射，这组诗即作于此时。这首是组诗《塞下曲》的第三首，写的是敌军溃退，守边将士不畏严寒乘胜追击，衬托出将士们斗志昂扬的精神面貌。首句交代事件发生时间，"飞"和"高"字极其精妙，夜黑风高，为"单于夜遁逃"铺垫出紧张的气氛，合情合理，也从侧面赞扬了边疆战士的骁勇善战。后两句描摹出了极其豪迈而壮观的场景：将军率军追赶，茫茫夜色，漫天大雪，弓和刀在这种环境的映衬下，光芒更加强烈，画面色彩愈发浓烈，衬托出将士们的战斗热情汹涌澎拜，意蕴无穷。

李益

李益（746—829），字君虞，郑州（今属河南）人，祖籍陇西，是凉武昭王第十二代孙。大历四年（769）进士及第，官至礼部尚书。李益今存诗一百六十余首，擅长七绝，胡应麟说："七言绝，开元之下便当以李益为第一。"（《诗薮》）其边塞七绝，常常是壮烈、慷慨之中带一点伤感和悲凉。唐传奇《霍小玉传》记载了李益辜负霍小玉的故事。

早知潮有信，嫁与弄潮儿。

江南曲

嫁得瞿塘贾，朝朝误妾期。①
早知潮有信，嫁与弄潮儿。②

①贾：商人。妾：女子自称的谦词。

②潮有信：潮水涨落有一定的时间，叫"潮信"。弄潮儿：指潮水来时乘船入江的人。

这首诗约作于永泰元年（765）李益游江南时，是一首闺怨诗，主要写的是思妇埋怨商人丈夫"重利轻别离"的情绪，将思妇怨怅之态细腻地刻画出来。这首诗采用民歌体，口语化的语言给整首诗增添了一丝新奇。前两句用平淡的语言描述嫁作商人妇、商人误约期这一事实，思妇情绪蓄积待发。后两句是奇语，类似于南北朝时期释宝月《估客乐四首》中的"莫作瓶落井，一去无消息"所传达的情感，一吐积怨，借"弄潮儿"这一人物形象，以潮来有信反衬郎去不归，诉出夫婿的无情，成为千古传诵的名句。

不知何处吹芦管，一夜征人尽望乡。

夜上受降城闻笛

回乐峰前沙似雪，受降城外月如霜。①
不知何处吹芦管，一夜征人尽望乡。②

①回乐（lè）峰：回乐县境内的一座山峰。回乐县唐属灵州，为朔方军节度治所，在今宁夏吴忠。受降城：城名。汉唐筑以接受敌人投降，故名。汉故城在今内蒙古乌拉特旗北；唐筑有三城，中城在朔州，西城在灵州，东城在胜州。
②芦管：即芦笛、胡笛，其声圆润哀伤。尽：全。

这首诗为建中元年（780）李益在灵州大都督崔宁幕中所作，是一首写戍边将士的思乡之作。前两句诗人巧妙地写出了受降城似雪的沙漠和如霜的月光，这是悲凉的月下景色，夹杂了内心的无限凄凉。后两句借景抒情，寓情于景，用芦笛声来寄托思乡之情，景色、声音、感情融为一体，一夜的时间之久、芦笛声的悲凉绵长、征人尽望的乡情之深，深沉婉转，让人回味无穷。

孟郊

孟郊（751—814），字东野，湖州武康（今浙江德清）人。贞元十二年（796）四十六岁进士及第，任溧阳县尉。一生仕途不顺，穷愁潦倒，与韩愈友善，人称"韩孟"。又与贾岛齐名，人称"郊岛"，苏东坡评为"郊寒岛瘦"。好苦吟，多穷苦之词，作品以乐府和古诗最多。

春风得意马蹄疾。

登科后

昔日龌龊不足夸，今朝放荡思无涯。^①
春风得意马蹄疾，一日看尽长安花。^②

①龌龊：与"窝囊"近义，指穷困不得意。夸：谈论。放荡：自由自在，不受拘束。
②疾：快。

诗人在两次落第后，终于在贞元十二年（796）四十六岁时进士及第了，在参加长安杏园探花宴时写下此诗。诗的首句连用六个入声字，尾句用三平调，酣畅淋漓地挥洒出内心的得意欢畅。前两是说写穷愁潦倒的生活从此结束，今朝的金榜题名将会改变自己的境遇。后两句是全诗的点睛之笔，衍生出来"春风得意"与"走马看花"（或"走马观花"）两个成语，活灵活现地描绘出诗人神采飞扬的姿态，他在春风中骑着马，奔腾于长安大道上，看尽名花，登科后心花怒放之态一展无遗。

谁言寸草心，报得三春晖？

游子吟

慈母手中线，游子身上衣。
临行密密缝，意恐迟迟归。
谁言寸草心，报得三春晖？ ①

——
①寸草心：比喻游子的一片孝心。三春晖：指春天的阳光，这里比喻母爱的温暖。

——
这首诗作于贞元十七年（801），是孟郊五十一岁时所作。本年孟郊被任命为溧阳（今属江苏）县尉，自京返乡将老母亲接到溧阳同住。诗人漂泊大半生，第一次当官，终于有条件孝敬老母，感慨万千中写下了这首千古名篇。诗人用六句的古体小诗歌颂了平凡而伟大的母爱，表达了难以回报母爱的自责和无奈。前两句通过母亲为儿子缝制衣服的画面展现了生活里最淳朴真实的母爱，接下来两句流露出母亲内心对儿子归期的期盼，"密密"二字饱含感情，在缝制衣服的一针一线中寄托了母亲对孩子的牵挂。最后两句用反问，升华了全诗的感情："春天的阳光不仅给了小草生命，还给了小草温暖，抚育它成长，这恩情岂是小草所能报答的？"将慈母之爱的深沉和难以回报写得感人肺腑，引发无数人的共鸣，成为不朽名句。"谁言寸草心，报得三春晖""寸草春晖"均已用作成语。

青春须早为，岂能长少年！

劝学

击石乃有火，不击元无烟。①
人学始知道，不学非自然。②
万事须己运，他得非我贤。
青春须早为，岂能长少年！

①击石乃有火：古人击石取火，一闪即灭，所以须使火花落到引火物上。当引火物开始冒烟时，缓缓地吹或扇，便燃起明火。后用"石火"比喻事物无常，起灭迅速。

②知道：明晓道理。《礼记·学记》："人不学，不知道。"

这首诗是孟郊晚年写给儿子的。孟郊共有三个儿子，两个幼年夭折，一个长到十多岁也夭折了。孟郊幼年丧父，晚年丧子，一生非常悲惨。经历了太多的生离死别，他的诗写得非常真挚深情，宋代苏轼说他"诗从肺腑出"（《读孟郊诗二首》）。这首诗劝孩子为学要趁早，年轻的时光很短暂，万事得靠自己，而不是靠他人。

张籍

张籍（766？—830？），字文昌，祖籍吴郡（今江苏苏州），幼时移家到和州乌江（今安徽和县）。贞元十五年（799）进士及第，曾任水部员外郎，故称"张水部"，官至国子司业，世称"张司业"。他生活很清贫，与王建、韩愈、孟郊、白居易、元稹、刘禹锡、李贺、贾岛等人皆友善。张籍长于乐府诗，与王建齐名，称"张王乐府"。

恨不相逢未嫁时。

节妇吟①

君知妾有夫，赠妾双明珠。
感君缠绵意，系在红罗襦。②
妾家高楼连苑起，良人执戟明光里。③
知君用心如日月，事夫誓拟同生死。
还君明珠双泪垂，恨不相逢未嫁时。

———

①一本题下有作者原注"寄东平李司空师道"。李师道，平卢淄青节度使，驻守渤海东平府。元和十一年（816）加司空衔，与

淮西叛将吴元济勾结对抗朝廷，元和十四年（819）被部将擒杀。一说本篇是张籍永贞元年（805）寄李师道之兄李师古的，非是。

②襦（rú）：短袄。

③良人：指丈夫。明光：汉代宫殿名，这里指宫殿。

本篇作于元和十一年（816）冬。一个男子热烈恋爱着一个已婚女人，赠送她两颗明珠。这个女人对他也有好感，但又不能背弃自己的丈夫。全诗写这一矛盾的产生到最后解决的过程，跌宕起伏，节妇之节，跃然纸上。这个已婚女人把人家送的一双明珠系在红罗袄子上，说明她动了心，接受了人家的爱情；最后还是流着眼泪把明珠还给人家，说明她衡量轻重，做出了取舍，委婉拒绝了这个男子，做了个真正的"节妇"。全诗以女子口吻表达心曲，缠绵动人，尤其是"还君明珠双泪垂，恨不相逢未嫁时"两句，写透了情与礼的矛盾，缱绻细腻，令人把玩嗟叹不已，堪称写爱情的名句。

其实张籍这首诗属于典型的政治诗，是借爱情来表达自己政治立场的。当时平卢淄青节度使李师道与淮西叛将吴元济勾结对抗朝廷，李师道欲招揽名士文人，就派人用厚礼来请张籍去参加他的幕府。张籍写了这首诗辞谢他，表达了自己忠于朝廷，不愿加入对抗朝廷的藩镇的立场，这与韩愈《送董邵南游河北序》的立场完全一致。

近代皈依佛门的作家苏曼殊也有名句曰："还卿一钵无情泪，恨不相逢未剃时。"模仿借鉴是明显的。"恨不相逢未嫁时"现在多被用来表达有缘无分的惋惜。

王建

王建（766？—832？），字仲初，颍川（今河南许昌）人。曾任县尉、司马等小官，生活比较贫困。擅长乐府诗，与张籍齐名，世称"张王"。又擅长七绝，较多汲取民歌特色。写过宫词百首，在传统的宫怨之外，还广泛地描绘宫中风物，是研究唐代宫廷生活的重要资料。今存诗五百余首。

未谙姑食性，先遣小姑尝。

新嫁娘词

三日入厨下，洗手作羹汤。
未谙姑食性，先遣小姑尝。①

①谙（ān）：熟悉，了解。姑：指婆婆。遣：使，让。小姑：丈夫的妹妹。

这首诗约为王建早年在邢州（今河北邢台）与张籍一同求学时所作，暂系于贞元四年（788）。这首诗写出了一位刚嫁入婆家的新媳妇进退两难的处境。从三日入厨到洗手，再到先遣小姑尝，生动形象地描绘了一幅新媳妇刚到婆家劳动的画面。婆媳问题是自古以来的家庭难题，诗中新媳妇用小姑的口味来了解婆婆，其聪慧不言而喻。封建社会中的女性处境艰难，作者别具一格地刻画出了一位机智伶俐，富有心计的女性形象，诗歌寓意耐人寻味。

扫眉才子知多少，管领春风总不如。

寄蜀中薛涛校书①

万里桥边女校书，枇杷花里闭门居。②
扫眉才子知多少，管领春风总不如。③

①薛涛（770—832）：女诗人，字洪度，长安（今陕西西安）人，跟随父亲薛郧做官而来到蜀地。八九岁能诗，父死家贫，十六岁堕入乐籍，成为一名乐妓，脱乐籍后终身未嫁。校（jiào）书：即校书郎，古代掌校理典籍的官员。薛涛当时以"女校书"名号广为人知。

②枇杷（pí pá）：乔木名，果实也叫枇杷。

③扫眉才子：泛指古往今来的女才子。管领春风：意谓独领风骚。

这是一首寄赠之作。元和四年（809），王建在荆南幕府任从事，奉命出使成都，就先寄这首诗给薛涛。首句开门见山地点出薛涛的身份，第二句则从薛涛的生活场景写起，侧面烘托了她的喜爱清幽的性格，所含深意引发联想。后两句"扫眉才子"泛指从古以来的女才子们，衬托出才华横溢的薛涛这颗闪闪发亮的诗坛明星，赞美之情溢于纸上。"扫眉才子"已为成语，用来称有文才的女子。

今夜月明人尽望，不知秋思落谁家。

十五夜望月寄杜郎中①

中庭地白树栖鸦，冷露无声湿桂花。②
今夜月明人尽望，不知秋思落谁家。③

①十五夜：指农历八月十五的夜晚。杜郎中：户部郎中杜羔。郎中，官名。

②中庭：庭中，庭院中。地白：指月光照在庭院的地上，像铺了一层白霜一样。

③秋思（sì）：秋天的情思，指怀人的思绪。

本篇约作于元和八年（813），当时王建在昭应县（在今西安）丞任上。这是一首中秋怀人之作。前两句写出了庭中月色的空寂，意象层层相扣，"地白"映衬月色的皎洁，"栖鸦"映衬夜色的寂静，"冷露"映衬秋色的萧瑟，"湿桂"映衬中庭的寒意，让人浮想联翩。后两句点明诗人意图，凉秋之意、感人之绪，都缠绕在望月的相思之情中。明明是自己的秋思，诗人用"不知"二字将秋思扩大化，深沉而委婉。这首诗意境优美，情深意长，想象丰富，将离情别绪表现得真挚动人。

韩愈

韩愈（768—824），字退之，河阳（今河南孟州）人，郡望河北昌黎，世称韩昌黎。三岁丧父，由长兄韩会抚养长大。贞元八年（792）进士及第，官至吏部侍郎，世称"韩吏部"。韩愈是唐代杰出的文学家、思想家，唐代古文运动的倡导者，与柳宗元并称"韩柳"，苏轼称他"文起八代之衰"。其诗风格奇崛险怪，也有平易流畅之篇。

升堂坐阶新雨足，芭蕉叶大栀子肥。

山石①

山石荦确行径微，黄昏到寺蝙蝠飞。②
升堂坐阶新雨足，芭蕉叶大支子肥。③
僧言古壁佛画好，以火来照所见稀。
铺床拂席置羹饭，疏粝亦足饱我饥。④
夜深静卧百虫绝，清月出岭光入扉。⑤
天明独去无道路，出入高下穷烟霏。
山红涧碧纷烂漫，时见松枥皆十围。⑥
当流赤足踏涧石，水声激激风吹衣。

人生如此自可乐，岂必局束为人靰。⑦
嗟哉吾党二三子，安得至老不更归。⑧

①山石：这是取诗的首句开头二字为题，不是赋咏山石。

②荦（luò）确：指山石不平的样子。微：狭窄。

③支子：即栀子，一种花。

④疏粝（lì）：小菜粗饭。

⑤百虫绝：虫鸣声断绝。

⑥山红涧碧：即山花红艳，涧水清碧。纷：繁盛。烂漫：色彩绚丽。枥（lì）：同"栎"，落叶乔木，我国北方用以饲养野蚕。十围：泛指树干粗大。

⑦局束：拘束。靰（jī）：牵制，束缚。

⑧吾党二三子：这里指同游者，与自己志同道合的人。不更归：不再回去。

这是贞元十七年（801）七月二十二日韩愈游洛阳惠林寺时写的游记体诗。题目是《山石》，但内容不是咏山石，只是取开头两个字作题。这首诗二十句，是七言古诗散文化的典范，主要写的是诗人游山，到寺里住了一夜，第二日下山，以及途中在山间的所见所感。前两句先是交代背景和原因，写游山到寺的情景，三、四句写寺内景物：坐在堂前台阶欣赏院子里的花草树木，大雨过后的芭蕉叶显得更大更绿，栀子花绽放得更香更美。接着写寺中和尚接待客人，取灯火领客人观看壁画，由于年代久远，壁画斑驳脱落，让人看不清。紧接着写和尚铺床拂席，供应晚饭，招待客人。夜深虫鸣停息，客人静卧床上看见月光照进窗户。天明之后，诗人下山途中看见红艳的山花、碧绿的涧水、粗大的松树和栎树，赤脚踏石过涧水，微风拂衣，陶醉在美好的大自然中，惬意得流连忘返。结尾四句总结全诗，发出感慨，与"为人鞿"的生活状态对比，表达自己对山间无忧无虑生活的向往。整篇诗歌如电影镜头般逐个播放，每一幕都有独特的意味，对后世影响很大。

百般红紫斗芳菲。

晚春

草树知春不久归，百般红紫斗芳菲。①
杨花榆荚无才思，惟解漫天作雪飞。②

①芳菲：形容花的芳香。

②杨花：柳絮。榆荚：榆钱，榆未生叶时，先在枝间生荚，荚小如钱，荚老呈白色，随风飘落。

本篇作于元和十一年（816），当时韩愈在长安任中书舍人。这是一首描写暮春时节景物的诗，写春将逝去，草木植物使出浑身解数想要留住春天。百花怒放的春景生动逼人，杨花榆荚比起百般红紫略逊一筹，却化作雪花漫天飞舞，为晚春添色。后两句诗的寓意历来引起争议，一般认为作者对杨花榆荚是持有怜惜态度，表现了自己的幽默谐趣。

云横秦岭家何在？雪拥蓝关马不前。

左迁至蓝关示侄孙湘①

一封朝奏九重天，夕贬潮州路八千。②

欲为圣明除弊事，肯将衰朽惜残年。③
云横秦岭家何在？雪拥蓝关马不前。④
知汝远来应有意，好收吾骨瘴江边。⑤

①左迁：贬官。古代左迁为降，右迁为升。蓝关：蓝田关，在今陕西蓝田。湘：韩愈的侄孙韩湘，韩愈之侄十二郎韩老成的长子。

②一封：指《论佛骨表》。九重（chóng）天：古称天有九层，第九层最高，借指皇帝。路八千：泛指路途遥远。

③圣明：皇帝的代称。弊事：指迷信佛教之事。衰朽：自谦，指自己衰老之身。

④拥：堆积。

⑤远来：指韩湘得知韩愈出贬的消息，特到蓝关来相会，跟随赴岭南。瘴（zhàng）江：指岭南一带多瘴气弥漫的江流。

这首诗写于元和十四年（819）正月。唐宪宗特派专人把凤翔法门寺中的一块佛骨迎到长安，加以供奉，时任刑部侍郎的韩愈上《论佛骨表》予以劝谏，得罪了皇帝，被贬为潮州刺史，这是他在途中所作的七律佳作。首联先介绍自己被贬原因，三、四句直言自己内心的愤懑不平，为自己申诉，不惜残年为除弊事。五、六句用眼前的景色写胸中的感慨，景阔情悲，婉转深沉，悲中有壮，为诗中名句；借"秦岭"和"蓝关"这一自然景色表述内心愁苦之绪，也蕴含了自己为上表付出的惨痛代价，有种英雄失路之悲。尾联向侄孙交代后事，沉痛、凄楚、悲凉都流露出来。

草色遥看近却无。

早春呈水部张十八员外^①

天街小雨润如酥，草色遥看近却无。^②
最是一年春好处，绝胜烟柳满皇都。^③

①呈：寄给。张十八员外：韩愈的好友张籍，在兄弟辈中排行十八，称"张十八"，时任水部员外郎。

②天街：京城中的街道。酥：由牛羊乳提炼而成的酥油，形容春雨如酥油般滋润。

③最是：正是。绝胜：远远胜过。

本篇作于长庆三年（823），当时韩愈在长安任吏部侍郎。这是一首写给张籍的口语化小诗，全诗用平淡的语言勾勒了一幅清新优美的早春图，并与盛春比较，歌咏了早春独一无二的美妙，表现了诗人的理想和情怀。前两句先是透过淅淅沥沥的小雨来遥看春色，展现了早春的朦胧美。清人黄叔灿评"草色遥看近却无"句如同画家设色，在有意无意之间：遥看似见草色，近看却还没有长草，早春雨里的草色在有无之间。最后两句诗人用盛春满城烟柳的景色对比早春时节的景色，"满"字的使用，传达出诗人对早春的喜爱之情。

李绅

李绅（772—846），字公垂，亳州（今属安徽）人，生于乌程（今浙江湖州），长于润州无锡（今属江苏）。因身材短小，人称"短李"。元和元年（806）进士及第，补国子助教，官至宰相。与元稹、白居易交游甚密，发起新乐府运动。

四海无闲田，农夫犹饿死。
谁知盘中餐，粒粒皆辛苦！

悯农①

其一
春种一粒粟，秋收万颗子。②
四海无闲田，农夫犹饿死。③

其二
锄禾日当午，汗滴禾下土。
谁知盘中餐，粒粒皆辛苦！

①悯：怜悯。这里有同情的意思。诗题或作《古风二首》等。这两首诗的排序各版本有所不同。

②粟：泛指谷类。子：指粮食颗粒。

③四海：指全国。闲田：没有耕种的荒地。犹：仍然。

这两首诗作于贞元十七年（801）之前。贞元十七年李绅赴长安参加进士科考试，带着这两首诗拜见吕温，受到吕温赏识。小诗语言通俗直白，几乎妇孺皆知。

第一首诗讽刺意味特别强烈：春天只要播下一粒种子，秋天就可收获很多粮食。普天之下，没有荒废不种的田地，但是劳苦的农民仍没有粮食吃，仍然要饿死。这是多么讽刺的事情啊！在全国大丰收的情况下，这些粮食耕种者却到了饿死的地步。这引发了读者进一步的思考："这些粮食到哪去了？农民为什么又到了饿死的地步？丰收的时候尚且如此，更不要说灾年了。"也更加深了读者对农民的同情，扣紧了题目中的"悯"。

第二首比第一首知名度更高，经常被家长用来教育孩子节约、珍惜粮食。前两句用常见的农民劳作场景凸显出农民的辛苦，概括地表现了农民不避严寒酷暑，终年辛勤劳动的生活。后两句农民艰辛的劳作引申出"谁知盘中餐，粒粒皆辛苦"，有了之前的铺垫，所以显得并不空洞。整首诗语言平白如话，但是又不单纯是说教，既表达了深刻的道理，又刻画了一幅生动的农家劳作图，凝聚了诗人无限的愤懑和真挚的同情。

刘禹锡

刘禹锡（772—842），字梦得，洛阳（今属河南）人。贞元九年（793）进士及第，与柳宗元同榜，官至太子宾客，世称"刘宾客"。性格刚毅，青年时代和柳宗元一起参与"永贞革新"，结果被贬为朗州司马，在朗州创作《竹枝词》十首，很有名。后来他回到朝廷，因为写诗讽刺权贵，又被贬官。刘禹锡今存诗八百多首，诗风清新俊爽，富民歌情韵，脍炙人口之作很多。与柳宗元交谊最深，并称"刘柳"；晚年与白居易诗歌唱和，并称"刘白"。白居易称他为"诗豪"。

晴空一鹤排云上，便引诗情到碧霄。

秋词

自古逢秋悲寂寥，我言秋日胜春朝。①
晴空一鹤排云上，便引诗情到碧霄。②

①悲寂寥：悲叹萧条空寂。宋玉《九辩》有"悲哉，秋之为气也""寂寥兮，收潦而水清"等句。春朝：春天的早晨，这里泛指春天。

②排云：排开云层。排，这里有冲破的意思。诗情：作诗的情绪、兴致。碧霄：青天。

刘禹锡《秋词》共二首，这是第一首，是刘禹锡在被赶出朝廷后，任朗州司马期间所作，约作于元和元年（806）秋。刘禹锡喜欢作"翻案"文章，即反对人云亦云，好自创新说。一、二句一反文人自古以来"悲秋"的传统，将秋天与春天作比，直抒胸臆，热情赞美秋天。第三句选取秋天典型的事物，生动形象地描绘了一幅壮美的图画，有别于一般诗歌中萧瑟的秋景，这里的景物引起了诗人澎湃激昂的"诗情"，有力地证明了"秋日胜春朝"。"晴空一鹤排云上，便引诗情到碧霄"是广为传诵的名句，这一联不仅写出了秋的神韵，也进一步打破了"悲秋"论调，展示了诗人高昂的精神、乐观豁达的人生态度。

玄都观里桃千树，尽是刘郎去后栽。

元和十年自朗州承召至京戏赠看花诸君子

紫陌红尘拂面来，无人不道看花回。①
玄都观里桃千树，尽是刘郎去后栽。②

①紫陌：指京师郊野的道路。红尘：指灰土。
②玄都观：唐道观名，在长安崇业坊。刘郎：传说东汉刘晨曾在桃源洞遇仙女。这里用双关手法，兼指诗人自己。

元和十年（815），刘禹锡在被贬十年后从朗州回到长安，写下此篇。诗人通过人们到玄都观中看花这样一件琐事，触景生情，也借此讽刺了当朝新贵。首联从京城川流不息、尘土飞扬的道路着笔，描写了看花的盛况和人们赏花后满足愉悦的神态。写看花却不写花，重点在看花"诸君子"，这些美丽妖娆的桃花在十年前还没有，是"我"走后才栽种的。表面上看诗人好像只是平淡叙述，实际上别有一番用意。刘禹锡用"桃花"比喻十年来那些在政治上善于投机的政治新贵，暗讽看花"诸君子"是一群趋炎附势的小人，只能在"红尘紫陌"中蝇营狗苟。"玄都观里桃千树，尽是刘郎去后栽"十分有力地表达了作者对朝廷新贵的辛辣讽刺与不屑，成为名句。"尽是刘郎去后栽"用为成语，用以表示周围事物的变化都发生在自己离开以后。

天地英雄气，千秋尚凛然。

蜀先主庙①

天地英雄气，千秋尚凛然。②
势分三足鼎，业复五铢钱。③
得相能开国，生儿不象贤。④
凄凉蜀故妓，来舞魏宫前。⑤

①诗题下原有注："汉末谣：黄牛白腹，五铢当复。"

②凛然：严肃，令人敬畏的样子。

③"势分"句：指刘备创立蜀汉，与魏、吴三分天下。五铢钱：汉武帝时的货币，此代指刘汉帝业。"业复"句：王莽代汉时，曾废五铢钱，至汉光武帝时，又从马援奏重铸，天下称便。这里以光武帝恢复五铢钱比喻刘备想复兴汉室。

④相：此指诸葛亮。不象贤：言刘备之子刘禅不肖，不能守业。

⑤"凄凉"两句：刘禅降魏后，东迁洛阳，被封为安乐县公。魏太尉司马昭在宴会中使蜀国的女乐表演歌舞，旁人见了都为刘禅感慨，独刘禅"喜笑自若"，乐不思蜀。妓：女乐，实际也是俘虏。

这首诗约作于长庆二年（822），是刘禹锡的名篇之一。刘禹锡于长庆元年底受命任夔州刺史，长庆二年正月二日到夔州，当年拜访蜀先主庙，写下此诗。这是一首五律咏史诗，诗人在诗中赞美像刘备一样的英豪，鄙薄像刘禅一样的庸才。诗前四句写丰功伟绩，后四句写衰败的局面，两相对比，道出了蜀汉兴亡的历史教训，使人感慨万千。"天地英雄气，千秋尚凛然"一联是广为传诵的佳句：先主刘备英雄气概充满天地，千秋万代一直令人肃然起敬。开篇立意，突兀警拔却流露诗人壮阔的胸怀。颔联写刘备建立蜀汉、力图恢复汉室的功绩，进一步赞扬了刘备的"英雄气"。颈联笔锋一转，以"生儿不象贤"为由，对刘备功业未成的结局表示惋惜，指出刘备长于用人却短于教子，从中透露出诗人深刻的历史眼光。尾联以"凄凉蜀故妓"点明刘禅的昏庸无耻，让读者对英雄刘备身后的遭际更加唏嘘不已。

东边日出西边雨，道是无晴却有晴。

竹枝词①

杨柳青青江水平，闻郎江上唱歌声。
东边日出西边雨，道是无晴却有晴。②

①刘禹锡《竹枝词》共二首，这是其一。竹枝词：乐府《近代曲》名，又名《竹枝》。原为四川东部一带民歌，唐代诗人刘禹锡根据民歌创作新词，多写男女爱情和三峡的风光，流传甚广。后代诗人多以《竹枝词》为题写爱情和乡土风俗。其形式为七言绝句。
②晴：与"情"谐音。

《竹枝词》是古代夔州（今重庆奉节）一带的民歌，边舞边唱，用鼓和短笛伴奏。长庆二年（822）春，刘禹锡任夔州刺史时，采用了当地民歌的曲谱，制成七言绝句形式的《竹枝词》，用来表现当地山水风俗和男女爱情，具有民歌生动活泼的特点，富有生活气息。

这是一首描写青年男女爱情的诗歌，语言清新活泼，情感细腻婉转。在一个美丽的春日里，江边的杨柳青翠欲滴，江水清澈平静，一位深陷爱恋的少女忽然听到从江那边传来心上人的歌声，他一边走一边唱着，少女心中既甜蜜又忧愁：不明白这个人的情意是否和自己一样，就像春日里的雨一样让人捉摸不透。"东边日出西边雨，道是无晴却有晴"一联用了谐音双关的修辞，以春雨的"晴"暗喻感情的"情"，含蓄而富有韵味，写出少女在感情中羞涩含蓄的一面，历来为人们所喜爱。

千淘万漉虽辛苦，吹尽狂沙始到金。

浪淘沙①

莫道谗言如浪深，莫言迁客似沙沉。②
千淘万漉虽辛苦，吹尽狂沙始到金。③

①浪淘沙：唐代教坊曲名，创自刘禹锡、白居易。
②迁客：指谪降外调的官。
③"千淘"两句：比喻清白正直的人虽然一时被小人陷害，历尽辛苦之后，他的价值还是会被发现的。淘、漉：过滤。

刘禹锡《浪淘沙九首》不是一时一地所作，这是其中的第八首，约为长庆二年（822）刘禹锡任夔州刺史时所作。诗人借蜀地淘金劳动暗喻自己不畏谗言、不惧贬谪，永远坚持操守，坚信正义必将战胜邪恶。刘禹锡不愧为"诗豪"，在他的诗中永远流淌着一股豪情，即使身处逆境，也不能磨灭他的意志、摧毁他的精神，反而更加坚定他的信念。这首诗的前两句就明白地表明作者的立场：不要说流言蜚语如同凶恶的浪涛一样令人恐惧，也不要说被贬谪的人好像泥沙一样永远颓废沉迷。谗言"如浪深"和迁客"似沙沉"并不一定成立。"千淘万漉虽辛苦，吹尽狂沙始到金"这两句看似在写淘金人的艰辛，实际上是暗指那些遭到不公平待遇的忠贞之士不会因此消沉，终有一天会让人看到他是真金。这一联寓意深刻，富有哲理，是广为传诵的名句。

人世几回伤往事，山形依旧枕寒流。

西塞山怀古①

王濬楼船下益州，金陵王气黯然收。②
千寻铁锁沉江底，一片降幡出石头。③
人世几回伤往事，山形依旧枕寒流。
今逢四海为家日，故垒萧萧芦荻秋。④

①西塞山：在今湖北黄石，是长江中流要塞。

②王濬（jùn）：西晋初年任的益州（今四川地区）刺史。晋武帝命他造大楼船，沿江而下，进攻吴国。金陵：即今江苏南京，当时为吴国首都，相传此地有帝王之气。

③千寻铁锁：当时吴国用铁链将长江封锁，结果被王濬用大火炬烧断。降幡：降旗。石头：石头城，故址在今南京清凉山，代指金陵。

④四海为家：即天下统一。故垒：指西塞山。

这首诗作于长庆四年（824）八月，此时刘禹锡自夔州刺史调任和州刺史，东行经过西塞山而作此诗。这是一首怀古诗，抒发了山河依旧而人世不同的感慨：分裂最终要归于统一，即使有山川要塞也阻挡不住。前四句形象地概括了东吴灭亡的史实：王濬的战船从益州出发，东吴的王气便黯然消逝。东吴的亡国之君孙晧，以长江天险作为屏障，在江中暗置铁锥，再加以千寻铁链横锁江面，自以为是万全之计，谁知王濬用计顺利渡过长江，直取金陵。后四句直接描写西塞山，表达作者对江山景色依旧而人事全非的感叹。这首诗思想深刻，在讽刺当年雄踞一方却黯然退场的东吴的同时，也将锋芒直指如今重新抬头的藩镇割据势力，借古讽今，巧妙地将情、景、史融为一体。"人世几回伤往事，山形依旧枕寒流"是富有哲理性的历史感慨，寓意深刻，成为名句。

旧时王谢堂前燕，飞入寻常百姓家。

乌衣巷①

朱雀桥边野草花，乌衣巷口夕阳斜。②
旧时王谢堂前燕，飞入寻常百姓家。

①乌衣巷：在今江苏南京，是三国东吴时的禁军驻地，由于当时禁军身着黑色军服，所以此地俗称乌衣巷。在东晋时王导、谢安两大家族都居住在乌衣巷，人称其子弟为"乌衣郎"。入唐后，乌衣巷沦为废墟。现为民间工艺品的汇集之地。
②朱雀桥：南京秦淮河上的浮桥。

这首怀古诗约作于宝历二年（826），当时刘禹锡在和州刺史任上。诗人感慨东晋时南京秦淮河上繁华鼎盛的朱雀桥和南岸的乌衣巷，如今野草丛生，笼罩在荒凉的残照之中，不复当年的富贵，不胜唏嘘。王、谢两姓是六朝最有权势的贵族大家，到唐朝已经没落了，他们的住宅成了普通百姓的居所，不解人事的燕子仍然在梁间来来去去，但住宅主人的身份却从显赫的贵族变成了普通的平民百姓。诗人善于剪裁，第一联用"野草"和"夕阳"两个暗含深意的意象渲染了如今乌衣巷的寂寥、惨淡。第二联从细小的角度切入，将历史与现实连接起来，引人深思。名句"旧时王谢堂前燕，飞入寻常百姓家"，用笔含而不露，却能让读者一眼明了诗人的用意，感慨沧海桑田，人世多变，荣华富贵不可能长久。

沉舟侧畔千帆过，病树前头万木春。

酬乐天扬州初逢席上见赠①

巴山楚水凄凉地，二十三年弃置身。②
怀旧空吟闻笛赋，到乡翻似烂柯人。③
沉舟侧畔千帆过，病树前头万木春。④
今日听君歌一曲，暂凭杯酒长精神。⑤

①酬：答谢，酬答，这里是指以诗相答的意思。乐天：指白居易，字乐天。见赠：赠诗给我。

②巴山楚水：指今四川、湖南、湖北一带。古时四川东部属于巴国，湖南北部和湖北等地属于楚国。刘禹锡被贬后，迁徙于朗州、连州、夔州、和州等边远地区，这里用"巴山楚水"泛指这些地方。二十三年：从唐顺宗永贞元年（805）刘禹锡被贬为连州刺

史，至宝历二年（826）冬应召，约二十二年。因贬地离京遥远，实际上到第二年才能回到京城，所以说二十三年。弃置身：指遭受贬谪的诗人自己。弃置，贬谪。

③怀旧：怀念故友。吟：吟唱。闻笛赋：指西晋向秀的《思旧赋》。三国曹魏末年，向秀的朋友嵇康、吕安因不满司马氏篡权而被杀害。后来，向秀经过嵇康、吕安的旧居，听到邻人吹笛，不禁悲从中来，于是作《思旧赋》，序文中说自己经过嵇康旧居，因写此赋追念他。刘禹锡借用这个典故怀念已死去的王叔文、柳宗元等人。到：到达。翻似：倒好像。翻，副词，反而。烂柯人：指晋人王质。相传王质上山砍柴，看见两个童子下棋，就停下观看。等棋局终了，手中的斧柄（柯）已经朽烂。回到村里，才知道已过了一百年，同代人都已经亡故。作者以此典故表达自己遭贬二十三年的感慨，以及世事沧桑，人事全非，暮年返乡恍如隔世的心情。

④"沉舟"二句：这里诗人以沉舟、病树自比。侧畔：旁边。

⑤歌一曲：指白居易的《醉赠刘二十八使君》。长（zhǎng）精神：振作精神。

一

本篇为宝历二年（826）冬在扬州作，是刘禹锡为了回赠白居易《醉赠刘二十八使君》而作的一首七律诗。当时刘禹锡罢和州刺史回归洛阳，在途经扬州时，与罢苏州刺史后也回归洛阳的白居易在一次宴席上相遇，相同的遭遇让二人惺惺相惜，用诗歌酬唱往来。这首诗显示了刘禹锡豁达的人生态度、坚定的人生信念和积极乐观的精神。首联回顾了自己二十三年的贬谪生活，流露出悲伤哀愁的心绪。颔联用典故含蓄地表达了诗人对旧友的怀念、对人事沧桑变幻的惆怅，以及重回故地的陌生与茫然。"沉舟侧畔千帆过，病树前头万木春"一联是千古流传的警句，现在常用来比喻新事物必然战胜旧事物。刘禹锡将自己比喻成"沉舟""病树",看似消极,但能显示出豁达的胸襟:"虽然'我'是'沉舟''病树',但那又怎么样呢?'我'虽然被贬二十多年,蹉跎了岁月,可是朝廷中有那么多的后起之秀能展示他们的才能啊!"从中可见诗人对仕宦变迁的达观态度。尾联在上联的基础上继续振奋人心,一扫开头的沉郁,顺便点明酬答的题意。

唯有牡丹真国色,花开时节动京城。

赏牡丹

庭前芍药妖无格,池上芙蕖净少情。①
唯有牡丹真国色,花开时节动京城。②

①妖:艳丽,妩媚。格:骨格。牡丹别名"木芍药",芍药为草本,又称"没骨牡丹",故作者称其"无格"。在这里,无格又指格调不高。芙蕖:即莲花。

②国色:原意为一国中姿容最美的女子,此指牡丹花色卓绝,艳丽高贵。京城:指长安。

本篇约为大和二年(828)春在长安时所作。诗用拟人化和抑彼扬此的手法极力赞扬牡丹。全诗没有正面描写牡丹的颜色和形态,而是用同样是名花的芍药、芙蕖侧面烘托和暗示了牡丹同时具有"妖""格""净""情"这四种资质。在一、二句的铺垫下,诗人终于将笔锋转到主角牡丹身上,直接赞扬牡丹是"真国色",引人竞相观赏追逐,生动地描述了当时的风尚,令人印象深刻。唐代观赏牡丹风气极盛,李肇《唐国史补》说:"京城贵游尚牡丹,三十余年矣。每春暮，车马若狂，以不耽玩为耻。"从中可以看出牡丹真的不负诗人"花开时节动京城"的评价。

蜻蜓飞上玉搔头。

和乐天春词

新妆宜面下朱楼，深锁春光一院愁。①
行到中庭数花朵，蜻蜓飞上玉搔头。②

①宜面：脂粉和脸色很协调。朱楼：涂以红漆的楼房，多指富贵女子的居所。

②玉搔头：玉簪子。

这首诗约作于大和三年（829）春，是对白居易《春词》的和诗，也是一首宫怨诗。白居易先写了一首《春词》曰："低花树映小妆楼，春入眉心两点愁。斜倚栏干背鹦鹉，思量何事不回头。"刘禹锡依其韵和了本篇，水平略胜白诗。此诗写宫女新妆虽好，却无人欣赏，就像这美好的春光一样被锁在空院里。她满心愁怨，只好到庭院中数花解闷，不料蜻蜓却来欣赏她的新妆，把她当成了一朵花。整首诗巧妙地表现了深宫女子在大好年华无人欣赏的寂寞之情，既新颖又富有韵味。"行到中庭数花朵，蜻蜓飞上玉搔头"两句尤其经典，诗人剪取了饶富趣味的场景，将女子的身姿和美丽的容颜含蓄委婉地表达出来，使得诗歌结尾神采飞扬。

莫道桑榆晚，为霞尚满天。

酬乐天咏老见示[1]

人谁不顾老，老去有谁怜。[2]
身瘦带频减，发稀冠自偏。[3]
废书缘惜眼，多炙为随年。[4]
经事还谙事，阅人如阅川。[5]
细思皆幸矣，下此便翛然。[6]
莫道桑榆晚，为霞尚满天。[7]

①酬乐天：作诗酬答白居易。咏老见示：拿《咏老》诗给我看。

②顾：念，指考虑。怜：怜惜，爱惜。

③带：腰带。频减：多次缩紧。冠：帽子。

④废书：丢下书本，指不看书。炙：晒太阳。随年：适应身老体衰的需要，这里指延长寿命。

⑤谙（ān）：熟悉。阅人如阅川：意谓阅历人生如同积水成川一样。

⑥幸：幸运，引申为优点。下此：指改变对衰老的忧虑心情。下，攻下，等于说"解决""领悟"。此，指"顾老"，对衰老的忧虑和担心。翛（xiāo）然：自由自在，心情畅快的样子。

⑦桑榆：太阳落山的地方。喻人至晚年。为：创造。一作"微"。霞：霞光，这里指晚霞。

本篇约为开成二年（837）在洛阳时所作。刘禹锡和白居易晚年都患眼疾、足疾，生活十分不便，面对这样的晚景，白居易产生了一种消极悲观的情绪，并且写了《咏老赠梦得》给刘禹锡（字梦得），刘禹锡读了白居易的诗，于是回赠了这首《酬乐天咏老见示》。诗的前六句承接白诗而来，表达了一种同病相怜的感慨，呼应了白诗的"咏老"思致。诗的后六句则是情感的转折，没有前六句对年老体衰的悲观无奈，而是辩证地看待年老的事实，道出年老积极的一面。"莫道桑榆晚，为霞尚满天"这一联用比喻的形式表达了诗人积极乐观、豁达进取的人生态度，与白居易消极悲观的情绪迥然不同，同时也是诗人以自己的方式劝慰老友白居易："不要说日暮就已经是晚景了，日暮时创造的晚霞还可以照得满天彤红，灿烂无比呢！"感情真挚，思想深刻，不愧为名句！

白居易

白居易（772—846），字乐天，下邽（今陕西渭南）人。贞元十六年（800）进士及第，授秘书省校书郎。元和时，历官翰林学士、左拾遗、东宫赞善大夫。元和十年（815）白居易四十四岁时因为越权上奏，被贬为江州司马，后又任杭州刺史、苏州刺史等官。晚年闲居洛阳香山，自号"香山居士""醉吟先生"。白居易和元稹是至交，天下人称"元白"；元稹去世后，白居易又与刘禹锡友善，并称"刘白"。白居易今存诗两千八百多首，在唐朝诗人中存诗最多，其诗风平易，影响深远。

野火烧不尽，春风吹又生。

赋得古原草送别①

离离原上草，一岁一枯荣。②
野火烧不尽，春风吹又生。
远芳侵古道，晴翠接荒城。③
又送王孙去，萋萋满别情。④

①赋得：古人在朋友聚会时分题赋诗，遵题而作之诗，多在题前冠以"赋得"二字。

②离离：草木稠密的样子。

③远芳：远处的草。

④王孙：原指贵族子弟，这里指作者的朋友。萋萋：茂盛的样子。两句用《楚辞·招隐士》"王孙游兮不归，春草生兮萋萋"诗意。

这是咏物送别诗，是贞元三年（787）白居易十六岁时在符离（在今安徽宿州）所作的科举练笔诗，得到了当时老诗人顾况的赞扬。成语"居大不易"也与此有关。前六句写春草，借景抒情。其中名句"野火烧不尽，春风吹又生"是对春草顽强生命力的赞美，包含着万物生生不息的哲理，也暗示了诗人坚信分别后还会相见。这两句诗现在经常被用来比喻做事有恒心、有毅力，像野草一样坚持不懈。最后两句点出送别："离别之情就如这茂盛的春草，在心中萦绕不去，我就这样送别了你。"

月明人倚楼。

长相思①

汴水流，泗水流，流到瓜洲古渡头。②吴山点点愁。③
思悠悠，恨悠悠，恨到归时方始休。月明人倚楼。

①长相思：唐教坊曲名，又名《双红豆》《忆多娇》。

②汴水：即汴河，源于河南，流入今安徽宿州、泗县，与泗水合流，入淮河。泗水：源于山东曲阜，经徐州后与汴水合流入淮河。瓜洲：大运河与长江交汇处的古渡口。

③吴山：泛指江南一带群山。

本篇约作于贞元十四年（798）夏。白居易本年二十七岁，已与符离（在今安徽宿州）女子湘灵相恋十多年。因生活所迫，自符离赴饶州（在今江西）投奔长兄，沿着汴水、泗水大运河南下，行到瓜洲古渡时，触景生情，写下这首词。这是一首闺怨词，全词暗中紧扣"愁"字，写的是女子月下独倚高楼，思念远在南方的爱人。上阕写景，景中寄愁，写出思妇的愁绪之长，跟随脉脉流水流到瓜洲渡口，"点点愁"更是点出愁绪之多，升华了思念恋人的愁苦。下阕直抒胸臆，思极而"恨"，思妇愁绪的高潮随着恋人归来而停止。最后一句中"月明""人""倚楼"等词，时间、人物、地点意象运用恰当，是古往今来思人情感的形象化表达，渲染了思妇对爱人的情深意长。"月明人倚楼"成为怀人的经典意象。

在天愿作比翼鸟，在地愿为连理枝。

长恨歌

汉皇重色思倾国，御宇多年求不得。①
杨家有女初长成，养在深闺人未识。
天生丽质难自弃，一朝选在君王侧。
回眸一笑百媚生，六宫粉黛无颜色。
春寒赐浴华清池，温泉水滑洗凝脂。②
侍儿扶起娇无力，始是新承恩泽时。
云鬓花颜金步摇，芙蓉帐暖度春宵。③
春宵苦短日高起，从此君王不早朝。
承欢侍宴无闲暇，春从春游夜专夜。
后宫佳丽三千人，三千宠爱在一身。
金屋妆成娇侍夜，玉楼宴罢醉和春。

姊妹弟兄皆列土，可怜光彩生门户。④
遂令天下父母心，不重生男重生女。
骊宫高处入青云，仙乐风飘处处闻。
缓歌慢舞凝丝竹，尽日君王看不足。
渔阳鼙鼓动地来，惊破霓裳羽衣曲。⑤
九重城阙烟尘生，千乘万骑西南行。
翠华摇摇行复止，西出都门百余里。
六军不发无奈何，宛转蛾眉马前死。
花钿委地无人收，翠翘金雀玉搔头。
君王掩面救不得，回看血泪相和流。
黄埃散漫风萧索，云栈萦纡登剑阁。⑥
峨嵋山下少人行，旌旗无光日色薄。
蜀江水碧蜀山青，圣主朝朝暮暮情。
行宫见月伤心色，夜雨闻铃肠断声。
天旋地转回龙驭，到此踌躇不能去。
马嵬坡下泥土中，不见玉颜空死处。
君臣相顾尽沾衣，东望都门信马归。
归来池苑皆依旧，太液芙蓉未央柳。⑦
芙蓉如面柳如眉，对此如何不泪垂？
春风桃李花开日，秋雨梧桐叶落时。
西宫南内多秋草，落叶满阶红不扫。
梨园弟子白发新，椒房阿监青娥老。⑧
夕殿萤飞思悄然，孤灯挑尽未成眠。
迟迟钟鼓初长夜，耿耿星河欲曙天。
鸳鸯瓦冷霜华重，翡翠衾寒谁与共？
悠悠生死别经年，魂魄不曾来入梦。
临邛道士鸿都客，能以精诚致魂魄。⑨

为感君王辗转思，遂教方士殷勤觅。
排空驭气奔如电，升天入地求之遍。
上穷碧落下黄泉，两处茫茫皆不见。⑩
忽闻海上有仙山，山在虚无缥缈间。
楼阁玲珑五云起，其中绰约多仙子。
中有一人字太真，雪肤花貌参差是。
金阙西厢叩玉扃，转教小玉报双成。⑪
闻道汉家天子使，九华帐里梦魂惊。
揽衣推枕起徘徊，珠箔银屏迤逦开。⑫
云鬓半偏新睡觉，花冠不整下堂来。⑬
风吹仙袂飘飘举，犹似霓裳羽衣舞。
玉容寂寞泪阑干，梨花一枝春带雨。⑭
含情凝睇谢君王，一别音容两渺茫。
昭阳殿里恩爱绝，蓬莱宫中日月长。
回头下望人寰处，不见长安见尘雾。
唯将旧物表深情，钿合金钗寄将去。⑮
钗留一股合一扇，钗擘黄金合分钿。
但教心似金钿坚，天上人间会相见。
临别殷勤重寄词，词中有誓两心知。
七月七日长生殿，夜半无人私语时。
在天愿作比翼鸟，在地愿为连理枝。
天长地久有时尽，此恨绵绵无绝期！

①汉皇：指唐明皇。倾国：指美女。御宇：治理天下。
②华清池：骊山华清宫的温泉浴池。
③金步摇：一种金钗首饰，走路则摇动。
④列土：分封土地。

⑤渔阳鼙（pí）鼓：指安史之乱。霓裳羽衣曲：舞曲名。

⑥云栈（zhàn）：很高的栈道。萦纡（yū）：环绕。剑阁：在今四川广元。

⑦太液：太液池。未央：未央宫。

⑧梨园：唐朝皇宫中教练歌舞的地方。唐玄宗亲自当老师，称学徒为梨园弟子。椒房：指后宫。阿监（jiàn）：太监。青娥：指宫中少女。

⑨临邛（qióng）道士：从四川来的道士。鸿都客：神仙中人。

⑩碧落：指天空。黄泉：指地下。

⑪金阙：指神仙宫殿。玉扃（jiōng）：白玉做的门。小玉、双成：指杨贵妃的侍女。

⑫迤逦（yǐ lǐ）开：一路敞开。

⑬觉（jué）：睡醒。

⑭阑干：纵横。

⑮钿（diàn）合：镶金花的盒子。

这首诗是白居易的名篇，作于元和元年（806）作者三十五岁时，当时白居易在任盩（zhōu）厔（今陕西周至）县尉，与家住盩厔县的陈鸿、王质夫同游该县的仙游寺，谈及唐玄宗、杨贵妃事，王质夫建议白居易把此事写成叙事诗，白居易于是写成《长恨歌》，陈鸿又作《长恨歌传》。全诗叙述了唐玄宗与杨贵妃的爱情悲剧，表达了诗人深切的遗憾和同情。但也有人认为这是一首讽刺唐玄宗与杨贵妃的诗。这首叙事诗，情节可分为五个环节：结合——惊变——思念——寻觅——致辞。

从开头到"惊破霓裳羽衣曲"是第一部分，叙述安史之乱前玄宗如何好色、求色，终于得到了杨氏。而杨氏由于得宠，一家鸡犬升天。诗人反复渲染玄宗沉于酒色，不理朝政，因而酿成了"渔阳鼙鼓动地来"的安史之乱。这是悲剧的基础,也是"长恨"的原因。

从"九重城阙烟尘生"到"魂魄不曾来入梦"为第二部分,具体描述了安史乱起后玄宗仓皇逃奔西蜀,引起了"六军"哗变,要求除掉杨贵妃。"宛转蛾眉马前死",是悲剧的形成。杨贵妃之死造成玄宗寂寞悲伤和缠绵悱恻的相思,诗以酸楚动人的语调,描绘了玄宗"长恨"的心情。

从"临邛道士鸿都客"起为第三部分,写玄宗借道士的帮助,在虚无缥缈的蓬莱仙山中找到了杨贵妃。在仙境中再现了杨贵妃的芳容,并托物寄词,表示愿做"比翼鸟""连理枝",进一步渲染了"长恨"的主题。结尾又以"天长地久有时尽,此恨绵绵无绝期"两句议论,深化了主题,给人以回味。

这首诗里有不少经典名句,像"回眸一笑百媚生,六宫粉黛无颜色""遂令天下父母心,不重生男重生女""行宫见月伤心色,夜雨闻铃肠断声""春风桃李花开日,秋雨梧桐叶落时""玉容寂寞泪阑干,梨花一枝春带雨""在天愿作比翼鸟,在地愿为连理枝""天长地久有时尽,此恨绵绵无绝期"等。这些脍炙人口的诗句被后人一再引用,成为描写爱情的名句。"回眸一笑""梨花带雨""碧落黄泉""天生丽质""渔阳鼙鼓""天旋地转""梨园弟子""虚无缥缈""仙山琼阁""珠箔银屏""镜破钗分""比翼连枝""此恨绵绵"等成语皆出自本诗。

力尽不知热,但惜夏日长。

观刈麦[①]

田家少闲月,五月人倍忙。
夜来南风起,小麦覆陇黄。[②]

妇姑荷箪食，童稚携壶浆。③
相随饷田去，丁壮在南冈。④
足蒸暑土气，背灼炎天光，⑤
力尽不知热，但惜夏日长。⑥
复有贫妇人，抱子在其旁。
右手秉遗穗，左臂悬敝筐。
听其相顾言，闻者为悲伤。⑦
家田输税尽，拾此充饥肠。
今我何功德？曾不事农桑。
吏禄三百石，岁晏有余粮。⑧
念此私自愧，尽日不能忘。

①刈（yì）：割。题下注"时为盩厔县尉"。

②覆陇黄：小麦黄熟时遮盖住了田埂。覆，盖；陇，同"垄"，这里指农田中种植作物的土埂。

③妇姑：媳妇和婆婆，这里泛指妇女。荷箪食（hè dān shí）：担着用竹篮盛的饭。荷，背负、肩担；箪食，装在竹篮里的饭食。童稚（zhì）携壶浆：小孩子提着用壶装的汤与水。

④饷（xiǎng）田：给在田里劳动的人送饭。

⑤足蒸暑土气，背灼炎天光：双脚受地面热气熏蒸，脊背受炎热的阳光烘烤。

⑥但：只。惜：珍惜。

⑦闻者：白居易自指。为（wèi）悲伤：为之悲伤。

⑧吏禄三百石：当时白居易任盩厔县尉，一年的薪俸大约是三百石米。石，古代容量单位，十斗为一石。岁晏（yàn）：年底。

这首诗作于元和二年（807），诗人时任盩厔县尉。看到农民割麦子的情形，一方面同情农民的遭遇，对造成人民贫困的繁重租税提出指责；另一方面，也为自己无功无德、四肢不勤却衣食无忧感到愧疚，对广大劳动人民寄予了深切的关心。"力尽不知热，但惜夏日长"这两句正面描写收麦劳动，道尽了农民的辛酸。农民不停劳作，不顾炎热的天气，珍惜每一分每一秒——诗人用一种违背人之常情的写法来突出农民的艰难处境，更能引起读者的同情。

可怜身上衣正单，心忧炭贱愿天寒。

卖炭翁①

卖炭翁，伐薪烧炭南山中。②
满面尘灰烟火色，两鬓苍苍十指黑。③
卖炭得钱何所营？身上衣裳口中食。④
可怜身上衣正单，心忧炭贱愿天寒。
夜来城外一尺雪，晓驾炭车辗冰辙。⑤
牛困人饥日已高，市南门外泥中歇。
翩翩两骑来是谁？黄衣使者白衫儿。⑥
手把文书口称敕，回车叱牛牵向北。⑦
一车炭，千余斤，宫使驱将惜不得。
半匹红纱一丈绫，系向牛头充炭直。⑧

①题下注"苦宫市也"。
②南山：终南山。
③烟火色：被烟火熏黑的脸色。
④何所营：用来干什么。

⑤辗（niǎn）：同"碾"，压。辙（zhé）：车轮滚过地面碾出的痕迹。

⑥骑：骑马的人。黄衣使者白衫儿：指宦官。唐代宦官品级高的穿黄衣，品级低的穿白衫。

⑦把：拿。称：说。敕（chì）：皇帝的诏书。

⑧炭直：炭的价钱。直，同"值"。

元和四年（809），白居易在长安任左拾遗，写了五十首《新乐府》，每首针对一件社会弊端，用诗歌来反映社会问题。这是其中的第三十二首，题下诗人自注"苦宫市也"，也就是反映宫市对百姓的掠夺。"宫市"是指宫廷在民间采购物资，多为太监采办，他们经常仗着特殊的身份，肆意压价强买。这首诗是典型的叙事诗，前半篇写老翁困苦的境遇与烧制炭火的辛劳，他满面尘灰，两鬓苍苍，在寒冷的冬天，还穿着单薄的衣衫。后半篇写老翁起早驾炭车入城卖炭，两个太监用"半匹红纱一丈绫"的低价，买走老翁整整一车炭。"可怜身上衣正单，心忧炭贱愿天寒"，老翁在寒冷的冬天没衣服穿，还祈祷着天气再冷一些，就是为了让炭能卖一个好价钱。"衣正单"和"愿天寒"，看似不合理，却深刻地表现了卖炭翁为了生计而甘愿遭受身体之苦的无奈心理，表现了诗人对人民的同情。

草萤有耀终非火，荷露虽团岂是珠。

放言五首　其一①

朝真暮伪何人辨？古往今来底事无？
但爱臧生能诈圣，可知宁子解佯愚。②

草萤有耀终非火，荷露虽团岂是珠。③
不取燔柴兼照乘，可怜光彩亦何殊？④

①放言：无所顾忌，畅所欲言。

②臧（zāng）生：指臧武仲，春秋时人，在贵族中有"圣人"之称。诈圣：诈称圣人。宁（nìng）子：指宁武子，春秋时人，国家政治黑暗时他就装傻。此二句意谓：世人只是上了假圣人的当，去爱臧武仲那样的人，哪知道世间还有宁武子那样装呆作傻的人呢？

③"草萤"二句：以萤光并非火、露滴不是珠来比喻人世间的某些假象，并告诫人们不要为假象所蒙蔽。

④"不取"二句：意思是如果不用明亮的火焰和照乘珠的光来比较，就不能发现草萤非火、荷露非珠。燔（fán）柴：此用为名词，指火光。照乘（shèng）：照乘珠，所发之光能照明车辆的宝珠。殊：异。

这组诗是元和十年（815）白居易在被贬谪去江州途中所作的，元稹也作了同名组诗。元和五年（810），白居易的好友元稹因得罪了权贵，被贬为江陵士曹参军。元稹在江陵期间，写了五首《放言》诗表达自己的心情。就像题目说的那样，是"放言"，所以作者以愤懑的口吻诉说着自己对现实的不满。这一首是放言政治上的真伪，辛辣讽刺世人不辨真假，希望世人能够学会如何分辨真与假。"草萤有耀终非火，荷露虽团岂是珠"两句都是比喻：草丛间的萤虫之光终究不是火；荷叶上的露水也不是珍珠，然而，它们偏能以外观惑人，人们又往往为假象所蒙蔽。

试玉要烧三日满，辨材须待七年期。

放言五首 其三

赠君一法决狐疑，不用钻龟与祝蓍。①
试玉要烧三日满，辨材须待七年期。
周公恐惧流言日，王莽谦恭未篡时。②
向使当初身便死，一生真伪复谁知？

①君：您，指作者的好友元稹。钻龟、祝蓍（shī）：古人因迷信而占卜的方法，钻龟壳后灼烧，看其裂纹占卜吉凶，或拿蓍草的茎占卜吉凶。这里是指求签问卜。

②周公：姬旦，周武王弟，周成王的叔父。成王年幼即位，周公摄政，管叔等人散布流言，说周公要害成王，于是周公躲避了起来。后来成王发现流言是假的，便迎接周公回来，平定了管叔等人的叛乱。王莽：汉元帝王皇后侄。王莽在篡夺政权之前，为了收揽人心，常以谦恭退让示人，后来终于篡汉自立，改国号为"新"。

这是一首富有哲理的好诗，它以明白晓畅的语言告诉大家一个道理：要想对人、对事有全面客观的认识，必须经过时间、历史的考验，把握全局；不能只根据某件事或者某个时间段的表现简单地下结论，否则人民就会相信流言，把周公当成篡权者，把王莽当成谦恭的君子。联系这首诗的创作背景，诗人想要传达的其实是他自己以及友人元稹这样受诬陷的人，是经得起时间考验的，因而不应该气馁、自暴自弃。诗人是用诗的形式对他自身遭遇进行总结。"试玉要烧三日满，辨材须待七年期"这两句是广为流传的名句，是诗人用来勉励自己和友人的。

可怜九月初三夜，露似真珠月似弓。

暮江吟①

一道残阳铺水中，半江瑟瑟半江红。②
可怜九月初三夜，露似真珠月似弓。③

———

①暮江吟：黄昏时分在江边所作的诗。吟：古代诗歌的一种
体裁。

②瑟瑟：原意为碧色珍宝，此处指碧绿色。唐代襄阳一带的
汉江为碧绿色，李白《襄阳歌》："遥看汉水鸭头绿，恰似葡萄初酸
醅。"

③可怜：可爱。真珠：即珍珠。月似弓：农历九月初三夜上弦
月，月弯如弓。

———

本篇为元和十年（815）秋九月初三日夜晚白居易在襄阳汉江
边所作。白居易八月被贬江州司马，从长安出发走陆路南行，九月
初到襄阳，稍作逗留，因为他二十多岁时曾跟随父亲在襄阳生活
过三年，对襄阳有感情，此次重来去看一下自己当年的旧居，以
及熟悉的汉江晚景，他写下《再到襄阳访问旧居》《襄阳舟夜》等
诗。然后在襄阳改走汉江水路，南下江州，这首诗就作于襄阳汉江
岸边。汉江不同于长江，江水清澈平静，没有波涛，所以一道残阳
可以"铺"在水中。前两句写的时间是日落前，后两句主要写日落
后，即黄昏，一直延伸到夜里。这是因为作者先于日落前看到了
"残阳铺照"，又于日落后看到了"月似弓"，再于夜间看到了"露
似真珠"。这首小诗写得清新可爱，表现出诗人在秋江边放松心情
时的愉悦。

同是天涯沦落人，相逢何必曾相识。

琵琶行　并序

　　元和十年，予左迁九江郡司马。①明年秋，送客湓浦口，闻舟中夜弹琵琶者。听其音，铮铮然有京都声。问其人，本长安倡女，尝学琵琶于穆、曹二善才。②年长色衰，委身为贾人妇。遂命酒，使快弹数曲，曲罢悯然。自叙少小时欢乐事，今漂沦憔悴，转徙于江湖间。予出官二年，恬然自安，感斯人言，是夕始觉有迁谪意。因为长句，歌以赠之，凡六百一十六言，命曰《琵琶行》。

　　浔阳江头夜送客，枫叶荻花秋瑟瑟。③
　　主人下马客在船，举酒欲饮无管弦。
　　醉不成欢惨将别，别时茫茫江浸月。
　　忽闻水上琵琶声，主人忘归客不发。
　　寻声暗问弹者谁？琵琶声停欲语迟。
　　移船相近邀相见，添酒回灯重开宴。
　　千呼万唤始出来，犹抱琵琶半遮面。
　　转轴拨弦三两声，未成曲调先有情。
　　弦弦掩抑声声思，似诉平生不得志。
　　低眉信手续续弹，说尽心中无限事。
　　轻拢慢捻抹复挑，初为《霓裳》后《六幺》。④
　　大弦嘈嘈如急雨，小弦切切如私语。
　　嘈嘈切切错杂弹，大珠小珠落玉盘。
　　间关莺语花底滑，幽咽泉流冰下难。⑤

冰泉冷涩弦凝绝，凝绝不通声渐歇。
别有幽愁暗恨生，此时无声胜有声。
银瓶乍破水浆迸，铁骑突出刀枪鸣。
曲终收拨当心画，四弦一声如裂帛。
东船西舫悄无言，唯见江心秋月白。
沉吟放拨插弦中，整顿衣裳起敛容。
自言本是京城女，家在虾蟆陵下住。⑥
十三学得琵琶成，名属教坊第一部。
曲罢常教善才服，妆成每被秋娘妒。⑦
五陵年少争缠头，一曲红绡不知数。⑧
钿头银篦击节碎，血色罗裙翻酒污。
今年欢笑复明年，秋月春风等闲度。
弟走从军阿姨死，暮去朝来颜色故。
门前冷落鞍马稀，老大嫁作商人妇。
商人重利轻别离，前月浮梁买茶去。⑨
去来江口守空船，绕船月明江水寒。
夜深忽梦少年事，梦啼妆泪红阑干。
我闻琵琶已叹息，又闻此语重唧唧。
同是天涯沦落人，相逢何必曾相识。
我从去年辞帝京，谪居卧病浔阳城。
浔阳地僻无音乐，终岁不闻丝竹声。
住近湓江地低湿，黄芦苦竹绕宅生。
其间旦暮闻何物？杜鹃啼血猿哀鸣。
春江花朝秋月夜，往往取酒还独倾。
岂无山歌与村笛？呕哑嘲哳难为听。⑩
今夜闻君琵琶语，如听仙乐耳暂明。
莫辞更坐弹一曲，为君翻作《琵琶行》。

感我此言良久立，却坐促弦弦转急。

凄凄不似向前声，满座重闻皆掩泣。

座中泣下谁最多？江州司马青衫湿。⑪

①左迁：贬官。

②善才：对琵琶师的通称。

③浔阳江：长江在九江一段称浔阳江。

④拢、捻、抹、挑：都是弹琵琶的手法。《霓裳》：《霓裳羽衣曲》。《六幺》：唐大曲，又称《绿腰》。

⑤间（jiān）关：鸟鸣声。

⑥虾（há）蟆陵：长安街巷名。附近是歌女聚居地。

⑦秋娘：歌妓们的通称。

⑧争缠头：抢着赠送财物。

⑨浮梁：今在江西，是当时的茶叶集散地。

⑩呕哑嘲哳：形容声音杂乱刺耳。

⑪青衫：唐朝八、九品官员穿青衫。白居易当时虽然是江州司马（正六品下阶）的官职，但实际品阶是将仕郎（从九品下阶），属唐代官员中最低一级，地位、俸禄皆按将仕郎待遇。

　　这首叙事诗是元和十一年（816）秋白居易四十五岁时在江州所作，与《长恨歌》齐名。诗中塑造了琵琶女的形象，通过她深刻地反映了封建社会中被侮辱被损害的乐妓的悲惨命运，她的命运与作者的"迁谪意"十分相似，诗歌从而抒发了"同是天涯沦落人"的感情。叙事情节为：送客—闻乐—演奏—琵琶女叙身世—作者叙身世—再弹奏—满座掩泣。

　　开头写琵琶女出场的经过很曲折，她"千呼万唤始出来"，还要"半遮面"。因为她心情不好，不愿见人，这就为"天涯沦落"

的主题奠定了基石。

接着通过描写琵琶女弹奏乐曲来揭示她的内心世界。这部分的音乐描写十分著名，用了许多绝妙的比喻，把变化万千的琵琶声形象地展现出来，同时也反映了琵琶女起伏回荡的心潮。

然后再写琵琶女自诉身世：当年技艺曾教"善才服"，容貌"妆成每被秋娘妒"，京都少年"争缠头"，"一曲红绡不知数"。多么风光！然而"秋月春风等闲度"，美好时光浪费了，最终只好"老大嫁作商人妇"。

最后写诗人为琵琶女的命运而共鸣激动，发出了"同是天涯沦落人，相逢何必曾相识"的感叹，抒发了同病相怜的情怀。

诗中"千呼万唤始出来，犹抱琵琶半遮面""大弦嘈嘈如急雨，小弦切切如私语""嘈嘈切切错杂弹，大珠小珠落玉盘""同是天涯沦落人，相逢何必曾相识"等都是名句。成语"千呼万唤""窃窃私语""整衣敛容""秋月春风""暮去朝来""杜鹃啼血""司马青衫""同是天涯沦落人"等，皆出自本诗。

人间四月芳菲尽，山寺桃花始盛开。

大林寺桃花①

人间四月芳菲尽，山寺桃花始盛开。
长恨春归无觅处，不知转入此中来。②

①大林寺：在庐山大林峰，相传为晋代僧人昙诜（tán shēn）所建。

②长恨：常常惋惜。春归：春去，春尽。觅：寻找。

此诗作于元和十二年（817）四月初夏。白居易时任江州司马，年四十六。当时诗人与朋友们游览大林寺，想是因见到如此桃花盛开的景象，惊奇赞叹，遂作此诗。长江流域的桃花，一般在暮春三月盛开，但山上海拔高气温低，到夏四月花才盛开，白居易捕捉到这一现象，写成富于情趣和哲理的小诗。由于春光是抽象的，诗人就用桃花代替抽象的春光，把春光写得具体可感，而且还把春光拟人化，仿佛一个调皮的小姑娘和人捉迷藏一样。

晚来天欲雪，能饮一杯无？

问刘十九

绿蚁新醅酒，红泥小火炉。①
晚来天欲雪，能饮一杯无？②

①绿蚁：古代新酿的米酒，上浮的绿色泡沫，称为"绿蚁"。醅（pēi）：没有过滤的酒。
②无：吗。

这首小诗作于元和十二年（817）江州司马任上，很能代表白居易通俗易懂的诗歌风格，在平淡的生活气息中有一股浓浓的友情，就像这"新醅酒"和"小火炉"一样使人温暖、陶醉。整首诗让人感到淡淡的温馨与放松，画面里有绿蚁酒，有红泥小火炉，还有一个淡淡微笑的老友，伴着将要下雪的寒冷天气，什么也不说，只是邀请你喝一杯酒而已。白居易好客，天冷饮酒取暖也要呼好友同饮。

乱花渐欲迷人眼，浅草才能没马蹄。

钱塘湖春行[①]

孤山寺北贾亭西，水面初平云脚低。[②]
几处早莺争暖树，谁家新燕啄春泥。[③]
乱花渐欲迷人眼，浅草才能没马蹄。[④]
最爱湖东行不足，绿杨阴里白沙堤。[⑤]

①钱塘湖：即西湖。

②孤山寺：西湖孤山上的寺院，南朝陈文帝时建。孤山在西湖的里、外湖之间，因与其他山不相接连，所以称孤山。上有孤山亭，可俯瞰西湖全景。贾亭：又叫贾公亭，西湖名胜之一。唐贞元中，贾全出任杭州刺史，于钱塘湖建亭，人称"贾亭"或"贾公亭"。水面初平：湖水才同堤平，指春水初涨。云脚低：白云重重叠叠，同湖面上的波澜连成一片，看上去浮云很低，所以说"云脚低"。

③早莺：初春时的黄鹂。暖树：向阳的树。新燕：刚从南方飞回来的燕子。

④乱花：纷繁的花。才能：刚够上。没：遮没，盖没。

⑤白沙堤：即今"白堤"，又称沙堤、断桥堤，在西湖东畔，唐朝以前已有。

　　这首诗写于长庆三年（823）的春天，白居易时任杭州刺史。诗以轻快明丽的笔调描绘了一幅活泼鲜明的西湖初春图。全诗紧紧扣住初春景色的特征，用 "早莺""新燕""乱花""浅草"等典型意象，将西湖的早春描绘得细腻动人。"几处早莺争暖树，谁家新燕啄春泥""乱花渐欲迷人眼，浅草才能没马蹄"这两联细致地描写了春行所见景物，以"早""新""争""啄"表现莺燕的动态，以"乱""浅""渐欲""才能"表现花草生长的趋势。既透露出早春花鸟的活泼动态，也表露出诗人对初春景色的喜爱。

令公桃李满天下，何用堂前更种花！

奉和令公绿野堂种花

绿野堂开占物华，路人指道令公家。①
令公桃李满天下，何用堂前更种花！②

①绿野堂：宰相裴度的住宅名，故址在今河南洛阳南。物华：万物的精华。令公：指中书令裴度。

②桃李：指桃树和李树，用以比喻所栽培的学生或所举荐提拔的人才。满天下：比喻学生很多，各地都有。曾有人赞美宰相狄仁杰"天下桃李，悉在公门矣"，白居易在这里化用其意。

本篇为开成元年（836）白居易在洛阳时作，其时任太子少傅分司东都。大和九年（835）十一月，甘露之变爆发后，宦官当权，中书令裴度辞官归洛阳，建造了别墅，名绿野堂，栽培花木上万株，常与诗人白居易、刘禹锡宴饮唱和。诗用比兴手法，对裴度为国家栽培大量优秀人才，因而芳名远播表示高度赞美。成语"桃李满天下"即出自本篇。

日出江花红胜火，春来江水绿如蓝。

忆江南①

江南好，风景旧曾谙。②日出江花红胜火，春来江水绿如蓝。③能不忆江南？

①忆江南：原名《望江南》，又名《谢秋娘》《望江梅》《梦江南》等，后改名为《江南好》。白居易《忆江南》共三首，这是其中的第一首。

②谙（ān）：熟悉。

③江花：江边的花。蓝：蓝草，古代用作染料。

《忆江南词三首》是开成三年（838）白居易六十七岁时在洛阳所作，时任太子少傅分司东都。这是第一首，总体上追忆江南美景，后面两首分别追忆杭州和苏州。开头一个"好"字，直接点明江南在词人心中的地位。第二句"旧曾谙"更是紧扣主题，与题目"忆"字相互照应，以追忆的情怀，写出对江南春景的熟悉与眷恋之感。第三、四句既有春日照耀下愈发红得耀眼的江花、春光洒满绿水愈发波光粼粼的江面的烘托，又有"红胜火"和"绿如蓝"的异色相互映衬，色彩鲜艳夺目，给人强烈的视觉冲击感。这两句用比喻的修辞手法将"江花""江水"这些江南最美风光概括出来，让人心旷神怡。身居洛阳的诗人，面对北方春景，触景生情，以"能不忆江南"收束全词，表达自己对江南春景的热爱和深切眷念，清新自然，韵味悠长。

柳宗元

柳宗元（773—819），字子厚，河东（今山西永济）人，世称"柳河东"。贞元九年（793）与刘禹锡同榜进士及第，和刘禹锡一道参加王叔文为首的"永贞革新"，失败后被贬为永州司马，十年后调任柳州刺史，死在柳州，世称"柳柳州"。柳宗元散文与韩愈齐名，与韩愈共同发起古文运动，并称"韩柳"。今存诗一百六十多首，多山水诗，与王维、孟浩然、韦应物并称"王孟韦柳"，与其他三位相比，因贬谪南荒十四年而多有怨愤之情。

孤舟蓑笠翁，独钓寒江雪。

江雪

千山鸟飞绝，万径人踪灭。
孤舟蓑笠翁，独钓寒江雪。①

①蓑（suō）笠翁：披蓑衣、戴斗笠的渔翁。

这首诗约作于元和元年（806）柳宗元刚被贬到永州（今属湖南）不久，居住在龙兴寺，非常孤独之时。这是柳宗元的代表作之一，全诗用概括和夸张的手法，描绘了一幅奇特的图画，以表达作者高洁傲岸、不屈不挠的抗争精神。同时这幅寒江独钓图也揭示出作者痛苦孤独的内心世界。漫天大雪，既不见鸟的踪迹，也不见人的踪迹，只见一个渔翁披着蓑衣，戴着斗笠，在寒江的孤舟上独自垂钓，能钓到鱼吗？原来是别有用意。"千""万""孤""独"四字，展示了一种孤傲的、独立不羁的人格。本诗采用古体形式，押入声韵，凸显格调清峭，别有一番滋味。

欸乃一声山水绿。

渔翁

渔翁夜傍西岩宿，晓汲清湘燃楚竹。①
烟销日出不见人，欸乃一声山水绿。②
回看天际下中流，岩上无心云相逐。③

① 西岩：永州的西山。晓汲清湘：早上从清澈的湘江里汲水。
② 欸（ǎi）乃：摇橹的声音。一说唱歌的声音。
③ 无心云：指云自由自在飘动。语出陶渊明《归去来兮辞》。

这首六句体的山水小诗是柳宗元在永州写的，约作于元和四年（809），与"永州八记"作于同一年，这年相对悠闲，故有此诗。作者以无比欣赏的笔调，描写了一个渔翁悠闲自在的生活：他夜里独自住在山崖下，清晨汲的是清湘水，燃的是楚竹，不像是凡人；太阳一出来，就不见了他的身影，只听欸乃一声，他已在远方的青山绿水之中；他回看天际，才知船已驶向湘江中流，只有无心的白云尾随着船。"欸乃一声山水绿"一句，历来受到称赞。苏东坡说，把后两句删去，更有"奇趣"。

春风无限潇湘意，欲采蘋花不自由。

酬曹侍御过象县见寄①

破额山前碧玉流，骚人遥驻木兰舟。②
春风无限潇湘意，欲采蘋花不自由。③

①酬：接受别人寄赠作品后，以作品答谢之。侍御：监察御史。象县：唐时属柳州，在今广西鹿寨雒容南。

②破额山：在柳州雒容，象县的洛清江流经此山。碧玉：比喻洛清江水。骚人：此指曹侍御。木兰舟：用木兰树木造的船。此为船的美称。

③两句用南朝柳恽《江南曲》之意："汀洲采白蘋，日落江南春。洞庭有归客，潇湘逢故人。"意为对潇湘故人有无限情意，欲采蘋花赠给故人，却不能自由。不自由原因有二：一是政务缠身，柳宗元在柳州没日没夜地勤于政务；二是身患重病，柳宗元作此诗六个月后即去世。潇湘：湖南境内二水名。

本篇约为元和十四年（819）春作于柳州，柳宗元时任柳州刺史。曹侍御是柳宗元在湖南永州时的同僚友人，而今他过象县时寄一首《过象县》诗给柳宗元，柳宗元作此诗回赠给曹侍御。这首诗虚实相生，用了许多具有典型文化内涵的意象，如"骚人""潇湘""木兰舟""采蘋花"，使得全诗迷离朦胧却又有迹可循。第一联用"骚人""木兰舟"等美好的字眼来描写曹侍御，想象了曹侍御过象县时寄诗给自己的情景。后一联才是作者想要对曹侍御说的话，从这一联中可以看出柳宗元对朋友的思念以及对官场生活的讳莫如深。最后一句"欲采蘋花不自由"委婉含蓄，给读者留下了多种想象的空间。

崔护

崔护（776？—830），字殷功，博陵（今河北定州）人。贞元十二年（796）进士及第，官至岭南节度使。其诗风精练婉丽，语言清新。《全唐诗》录其诗六首，《题都城南庄》流传最广，为诗人赢得了不朽的诗名。

人面桃花相映红。

题都城南庄①

去年今日此门中，人面桃花相映红。②
人面不知何处去，桃花依旧笑春风。③

① 都城：指长安。
② 人面：指姑娘的脸。第三句中"人面"指代姑娘。
③ 笑：形容桃花盛开的样子。

本篇当为贞元十一年（795）清明节崔护在长安城南郊所作。

据唐人孟棨（qǐ）《本事诗》和宋代《太平广记》记载，这首诗的创作背景是一个颇具传奇色彩的故事：崔护到长安参加进士考试落第后，清明日在长安南郊敲门讨水喝，偶遇一美丽少女，两人互生好感。次年清明节崔护重访此女不遇，于是题写此诗于门上。诗用"人面""桃花"作为线索，通过"去年"和"今日"同时同地同景而"人不同"的映照对比，曲折往复地道出了诗人因这两次不同的遇合而产生的感慨。"去年今日此门中，人面桃花相映红"颇为人称道，这一联回忆去年此时的情景，写少女白里透红的脸庞与灿烂的桃花相映衬，寥寥几笔就塑造了一个美丽含蓄的少女倩影，勾起读者无限美好的遐想。第二联回到现实：还是去年那个地方，美丽的少女已经不见芳踪，但是去年的桃花依然在春风中绽放，只留下作者一人追思，淡淡的惆怅就这样弥漫开来。"人面桃花"已成为成语，表达对所爱慕而不能再相见的女子的怀念。

崔郊

崔郊，元和年间为秀才，仅存诗一首，却是唐诗名篇。

侯门一入深如海。

赠去婢

公子王孙逐后尘，绿珠垂泪滴罗巾。①
侯门一入深如海，从此萧郎是路人。②

①公子王孙：王公贵族的子弟。后尘：后面扬起来的尘土。指公子王孙争相追求的情景。绿珠：西晋富豪石崇的宠妾，非常漂亮，赵王司马伦专权时，他手下的孙秀倚仗权势指名向石崇索取绿珠，遭到石崇拒绝。石崇因此被收捕下狱，绿珠也坠楼而死。这里喻指被人夺走的婢女。罗巾：丝制手巾。

②侯门：指权豪势要之家。萧郎：原指梁武帝萧衍，南朝梁的建立者，风流多才，在历史上很有名气。后成为诗词中习用语，泛指女子所爱恋的男子。这里是作者自称。

晚唐范摅（shū）在《云溪友议》中记载了这首诗的创作背景：元和年间秀才崔郊的姑母有一婢女，生得姿容秀丽，与崔郊互相爱恋，后却被卖给显贵于頔（dí）。崔郊念念不忘，思慕无已。一次寒食节，婢女偶尔外出与崔郊邂逅，崔郊百感交集，写下了这首《赠去婢》。后来于頔读到此诗，便让崔郊把婢女领去，传为诗坛佳话。这首诗高度概括了自己失去爱人后的痛苦之情，但是没有局限在自己一人之悲中，而是扩散到整个社会的爱情悲剧上，因此更加具有感染力。第一联用"绿珠"的典故委婉说明了事情的经过，看似平淡客观的叙述中含蓄地透露出诗人对公子王孙的不满和对弱女子的爱怜同情。"侯门一入深如海"是流传不息的名句，成语"侯门如海""侯门似海""侯门深似海"现在多用来比喻旧时的友人因地位悬殊而疏远隔绝。

胡令能

胡令能，唐贞元、元和年间，曾经隐居于莆田（今河南中牟）。幼时家贫，帮人家洗镜子、补锅、补碗等，就是农村的手艺人，人称"胡钉铰"。今存诗四首，浅俗易懂，时有巧思。

路人借问遥招手，怕得鱼惊不应人。

小儿垂钓

蓬头稚子学垂纶，侧坐莓苔草映身。①
路人借问遥招手，怕得鱼惊不应人。

①蓬头：头发蓬乱。垂纶（lún）：钓鱼。纶，钓鱼用的丝线。莓苔：青苔。

这首诗约作于元和年间。胡令能到农村去寻找一个朋友，向正在池塘边钓鱼的儿童问路。这个小朋友蓬松着头发，正坐在池塘边草地上学着大人的样子钓鱼呢！他侧斜着身子专注地坐在草丛之中，忽听到有过路的人问路，连忙远远地就挥动着小手，向行人示意，怕惊动了鱼儿而不敢回应路人。前两句重点在小朋友的外貌和形态，用"蓬头"来体现他的天真可爱，用"侧坐"来表现其随性自然。后两句则把小朋友小心谨慎的心理描绘出来了。用路人问路的小插曲，生动又传神地体现了小朋友的专注可爱。

元稹

元稹（779—831），字微之，族中排行第九，世称"元九"。祖籍洛阳（今属河南），出生、成长于长安（今陕西西安）。元稹先祖曾为北魏皇族，安史之乱后家道衰微，八岁时父亲去世，家境清贫。贞元九年（793）以明经科及第，贞元十五年（799）游蒲州，作《莺莺传》。元和元年（806）因触犯权贵而屡遭贬谪，元和四年（809）发妻韦丛盛年而逝，对元稹打击很大，他为此写下了不少感人深至的悼亡诗。后官至宰相。大和五年（831）病逝，白居易为其撰写墓志。元稹和白居易是知己，诗风相近，并称"元白"。存诗八百三十首。

曾经沧海难为水，除却巫山不是云。

离思①

曾经沧海难为水，除却巫山不是云。②
取次花丛懒回顾，半缘修道半缘君。③

①元稹《离思》组诗五首，这是其四。

②第一句从《孟子·尽心》"观于海者难为水，游于圣人之门者难为言"变化而成。巫山：宋玉《高唐赋》序说，巫山神女"朝为行云，暮为行雨"，她主动向楚怀王荐枕（即献身），楚怀王称她为"朝云"。

③取次：草草，仓促。缘：因为。

此诗约作于贞元十六年（800）。晚唐小说《云溪友议》说这首诗是元稹悼念亡妻韦丛的，不可信，因为《离思五首》组诗的其他四首都是艳诗即风情诗，况且元稹自编诗集将"艳诗"与"悼亡诗"分开，亲自把《离思五首》归入"艳诗"。后人大多借这首诗骂元稹轻薄无行，如清朝的《养一斋诗话》说后生读它简直是败行丧身，《王闿运手批唐诗选》骂为淫盗居然自称"修道"，《消寒诗话》评论说："或以为风情诗，或以为悼亡也。夫风情固伤雅道，悼亡而曰'半缘君'，亦可见其性情之薄矣。"陈寅恪先生考证这首诗是元稹为眷念崔莺莺而作，属于"艳诗"而不是悼亡诗（《元白诗笺证稿》），非常正确。

首句用孟子名言的前半句，实际上孟子此言意在后半句即"游于圣人之门者难为言"，表达自己对于圣人之"道"的仰慕与崇拜。第二联说："你一样让我仰慕与心醉，所以普通的花丛我是不会欣赏的，我所欣赏的只有圣人之道和你。"元稹《梦游春七十韵》有曰："觉来八九年，不向花回顾。"把崔莺莺与圣人之道相提并论，可见其仰慕之情。《离思五首》其五直接说："寻常百种花齐发，偏摘梨花与白人。"元稹在小说《莺莺传》里写崔莺莺是像巫山神女一样主动向自己投怀送抱，他对她是有真情的，他后来抛弃初恋娶韦丛为妻乃是有复杂的社会原因。

"曾经沧海难为水，除却巫山不是云"两句已成写爱情的千古名句，今人也用此两句来喻人的阅历广，眼界就开阔、追求的目标就更高。

不是花中偏爱菊，此花开尽更无花。

菊花

秋丛绕舍似陶家，遍绕篱边日渐斜。[①]
不是花中偏爱菊，此花开尽更无花。

①秋**丛**：指一丛一丛的秋菊。陶家：指代东晋诗人陶渊明的家。

元和四年（809）元稹被提拔为监察御史，大胆弹劾不法官吏，平反许多冤案。这一举动触犯了朝中旧官僚阶层及藩镇集团的利益，很快他就被外遣至洛阳分务东台，等于被闲置起来。时在秋日，元稹写下这首咏物七绝，表达悠闲之情并暗寓不屈的品格，然后寄给白居易。当时白居易在长安任翰林学士，收到元稹此诗后吟赏不已，并作《禁中九日对菊花酒忆元九》，末句曰："尽日吟君咏菊诗。"并自注："元诗云：'不是花中偏爱菊，此花开尽更无花。'"东晋著名隐逸诗人陶渊明以爱菊著称，其"采菊东篱下，悠然见南山"（《饮酒》）之句传诵千古，菊花也成为超凡脱俗的隐逸者的象征。咏菊虽然是个寻常的题材，元稹却构思新颖，不从正面描绘菊花，而是巧妙地借用陶渊明的典故来吟咏菊花，从侧面烘托其品格。尤其是后两句，用夸张的手法表达了诗人对菊花的赞美与喜爱。诗人抓住菊花在百花中最后开放这一特点，对其与众不同的独特品格加以赞美，暗含哲理。

唯将终夜长开眼，报答平生未展眉。

遣悲怀　其三

闲坐悲君亦自悲，百年都是几多时。
邓攸无子寻知命，潘岳悼亡犹费词。①
同穴窅冥何所望，他生缘会更难期！②
唯将终夜长开眼，报答平生未展眉。

①邓攸：西晋人，字伯道。《晋书·邓攸传》载永嘉末年战乱中，他舍子保侄，后终无子。潘岳：西晋人，字安仁，曾为亡妻作《悼亡诗》三首。

②窅（yǎo）冥：幽暗的样子。

《遣悲怀》三首是元稹为悼念亡妻韦丛所作的悼亡诗，体裁为七律。韦丛是时任太子少保韦夏卿的幼女，尽管婚后生活清贫，夫妻感情却一直很好。元和四年（809）七月韦丛二十七岁去世，元稹伤心之至，写下了不少感人深至的悼亡诗，《遣悲怀》三首即是其中著名的诗篇。此诗当作于元和四年至六年间，写于元稹任监察御史分务东台（洛阳）之任上。诗借用了晋代邓攸、潘岳的典故，前者心性善良却终身无子，后者的《悼亡诗》虽名传千古，然而对逝者而言却毫无意义，元稹借此表达对亡妻深刻的怀念，可谓缠绵悱恻，哀婉之至。"报答平生未展眉"，同甘共苦的夫妻常用这句诗来表示对对方诚挚的真情与感谢。

贾岛

贾岛（779—843），字浪仙（一作阆仙），范阳（今河北涿州）人。出身寒微，早年曾出家为僧，法名无本。后受教于韩愈，并还俗参加科举，但累举不第。唐文宗时曾任长江县（今四川蓬溪）主簿，世称"贾长江"。武宗会昌初由普州司仓参军改任司户参军，未任病逝。贾岛的诗歌以"苦吟"为主要特征，长于五律，注重字句雕琢，锻炼意境。以贾岛为代表的"苦吟"诗风在晚唐影响很大，闻一多先生甚至称晚唐五代是"贾岛时代"（《唐诗杂论》）。

只在此山中，云深不知处。

寻隐者不遇①

松下问童子，言师采药去。②
只在此山中，云深不知处。③

①寻：寻访。隐者：指不肯做官而隐居在山野之间的人。不遇：没有见到。

②童子：小孩。这里指隐者的弟子。

③云深：指山上云雾缭绕。处：地方。

这首诗约作于贞元十七年（801）贾岛当和尚法名"无本"时，此时贾岛二十多岁，在洛阳香山一带。诗的语言平白如话，通篇采用问答体。诗人到山里寻访一位隐士，从童子的话中知道隐士今天恰好到深山里去采药了，由于云深林密，童子没有办法告诉诗人隐士确切的位置，诗人只能遗憾而归。虽然只有两联，整首诗却不漏痕迹地向我们传达了多且重要的信息，隐者的形象跃然纸上。"松""采药""云深"揭示了隐士的典型特征。梅、松、竹是中国传统文化中的"岁寒三友"，常用来暗示隐居，表明隐士高洁傲岸的品格；中国传统的隐士大多注重养身，采药是他们一项重要的日常活动。"只在此山中，云深不知处"是这首诗中的名句，"云深"二字渲染了隐士的居住环境，有一种高蹈出尘、不理世俗的超脱，突出了隐士的"隐"，也丰富了隐士高人的形象。这两句现在也用来表达身陷某一环境或事件中，而看不清自己的处境和位置。

鸟宿池边树，僧敲月下门。

题李凝幽居

闲居少邻并，草径入荒园。
鸟宿池边树，僧敲月下门。
过桥分野色，移石动云根。①
暂去还来此，幽期不负言。②

①分野色：山野景色被桥分开。云根：古人认为"云触石而生"，故称石为云根。这里指石根云气。
②幽期：隐逸的期约。负言：食言，失信。

本篇约为贾岛当和尚时所作，约在贞元十七年（801）或稍后。贾岛善于从小事中发掘诗思，对细节很敏感。据诗意可知，一天，贾岛去拜访隐居在洛阳城郊外的朋友李凝。等他到达李凝住所时，天已经黑了。这时，夜深人静，月光皎洁，他的敲门声惊醒了树上的小鸟。不巧，这天李凝不在家。于是贾岛有感而发，创作了这首诗。"鸟宿池边树，僧敲月下门"是历来广为传诵的名句，"推敲"的故事就出自这里，据说贾岛在"推""敲"二字上拿不定主意，韩愈帮他选定了"敲"字。为什么最后用"敲"不用"推"呢？作者抓住了在寂静的夜晚老僧敲门惊醒池边睡鸟这一转瞬即逝的场景，更加凸显环境的幽静，响中寓静，"敲"比"推"更有声音的动态效果。倘用"推"字，就没有这样的艺术效果了。

十年磨一剑。

剑客[①]

十年磨一剑，霜刃未曾试。[②]
今日把似君，谁为不平事？[③]

①剑客：以剑术行侠仗义的人。
②霜刃：形容剑锋寒光闪闪，十分锋利。
③把似君：拿起送你看。为不平事：做了不平之事。

本篇约为元和三年（808）贾岛三十岁时在范阳所作。贾岛二十岁当和尚，法名无本，至本年正好十年，这十年他虽是和尚身份，但时刻不忘刻苦磨砺诗艺，广交诗界名流，已练就一身本领，于是本年决定还俗参加进士考试，作此诗抒怀。这是贾岛的一首自喻诗，诗名又作《述剑》。诗人将自己比喻成剑客，自己的才干比喻成一把锋利的宝剑，希望有人能够赏识自己的才能，让自己得以实现兴利除弊的政治抱负。贾岛的诗以奇僻著称，但这首诗却平易明快，直吐胸臆，给人耳目一新的感觉。"十年磨一剑"一句流传甚广，已为常用成语，诗人将十年寒窗苦读的所有心绪都浓缩在这一句之中，通过巧妙的艺术构想避免了直白叙述的平淡，也给予读者鲜明的艺术形象，是高明的创作手法。这把"宝剑"锋利无比，而且"未曾试"，言下之意是自己一身出众的才能还没有机会施展，有一种跃跃欲试的心情。最后一联表明了作者高度的自信："今天将这把宝剑拿出来给您看看，告诉我，天下谁做了不平的事?"透露出贾岛急欲施展才能的愿望和豪情。

杨敬之

杨敬之（786？—844？），字茂孝，吴（今江苏苏州）人，祖籍虢州弘农（今河南灵宝）。其父杨凌于兴元元年（784）娶韦应物长女，生杨敬之。元和二年（807）进士及第，官至工部尚书、国子监祭酒。今存诗九首。

平生不解藏人善，到处逢人说项斯。

赠项斯①

几度见诗诗总好，及观标格过于诗。
平生不解藏人善，到处逢人说项斯。

①项斯：字子迁，晚唐著名诗人，临海（今属浙江）人。因受国子祭酒杨敬之的赏识而声名鹊起，于会昌四年进士及第，官终丹徒尉，卒于任所。《全唐诗》收项斯诗一卷，计八十八首。

本篇为会昌三年（843）杨敬之在长安时所作。杨敬之存诗不及十首，而这一首却历来为人传诵，"到处逢人说项斯"一句甚至逐渐凝练形成了"逢人说项"这个成语，简称"说项"，比喻到处颂扬别人，替别人说好话。晚唐诗人项斯，胸怀壮志却长期郁郁不得志，他听说国子祭酒杨敬之最喜提携后辈，于是在会昌三年带着自己的诗作前去谒见。杨敬之阅后，写下了这首赠诗，对其诗歌及人品大加赞赏。项斯声名大噪，"诗达长安"，并于第二年登进士第，授润州丹徒（今江苏镇江）尉。

杜秋娘

杜秋，一名杜仲阳，后世则多称其为"杜秋娘"，金陵（此金陵不是今南京，而是唐代润州，即今镇江）人。十五岁嫁给润州刺史李锜做小妾，善唱《金缕衣》曲。后来入皇宫，受宠于唐宪宗。唐文宗即位，杜秋娘被赐归故乡。开成二年（837）杜牧岁时路过润州（今江苏镇江），看到杜秋娘穷老可怜，就为她写了一首《杜秋娘诗》。

花开堪折直须折，莫待无花空折枝。

金缕衣

劝君莫惜金缕衣，劝君惜取少年时。[①]
花开堪折直须折，莫待无花空折枝。

① 金缕衣：用金线编织的衣服。

这首诗约为贞元十八年（802）在润州时所作。据杜牧《杜秋娘诗》及自注，贞元末年任镇海节度使的李锜酷爱此歌词，常命其妾杜秋娘在酒宴上演唱。元和二年（807）李锜谋反被诛杀，杜秋娘被收入长安皇宫。这首乐府体的小诗通俗流畅，寓意简明而积极，"花开堪折直须折，莫待无花空折枝"一联常用来劝喻人们应看轻荣华富贵，爱惜年少时光；同时也鼓励人们要及时行动，不要在错过之后才暗自悔恨。

李贺

李贺（790—816），字长吉，福昌（今河南宜阳）人，皇室宗亲。七岁就名满京城，韩愈读到他的诗，以为他是古人。因避父讳不得参加进士考试，只做过奉礼郎这种最低级的小官，一生不得志，只活了二十七岁。有"诗鬼"之称，又与李白、李商隐并称唐代"三李"，是中唐时期的天才诗人。他性情孤僻，用全部心血作诗，最擅长写歌诗（乐府和歌行），一生没写过一首律诗，诗风怪奇，学习《楚辞》痕迹明显。

黑云压城城欲摧。

雁门太守行①

黑云压城城欲摧，甲光向日金鳞开。②
角声满天秋色里，塞上燕脂凝夜紫。③
半卷红旗临易水，霜重鼓寒声不起。④
报君黄金台上意，提携玉龙为君死。⑤

①雁门太守行：古乐府曲调名。雁门，郡名。古雁门郡大约在今山西省西北部，是唐王朝与北方突厥部族的边境地带。

②甲光：铠甲迎着太阳映出的光亮。金鳞：铠甲光亮如金色的

鱼鳞。

③角：古代军中一种吹奏乐器，多用兽角制成。燕脂：即胭脂。

④易水：河名，源出今河北易县，向东南流入大清河。此借荆轲故事以言悲壮之意。

⑤黄金台：故址在今河北易县东南。相传战国时燕昭王为求士而筑高台，置黄金于其上，广招天下人才。玉龙：指代宝剑。

本篇元和四年（809）冬作于长安。"雁门太守行"是乐府古题，李贺借以描绘战争场面。从相关史料推断，这首诗描绘的应该是平定河北王承宗藩镇叛乱的战争。前半首写日落前战场情景，后半首写驰援部队的活动。这首诗起法尤妙，首联似突兀而来，极力渲染敌军兵临城下的凶猛之势，营造出一种战云密布、一触即发的紧张气氛。此外，一般来说战争题材的诗歌不适宜用色调较重的词藻描绘，李贺在此却大胆运用了黑、红、金、紫、胭脂等浓重、丰富的色调来描绘，使得战争的气氛得到有力的烘托，现场感和视觉冲击力也更强。这种奇崛诡艳的风格，多用颜色字来烘托情景的做法，是李贺诗歌的普遍特征。"黑云压城城欲摧"已成为成语，比喻恶势力一时嚣张造成的紧张局面。

雄鸡一声天下白。

致酒行

零落栖迟一杯酒，主人奉觞客长寿。①
主父西游困不归，家人折断门前柳。②
吾闻马周昔作新丰客，天荒地老无人识。③

空将笺上两行书，直犯龙颜请恩泽。

我有迷魂招不得，雄鸡一声天下白。

少年心事当拏云，谁念幽寒坐呜呃。④

①奉觞（shāng）：举杯敬酒。觞，古代酒器。

②主父：即主父偃。汉武帝时临淄（今山东淄博）人，曾西游长安，穷困不得志，遭人白眼。

③马周：唐太宗时人。马周年轻时受地方长官侮辱，西游长安途中投宿新丰县旅馆，主人待他比商贩还不如。长期沉沦后，终因代人上书而受到唐太宗破格提拔。

④拏（ná）云：凌云。比喻志向高远。拏，同"拿"。

　　本篇元和四年（809）冬作于长安。这首诗创作的大致背景是：元和三年秋，年轻气盛的李贺心怀借科举入仕以重振家道的愿望，赴洛阳参加河南府试并获通过，不料却因父名"晋肃"之"晋"与"进士"之"进"同音，竟被人以避讳父名为由剥夺了科举考试资格。这一打击对李贺而言是巨大的，其一生坎坷，英年早逝，想必与这种遭际不无关系。这是一首歌行体的诗歌，"致酒行"即劝酒致辞之歌，全诗运用主客对白的方式展开，艺术上避熟就生，意新境奇。同样，这首诗的名句"雄鸡一声天下白"，常用来比喻前景光明。这句也为毛泽东的词作《浣溪沙·和柳亚子先生》所化用："一唱雄鸡天下白，万方乐奏有于阗，诗人兴会更无前。"成语"天荒地老"也出自本诗，比喻经历的时间极久。

石破天惊逗秋雨。

李凭箜篌引①

吴丝蜀桐张高秋，空山凝云颓不流。②
湘娥啼竹素女愁，李凭中国弹箜篌。③
昆山玉碎凤凰叫，芙蓉泣露香兰笑。
十二门前融冷光，二十三丝动紫皇。④
女娲炼石补天处，石破天惊逗秋雨。
梦入神山教神妪，老鱼跳波瘦蛟舞。⑤
吴质不眠倚桂树，露脚斜飞湿寒兔。⑥

①李凭：当时的梨园弟子，以擅弹箜篌闻名。箜篌：弦乐器，通常有七根弦和二十三根弦两种，其中二十三根弦的叫竖箜篌，直抱怀中，两手齐奏。引：乐府体裁名，一般指歌曲长而有一唱三叹之致。

②吴丝蜀桐：形容箜篌的精美。张：演奏。先秦两汉人称演奏为"张"。高秋：深秋，暮秋。颓：堆积的样子。

③湘娥啼竹：湘妃娥皇、女英（听到箜篌）对竹啼哭。"湘"一作"江"。素女愁：女神素女（听到箜篌）也悲愁。《楚辞·九怀》："闻素女兮微歌。"传说素女擅长弹唱。

④十二门：指长安。紫皇：道教中最尊之神。

⑤妪（yù）：年老的女人。

⑥吴质：或名吴刚，传说中他长年在月中砍桂树。露脚斜飞：古人以为露像雨一样降落，故有此想象。

本篇元和六年（811）作于长安。李贺自编诗集把《李凭箜篌引》放在第一篇，此诗最能反映李贺想象奇特、构思奇巧、辞藻丰富、创造性极强的诗歌特色。诗用多种手法摹写箜篌乐音奇妙的艺术境界。前四句总写李凭弹箜篌的绝妙技艺，五、六两句正面描写乐声，从第七句到结尾都是写音乐的效果震撼神界。"玉碎""凤凰叫"是以声拟声，"芙蓉泣露""香兰笑"是以形喻声。结尾用幽冷的画面来衬托乐音的轻灵、优美，给人余味不尽的联想。

有人将李贺这首诗与同时代韩愈的《听颖师弹琴》、白居易的《琵琶行》看成是描写音乐的极品。"女娲炼石补天处，石破天惊逗秋雨"被宋朝的杨万里认为是惊人之句，不仅想落天外，而且气势夺人。"石破天惊"这个成语就出自这句诗，比喻诗文、议论或事件奇异惊人。"昆山玉碎凤凰叫，芙蓉泣露香兰笑"也是写音乐的名句。

天若有情天亦老。

金铜仙人辞汉歌　并序

　　魏明帝青龙九年八月，诏宫官牵车西取汉孝武捧露盘仙人，欲立置前殿。① 宫官既拆盘，仙人临载乃潸然泪下。② 唐诸王孙李长吉遂作《金铜仙人辞汉歌》。

> 茂陵刘郎秋风客，夜闻马嘶晓无迹。③
> 画栏桂树悬秋香，三十六宫土花碧。④
> 魏官牵车指千里，东关酸风射眸子。⑤
> 空将汉月出宫门，忆君清泪如铅水。⑥
> 衰兰送客咸阳道，天若有情天亦老！⑦
> 携盘独出月荒凉，渭城已远波声小。

①魏明帝青龙九年：魏明帝曹叡，乃文帝曹丕之子，他于青龙五年（237）命宫官从长安拆移铜人，迁到当时的首都洛阳。"九年"为李贺误记。汉孝武：汉武帝刘彻。捧露盘仙人：汉武帝为求长生不老，曾铸造铜仙人，手托承露盘接露水，和玉屑饮服。

②临载：正要载运离开时。潸（shān）然：流泪的样子。

③茂陵刘郎：对汉武帝的风趣称呼，茂陵是汉武帝的陵墓。秋风客：秋风中的过客，这也是对汉武帝的风趣称呼。因为汉武帝曾写过著名诗歌《秋风辞》，感慨人生易逝，就如同秋风中的过客。

④三十六宫：泛指长安的宫殿，汉时长安有离宫三十六座。土花：苔藓。

⑤东关：长安东门。酸风：刺眼的风，这是李贺创造的词语。眸子：眼珠。

⑥将：伴随。君：指汉武帝。如铅水：像铅水一样沉重，"铅水"也是李贺创造的词语。

⑦咸阳道：指长安道。下文"渭城"也指长安。

元和八年（813）李贺因病辞去奉礼郎职务，由长安赴洛阳途中写下此诗。他借金铜仙人告别长安的历史故事，来抒发自己离开京都的悲思。

全诗可分为三个层次。首四句是第一个层次，慨叹贪求长生造出金铜仙人的汉武帝却落得个事与愿违，很快死去，身后一片凄凉。真是人生短暂，世事无常啊！中四句为第二个层次，写金铜仙人初离汉宫时酸苦凄惨的情态。特别是"酸风""铅水"二词，造语奇特，移情于物，把金铜仙人的悲凉心态写活了；正因为是铜人下泪，故"如铅水"尤为精妙。末四句为第三个层次，写金铜仙人出城后途中恋恋不舍而又无可奈何的凄凉情景。"衰兰"一语，写形兼写情，兰花正因为怀有愁苦之情而"衰"。"天若有情天亦老"，老天有情，亦当潸然泪下，因悲而变老——真乃设想奇特，感情深沉而有力。司马光称为"奇绝无对"，有人以"月如无恨月长圆"为对，终有自然勉强之别。结尾进一步以荒凉之夜景来衬托凄凉之心情，有悠然不尽之妙。

全诗想象奇特，构思精妙，意蕴深厚。"空将汉月出宫门，忆君清泪如铅水"是唐诗警句，而"天若有情天亦老"已成为千古名句。

大漠沙如雪，燕山月似钩。

马诗二十三首　其五

大漠沙如雪，燕山月似钩。①
何当金络脑，快走踏清秋。②

①燕山：指燕然山，这里借指边塞。钩：古代的一种兵器，形似月牙。

②金络脑：用黄金装饰的马笼头。

本篇约为元和九年（814）作于潞州（今山西长治）。元和九年是马年，李贺二十五岁了，于是借"马"这个题目抒怀，一口气写了二十三首诗，有赞美，有讽刺，有悲伤，有惋惜，有励志，皆借马为比。第五首是这组诗中最有名的一首，这首诗用比兴的手法，通过咏马表现有志之士的才能无法施展，立功边塞的抱负得不到实现而产生的感慨与愤懑。诗的前两句写景：连绵的山岭上，明月当空，万里平沙在月光下如同霜一般，展现出一派旷远的边塞场景。后两句抒情，想象什么时候才能跨马奔赴边塞，传达出诗人企盼建功报国但却不被赏识的心情。

许浑

许浑（791？—854），字用晦，润州（今江苏镇江）人。武后朝宰相许圉师六世孙。家住润州丁卯涧，有诗集《丁卯集》，后世称"许丁卯"。大和六年（832）进士及第，官至睦州刺史。晚年归润州丁卯桥村舍闲居。许浑一生不作古体诗，专攻近体，五七律尤多，句法声律圆熟工稳。由于许浑诗中多描写水、雨之景，故有"许浑千首湿"之称。

山雨欲来风满楼。

咸阳城东楼①

一上高城万里愁，蒹葭杨柳似汀洲。②
溪云初起日沉阁，山雨欲来风满楼。③
鸟下绿芜秦苑夕，蝉鸣黄叶汉宫秋。
行人莫问当年事，故国东来渭水流。

---

①题目一作《咸阳城西楼晚眺》。咸阳城在今西安市西北，汉时称长安，秦汉两朝在此建都。隋朝时向东南移建新城，即唐长安城。唐咸阳城隔渭水与长安相望。

②蒹葭：芦苇一类的植物。汀（tīng）洲：水边之地为汀，水中之地为洲。

③"溪云"句：此句下作者自注："南近磻溪，西对慈福寺阁。"溪，即磻溪；阁，即慈福寺阁。

一　　这首诗约作于大中三年（849），当时许浑在长安任监察御史，某日去咸阳游玩，登上咸阳城楼，怀古伤今，有感而作。作者通过登临咸阳城楼的所见所感，抒发出对于国家局势的隐忧之情。首联扣题，抒情写景，"愁"字奠定了全诗的基调；颔联写晚眺远景，颈联写晚眺近景，虚实结合，将个人的吊古之情推向广远的历史之中；尾联作结，融情于景，展现出对于历史和现实的深刻思考。"山雨欲来风满楼"一句已为成语，常常用来比喻局势将有重大变化前夕的迹象和气氛，也简写为"山雨欲来"。

张祜（792？—854），字承吉，清河（今属河北）人。自小生长于江南，寓居苏州。元和十五年（820），令狐楚表荐于朝，然受阻于权贵而无果。元稹、白居易皆不喜张祜。后漫游各地，以布衣终身。张祜今存诗五百余首，以题壁诗和宫词最为突出，体裁上众体兼备。

却嫌脂粉污颜色，淡扫蛾眉朝至尊。

集灵台①

虢国夫人承主恩，平明骑马入宫门。②
却嫌脂粉污颜色，淡扫蛾眉朝至尊。③

①集灵台：即长生殿，在华清宫，是祭祀求仙之所。

②虢（guó）国夫人：杨贵妃三姊的封号。《旧唐书·杨贵妃传》载："太真（杨贵妃）……有姊三人，皆有才貌，玄宗并封国夫人，长曰大姨，封韩国；三姨，封虢国；八姨，封秦国。并承恩泽，出入宫掖，势倾天下。"平明：天刚亮时。

③至尊：最尊贵者，指皇帝。

　　《集灵台》是张祜的一组咏史七绝，共两首，约为元和六年（811）游京师时所作，这是第二首。这组诗皆是以讽刺杨玉环姊妹的专宠为主旨，第一首讽刺的是唐玄宗夺儿媳寿王妃杨玉环之事，这一首则专门讽刺虢国夫人的骄纵。张祜选取了虢国夫人朝见玄宗这一场景，集中笔墨描写其恃宠献媚的情状。相传玄宗和虢国夫人间有暧昧关系，首句"承主恩"三字即包罗了种种传言，而不用大费笔墨去描绘；第二句写虢国夫人"骑马入宫门"，点出她享有自由出入宫禁且不用下马的特权；三、四句对虢国夫人觐见时的妆饰作了大笔特写——几乎不化妆，生动表现了她自诩美貌、刻意邀宠，工于心计而又骄纵狂妄的心理。在艺术上，这首诗借咏史以刺时，似褒实贬，欲抑反扬，讽刺技巧十分高超。成语"淡扫蛾眉"即出自本诗，一般指妇女淡雅的化妆。

人生只合扬州死。

纵游淮南①

十里长街市井连，月明桥上看神仙。②
人生只合扬州死，禅智山光好墓田。③

①淮南：即淮南道，治所在扬州。这里指扬州。
②神仙：唐人惯以"神仙"代指歌妓。
③合：应该。禅智山：指禅智寺所在的蜀冈。禅智：即禅智寺，一名上方寺，地处扬州东北五里的蜀冈。本为隋炀帝行宫，后施舍为寺。一说"山光"指山光寺，在扬州东北湾头镇前，古运河

之滨，原为隋炀帝行宫，后亦舍宫为寺。

本篇约作于长庆二年（822），张祜下第后心情郁闷，就去扬州纵游散心。唐人笔记载："张祜下第后，多游江淮，常嗜酒，侮谑时辈。"（《桂苑丛谈》）宋代刘克庄《后村诗话》云："扬州在唐时最繁盛，故张祜云'人生只合扬州死'。"在唐代扬州是个极其繁盛富庶的都市，许多诗人都曾游历过扬州，唐诗中描写扬州的诗歌也比比皆是，张祜的这首七绝即是其中脍炙人口的一首。该诗题曰"纵游淮南"，理解这首诗的关键是这个"纵"字。张祜用"纵"来形容此次游历的整体感受，可见此行对诗人而言十分纵情和尽兴。起句主要描写白天的扬州城，"十里""连"等字眼毫不掩饰对其繁华之赞叹，次句则描写更为繁华的夜晚的扬州。第三句意脉一转，抒发诗人的感受，"死"字将诗人对扬州的喜爱、赞叹之情烘托到极致，这种极端的夸张造成了意想不到的艺术效果。末句是第三句的具体补充，并将第三句带来的突兀之感用柔和的方式收束。

一声何满子，双泪落君前。

何满子①

故国三千里，深宫二十年。
一声何满子，双泪落君前。

①何满子：原为唐玄宗时的著名歌者，这里是歌曲名。白居易《何满子》诗自注云："开元中，沧州有歌者何满子，临刑进此曲以赎死，上竟不免。"

这首诗约作于会昌六年（846）三月。宫词在张祜的创作中占有重要地位，这一首用绝句体写就的《何满子》最为著名。据说唐武宗时有一位孟才人，因有感于武宗让其殉情之意，为奄奄一息的武宗唱了张祜的这首《何满子》，唱毕，竟气绝身亡。张祜另写有《孟才人叹》诗并序，详细记载了孟才人唱《何满子》而死的故事。与张祜同时的诗人杜牧也非常欣赏这首诗，在一首酬张祜的诗中写下"可怜故国三千里，虚唱歌词满六宫"之句。

徐凝

　　徐凝，睦州分水（今浙江桐庐）人，与施肩吾同里。元和中即有诗名，方干曾跟他学诗。长庆三年（823），赴杭州参加秋试，因"千古长如白练飞，一条界破青山色"而获得杭州刺史白居易赏识。擅长绝句，今存诗一百零二首。

千古长如白练飞，一条界破青山色。

庐山瀑布

虚空落泉千仞直，雷奔入江不暂息。①
千古长如白练飞，一条界破青山色。②

　　①仞（rèn）：古代计量单位。七尺或八尺为一仞。息：止。前两句一作"瀑布瀑布千丈直，雷奔入海不暂息"。

　　②练：白绢。

　　本篇作于元和十五年（820）前后。元和十四年徐凝在长安科考，落第后回乡经过庐山游赏而作此诗。长庆三年（823）白居易在杭州主持秋试，因为欣赏徐凝这首诗而判他战胜张祜，成为解元。谈到描绘庐山飞瀑的诗篇，李白的《望庐山瀑布》总是首先映入思绪。相比之下，徐凝的这首《庐山瀑布》则稍显落寞。关于两诗的优劣，苏轼游庐山时曾作一绝云："帝遣银河一派垂，古来惟有谪仙辞。飞流溅沫知多少，不与徐凝洗恶诗。"可见苏轼认为李诗为优，而以徐凝之作为"恶诗"（事见《东坡志林·记游庐山》）。的确，李白之作在想象新奇、夸张大胆、气势雄浑上，皆超过徐诗。徐诗最后一句的意义节奏突变为"一条界／破青山色"，影响一气贯注的情势，也为东坡等人所不喜。那么徐凝诗是否真如苏轼所言为"恶诗"？答案是否定的，其实徐诗在艺术上还有超越李白的地方。李诗尽管想象奇特，却只从视觉角度来极写庐山飞瀑之雄伟；徐诗前两句气势雄伟，不减李诗，分别从视觉、听觉角度描绘瀑布。三、四句化动为静，把瀑布比成白练，在色彩上与青翠的山色鲜明对比，将前二句蓄积的雄伟逼人之气，巧妙地转为新奇、柔和的景象。第三句从时间写，第四句从空间写，多层次、多角度地描绘出了庐山瀑布之美，"飞""破"二字极为传神。

天下三分明月夜，二分无赖是扬州。

忆扬州

萧娘脸下难胜泪，桃叶眉头易得愁。①
天下三分明月夜，二分无赖是扬州。②

①萧娘：南朝以来，诗词中的男子所恋的女子常被称为萧娘，女子所恋的男子常被称为萧郎。胜（shēng）：能承受。桃叶：原

指晋王献之爱妾，后常用作咏歌妓的典故。这里代称少女，或指思念的佳人。

②无赖：可爱，可喜。

徐凝多年赴京参加科举考试，几乎每次都走大运河过扬州，对扬州的总体印象就是美好。本篇约作于大和六年（832）或稍后。扬州在唐代繁荣至极，时有"扬一益二"之称，从徐凝这首七绝亦可知扬州之盛况。这首诗在名目上虽云所"忆"的是扬州，但实际上是一首怀人之作，诗中"萧娘""桃叶"都是指代所思念的佳人。这首《忆扬州》在艺术上的绝妙处在于，前两句一"难"一"易"露出"怀人"之意，末两句则运用"一笔荡开"的技法，不把思念之意说尽说透，而是话锋突转，转而盛赞扬州月色之"无赖"，留给读者无限的情思和遐想，产生了惊人的艺术效果。成语"三分明月"即出自本诗，原指扬州繁华甲天下，今多用以比喻当地的月色格外明朗。

朱庆余

朱庆余（797？—839），名可久，字庆余，越州（今浙江绍兴）人。因为得到张籍的推荐，宝历二年（826）进士及第，任秘书省校书郎，与张籍、贾岛友好。今存诗一百七十多首，诗学张籍，擅长绝句。

画眉深浅入时无？

近试上张水部①

洞房昨夜停红烛，待晓堂前拜舅姑。②
妆罢低声问夫婿：画眉深浅入时无？

①近试：将近考试的时候。张水部：水部员外郎张籍。诗题一作《闺意献张水部》。

②舅姑：指公婆。古代同姓氏聚居一处而不能通婚，相邻两大姓氏之间通婚，造成丈夫的父母是妻子的舅舅和姑姑，而妻子的父母也是丈夫的舅舅和姑姑，为了区别，丈夫称妻子的父母为外舅、外姑。

这首诗约为宝历元年（825）十二月在长安时所作。朱庆余在临考前作这首诗献给张籍，希望得到他的推荐。在考试前向文坛名流进呈诗文，来赢得声誉，这在唐代称为"行卷"。诗用比兴手法，以新娘自比，以新郎比况张籍，又以舅姑（公婆）比况主考官，很绝妙。新娘打扮得入不入时，能否讨得公婆的欢心，最好是先问问新郎。表面上是在问"画眉"合不合当今的时样，实际上是在问张籍："我的诗写得怎样？合不合当今的流行风格？"据说，张籍看了这首诗后，大为赞赏，写了一首《酬朱庆余》回答他："越女新妆出镜心，自知明艳更沉吟。齐纨未足时人贵，一曲菱歌敌万金。"说朱庆余是越州的采菱女，不仅长得艳丽动人，而且有绝妙的歌喉，是其他越女所不能比的。"画眉深浅入时无"一句现在常用来询问准备工作是否充足。

温庭筠

温庭筠（801—866），原名岐，字飞卿，太原祁县（今属山西）人，唐初宰相温彦博之后。他恃才傲物，生活放荡不羁，好讥讽权贵，多犯忌讳，因此怀才不遇，仕途坎坷，只做过襄阳巡官、国子监助教、方城县尉等小官。他多才多艺，兼善诗词文赋，精通音乐。诗与李商隐齐名，号"温李"。他是唐代第一个大力填词的作家，号称"花间鼻祖"，与韦庄齐名，并称"温韦"。其词题材狭窄单一，多写妇女的容貌、服饰和情态，语言浓艳精美。

玲珑骰子安红豆，入骨相思知不知？

新添声杨柳枝词二首　其二

井底点灯深烛伊，共郎长行莫围棋。①
玲珑骰子安红豆，入骨相思知不知？②

①长行：古代的一种赌博游戏，有局有子，掷两个骰子定先后。

②骰（tóu）子：博具，相传为三国曹植创制，初为玉制，后演变为骨制，因其点着色，又称色子。

本篇约为大和六年（832）或稍后在长安作。大和六年、七年、八年这三年温庭筠与裴度之子裴诚一起混迹于长安秦楼楚馆，为歌女写歌词，二人同时作《新添声杨柳枝词》，饮筵竞唱打令。这是一首代言体的七绝。作者以女子口吻，抒写她对情郎的眷恋与情思。首二句写离别前的叮嘱之辞，深回婉曲，情意绵绵；后二句以相思子（红豆）为喻，意为"那骰子上的红点，颗颗像是入骨的红豆，正似我对你的入骨相思"，一语双关，可谓思致神妙，烘托出女子的挚爱深情。诗中多处用双关手法："烛"字隐喻"嘱"，"围棋"隐喻"违期"，"长行"隐喻"长别"，这是学习六朝乐府中隐语诗的写法。

鸡声茅店月，人迹板桥霜。

商山早行

晨起动征铎，客行悲故乡。^①
鸡声茅店月，人迹板桥霜。
槲叶落山路，枳花明驿墙。^②
因思杜陵梦，凫雁满回塘。^③

①征铎（duó）：车行时悬挂在马颈上的铃铛。

②槲（hú）：一种落叶乔木，木材坚硬。枳（zhǐ）：也叫枸橘，一种落叶灌木，花色白。

③思：想到，挂念。杜陵：在长安城南，因汉宣帝陵墓所在而得名，这里指长安。凫（fú）：野鸭。回塘：回曲的水池。

本篇约作于大中十年（856）春。本年春，温庭筠被贬为隋县尉，从长安鄠杜郊居出发赴隋县，行经商山途中住宿驿站，天没亮就早起赶路，辛苦之中怀念温暖的长安故居，写下此诗。这是一首抒写旅途感受的羁旅诗。首联承题中"早行"之意铺开。颔联尤为精妙，全为名词的组合，音韵铿锵，意象密集，尽管"鸡声""茅店""人迹""板桥"都是偏正词组，但由于做定语的都是名词，所以仍然保留了名词的具体感。梅尧臣曾经对欧阳修说最好的诗应是"状难写之景如在目前，含不尽之意见于言外"，并举出这两句为例证，认为这两句"道路辛苦，羁愁旅思""见于言外"（《六一诗话》）。颈联写途中的景色，尾联则以昨夜在梦中出现的故乡景色收束。前人称温庭筠"尤工小诗"，从此可见一斑。

照花前后镜，花面交相映。

菩萨蛮①

小山重叠金明灭，鬓云欲度香腮雪。②
懒起画蛾眉，弄妆梳洗迟。③
照花前后镜，花面交相映。④
新帖绣罗襦，双双金鹧鸪。⑤

①菩萨蛮：唐教坊曲名，又名《子夜歌》《重叠金》等。

②"小山"句："小山"旧解为屏风，或小山枕，或小山眉。其实指的是小山形的额黄，也称山额或额山。唐代女子在额头上涂黄色，叫"额黄"，隔了一夜，浓淡不均，故曰"小山重叠金明灭。"鬓云：轻盈松散像云朵似的乱发。欲度：将掩未掩的样子。香腮雪：雪白或敷粉的面颊。

③弄妆：打扮，妆饰。

④"照花"二句：对镜簪花，因两镜前后对照，故说"交相映"。

⑤帖：缝帖。罗襦（rú）：丝绸短袄。金鹧鸪：指用金线绣成的鹧鸪鸟图案。

本篇为大中六年（852）前后在长安时所作。据说唐宣宗爱听《菩萨蛮》，宰相令狐绹请温庭筠写了十四首，秘密进献给宣宗，要求温庭筠不要告诉他人，但温庭筠转头就跟别人说，于是被疏远了。这首词为十四首中的第一首，也是温词之首，写一个深闺女子早晨梳妆的一系列情态。上阕开头两句写她隔夜的残妆，额山、鬓云、腮雪，这些形象而生动的比喻，将女主人公娇懒的姿态勾勒出来。第三、四句的"懒"与"迟"二字交相呼应，人物内在心绪表现在外在行为之上。下阕第一、二句写女子妆后精细的姿态，两镜相对，人面与花饰相映，人面如花却独在空闺，暗示其命运。写女子在意自己妆容实则是暗喻对男子的在乎。末两句写女子衣服，重在刻画衣上新帖的成双的鹧鸪图案，"双双"一词反衬了女子内心的孤独难过。这首词通过描述女子懒起、照镜、穿衣等举动，含蓄委婉地暗示了女子内心的幽怨，给人充分的想象空间。

过尽千帆皆不是，斜晖脉脉水悠悠。

梦江南①

梳洗罢，独倚望江楼。②
过尽千帆皆不是，斜晖脉脉水悠悠。③肠断白蘋洲。④

①梦江南：词调名，又叫《忆江南》《望江南》等。

②独倚望江楼：源自《西洲曲》："望郎上青楼。"

③脉脉：默默相对的样子。悠悠：江水长远的样子。

④白蘋洲：开满白色蘋花的洲渚，古人常作为送别之地的替代词。

这首词勾勒出一个倚楼等待丈夫归来，却一再失望的思妇形象。前两句设定思妇所处情境，所谓"女为悦己者容"，精心装扮的思妇孤身倚楼，盼望丈夫归来。三、四句是点睛之笔，写思妇从早晨望到日暮，千帆已过却不见归舟，以时间之久反衬失望之深，以景喻情，把思妇的惆怅、凄楚之情含蓄而委婉地表现了出来。最后一句承接上文，眼前景折射心中境，"肠断"表现得极为自然有力，"白蘋洲"也契合了全诗的相思之情。

一叶叶，一声声，空阶滴到明。

更漏子①

玉炉香，红蜡泪，偏照画堂秋思。②眉翠薄，鬓云残，夜长衾枕寒。③

梧桐树，三更雨，不道离情正苦。④一叶叶，一声声，空阶滴到明。

①更漏子：词调名，为温庭筠首创，共六首，多抒离情。

②红蜡泪：红烛燃烧时垂滴蜡油如落泪。画堂：华美的堂舍。秋思：秋日的愁思。

③眉翠薄：眉间翠色已淡薄。衾：被子。

④不道：不堪，不奈。

这首词刻画了一位彻夜不眠、为离情所苦的女子形象。上阕前三句，室内的奢华富贵反衬了女子精神上的空虚寂寞，接下来"薄""残"二字写女子妆容的凌乱，可能彻夜难眠，衾枕寒冷之时，更觉离情之苦。下阕由室内转到室外，写夜雨梧桐，情景交融，将"秋思"之深和"离情"之苦巧妙表达出来，一泻千里。最后三句写雨打梧桐，滴在空阶，直到天明，将离情之苦推向高潮，表现得酣畅淋漓，耐人寻味。后来李清照有"梧桐更兼细雨，到黄昏，点点滴滴"，蒋捷有"一任阶前点滴到天明"等名句，都是学习温庭筠而来。

杜牧

杜牧（803—852），字牧之，号樊川居士，京兆万年人。祖父是三朝宰相、著名史学家杜佑。杜牧自幼受祖父熏陶，好读书，善论兵。大和二年（828），二十六岁时进士及第，官至中书舍人。晚年居长安南樊川别墅，故后世称其为"杜樊川"；为区别于杜甫，人们又称他为"小杜"，与李商隐并称"小李杜"。杜牧为晚唐杰出的诗人、散文家，诗歌以七言绝句著称，擅长咏史怀古，风格英发俊爽，脍炙人口的名篇名句很多。

一骑红尘妃子笑，无人知是荔枝来。

过华清宫绝句三首　其一①

长安回望绣成堆，山顶千门次第开。②
一骑红尘妃子笑，无人知是荔枝来。

①华清宫：唐代行宫。在今陕西西安临潼区骊山，其地有温泉。

②次第：依次，按照次序一个接一个地。

这首诗作于大和三年（829）前后，杜牧进士及第后在长安周边游览，经过骊山华清宫时有感而作。杜牧的咏史七绝组诗《过华清宫绝句》共有三首，此为第一首。诗人选取了与唐玄宗相关的三个场景加以艺术概括，讽刺了唐玄宗的穷奢极欲和荒淫误国，同时借古讽今，深刻地讽喻了现实。这首诗通过对唐玄宗不惜劳民伤财，为杨贵妃供应鲜荔枝这一典型事件的描绘，深刻鞭挞了玄宗与杨贵妃骄奢淫逸的生活。为什么"无人知是荔枝来"？因为马跑得太快，旁人只看到红尘滚滚。

天阶夜色凉如水，卧看牵牛织女星。

秋夕

银烛秋光冷画屏，轻罗小扇扑流萤。
天阶夜色凉如水，卧看牵牛织女星[①]。

①牵牛织女星：两个星座的名字，指牵牛星、织女星。亦指古代神话中的人物牛郎和织女。

这首诗约作于大和三年（829）或稍后，杜牧早年在长安写有不少宫词类诗，像《宫词二首》《月》以及本篇。这是一首宫中秋怨诗，描写了一名孤单苦闷的宫女，在七夕之夜卧看银河两侧的牛郎、织女星，不时扇扑流萤，排遣心中寂寞。诗自初夜写至夜深，层层绘出，宛然为宫人作了一幅幽怨图。天上星星那么多，她为什么只"卧看"牵牛织女星？是羡慕；牛郎织女毕竟能在七夕相会一次，而她自己呢？这首诗反映了宫中妇人百无聊赖的生活和苦闷失意的心情，揭示了她们不幸的命运。艺术上，语言轻快明丽，风格含蓄隽永。

清明时节雨纷纷。

清明[①]

清明时节雨纷纷，路上行人欲断魂。
借问酒家何处有？牧童遥指杏花村。[②]

①清明：二十四节气之一。旧俗当天有扫墓、踏青、插柳等活动。

②杏花村：杏花深处的村庄，在今南京市西。《太平寰宇记》："杏花村在（江宁）县理西，相传杜牧之沽酒处。"一说在今安徽贵池。

大和七年（833）清明，杜牧奉宣歙观察使沈传师之命由宣州（今安徽宣城）赴扬州淮南节度使牛僧孺幕府任职，经过江宁（今江苏南京）西，在杏花村沽酒，写下此诗。清明在春分之后十五天，正是杏花盛开的时候，唐代清明节的风俗是家人团聚取新火、扫墓、游春、荡秋千、蹴鞠，以喜庆娱乐的活动为主。这样的佳节，杜牧却一人在外行走，不能回家，所以心情不太好，恰好又碰上"雨纷纷"的天气，心情格外沉重，所以用"断魂"来形容。后两句来个转折：他想找个酒店躲躲雨，顺便喝两杯解解愁，于是问牧童哪里有酒卖，牧童指向杏花深处的村庄，那里有酒店。真有一种柳暗花明、心情温暖之感。"清明时节雨纷纷"一句准确地概括了清明前后多雨的气候特点，常为人们引用。

千里莺啼绿映红。

江南春绝句

千里莺啼绿映红，水村山郭酒旗风。①
南朝四百八十寺，多少楼台烟雨中。②

---

①郭：外城，此处指城镇。酒旗：挂在门前以作为酒店标记的旗帜。

②南朝：公元420年—589年期间存在于中国南方的宋、齐、梁、陈四个政权的总称。四百八十寺：南朝皇帝和大官僚好佛，在京城建康（今南京）大建佛寺。《南史》载："都下佛寺五百余所。"

大和七年（833）春，杜牧奉幕主沈传师之命由宣州经江宁往扬州访淮南节度使牛僧孺，在旅途中写下这首诗。诗人以明快隽永的笔调，为我们勾勒出一幅美不胜收的江南水乡春景图。诗人在后半首通过对南朝遗留下来的众多寺庙的描绘，暗暗讽刺了统治者的佞佛行为。唐朝穆宗、敬宗、文宗三朝皆提倡佛教，杜牧是有感而发。"千里莺啼绿映红"一句，对江南春景作出高度概括，简洁而传神，有人认为"千里"之景听不见看不见，不如改为"十里"，实则不然。

十年一觉扬州梦。

遣怀

落魄江湖载酒行，楚腰纤细掌中轻。①

十年一觉扬州梦，赢得青楼薄幸名。②

   ①落魄，一作"落拓"，放浪不羁。江湖：一作"江南"。楚腰：指美人的细腰。史载楚灵王喜欢细腰，"楚腰"就成了细腰的代称。《韩非子·二柄》："楚灵王好细腰，而国中多饿人。"掌中轻：相传汉成帝的皇后赵飞燕身体轻盈，能在掌上翩翩起舞。《飞燕外传》载："赵飞燕体轻，能为掌上舞。"

   ②觉：读jiào。薄幸：薄情，负心。

   这首诗作于大和九年（835）离开扬州时。杜牧曾于大和七年至九年（833—835）居扬州，在淮南节度使牛僧孺幕府任推官，转掌书记，期间诗酒风流，放浪形骸。"薄幸"二字透露出作者对扬州生活的自责，如今追忆往事，又对自己的现实处境感到不满，遂发出前尘恍惚、如梦如幻之叹。近人俞陛云说："此诗着眼在'薄幸'二字。"（《诗境浅说续编》）"十年一觉扬州梦"一句，现多用来表达对往日繁华今已成空或往日沉迷今已悔悟的感叹。

春风十里扬州路，卷上珠帘总不如。
蜡烛有心还惜别，替人垂泪到天明。

赠别二首

其一
娉娉袅袅十三余，豆蔻梢头二月初。①
春风十里扬州路，卷上珠帘总不如。

多情却似总无情，唯觉樽前笑不成。②
蜡烛有心还惜别，替人垂泪到天明。

①豆蔻：草本植物，产于南方，初夏开花，南人取其未大开者，谓之"含胎花"。常以比喻少女。

②樽：古代用来盛酒的器皿。

这两首赠别诗都是杜牧在大和九年（835）离开扬州回长安时，赠送给歌妓的。杜牧当时由淮南节度使掌书记升任监察御史，准备离开扬州奔赴长安，与在扬州结识的歌妓分别时写下这两首诗。第一首着重赞扬这位歌妓的妙龄丰韵，扬州虽佳丽云集，但在诗人看来唯她独俏。第二首承前面一首未尽之意，并照应诗题，着重写惜别，描绘筵席之上与其难分难舍的情思。有人认为"多情却似总无情"一句写得精妙，这句写情细腻，然而词意浅露，略无余蕴，不似后面"蜡烛有心还惜别，替人垂泪到天明"一联含蓄有味。诗人不直接点明离别，而转以蜡烛来比况，含思深婉，缠绵悱恻，"替人"二字，又使意思更深一层，产生了极佳的审美效果。成语"娉娉袅袅""豆蔻年华"皆出自本诗，前者形容女子苗条俊美、体态轻盈，后者比喻十三四岁的姑娘。

二十四桥明月夜，玉人何处教吹箫？

寄扬州韩绰判官①

青山隐隐水迢迢，秋尽江南草木凋。
二十四桥明月夜，玉人何处教吹箫？②

①韩绰：时在扬州任淮南节度判官，曾与杜牧同僚。

②二十四桥：唐代扬州有二十四座桥。北宋沈括《梦溪笔谈》中对每座桥的方位和名称都作了记载。玉人：指韩绰。

此诗为开成二年（837）秋杜牧在宣州任职时所作，在表达对昔日同僚韩绰判官的思念的同时，也透露出自己对过往扬州生活的深切怀念。唐文宗大和七年至九年（833—835），杜牧曾在扬州任淮南节度使掌书记，与韩绰为同僚。杜牧另有一首《哭韩绰》诗，可见两人交情甚笃。这首诗写景清丽，情虽切而辞不露，为晚唐诗佳品，历来为人传诵。后两句今多用作调侃语。明代杨慎认为"草木凋"不如"草未凋"更有味，可备一说。

江东子弟多才俊，卷土重来未可知。

题乌江亭①

胜败兵家事不期，包羞忍耻是男儿。
江东子弟多才俊，卷土重来未可知。②

①乌江亭：在今安徽和县东北的乌江浦，相传为西楚霸王项羽自刎之处。

②江东：汉魏至隋唐，以今安徽芜湖以下的长江南岸地区为江东。

这是一首怀古七绝。开成四年（839）春，杜牧由宣州赴京任左补阙，路过和州乌江亭，感于当年项羽之事，写了这首怀古诗。怀古诗通行的写作模式是先描绘眼前之景，再发思古之幽情，以议论或抒情作结。杜牧的这首诗却摒弃了这种常见的模式，不写乌江亭之景，而大胆地采用开门见山、通篇议论的作法，对项羽负气自刎的做法感到惋惜，并提出自己对历史上已有结局的战争的假设性推想，强调兵家须有远见卓识和不屈不挠的意志。这种艺术处理手法，清人吴景旭称之为"翻案法"。成语"包羞忍耻""卷土重来"皆出自本诗，前者形容羞愧与耻辱，后者比喻失败之后重新恢复势力。

东风不与周郎便，铜雀春深锁二乔。

赤壁①

折戟沉沙铁未销，自将磨洗认前朝。②
东风不与周郎便，铜雀春深锁二乔。③

——

①赤壁：赤壁之战的古战场，位于今湖北赤壁西北部。此当指黄州赤壁。

②戟（jǐ）：古代一种兵器。

③周郎：指周瑜，字公瑾，年轻时即有才名，人称"周郎"。后任吴军大都督。铜雀：即铜雀台，曹操在今河北临漳建造的一座楼台，楼顶有大铜雀，台上住姬妾歌妓，是曹操暮年行乐处。二乔：东吴乔公的两个女儿，一人嫁与孙策，称"大乔"，一人嫁与周瑜，称"小乔"，两人合称"二乔"。

——

这首诗约为会昌三年（843）前后杜牧在黄州刺史任上作。诗人经过赤壁之战的古战场时，有感于三国时代的英雄成败事迹而写下了这首怀古诗。第一联描写场景，诗人从赤壁之战的遗物联想到当年激烈的战事，战戟折断沉于沙中却未被销蚀，暗含着岁月流逝而物是人非之感，为后文的议论抒怀作铺叙；第二联转向议论，提出作者对历史事件的假设性推想：倘若当年东风不帮助周瑜的话，那么二乔就会被抓到铜雀台来了。可见杜牧对这一战事的看法是：周瑜战胜曹操是侥幸成功，并不是靠实力取胜。这首诗在艺术上也采取了与《题乌江亭》相类的"翻案法"。成语"折戟沉沙"就出自本诗，形容失败惨重。

鸳鸯相对浴红衣。

齐安郡后池绝句①

菱透浮萍绿锦池，夏莺千啭弄蔷薇。②
尽日无人看微雨，鸳鸯相对浴红衣。

①齐安郡：即黄州，今湖北黄冈一带。唐玄宗天宝年间曾改州为郡，黄州改为齐安郡。

②啭（zhuàn）：指鸟婉转地鸣叫。

此诗作于会昌二年四月至四年九月（842—844）之间，当时杜牧因受排挤而左迁黄州刺史。这首七绝以生动的笔触描绘出初夏时节的后池景象，首句承题中的"后池"展开；次句描画池岸景致，点明时间为初夏时节；第三句"尽日无人看微雨"，写小雨的后池更美，却无人关注；尾句在意义上补足第三句，以人之所见的鸳鸯相对洗浴红色羽衣的场景作结。同时，尾句与首句形成多方面照应：尾句的动物（鸳鸯）照应首句的植物（菱、萍），红色调照应绿色调，动态描写照应静态描写。"鸳鸯相对浴红衣"是名句，多被用来形容情侣二人世界的美好。

多少绿荷相倚恨，一时回首背西风。

齐安郡中偶题二首　其一

两竿落日溪桥上，半缕轻烟柳影中。
多少绿荷相倚恨，一时回首背西风。

——

这首诗约为会昌三年（843）前后杜牧在黄州刺史任上作。从内容可知，此诗描写的是秋日黄昏之时的景象。前半首着力写景，首句"两竿落日溪桥上"，引出场景，点明时间（黄昏）和地点（溪桥）；次句写从溪桥上所见的岸柳含烟之景，"烟""影"也与首句写的黄昏时分相照应。后半首从写景转向抒情，诗人在溪桥上，带着自己的感情色彩去看荷叶"相倚""回首"等受风之状，觉得它们似若有情，心怀怨恨，这里用了移情手法。荷叶恨什么呢？原来是受到西风的摧残，即将枯萎，也隐隐中暗喻了作者自己受排挤无所作为而逐渐变老的现实处境。末句观察细致，用词传神。"一时"是同时、一齐的意思。一阵西风（秋风）吹来，大片荷叶同时回首躲避，多么壮观而又凄楚的画面！

千首诗轻万户侯。

登池州九峰楼寄张祜①

百感中来不自由，角声孤起夕阳楼。
碧山终日思无尽，芳草何年恨即休？
睫在眼前长不见，道非身外更何求。
谁人得似张公子，千首诗轻万户侯。②

① 九峰楼：一作"九华楼"，在池州（今安徽贵池）东南的九
华门上，今已无存。

② 张公子：即张祜。万户侯：食邑万户的列侯。这里借指
高官。

此诗大约作于会昌四年至六年（844—846）间，当时杜牧在
池州刺史任上。关于这首诗还有个故事：穆宗长庆年间，张祜和徐
凝同应贡举，二人皆欲得到时任杭州刺史白居易的首荐，白居易遂
出试题命二人比赛，结果徐凝胜出。张祜遂"行歌而返"。武宗会
昌五年（845）秋，张祜从丹阳住所来到池州看望杜牧，两人交谊
甚洽，杜牧也对当年杭州斗诗一事替张祜不平，遂作此诗以勉好
友。这首诗的妙处在于情感的容量极大，诗人将与好友张祜融洽的
知己之情、离别后的怀念不舍之情、对张祜高妙诗才的赞叹之情、
对白居易不识人才的愤慨之情，以及对张祜的勉励之情等巧妙地融
合在一起，具有高度的艺术概括力。从末句"千首诗轻万户侯"可
见，在杜牧看来，张祜写得千首好诗就可以鄙视万户侯了，这是文
人应有的清高和傲骨。

商女不知亡国恨，隔江犹唱后庭花。

泊秦淮

烟笼寒水月笼沙，夜泊秦淮近酒家。①
商女不知亡国恨，隔江犹唱后庭花。②

① 秦淮：即秦淮河，发源于今江苏句容大茅山与溧水东庐山两
山间，经南京流入长江。相传为秦始皇南巡会稽时开凿，用来疏通

淮水，故称秦淮河。

②商女：以卖唱为生的歌女。后庭花：《玉树后庭花》的简称，唐教坊曲名。南朝陈后主陈叔宝沉湎声色，作此曲与后宫美女寻欢作乐，终致亡国。所以后世把此曲作为亡国之音的代表。

这首诗约作于会昌六年（846）九月，杜牧从池州刺史调任睦州刺史，途经金陵，夜泊秦淮，触景感怀而作此诗。这首七绝采用的是前半写景、后半议论抒情的写作模式。前两句写夜泊秦淮时所见之夜景，渲染出一种凄清黯淡的氛围，为下文引出商女的靡靡之音做铺垫；后两句触景生情，抒情兼带议论，借用南朝陈后主荒淫误国的典故，揭露当时统治阶级沉溺声色、醉生梦死而不问国家前途与黎民福祉的腐朽生活，表现了诗人对国家命运的深切忧虑和关怀。

霜叶红于二月花。

山行

远上寒山石径斜，白云生处有人家。①
停车坐爱枫林晚，霜叶红于二月花。②

①斜：读 xiá。
②坐：因为。

本篇约作于大中六年（852）晚秋，本年杜牧在终南山北麓的樊川别墅刚建好，想邀请友人沈询来游览参观，结果沈询因故没来，杜牧就一人进山游览，写下此诗。这首《山行》描绘的是深秋时节醉人的山林景色。首句"寒"字点明深秋季节，"远"和"斜"字写出山路的绵长，引出乘车出游赏秋之事。次句描写山行途中所见的远处风光。"生"字极妙，烘托出山势之高，也与前句的"远"和"斜"照应；"有人家"三字则照应上句的"石径"。第三句写因为秋景太过迷人，诗人决定下车观赏。末句将镜头聚焦于晚秋红枫，是特写，用比喻与对比结合的手法，充分流露出诗人对于这番深秋景象的喜爱。深秋本来冷落，杜牧却能发现美景，所以人们觉得新奇。七言绝句是杜牧成就最高的诗体，传世的名篇名句非常多，《山行》就是脍炙人口的名作。"霜叶红于二月花"用为成语，形容秋天景色之美，现多用来赞美精神健旺的老年人。

陈陶

陈陶（804？—874？），字嵩伯，举进士不第，漫游各地，足迹至岭南。宣宗大中三年（849），隐居于洪州（今江西南昌）西山，自称"三教布衣"。

可怜无定河边骨，犹是春闺梦里人！

陇西行　其二

誓扫匈奴不顾身，五千貂锦丧胡尘。①
可怜无定河边骨，犹是春闺梦里人！②

①匈奴：西北边境部族。貂锦：这里指战士。
②无定河：位于今陕西北部榆林地区的一条河流。

这首诗约为大和二年（828）陈陶在长安落第后北游边塞之作。"陇西行"是乐府旧题，内容主要写边塞战争。陈陶的组诗《陇西行》共四首，这是第二首。该诗主要反映了唐代长期的边塞战争给人民带来的痛苦和灾难。首二句描绘了一个悲壮激烈的战争场面，表现出边关战士英勇善战的气概和敢于献身的精神。末二句说：这些战死的将士已成白骨，可家里的妻子并不知道，还在做着美好的春梦与丈夫相聚呢。"河边骨"与"春闺梦"形成巨大的反差，具有强大的震撼力，读之令人痛彻心扉。

赵嘏

赵嘏（806—852），字承祐，楚州山阳（今江苏淮安）人。青年时曾北游塞上，南游越中，后与杜牧共事于宣城幕府。武宗会昌四年（844）进士及第，为渭南尉，世称"赵渭南"。因其《长安晚秋》有"长笛一声人倚楼"之句，被杜牧誉为"赵倚楼"。

长笛一声人倚楼。

长安晚秋

云物凄凉拂曙流，汉家宫阙动高秋。①
残星几点雁横塞，长笛一声人倚楼。
紫艳半开篱菊静，红衣落尽渚莲愁。②
鲈鱼正美不归去，空戴南冠学楚囚。③

①拂曙：拂晓，天要亮还未亮的时候。

②红衣：指红色莲花的花瓣。渚：水中小块陆地。

③"鲈（lú）鱼"句：西晋齐王司马冏当政时，任吴人张翰为

大司马东曹掾。张翰预知司马冏将败，又因秋风起，想念故乡莼菜鲈鱼的美味，便弃官归乡。南冠：楚冠，楚国在南方，所以称楚冠为南冠。春秋时楚国囚犯锺仪曾戴南冠，后用"南冠"指囚徒或战俘。

一　　赵嘏曾于大和六年（832）举进士落第，遂流寓长安。诗人独在异乡，志不得伸，在深秋拂晓时分看见长安凄凉的景象，顿生羁旅思归之情，于是创作了这首七言律诗。首联描绘了一幅拂晓时分萧索的长安秋景，"凄凉"二字奠定了全诗的情感基调。颔联精警，写仰观时所见的空寂景象，沉思之时忽闻一声长笛，使诗人倍感凄切而倚靠栏杆。据《唐摭言》记载，诗人杜牧对此激赏不已，称赵嘏为"赵倚楼"。颈联写俯看之秋景，也是一片萧索落寞之状。尾联转向议论抒情，借用西晋张翰事和春秋锺仪事，表示诗人毅然归去的决心。这首诗将凄凉秋景与失意之情融合在一起，构成感人的意境。

僧希运

僧希运（？—855），闽（今福建福州）人，唐代高僧，住黄檗山（在今江西宜丰），固别名黄檗希运，号称黄檗禅师、黄檗断际禅师。

不是一番寒彻骨，争得梅花扑鼻香？

上堂开示颂

尘劳迥脱事非常，紧把绳头做一场。[①]
不是一番寒彻骨，争得梅花扑鼻香？[②]

[①]迥脱：远远地摆脱。紧把：紧紧握住。场，读cháng。
[②]争得：怎得。

大中二年（848），宰相裴休镇守宛陵（今安徽宣城），把高僧希运请到当地的开元寺弘法，并将其语录记为一部书《黄檗断际禅师宛陵录》，本篇即出自此书，是希运在一场弘法后所诵诗偈。"不是一番寒彻骨，争得梅花扑鼻香"为传诵名句，已用为成语，意谓"梅花香自苦寒来"，比喻世事、人才不经艰苦磨练，难望有成。后人常引作"不经一番寒彻骨，怎得梅花扑鼻香"。